Argentinien

Wirtschaft und Wirtschaftsgrundlagen

von

Albert Frölich. Dr. Rudolf Großmann. Professor Dr. von Hauff. Konsul Dr. Kurt Martin. Dr. jur. J. Ulrich Müller. Dr. Pfannenschmidt. Bankdirektor Wilhelm Tang. Hermann Weil.

Herausgegeben von

DR. JOSEF HELLAUER

O. PROFESSOR AN DER UNIVERSITÄT FRANKFURT A. M.

Berlin und Leipzig 1921

Vereinigung wissenschaftlicher Verleger

Walter de Gruyter & Co.

vormals G. J. Göschen'sche Verlagshandlung / J. Guttentag, Verlagsbuchhandlung / Georg Reimer / Karl J. Trübner / Veit & Comp.

Argentinien

Wirtschaft und Wirtschaftsgrundlagen

von

Albert Frölich. Dr. Rudolf Großmann. Professor Dr. von Hauff. Konsul Dr. Kurt Martin. Dr. jur. J. Ulrich Müller. Dr. Pfannenschmidt. Bankdirektor Wilhelm Tang. Hermann Weil.

Herausgegeben von

DR. JOSEF HELLAUER
O. PROFESSOR AN DER UNIVERSITÄT FRANKFURT A. M.

Berlin und Leipzig 1921

Vereinigung wissenschaftlicher Verleger
Walter de Gruyter & Co.
vormals G. J. Göschen'sche Verlagshandlung / J. Guttentag, Verlagsbuchhandlung / Georg Reimer / Karl J. Trübner / Veit & Comp.

Druck der Vereinigung wissenschaftlicher Verleger Walter de Gruyter & Co., Berlin W. 10.

Inhaltsverzeichnis.

Vorwort.

Nach den Kursen über das Türkische Reich und über China wurde im Wintersemester 1920/21 an der Handels-Hochschule Berlin unter meiner Leitung ein „Kursus für internationalen Wirtschaftsbetrieb“, der Argentinien zum Gegenstande hatte, abgehalten. Aus den Vorträgen dieses Kurses ist das vorliegende Buch entstanden.

Wie bei den Büchern über das Türkische Reich und über China wurde auch hier danach gestrebt, die privatwirtschaftlichen Gesichtspunkte möglichst zur Geltung zu bringen. Wie die Kurse, die die Veranlassung zu dem Buche gegeben haben, soll auch dieses der weltwirtschaftlichen Forschung und Darstellung vom privatwirtschaftlichen Standpunkte dienen. Die Darstellungen wurden aber nicht auf privatwirtschaftliche Fragen, Vorgänge und Zustände beschränkt. Es wurden auch Dinge zur Behandlung gebracht, deren Kenntnis für das Verständnis argentinischer Verhältnisse im allgemeinen und besonders für den Deutschen, der sich im Verkehr mit dem Lande oder dort an Ort und Stelle wirtschaftlich betätigen will, von Wichtigkeit sind.

Rücksicht mußte besonders darauf genommen werden, daß Argentinien heute das Land ist, wohin sich die Blicke deutscher Auswanderungslustiger mit besonderer Begehrlichkeit und zum Teil mit übertriebenen Hoffnungen richten. Es gehört zu den Aufgaben des Buches, die für den Auswanderer in wirtschaftlicher Beziehung in Betracht kommenden Verhältnisse so weit klarzulegen, daß sich daraus ein möglichst zutreffendes Bild ergibt und allzugroße Erwartungen auf das richtige Maß zurückgeführt werden. Bei einer derartig komplizierten Gegenwartsfrage war es fast selbstverständlich, daß trotz allen Strebens nach Objektivität einzelne Autoren in ihren Ansichten voneinander abweichen. Ich habe nicht den Versuch, der im voraus zur Ergebnislosigkeit verurteilt gewesen wäre, gemacht, hier eine Übereinstimmung herbeizuführen. Ich habe vielmehr noch einen Herrn, der in den Diskussionen des Kurses eine von anderen stark abweichende Meinung zum Ausdruck gebracht hat, veranlaßt, auch einen Beitrag für das

Buch zu liefern. Dadurch, daß verschiedene Auffassungen zu Worte kommen, soll sich die Urteilsfähigkeit des Lesers schärfen und eine Klärung über das schwierige Problem in ihm vollziehen.

Vielleicht wird es als ein Schönheitsfehler des Buches betrachtet werden, daß oft derselbe Gegenstand an zwei oder auch mehreren Stellen, d. h. hier vornehmlich in zwei oder auch mehreren Aufsätzen behandelt wird. Es ergab sich das hauptsächlich dadurch, daß die am Anfange stehende Arbeit zuerst einmal ein Gesamtbild der Wirtschaftsgrundlagen sowie der Wirtschaft des Landes selbst geben sollte. Diese knappe Zusammenfassung erschien mir wertvoll, wenn auch im folgenden dann die wichtigsten Einzelfragen noch eine eingehende besondere Behandlung gefunden haben. Ich habe aber gegenüber dieser Doppelbehandlung darauf geachtet, daß, soweit möglich, und besonders bezüglich Einzelheiten nicht dasselbe zweimal gesagt wurde. Man wird, hoffe ich, finden, daß sich die Darstellungen fast immer gegenseitig ergänzen. Auf abweichende Auffassungen wurde in Fußnoten aufmerksam gemacht. Der Leser kann eine Zusammenfassung der an mehreren Stellen erfolgten Ausführungen über dasselbe Thema mit Hilfe des dem Buche beigegebenen Sachregisters leicht vornehmen.

An Stelle von Literaturzusammenstellungen für die einzelnen Arbeiten wurde wegen des Ineinandergreifens derselben und der dadurch so häufig gegebenen Gleichartigkeit der bezüglichen Literatur am Beginne ein großes gemeinsames Literaturverzeichnis aufgestellt. Es enthält vornehmlich deutsche Literatur. Für fremdsprachige, besonders englische Literatur kann man leicht Ergänzungen in der Literaturzusammenstellung im Statesman's Yearbook, am Schlusse von „Argentine", finden.

Trotz der großen Literatur, die heute schon über Argentinien besteht, hoffe ich, daß das Buch durch die Zusammenarbeit so vieler ausgezeichneter Kenner des Landes, durch die Auswahl des Stoffes, durch die Art der Behandlung der wirtschaftlichen Fragen sowie durch seine übrige Gestaltung in dem großen Kreise von Personen, die heute Argentinien ein lebhaftes Interesse entgegenbringen, gern aufgenommen und als eine willkommene Ergänzung der vorhandenen Quellen betrachtet werden wird.

Berlin-Zehlendorf, Pfingsten 1921.

Prof. Dr. Hellauer.

Literatur.

Abhandlungen über das Deutschtum in Argentinien. Dietrich Schäfer zum 70. Geburtstag. Jena 1915.

Ackerbauministerium: Kurze Mitteilungen über die Republik Argentinien als Einwanderungsgebiet. Buenos-Aires 1904.

Alemann: Argentiniens Bedeutung für Handel, Kapitalsanlagen und Niederlassung. Basel 1908.

— Am Rio Negro. Ein Zukunftsgebiet germanischer Niederlassung. Drei Reisen nach dem argentinischen Rio Negro-Territorium. Berlin 1907.

Andree: Buenos-Aires und die argentinischen Provinzen. Leipzig 1856.

Argentine: Description sommaire de la republique Argentine comme pays d'immigration. Buenos-Aires 1904.

Bailey, W.: Northern Patagonia: Charakter and resources. New-York 1914.

Becker, M.: Der argentinische Weizen im Weltmarkt. Bd. I, Heft 6 der Abhandlungen des staatswissenschaftlichen Seminars in Jena. Jena 1903.

Bernardez: Aus dem geistigen Leben Argentiniens. Mitteilungen des Deutsch-Südamerikanischen Instituts 1914.

Boerger, Albert: Sieben La Plata-Jahre: Arbeitsbericht und wirtschaftlicher Ausblick auf die Weltkornkammer am Rio de la Plata. Berlin 1920.

Brey, Sebastian: Die Versorgung der Städte mit Milch und Fleisch, die argentinische Milchwirtschaft und Viehzucht. Kempten und München 1912.

Cappus: Zur Geschichte der Deutschen in Argentinien. Zeitschrift zur Kultur- und Landeskunde Argentiniens, 1915.

Comercio exterior Argentino: El complicacion hecha sobre la base de los respectivos documentos aduaneros.

El comercio exterior Argentino en los primeros trimestres de 1915 y 1916. Boletin Nr. 169. Buenos-Aires 1916.

Das Argentinisch-Brasilische Wirtschaftsgebiet und die österr. Schiffahrt. Bericht zur Frage der Neuregelung des Schiffahrtsdienstes nach Südamerika. Wien 1907.

Deutsch-Überseeische Bank, Berlin. Vergleichende Tabelle der Bewegung des Goldagios in Buenos-Aires.

Die deutschen Interessen in Argentinien, Chile, Bolivien und Peru. Berlin 1911.

Dilthey, Richard: Die deutschen Ansiedelungen in Südbrasilien, Uruguay und Argentinien. Beobachtungen aus dem Jahre 1880 und 1881. Berlin 1882.

Eckert, Dr. Christian: Die La Plata-Staaten, im Buche „Amerika“ von Ernst v. Halle. Hamburg 1905.

Einwirkungen des Weltkrieges auf die Volkswirtschaft Argentiniens, herausg. von der Handelskammer in Buenos-Aires. Buenos-Aires 1920.

Federicos, G. L.: Die Quebrachowaldungen in Argentinien und ihre Zukunft, in „Deutsche Rundschau für Geographie u. St". Wien 1906.

Gancedo, A.: Canal navegable de Santiago del Estero al Rio Parana. Instituto geografico Argentino. Buenos-Aires 1900.

Glier, S.: Die deutsch-argentinischen Handelsbeziehungen, in „Deutsche Wirtschaftszeitung" 1907.

Götz, F.: Das argentinisch-brasilische Wirtschaftsgebiet und die österreichische Schiffahrt, Heft 6 der „Commerciellen Berichte". Wien 1907.

Groebner: Argentinien einst und jetzt. Freising bei München 1912.

v. Hauder, Wilhelm: Das Land der Zukunft Argentinien, in „Zeitschrift für Kolonialpolitik, Kolonialrecht und Kolonialwirtschaft" V. 33.

Hiller, Georg: Einwanderung und Kolonisation in Argentinien. Berlin 1912.

— Einwanderung und Einwanderungspolitik in Argentinien. Berlin 1912.

Hirst, A.: Argentina. London 1910. Leipzig 1912.

Holtmeyer-Schomberg, H. und Hermes, A.: Zur Kenntnis der argentinischen Landwirtschaft. Berlin 1913.

Jannasch, R.: Argentinien als Wirtschafts- und Auswanderungsgebiet, Verhandlungen des deutschen Kolonialkongresses. Berlin 1905.

Koebel, W. H.: L'Argentine moderne. Paris 1908.

Das Kommissionsgeschäft nach argent. Recht, in „Monatsschrift für Handelsrecht; Wochenschrift f. Aktienrecht, Bankwesen, Steuer- und Stempelfragen" IV, 235.

Krause, Otto A.: Argentiniens Wirtschaft während des Weltkrieges, ihre Bedeutung für die deutsche Volkswirtschaft und Auswanderung. Berlin 1919.

Kreuzkam, Dr. Th.: Wirtschaftsverhältnisse und Wirtschaftsbeziehungen Argentiniens, insbesondere zu Deutschland, in „Kultur und Landeskunde Argentiniens" III, 195.

Krieger: Zur Frage der deutschen Einwanderung in Argentinien, in „Die deutsche Umschau" Nr. 6, 1905.

Kuehn: Das Deutschtum in Argentinien und der Chauvinismus, in „Süd- und Mittelamerika" VI, 1913.

Lamas: Reforma Monetaria. Buenos-Aires 1913.

Latzina, F.: La Argentina considerata en sus aspecto fisico-social y economico. Buenos-Aires 1904.

Lehmann, D.: Die Rechtsverhältnisse der Fremden in Argentinien. Buenos-Aires 1889.

Leutwein, Paul: Argentinien in der Weltwirtschaft, in „Weltwirtschaft" II, 484.

Lorin: Les Français en Argentine, in „Revue pour les Français" Nr. 5.

Lorini, Eteocle: La Republica argentina e i suoi maggiori problemi di economica e di finanza. Roma 1902.

Martell, P.: Die Quebrachoindustrie in Argentinien und Paraguay, in „Deutsche Gerberzeitung". Berlin, April 1909.

Märtens, P.: Südamerika unter besonderer Berücksichtigung Argentiniens. Berlin 1899.

Martin, Dr. Kurt: Argentiniens Volkswirtschaft und der Krieg, in „Mitteilungen des Deutsch-Argentinischen Zentralverbandes Berlin", 1915.

— Die Aussichten des deutschen Auswanderers in Argentinien. Berlin 1915.

Martin, Percy F.: Through five Republics of South-America. London 1905.

Martinez, Albert B. und Lewandowsky, Maurice: Argentinien im 20. Jahrhundert. Gotha 1912.

Memoria y Balance general del ejercicio 1911 del banco de la Nacion Argentina. Buenos-Aires 1912.

Meißner: Argentiniens Handelsbeziehungen zu den Vereinigten Staaten, Veröffentlichungen des Ibero-Amerikanischen Institutes Hamburg.

Mills, George J.: Argentina. London.

Ministerium für Ackerbau: Was ist Argentinien? Als Ackerbauland, als Land für Einwanderung. Buenos-Aires 1911.

Müller, P. G.: Buntes Allerlei aus Argentinien. Berlin 1910.

Müller, Dr. Ulrich: Die argentinische Gefrierindustrie und ihre Bedeutung für den europäischen Verbrauch. Berlin 1912.

Nestler, Prof.: Argentinien, ein Land der Zukunft, in „Zeitschrift für Kolonialpolitik, Kolonialrecht und Kolonialwirtschaft" VIII, 550, 649.

Niederlein, Gustav: Aussichten und Möglichkeiten in Argentinien in Viehzucht, Ackerbau, Industrie und Handel. Berlin 1911.

Offermann, C.: Die Eisenbahnen Argentiniens, in „Archiv für Eisenbahnwesen", Jahrgang 39, Heft 6, S. 1149/62. Berlin 1916.

— Die technisch-wirtschaftliche Entwicklung in Patagonien. in „Archiv f. Eisenbahnwesen" Jahrg. 1917, Heft 1, S. 82/91. Berlin 1917.

— Technik und Wirtschaft in Argentinien, in „Mitteilungen des Deutsch-Südamerikanischen Institutes" 1918, Heft 1/2.

Pfannenschmidt, Dr. E.: Die landwirtschaftliche Konkurrenz Argentiniens. Heidelberg 1902. Diss.

— Die argentinische Viehzucht im Hauptproduktionsgebiete, Heft 33 der Berichte über Landwirtschaft, herausg. vom Reichsamt des Innern. Berlin 1914.

— Die Landwirtschaft in den nördlichen Provinzen und Territorien Argentiniens. Berlin 1916.

— Die landwirtschaftlichen Produktionsverhältnisse Argentiniens. München und Leipzig 1913.

Regel: Argentinien. Frankfurt a. M. 1914

La Republique Argentine, Veröffentlichung des Museo Social Argentino.

Schmidt, E. W.: Die agrarische Exportwirtschaft Argentiniens, in „Probleme der Weltwirtschaft", Jena 1920.

Schmidt, Wilhelm und Grotewold, Christian: Argentinien in geographischer, geschichtlicher und wirtschaftlicher Beziehung. Hannover 1912.

Schmidt, Fritz: Das argentinische Bankwesen, in „Zeitschrift für die gesamte Staatswissenschaft". Jahrg. 1910, S. 96.

— Die Wechselkurse Argentiniens. in „Zeitschrift für Handelswissenschaft und Handelspraxis" II, S. 54, 92, 147.

Schmitz, Otto: Exotische Werte, II. Bd.: Die Finanzen Argentiniens, Leipzig.

Schuster: Argentinien, Land, Volk, Wirtschaftsleben und Kolonisation. München 1913.

Sociedad, Cientifica Alemana: Patagonia, 2. vols. 1918. Buenos-Aires.

Stichel, Dr. B.: Argentinien. Hamburg 1920.

— Argentinien als Absatzgebiet der Eisenbedarfsindustrie. 1916.

Stezenbach, G.: Argentinien. München-Gladbach 1915.

Taaks: Tätigkeit eines deutschen Ingenieurs in Argentinien, in „Zeitschrift des Vereins deutscher Ingenieure", Bd. 36, S. 1414.

Teuber, Emil: Landwirtschaftliche Unternehmungen in Argentinien. Frankfurt a. O. 1912.

Tornquist & Co. Limited, Ernesto: Economic Development of the Argentine Republic in the last fifty jears. Buenos-Aires 1919.

Waetge, H.: Argentinien und seine Stellung in der Weltwirtschaft, in „Meereskunde", herausg. v. Institut f. Meereskunde an der Universität Berlin.

Wolff, J.: Die argentinische Währungsreform von 1899, Bd. 24 der „Staats- und Sozialwissenschaftlichen Forschungen" 1905.

Zuckerrohrbau und Zuckerindustrie in Argentinien. „Berichte über Handel und Industrie" Bd. 22, Heft 13. Berlin 1915.

Annuario Estadistico, Buenos-Aires.

Argentine Year-Book, Buenos-Aires und London.

The South-American Year-Book, London.

Year-Book of the City of Buenos-Aires, Issued by the Municipality of Buenos-Aires, Buenos-Aires.

Mitteilungen der Ibero-Amerikanischen Gesellschaft, zusammengestellt vom Ibero-Amerikanischen Institut Hamburg, seit 1919 eingestellt.

Mitteilungen des Deutsch-Argentinischen Zentralverbandes, jetzt Mitteilungen über Argentinien, Uruguay und Paraguay (Latein-Amerika (A)). Herausgeber: Deutsch-Argentinischer Zentralverband, Deutscher Überseedienst, G. m. b. H., Deutscher Wirtschaftsverband für Süd- und Mittelamerika, Berlin.

Zeitschrift für argentinische Volks- und Landeskunde, herausg. v. Deutschen Lehrerverein. Buenos-Aires 1910 ff.

Wirtschaftsgrundlagen, Wirtschaft und Wirtschaftspolitik Argentiniens.

Von

Konsul Dr. **Kurt Martin.**

Argentiniens Bedeutung für Deutschland und die Weltwirtschaft. Zwischen der deutschen und argentinischen Volkswirtschaft haben sich im Laufe des vergangenen halben Jahrhunderts zahlreiche Fäden angesponnen; — zunächst nur spärlich vorhanden, haben sie sich im Laufe der Zeit immer mehr verdichtet, und so bildete sich in den letzten Jahrzehnten ein festes Band gegenseitiger Interessen heraus. Der volle Umfang der Bedeutung Argentiniens für Deutschland gestaltete sich vor dem Kriege indessen nur in wenigen Köpfen zu einer festen Vorstellung. Es mag dies zum Teil daran gelegen haben, daß die Erzeugnisse, die Argentinien zu uns herübersandte, so garnichts Exotisches an sich hatten. Weizen, Mais, Leinsaat, Häute, Wolle wurden wie einheimische Produkte verwendet, ohne daß man damit wie beim Verbrauch anderer Einfuhrgüter mehr oder weniger bestimmte Vorstellungen von ihrem Herkunftslande verband. Dabei wurde Argentinien als überseeischer Versorger Deutschlands mit Rohstoffen nur von den Ver. Staaten von Amerika und Britisch Indien übertroffen. — Dazu kam das geringe allgemeine Interesse an Südamerika. Zum Studium nordamerikanischer Verhältnisse reizte die Auswanderungsbewegung und die riesige industrielle Entwicklung der Vereinigten Staaten. Über Afrika und den Orient wurde an jedem Stammtisch bei der Kritik unserer Kolonial- und Weltmachtspolitik lebhaft debattiert. Aber nur selten machte sich jemand an Hand des statistischen Jahrbuches für das Deutsche Reich einmal klar, daß Südamerika ein ebenso wichtiges überseeisches Absatzgebiet für unsere Ausfuhr war wie Nordamerika, und daß die eine südamerikanische Republik Argentinien für sich allein mehr Warenwerte aus Deutschland bezog als China und Japan zusammengenommen oder als der ganze afrikanische Erdteil. Und dieser Erfolg war erreicht worden lediglich durch die Tüchtigkeit des deutschen Kaufmannes und durch die Güte und Anpassungsfähigkeit der Lieferungen unserer Industrie, — ohne kostspielige Kolonialpolitik, ohne Bagdadbahn, ohne Durchkreuzung der Weltmachtbestrebungen anderer Nationen.

Dabei fiel Deutschland nicht einmal ein überragender Anteil an der Versorgung Argentiniens zu, sondern nur etwa 17—18% des Außenhandels. Deutschlands Industrie und Handel konnten dort also noch ein weites Feld der Betätigung finden. Diese Tatsache ist bei uns vor dem Kriege viel zu wenig beachtet worden. Heute sieht man darin viel klarer, und man ist wohl auch zu der Überzeugung gelangt, daß wertvolle wirtschaftliche Energien im nahen und fernen Orient, in Afrika und in der Südsee nutzlos für uns vertan worden sind, die, rechtzeitig und zielbewußt auf Südamerika gerichtet, uns dort ähnliche Grundlagen einer gesicherten wirtschaftlichen Stellung verschafft hätten, wie sie England in zäher, konsequenter Durchführung eines Jahrzehnte umfassenden Arbeitsprogramms sich errungen hat. Der Engländer hat es verstanden, sein eigenes geschäftliches Interesse eng mit dem wirtschaftlichen Gedeihen und Vorankommen des aussichtsreichen Argentinien zu verbinden, ohne daß dieses darin eine ausgesprochene Gefahr für seine politische Selbständigkeit erblickte, während das „imperalistische" Deutschland auf Grund der möglicherweise einsetzenden deutschen Einwanderung in Patagonien stets als Träger einer solchen Gefahr gebrandmarkt wurde.

Erörterungen wie die vorstehenden haben heute für uns lediglich akademischen Wert, — der Krieg und seine Folgen haben für uns die Aussichten auf großzügige Betätigung in Argentinien sehr zu unseren Ungunsten verschoben, denn zur aktiven Beteiligung an der wirtschaftlichen Erschließung der Reichtümer Südamerikas durch große Verkehrs- und Industrieunternehmungen fehlt uns die Hauptsache: das Geld. Deutschlands Handel und Industrie wird sich vorläufig im wesentlichen darauf zu beschränken haben, mangels eigenen Kapitals bezw. wegen ungünstiger Valuta mit dem überseeischen Rohstoffproduzenten und Kapitalisten eine Arbeitsgemeinschaft einzugehen, um auf diese Weise in guter Währung mitzuverdienen.

Heute, wo die Welt für unsere wirtschaftliche Betätigung so klein geworden ist, wird der Deutsche ganz von selbst dazu gebracht, den zukunftsreichen südamerikanischen Republiken, vor allem Argentinien, mehr Beachtung zu schenken. Bei einer Betrachtung der Vorbedingungen für die Wiederaufnahme und Fortsetzung der früheren Tätigkeit muß leider festgestellt werden, daß gar manches alte wertvolle Aktivum in der

Bilanz unserer wirtschaftlichen Beziehungen zu Argentinien heute mit einem geringeren Werte einzusetzen, wenn nicht ganz wegzubuchen ist. Die kaufmännische Organisation hat hier wie drüben den Krieg im wesentlichen unberührt überdauert; die schwarzen und grauen Listen der Entente haben zwar manchen Schaden angerichtet, den gesunden Kern des Ganzen aber nicht treffen können. Auch der Personalbestand hat infolge der Blockade nicht in dem Maße gelitten wie der unserer Gegner. In den Wettbewerbsverhältnissen sind infolge des Vordringens der Nordamerikaner, Spanier, Japaner, einige Verschiebungen eingetreten, doch läßt sich noch nicht mit Sicherheit übersehen, wie viel von dem Boden, den jene gewonnen haben, für Deutschland dauernd verloren ist. Soviel kann indessen gesagt werden, daß der schon früher recht scharfe Wettbewerb am La Plata neuerdings noch zugenommen hat. Ein weiterer Nachteil ist, daß jetzt mit der Valuta gerechnet werden muß, deren Schwankungen eine für den Handel mit Deutschland schädliche Unsicherheit des Erfolgs der einzelnen Transaktionen hervorrufen und mit jedem Geschäft ein Risiko verknüpfen, das der vorsichtige Kaufmann scheut. Ein wichtiges Instrument des wirtschaftlichen Verkehrs mit Argentinien kommt vorläufig in Fortfall, — unsere Handelsflotte, die gerade im argentinischen Fracht- und Passagegeschäft eine so bedeutende Rolle spielte. Auch andere wichtige Stützpunkte, wie die Deutsch-Überseeische Elektrizitätsgesellschaft, sind in fremde Hände übergegangen.

Der deutsche Kaufmann und Industrielle wird also mit aller Kraft ans Werk gehen müssen, wenn er die alte Position im argentinischen Wirtschaftsleben halten und wenn möglich weiter ausbauen will. Deutschland braucht Argentinien, da es notwendige Nahrungsmittel und Rohstoffe liefert; und um sie bezahlen zu können, muß es die Erzeugnisse seiner Industrie dorthin ausführen. Die Volkswirtschaft beider Länder ergänzt sich gegenseitig ohne Reibungsflächen. —

Seinen Platz auf dem Weltmarkt hat Argentinien erst vor wenigen Jahrzehnten eingenommen. Das Sprunghafte, das seine ganze Entwicklung kennzeichnet, ist auch hier zu beobachten. Im Laufe der 90er Jahre des vorigen Jahrhunderts begann es, ein wichtiger Versorger Westeuropas mit Nahrungsmitteln zu werden. Das Land, das 1880 noch 18 500 t Weizen einführte, und das bis Ende der 80er Jahre für seine Volksernährung auf die Einfuhr von Mehl angewiesen war, exportierte 1893 bereits 1 000 000 t Weizen. Auf dem Weltmarkt waren bis dahin die Vereinigten Staaten mit ihren Getreidelieferungen tonangebend gewesen. Ihre Bedeutung als Weltmarktversorger ging dann ständig zurück, denn trotz weiterer Ausdehnung ihrer Erzeugung absorbierte der von Jahr zu Jahr steigende Inlandsverbrauch mehr und mehr den Ausfuhrüberschuß. Argentinien dagegen kann durch Heranziehung weiterer Ländereien, durch vermehrte Bevölkerungsaufnahme und intensivere Wirtschaftsmethoden den Anbau von Weizen und damit die Versorgung des Weltmarktes, zu der es im laufenden Jahre mehr als 5 000 000 t beitrug, noch beträchtlich steigern. Auch an Mais kann es wegen des noch geringen eigenen Verbrauchs große Mengen, je nach dem Ausfall der Ernte bis zu 3 000 000 t und darüber liefern, und damit steht es heute an der Spitze der Maisausfuhrländer. Das Gleiche gilt für Leinsaat, die im Inlande bisher nur zu einem kleinen Teil verarbeitet wird. In der Haferausfuhr stand es früher hinter Rußland zurück, ist es aber seit dessen Ausschaltung aus der Weltwirtschaft an die erste Stelle gerückt.

Während bei allen diesen Produkten die Bedeutung Argentiniens als Versorger des Weltmarktes weniger durch den Umfang der Produktion (die in anderen Ländern noch größer ist), als durch den geringen eigenen Verbrauch bedingt wird, liegen die Dinge bei der Fleischausfuhr anders. Hier beeinflußt der Inlandsverbrauch, besonders der starke Fleischgenuß auf dem Kamp, den Ausfuhrüberschuß wesentlich stärker; immerhin können die jetzigen Ausfuhrmengen durch fortschreitende Zuchterfolge noch gesteigert, zum mindesten aber aufrecht erhalten werden. Durch die Ausdehnung der noch in den Anfängen stehenden Schweinezucht, für die gute Vorbedingungen vorhanden sind, kann das Land sich ein weiteres wichtiges Exportprodukt für den Weltmarkt schaffen. Ähnlich liegen die Verhältnisse im Molkereiwesen und bei einer Reihe von Industrien, die Landesprodukte weiter verarbeiten.

Über die Entwicklungstendenz der argentinischen Volkswirtschaft ist kurz zu sagen, daß die Ausfuhr ein ständiges Anwachsen zeigt, und daß voraussichtlich die für die Ausfuhr verfügbaren Produktionsüberschüsse weiterhin zunehmen werden, je mehr sich mit zunehmender Bevölkerung die jetzige extensive Betriebsweise zur intensiveren Wirtschaft umbildet. Die damit verbundene Erhöhung der Erzeugungskosten werden hierauf nur einen verhältnismäßig geringen Einfluß ausüben können. Immerhin wird die Wertsteigerung des Bodens, die Beschaffung von Maschinen und Geräten aus dem Auslande und andere die Produktion verteuernde Faktoren doch so bedeutend sein, daß die europäische Landwirtschaft sich in ihrer Existenz nicht bedroht zu fühlen braucht. In wieweit die Entwicklung von Ackerbau und Viehzucht sich gegenseitig beengt, wird im wesentlichen davon abhängen, in welchem Maße die stärkere Besiedelung der Landwirtschaftszone und in Verbindung damit die Aufteilung des Großgrundbesitzes durchgeführt wird. Eine Einschränkung des Agrarexports infolge des Anwachsens der eigenen Bevölkerung, etwa analog der Entwicklung in den Vereinigten Staaten, ist in absehbarer Zeit nicht zu erwarten. Vorläufig haben wir in Argentinien die Erscheinung, daß gerade infolge der Bevölkerungszunahme die Agrarproduktion ganz enorm angewachsen ist. Zur Zeit werden etwa 65 % der Weizen-Produktion und 75—80 % der Produktion der übrigen Getreidearten ausgeführt. Andererseits wird die Einfuhr, die heute noch zu 75 bis 80 % aus industriellen Fertigfabrikaten besteht, durch den zu erwartenden stärkeren Ausbau der einheimischen Industrien sich zu Gunsten Argentiniens verändern. Im Ganzen wird aber die Industrie sich über die gegebene Grundlage, d. h. die Verarbeitung der Landesprodukte, nur in wenigen Fällen hinwegsetzen und die ihr durch das Fehlen von Kohle und Eisen gesetzten Schranken nicht zu überwinden vermögen.

Land, Boden, Klima. Bei der Schilderung der Wirtschaft eines ausgesprochenen Agrarlandes wie Argentinien sind die von der Natur gegebenen Grundlagen der Erzeugung, Boden und Klima, zunächst in Betracht zu ziehen. Neben vielen außerordentlich günstigen Bedingungen sind hier auch mancherlei Schattenseiten zu beobachten. Das Land erstreckt sich über 34 Breitengrade, von der subtropischen bis in die arktische Zone, und weist demgemäß mannigfaltige Produktionsmöglichkeiten auf. Während im Norden die Banane, der Kaffee, das Zuckerrohr usw. angebaut werden, fällt im Süden, auf Feuerland, Schnee auch in den Sommermonaten.

Die Ackerbaustatistik teilt das Land in vier Regionen:

1) die mittlere Pampaebene mit den Provinzen Buenos Aires, Santa Fé, Córdoba, Entre Rios und dem Territorium Pampa Central;
2) den längs der Cordillere gelegenen Westen: Mendoza, San Juan, San Luis, La Rioja und Catamarca;
3) die nördlich von den beiden Regionen gelegenen Provinzen und Territorien: Tucumán, Santiago del Estero, Salta, Jujuy, Los Andes, Corrientes, Chaco, Formosa, Misiones;
4) die Südterritorien, gewöhnlich unter dem Namen „Patagonien" zusammengefaßt: Rio Negro, Neuquen, Chubut, Santa Cruz und Feuerland.

Die erste Region ist die wirtschaftlich am meisten entwickelte. Hier lebt der größte Teil der Bevölkerung, hier ist das Netz der Eisenbahnen am dichtesten, und hier ist auch der Sitz der für den Export produzierenden Landwirtschaft. Der Boden weist weite Strecken guter Naturweide auf, die zahllosen Herden das ganze Jahr hindurch Nahrung bieten. In der zweiten Region hat der Wein- und Obstbau unter künstlicher Bewässerung besondere Bedeutung gewonnen. In der dritten Region sind Zuckerrohr und Quebracho die Hauptprodukte. Vom Rio Salado bis zum Rio Pilcomayo ist das Land mit weit sich hinziehenden Wäldern bedeckt. Sie enthalten eine Unzahl wertvoller Hölzer, die sich zur Möbelfabrikation, zum Schiffsbau und anderen Verwendungsarten eignen. Andere Baumarten liefern neben dem bereits erwähnten Quebrachoextrakt auch Färbe- und Heilmittel. Neben den Wäldern enthält auch der Norden ausgedehnte Naturweiden sowie bemerkenswerte Anfänge einer Baumwollkultur. In der vierten Region beruht die Wirtschaft im wesentlichen auf der Schafzucht. Daneben ist das Petroleumvorkommen in Comodoro Rivadavia von Bedeutung.

Die Pampa ist eine fast baumlose nach Westen leicht ansteigende Ebene. Sie bietet für den Ackerbau besonders günstige Vorbedingungen, da der Boden keine Steine enthält. Er ist ein schwerer Löß, durch hohen Humusgehalt gemildert. Im Süden und Südosten der Provinz Buenos Aires und in der Pampa Central kommen leichtere Sandböden vor. Die weite Ebene kennt keine Flußbildungen, nur leicht erreichbares Grundwasser ist vorhanden, und so gehört der Windmotor unzertrennlich zum Bilde der Pampa. Die Niederschläge betragen in der Ackerbauzone 6—800 mm, im Süden der Provinz Buenos Aires und im Westen der Pampa weniger. Im ganzen sind die Niederschlagsverhältnisse sehr schwankend. Dürren sind nicht selten und bilden eine erhebliche Gefahr für Ackerbau und Viehzucht. Das Klima ist gemäßigt und weist in der Ackerbauzone im Jahresmittel etwa 14—18° Cels. auf. Im Dezember-Februar werden Höchsttemperaturen von 40—42° im Mai bis August niedrige Temperaturen bis — 5° beobachtet. Oft werden Spätfröste der heranreifenden Ernte gefährlich, auch Hagelschläge sind nicht selten, besonders in der Provinz Córdoba, wo die hierdurch angerichteten Schäden so bedeutend sind, daß eine besondere Hagelversicherung für diesen Teil des Landes eingerichtet worden ist. Wertvoll sind die hohen winterlichen Bodentemperaturen, da sie der Viehzucht auch im Winter den Weidegang ermöglichen. Eigentliche Regenzeiten sind nicht zu beobachten, nur im tropischen Norden, besonders im Chaco beeinflussen die Niederschläge der regenreicheren Jahreszeit die wirtschaftliche Nutzung des Landes, da sich dann auf weite Strecken Überschwemmungen bilden. Auf den patagonischen „Mesetas", wie man die tafelförmigen Bodenformationen Patagoniens bezeichnet, sind es dagegen die andauernden starken Luftströmungen, die sich als Hindernis für die Bodenkultur erweisen, abgesehen von dem Fehlen einer Humusdecke und dem Wassermangel. Auf fruchtbarem Boden der Talsenkungen ist dort die Anlage von Pflanzungen nur möglich im Schutz von Pappelkulissen. Auch in den weiten Ebenen Mittelargentiniens entstehen heftige Luftströmungen, die oft genug als gefürchtete Pamperos über das La Platabecken bis in den Ozean brausen. Der aus dem heißen Norden nach Mittelargentinien streichende Wind, die „Zonda", ist von erschlaffender Wirkung und bringt meist Regen mit sich. Im ganzen genommen ist das Klima Argentiniens gesund und eignet sich mit wenigen Einschränkungen durchaus für europäische, auch deutsche Einwanderung.

Bevölkerung. Die Erschließung der weiten, ursprünglich nur von einer spärlichen Eingeborenenbevölkerung bewohnten Landstrecken war in erster Linie abhängig von Zuzug aus dem Auslande. Zu dem fruchtbaren Boden, zu der Gunst des Klimas mußte sich die menschliche Arbeitskraft gesellen, um Argentiniens wirtschaftliche Leistungsfähigkeit zu entwickeln. Die alte spanische Kolonialpolitik, die auf Erhaltung der kolonialen Abhängigkeit gerichtet war, hatte die selbständige völkische Entwicklung in jeder Weise erschwert. Sie begünstigte lediglich die Errichtung großer grundherrlicher Feudalherrschaften auf der Grundlage der Naturalwirtschaft. Erst unter dem Diktator Rosas begannen, wenn auch zunächst ohne Erfolg, Versuche zur Förderung der Einwanderung. Seit der Mitte des 19. Jahrhunderts setzte dann mit dem wirtschaftlichen Aufblühen des Landes die europäische Einwanderung nach dem La Plata ein. 1863 langten dort 10 000, 1873 58 000, 1889 nach wiederholten Rückschlägen 220 000 Fremde an (unter Berücksichtigung der Rückwanderung). Die Zeit der inneren Wirren war damals vorüber, die Landwirtschaft begann sich zu entfalten, und die Kolonisation machte kräftige Fortschritte. Reichliche Verdienstmöglichkeiten lockten zahlreiche Auswandererscharen nach Argentinien zur Ausnutzung der günstigen Konjunktur, indessen brachte die Krisis der 90 er Jahre ein beträchtliches Abebben des Zustromes, und erst 1905 wurde die Rekordziffer des Jahres 1889 wieder erreicht. Wenn die Einwanderung im Jahre 1912 auch über 379 000 Seelen betrug, so hatte sich inzwischen doch immer mehr auch ein Rückfluten des Menschenstromes herausgebildet, das vor dem Kriege seit dem Jahre 1906 mehr als 100 000 Seelen jährlich umfaßte und unter dem Einfluß des Krieges schließlich die Zuwanderung sogar überwog.

Diese Erscheinung ist eng verknüpft mit der Entwicklung Argentiniens als Ackerbauland. Die zunächst vorhandene extensive Viehzucht bedurfte und bedarf auch heute noch verhältnismäßig wenig menschlicher Arbeitskraft. Sie konnte ihren Bedarf der im Lande vorhandenen Bevölkerung entnehmen und fand in den Gauchos, der spanisch-indianischen Mischrasse, das denkbar beste Material. Der Ackerbau hingegen kann in der Hauptsache als das Werk der aus Europa zuströmenden Einwanderung, insbesondere der aus Italien kommenden, betrachtet werden. Je mehr sich die bebaute Bodenfläche ausdehnte, je nachdem gute Ernten Arbeit und Verdienst boten, nahm auch der Einwandererstrom zu. Und ebenso hängt auch das Rückwandererproblem unmittelbar mit dem Ackerbau zusammen, da die Einwanderung aus Italien zu einem beträchtlichen Teil als eine Art überseeische Sachsengängerei anzusehen ist. Die italienischen Erntearbeiter, bezeichnenderweise „Golondrinas" genannt, langen wie die Zugvögel im November-Dezember zurzeit der Weizenernte an und kehren im Februar-März in die Heimat zurück, wo sie dann wieder in der italienischen Landwirtschaft Beschäftigung finden.

Nach dem Zensus von 1914 belief sich die Bevölkerung Argentiniens auf nicht ganz 8 Mill. Seelen, dazu kommen etwa 20 000 Eingeborene (Indianer). Auffallend ist der große Anteil der Fremden, der nicht weniger als 2,36 Mill., d. h. etwa 30 % beträgt. Unter ihnen ragen die Italiener mit 930 000 und die Spanier mit 830 000 bei weitem hervor, sodaß der ursprüngliche romanische Charakter der Bevölkerung durch die Zuwanderung unbeeinflußt geblieben ist. In den Jahren 1876—1913 kamen über 85 % der Einwanderung aus romanischen Ländern. Deutsche wurden 1913 nur etwa 27 000, Engländer 27 700 gezählt. Neuerdings hat die Einwanderung aus Spanien diejenige aus Italien wieder überflügelt.

Während der Italiener in Argentinien sein Fortkommen hauptsächlich in der Landwirtschaft sucht, bleibt der Spanier lieber in der Stadt und verdingt sich als Transportarbeiter, Handwerker usw. Im Molkereigewerbe besitzen die Basken von alters her eine Art Monopol, und eine der größten Molkereien in Buenos Aires nennt sich „La Vascongada". An dritter Stelle im Fremdenelement stehen die Russen, die zum Teil eigentlich Deutsche sind, da sie aus den deutschen Siedlungen in Rußland herüberkamen. Sie sind für die Kolonisation der Provinz Entre Rios von gewisser Bedeutung geworden. — Eine besondere wirtschaftliche Aufgabe erfüllen die eingewanderten Syrier und Türken, von denen 1914 über 6000 gezählt wurden, denn in ihren Händen ruht der Hausierhandel. der für die weitzerstreut wohnende Bevölkerung Wichtigkeit besitzt.

Der Engländer arbeitet in Argentinien im Zusammenhang mit dem in Eisenbahnen, Banken und Geschäftshäusern, vielfach auch in landwirtschaftlichen Unternehmungen angelegten englischen Kapital, während der Deutsche vorwiegend als Kaufmann, vielfach auch als Techniker seinen Verdienst findet. In der Statistik bemerkenswert sind noch die Gauchos mit 200 000 Seelen, die Mulatten (mehr weißer als schwarzer Einschlag) mit 100 000, zivilisierte Indianer mit 50 000; — Neger gibt es fast garnicht, da in Argentinien die Plantagenwirtschaft, die Vorbedingung der Negereinfuhr, nie eine Rolle gespielt hat.

Vorwiegend unter spanischen und italienischen Einflüssen bildet sich ein argentinischer Rassentypus heraus, dem neben der Ehrbarkeit des Spaniers und der Arbeitskraft und Sparsamkeit des Italieners die Gewandtheit und der Scharfsinn des Eingeborenen nachgerühmt wird. Regierung und Presse sind eifrig bemüht, das am La Plata zusammenströmende Völkergemisch möglichst rasch und gründlich zu einer nationalen Einheit zu verschmelzen. Sie erreichen dies durch Weckung und Pflege eines glühenden Nationalstolzes bei den Kindern der Eingewanderten, die nach der Verfassung durch ihre Geburt auf argentinischem Boden zu argentinischen Bürgern werden. Hinzu kommen die Einflüsse des Klimas, der Lebenshaltung und der sonstigen Umwelt, sodaß beim Zugewanderten die Gewohnheiten der alten Heimat sehr bald den Anforderungen der neuen weichen. So fühlt und denkt meist schon die zweite Generation vollkommen argentinisch, ohne daß die Einwirkung des Elternhauses oder altnationaler Schulunterricht diesen Angleichungsvorgang wesentlich aufhalten können. Von den Eingewanderten selbst erwerben indessen verhältnismäßig wenige die argentinische Staatsangehörigkeit, denn im Laufe des Jahrzehnts 1906—15 gelangten nur etwa 40 000 Bürgerbriefe zur Ausgabe.

Von den rund 8 Mill. Gesamtbevölkerung wohnen gegen 2 Mill. in Buenos Aires und seiner näheren Umgebung. Die überragende Bedeutung der Hauptstadt als Wirtschaftszentrum wird schon hierdurch hinlänglich gekennzeichnet. Von Buenos Aires abgesehen, entfallen auf das landwirtschaftliche Zentralgebiet 70 % der Bevölkerung. Auf das ganze Land berechnet, kommen rund 2 Einwohner auf das qkm. Bei der Beurteilung der Aussichten, die Argentinien der weiteren Besiedlung bietet, darf nicht übersehen werden, daß große Teile des Landes sich zu einer dichteren Besetzung mit Menschen nicht eignen, wie z. B. Patagonien und weite Gebiete der Cordilleren. Andere Gegenden, wie die Westprovinzen, können erst nach weiterem Ausbau kostspieliger Bewässerungsanlagen größere Siedlermassen aufnehmen. Die Erschließung des Nordens hängt im wesentlichen von der Schaffung neuer Verkehrswege und der dadurch zu bewirkenden Verbesserung der Absatzgelegenheiten ab.

Neben der Millionenstadt Buenos Aires finden sich nur wenige Ansätze zu größeren Bevölkerungszentren. Zwei von ihnen, Rosario und Córdoba, sind über 100 000 Einwohner hinausgelangt, weitere vier kommen über 50 000, 14 über 20 000, 28 über 10 000. Rund die Hälfte aller dieser Städte liegt in der Provinz Buenos Aires. Von der werktätigen Bevölkerung von insgesamt 2,36 Millionen gehören 462 000 der Acker- und Weidewirtschaft an. Industrie und Handwerk beschäftigen 813 000 (davon $^1/_3$ in der Hauptstadt), der Handel 24 000 (davon $^2/_5$ in der Hauptstadt), das Transportgewerbe 98 000 (davon fast die Hälfte in der Hauptstadt). Ferner zählt die Statistik 702 000 Tagelöhner und 254 000 sonstige Arbeiter, von denen annähernd 10 % in der Hauptstadt ihr Fortkommen suchen. Die Verteilung der Bevölkerung über das Land ist also nur unzureichend durchgeführt. Der Grund liegt darin, daß die Vorbedingungen für eine geeignete Unterbringung der Einwanderermassen fehlen. Die Regierungsmaßnahmen sind unzureichend; es mangelt an Siedlungsland in passender Lage, das nur aus den Latifundien, der vorherrschenden Wirtschaftsform, gewonnen werden könnte. Hierin liegt das Hauptproblem für die weitere wirtschaftliche Entwicklung des Landes.

Arbeiterfrage. Der vorherrschend agrarische Charakter der argentinischen Volkswirtschaft spiegelt sich in den Verhältnissen des Arbeitsmarktes wieder. Wie schon erwähnt, stehen Ackerbau und Einwanderung in engster Wechselbeziehung. Je mehr sich der Getreidebau ausdehnte, umso stärker wurde der Bedarf an landwirtschaftlichen Arbeitern, denn die natürliche Vermehrung der argentinischen Bevölkerung vermochte bei weitem nicht der Nachfrage zu genügen, umsoweniger, als sie ihrer überkommenen Veranlagung gemäß die Beschäftigung in dem ungebundenen Reiterleben der Viehzuchtbetriebe der harten Bodenarbeit des Ackerbaues vorzog. Zugleich bestimmte das Arbeitsangebot, das einseitig aus dem Ackerbau entsprang, im wesentlichen die Art der Einwanderung. Von ausschlaggebendem Einfluß auf den Arbeitsmarkt ist jedoch das landesübliche Betriebssystem. Kleine Bauernwirtschaften mit vielseitiger Produktion, wie sie in Deutschland den größeren Teil der Betriebe ausmachen, sind in Argentinien fast unbekannt. Hier arbeitet auch der kleine Bauer, der nur 100 ha als Eigentümer oder Pächter bestellt, nach Methoden des Großbetriebs. Er baut in den allermeisten Fällen nur eine Frucht an — Weizen oder Mais oder Leinsaat — und benötigt natürlich zur Ernte, die innerhalb einer kurzen Zeitspanne eingebracht werden muß, zahlreiche Hilfskräfte. Das Ausdreschen des Getreides wird in der Regel an Unternehmer vergeben, die mit einer Maschine und einem Stamm von Arbeitern von einer Estancia zur anderen ziehen. Allerdings dehnt sich die Getreideernte durch mehrere Monate aus, zunächst wegen der klimatischen Unterschiede der umfangreichen Ackerbauregion, besonders aber weil die Maisernte erst nach beendeter Weizenernte einsetzt. Die für das Einbringen der Ernte notwendigen Arbeitskräfte sind nur dadurch zu gewinnen, daß ihnen ein erheblich höherer Lohn geboten wird, als ihn die ständig in der Landwirtschaft beschäftigten Arbeiter erhalten. Besonders gut entlohnt werden die Führer von Mäh- und Dreschmaschinen. Fachkenntnisse sind für die Erntearbeit nicht erforderlich, da nur Hilfsarbeiten an der Maschine zu leisten sind. Daher kann ein Teil der erforderlichen Kräfte aus der städtischen Bevölkerung entnommen werden, und die Zahl der Arbeitslosen zeigt deshalb in der Erntezeit regelmäßig eine starke Abnahme.

Wenn die argentinische Arbeitslosenstatistik in vollem Umfang zutreffende Ziffern enthält, so enthüllt sie eine bemerkenswerte Schattenseite des dortigen Erwerbslebens, denn die Menge der Beschäftigungslosen wurde z. B. im August (dem ungünstigsten Monat) des Jahres 1914 mit 13,7 % der werktätigen Bevölkerung nachgewiesen, und dieser Prozentsatz stieg in den folgenden Jahren bis auf 19,4 % im Jahre 1917 (456 000 amtlich festgestellte Arbeitslose). Die Reserve an Arbeitskräften, soweit sie zur Annahme von Landarbeit gewillt ist, reicht jedoch zur Bewältigung der Erntearbeiten nicht aus. Es müssen außerdem noch Hilfskräfte aus dem Auslande in der beschriebenen Weise herangezogen werden. Die gute Bezahlung reizt aber auch andere Arbeiterklassen in Argentinien selbst dazu, ihre gewöhnliche Beschäftigung aufzugeben, und so kommt es, daß die Arbeitsverhältnisse in der Landwirtschaft ungünstig auf die Industrie zurückwirken. Die Zahl der Arbeiter in Industrie und Handwerk ist mit 810 000 gegen 462 000 in der Landwirtschaft für ein so ausgesprochenes Agrarland recht bedeutend. Die Qualität der industriellen Arbeitskräfte läßt jedoch sehr zu wünschen übrig, denn es sind in der Hauptsache ungeschulte Gelegenheitsarbeiter, die in den Fabriken erst zu brauchbaren Kräften herangebildet werden müssen, was nur in geringem Umfange gelingt, da das Menschenmaterial dazu nichts taugt. Dazu kommt, daß die Lohnverhältnisse durch regelloses Angebot je nach dem Anschwellen der Einwanderung und infolge des Einflusses der Erntelöhne zu keiner Stabilität gelangen. Eine Änderung zum Besseren kann hier erst eintreten, wenn die argentinische Industrie, soweit sie Facharbeiter beschäftigt, mehr ausgebildete Industriearbeiter ins Land zu ziehen vermag, indem sie ihnen entsprechende Löhne und Arbeitsbedingungen bietet. Ohne diese Vorbedingungen werden die Bemühungen der Regierung, durch Fachschulen eine bessere Ausbildung zu erzielen, unfruchtbar bleiben.

Die große Zahl der Streiks während der letzten Jahre läßt die Folgerung ziehen, daß die Arbeitsverhältnisse den Bedürfnissen der Arbeiter bei weitem nicht entsprechen, wenn auch eine namhafte Zahl dieser Ausstände ihre Ursache nicht in Lohnforderungen hat, sondern in Organisations- und Machtfragen gegenüber dem Unternehmertum. Die bunt zusammengewürfelte Arbeiterbevölkerung einer Hafengroßstadt wie Buenos Aires enthält natürlich viele radikal gesinnte Elemente, die ihren Einfluß mit allen Mitteln geltend zu machen bestrebt sind. Wenn die Regierung auch im allgemeinen bei Unruhen sehr energisch vorzugehen pflegt, so hat sie doch nicht vermocht, Streiks und Boykotts beizulegen, die wichtige Zweige der Volkswirtschaft lahmlegen, wie z. B. die gegen die Mihanovich-Schiffahrts-Gesellschaft gerichtete, lang anhaltende Bewegung, die den wichtigen Binnenverkehr auf dem Paraná und Uruguay zum großen Teil unterbunden hat, oder wie der Streik der Schauerleute, der die rechtzeitige Verladung einzelner Ausfuhrgüter, wie der Wolle, verhinderte. Auch in Argentinien spielen innerpolitische Einflüsse hierbei eine große Rolle, da die erst bei den letzten Wahlen ans Ruder gelangte radikale Partei sich ihren Einfluß zu erhalten bestrebt ist und es mit der Arbeiterschaft nicht verderben will.

Verfassung, Verwaltung, Rechtspflege. Der politische Geburtstag Argentiniens ist der 25. Mai 1810, an welchem Tage es das Joch des spanischen Kolonialstaates abwarf. Der Kampf um die Unabhängigkeit dauerte aber noch jahrelang, und durch weitere Jahrzehnte hindurch mußten innere Kämpfe ausgefochten werden, bis sich das Land endlich durch Parteihader und durch die blutige Diktatur des Tyrannen Rosas zu einer einheitlichen Staatsform durchgerungen hatte. Die Verfassung wurde durch den Kongreß in Sta. Fé am 25. Sept. 1860 endgültig festgelegt. Nach Art. 1 ist die Regierungsform eine repräsentativ republikanische, bundesstaatliche. Alle Souveränität ruht beim Volk, nicht bei der Regierung. Der inneren Verwaltung liegt das Prinzip der Teilung der Gewalten nach Montesquieu zugrunde. Die gesetzgebende Gewalt besteht aus Senat und Deputiertenkammer. Von den 30 Senatoren ernennt jede der 14 Provinzen und der Bundesdistrikt je 2 durch Wahl auf neun Jahre.

Die Deputierten werden auf 4 Jahre und zwar auf je 33 000 Einwohner einer gewählt. Die Deputiertenkammer zählt zurzeit 158 Mitglieder. Beide Körperschaften bilden zusammen den Kongreß, dessen Mitglieder ein jährliches Gehalt von 18 000 s beziehen und somit wohl zu den bestbezahlten der Welt gehören. Alle 18 Jahre alten Argentinier männlichen Geschlechts besitzen das aktive Wahlrecht. — Die Vollzugsgewalt wird durch den Präsidenten und 8 Minister ausgeübt. Der Präsident muß von Geburt Argentinier, 30 Jahre alt und römischkatholischen Glaubens sein. Nebst einem Vizepräsidenten wird er auf 6 Jahre von Wahlmännern gewählt, die aus Urwahlen hervorgehen. —

Die richterliche Gewalt wird ausgeübt durch die „suprema corte de justicia", den obersten Gerichtshof, der seinen Sitz in der Bundeshauptstadt hat, ferner durch die „Cámaras federales de apelación", bundesstaatliche Berufungskammern in Buenos Aires, Córdoba, Paraná und La Plata sowie bundesstaatliche Gerichtshöfe in der Hauptstadt und in sämtlichen Provinzen und Territorien. Das argentinische bürgerliche Recht ist auf dem Code Civil aufgebaut, das geltende Handelsgesetzbuch wurde 1889 verfaßt und beruht auf älteren handelsrechtlichen Kodifikationen aus dem Jahre 1862, die wiederum auf brasilianisches Handelsrecht und weiterhin auf die alte Konsulargerichtsbarkeit zurückgehen. Im Erbrecht ist die Berücksichtigung der unehelichen Kinder erwähnenswert; die Materie gehört zu den schwierigsten der argentinischen Rechtspflege und Erbauseinandersetzungen pflegen oftmals nur den beteiligten Advokaten etwas einzubringen. Im Handelsrecht ist die eigentliche G. m. b. H. nicht vorgesehen, doch können alle im Auslande nach geltendem Recht gegründeten Gesellschaften in Argentinien ihre Tätigkeit ausüben. Das Wechselrecht ist nach internationalen Grundsätzen ausgebaut. Die Prozeßordnung läßt vielfach zu wünschen übrig, sonstige Mängel der Rechtspflege haben sich in neuerer Zeit wesentlich gebessert. Indessen gilt auch in Argentinien, namentlich für den Ausländer, der dort Recht suchen muß, das beherzigenswerte Sprichwort: „Ein magerer Vergleich ist besser als ein fetter Prozeß". Das Polizeiwesen ist durchweg gut organisiert und leistet besonders in der Hauptstadt Ausgezeichnetes, aber auch auf dem Lande ist die Sicherheit hinreichend gewährleistet.

Die Provinzen sind in Bezug auf innere Angelegenheiten autonom, an ihrer Spitze steht ein gewählter Gobernador. Bei Differenzen zwischen Provinzialregierung und Bürgerschaft hat die Zentralregierung das Recht einzuschreiten, indem sie einem Interventor vorübergehend die Regierung überträgt. Der jetzige Präsident Irigoyen hat von diesem Recht wiederholt Gebrauch gemacht, um ein Wiederaufleben des alten Caudillo-Unwesens, d. h. eine Emanzipation von der Zentralgewalt, zu verhindern. — An der Spitze jedes der 10 Territorien, einer den Ver. Staaten nachgebildeten Einrichtung, steht ein von der Federalregierung auf drei Jahre ernannter Gouverneur. Mit fortschreitender Entwicklung (über 70 000 Einwohner) können die Territorien zu Provinzen werden, worauf einige von ihnen, z. B. die Pampa Central, bereits energisch hinarbeiten.

Verfassung und Gesetzgebung kommen dem Fremden in jeder Weise entgegen und stellen ihn dem Bürger des Landes gleich. Wirtschaftliche und Religionsfreiheit sind ihm garantiert, ebenso wie Freiheit des Grunderwerbs. Im Auslande rechtsgültig vollzogene Handlungen werden anerkannt, selbst wenn sie das argentinische Recht nicht kennt, ja selbst wenn sie nach argentinischem Recht nicht zugelassen sind (wie rein kirchliche Eheschließungen). Der Ausländer kann nach zweijährigem Aufenthalt das Bürgerrecht erwerben, bei besonderen Verdiensten um die Republik auch schon früher. Im übrigen gilt, wie schon erwähnt, das ius soli, d. h. jeder auf argentinischem Boden Geborene ist argentinischer Bürger, auch wenn sein Vater eine andere Staatsangehörigkeit besitzt.

Der Naturalisierte ist zehn Jahre vom Militärdienst befreit, sonst herrscht allgemeine Wehrpflicht. Der Dienst mit der Waffe dauert ein Jahr, sodann gehört der Wehrpflichtige bis zum 30. Jahre der Reserve und weiter bis zum 40. Jahre der Nationalgarde an. Im Kriegsfalle werden auch die Bürger vom 40. bis 45. Lebensjahre in der Territorialgarde mobilisiert. Das stehende Heer zählt rund 25 000 Mann, Auslosungen bei der Aushebung sind häufig. An der Heeresorganisation haben deutsche Offiziere maßgebend mitgewirkt, und zahlreiche argentinische Offiziere haben ihre Ausbildung in Deutschland erhalten. Diesem Umstande sind zahlreiche wertvolle persönliche Beziehungen zu verdanken, die Deutschland auch wirtschaftlich zugute gekommen sind. — Sehr stolz ist der Argentinier auf seine Marine, für die in den letzten Jahren viel getan worden ist. Ihren Kern bilden zwei moderne, in den Ver. Staaten gebaute Flaggschiffe, „Rivadavia“ und „Moreno“; außerdem zählt sie eine Anzahl Kreuzer und von Deutschland bezogener Torpedobote.

Politik. Die innere Politik des Landes wird getragen von drei Parteien, den Liberalen, die sich als „Radikale“ bezeichnen, den Konservativen, dort „Demokraten“ genannt, und den Sozialisten. Die Demokraten sind die Partei des einflußreichen Großgrundbesitzes, der früher unumschränkt im Lande regierte. Die früher durch Geld, Alkohol und Revolver stark beeinflußten Wahlen sind unter der Präsidentschaft Saenz

Peñas durch ein neues Wahlgesetz zu wirklich freien Wahlen gemacht worden und haben vor vier Jahren einen Sieg der radikalen Partei gebracht, der in diesem Jahre noch deutlicher in die Erscheinung trat, als die Wahlen, die alle zwei Jahre das Parlament zur Hälfte erneuern, auf 38 neugeschaffene Wahlkreise ausgedehnt wurden. Die Radikalen verfügen damit ungefähr über eine Zweidrittel-Mehrheit im Parlament. Präsident Hipolito Irigoyen, der am 12. Okt. 1916 unter den schwierigen Verhältnissen des Weltkrieges sein Amt antrat, hat sich in der äußeren Politik die Aufrechterhaltung des Friedens und der Freundschaft mit allen Völkern, also die unbedingte Neutralität zum Ziel gesetzt. In Anbetracht der starken wirtschaftlichen Interessen, die Argentinien mit England und in geringerem Umfange auch mit Frankreich und Belgien verbinden, ist die Festhaltung an diesem Ziele durchaus nicht leicht gewesen, zumal auch der nicht zu unterschätzende Einfluß französischer Kultur und Denkart im Sinne eines Anschlusses an die Entente kräftig ausgenutzt wurde. Wenn Argentinien trotzdem im Weltkriege neutral geblieben ist, so muß dies in allererster Linie auf den persönlichen Einfluß und den unbeugsamen Willen des Präsidenten Irigoyen zurückgeführt werden, der im wohlverstandenen Interesse seines Landes dem Einlenken in das Fahrwasser der Entente widerstanden hat, trotzdem sich sowohl im Senat wie auch in der Deputiertenkammer die Mehrheit für den Abbruch der Beziehungen zu Deutschland ausgesprochen hatte.

Den Umwerbungen der Ver. Staaten, die im Panamerikanismus zum Ausdruck kommen, steht die argentinische Politik kühl gegenüber und macht dabei nur aus Höflichkeit und auch nur soweit mit, als dem Lande daraus wirkliche Vorteile erwachsen. Im übrigen werden die wirtschaftlichen Expansionsbestrebungen des „großen Bruders" mit Mißtrauen beobachtet. In Südamerika selbst ist ein gewisser latenter Gegensatz zwischen Argentinien und Brasilien zu beobachten, weil beide Länder Anspruch auf die Hegemonie Lateinamerikas machen. Bestrebungen zur Schaffung eines Bundes aller südamerikanischen Republiken, für den sich in einem losen Zusammengehen der A, B, C-Staaten (Argentinien, Brasilien, Chile) ein Keim zu zeigen schien, sind zunächst jedenfalls ergebnislos geblieben. Dagegen hat die frühere, auf Grenzstreitigkeiten beruhende Spannung Chile gegenüber seit deren Schlichtung einem freundschaftlichen Verhältnisse Platz gemacht, und auch die Beziehungen zu Paraguay sind ausgezeichnet. Der Gedanke der schiedsgerichtlichen Austragung internationaler Streitfragen hat in Argentinien stets einen eifrigen Förderer gefunden, wie eine Reihe von Verträgen beweist, die es hierüber mit Frankreich, Uruguay, Paraguay, Chile und Bolivien abgeschlossen hat.

Finanzen und Geldwesen. Der argentinische Staatshaushalt schloß 1918 mit einem Defizit von 58 Mill. Papierpesos. Der Voranschlag für 1920 balanzierte mit etwa 414 Mill. Papierpesos. Die Staatseinnahmen beruhen zum allergrößten Teil auf Zöllen und Verbrauchsabgaben. Nach einer Berechnung Latzinas für das Jahr 1912 ergaben die direkten Steuern nur 2 % der Staatseinkünfte, die indirekten 80 %, die Verkehrseinrichtungen (Post, Telegraphie, usw.) brachten 7,8 %, die Einnahmen aus sonstigem Staatseigentum (Häfen, Wohlfahrtseinrichtungen, Ländereien usw.) 8,5 %, außerordentliche Einnahmen 1,7 %. Eine Umgestaltung der Staatseinkünfte unter Zugrundelegung einer allgemeinen Einkommensteuer wird seit langem angestrebt, und ein entsprechender Gesetzentwurf liegt dem Kongreß vor, ist jedoch noch nicht zur Verabschiedung gelangt. Die Zweckmäßigkeit einer derartigen Neuordnung der vorwiegend auf den Zolleinkünften beruhenden Staatseinnahmen steht außer Frage. Die infolge der Kriegsverhältnisse auf diesem Gebiet eingetretenen Störungen haben dies deutlich genug bewiesen. Auffallend ist die geringe Besteuerung des Grundbesitzes. Nach einer von der Zeitung „La Razon" angestellten Berechnung umfaßt der Großgrundbesitz in der Prov. Buenos Aires eine Fläche von 1½ Mill. ha, die bei einem niedrig gehaltenen Schätzungswert von etwa 98 Mill. Papierpesos ein Steuererträgnis von nur 439 000 Papierpesos bringt. Das in Handels- und Industrieunternehmungen angelegte Kapital und die Erträge daraus werden durch die sogen. „Patente" erfaßt, eine Gewerbesteuer, die jede Firma oder jeder Kaufmann in Buenos Aires und in den Territorien zu zahlen hat. 45 % hiervon werden als Kommunalsteuer der Hauptstadt überwiesen. Von den inneren Steuern und Verbrauchsabgaben bringen die höchsten Erträge die Tabak- und die Alkoholsteuer sowie das für zahlreiche geschäftliche Transaktionen vorgeschriebene Stempelpapier.

Die innere und auswärtige Schuld betrug am 31. Dezember 1918 zusammen rund 482 Mill. Goldpesos. Daneben haben einzelne Provinzen nicht unbeträchtliche Schulden aufgenommen; z. B. beliefen sich die der Prov. Buenos Aires am 31. Dezember 1918 auf mehr als 102 Mill. Papierpesos, für welche die Republik als Ganzes nicht einsteht. Da der Schuldendienst der Provinzen nicht immer den Anforderungen entsprach und das Kreditansehen Argentiniens dadurch gefährdet wurde, geht das Bestreben dahin, die Selbständigkeit der Provinzen hierbei in möglichst engen Schranken zu halten.

Die schwebende Schuld der Republik ist in den letzten Jahren infolge des geschilderten Zurückbleibens der Einnahmen beträchtlich angewachsen (31. Dez. 1919: 651 Mill. Papierpesos). Die Regierung will sie durch Ausgabe einer inneren Anleihe in Höhe von 600 Mill. Papierpesos konsolidieren, doch hat der Kongreß hierzu seine Zustimmung noch nicht erteilt. —

Das Geldwesen Argentiniens erhielt seine feste Grundlage durch die Schaffung der Konversionskasse im Jahre 1890 sowie durch das Konvertierungsgesetz vom Jahre 1899, das 1 Papierpeso = 44 Goldcentavos oder 1 Goldpeso = 2,2727 Papierpesos gleichsetzte. Das erste Gold floß der Kasse im Jahre 1893 zu. Seitdem hat sich ein bedeutender Goldschatz bei ihr angesammelt, der eine im Vergleich zu europäischen Verhältnissen (auch vor dem Kriege) äußerst günstige Golddeckung darstellte[1]). Bei Ausbruch des Krieges wurde die Goldreserve wie in anderen Ländern durch Zurückziehung aus dem Verkehr und durch Ausfuhrverbot geschützt. Letzteres ist vor kurzem zur Verbesserung des Pesokurses gegenüber dem Dollar wieder aufgehoben worden. Die argentinische Staatsbank kann aus der Konversionskasse alles Gold, das sie bei Beginn des Krieges dort eingezahlt hatte, wieder abheben gegen Ablieferung eines gleichen Nennbetrages in Papiergeld. Auch kann die Staatsbank darüber hinaus gegen Einzahlung von Papiergeld Summen bis zum Gesamtbetrag von 44 Millionen Goldpesos einwechseln.

Die Bankdepositen erreichten im Jahre 1919 den hohen Stand von 3 Milliarden Papierpesos. Die Hälfte des Depositengeschäfts fällt den im Lande domizilierten fremden Banken zu, in erster Linie den englischen. Die Depositen der deutschen Banken in Buenos Aires, die vor dem Kriege 78 Mill. Papierpesos betragen hatten, beliefen sich 1919 schon wieder auf 57 ½ Mill., was für das Vertrauen in ihre Solidität zeugt.

Gütererzeugung. Die argentinische Volkswirtschaft beruht geschichtlich und auch heute noch zum großen Teil auf der Ausnutzung ungeheurer Naturweiden. Argentinien ist das größte Weideland der Welt und ist als solches doppelt so groß wie die Vereinigten Staaten. Seine weltwirtschaftliche Bedeutung erhielt es jedoch erst, als neben der Viehzucht der Getreidebau an Umfang gewann.

Die landwirtschaftlich bearbeitete Bodenfläche wuchs von 2,5 Mill. ha im Jahre 1888 bis zur Gegenwart auf rund 25 Mill. ha. Deutlicher läßt sich die enorme wirtschaftliche Entfaltung Argentiniens innerhalb einer verhältnismäßig kurzen Zeitspanne kaum anschaulich machen. Ein Drittel der bebauten Fläche ist mit Luzerne (Alfalfa) bestellt, die eine ausgezeich-

---

[1]) Näheres hierüber in diesem Buche: Tang, Bank-, Geld- und Finanzwesen S. 114. (Anm. d. Herausgeb.)

nete Weide abgibt; z. T. wird das gewonnene Heu auch ausgeführt (1914: 22 000 t). Neben der bebauten Fläche von 25 Mill. ha wird immer noch ein über viermal so großer Teil Argentiniens als Naturweide benutzt, so daß die künstlichen Weiden nur etwa 6 % der natürlichen betragen. — Das zweite Drittel der Anbaufläche ist dem Weizenbau vorbehalten. Vom letzten Drittel entfällt die Hälfte auf den Maisbau, in den Rest teilen sich Leinsaat und Hafer mit anderen Kulturgewächsen. Den Wert der gesamten landwirtschaftlichen Produktion Argentiniens berechnet Alejandro E. Bunge 1918 auf 4 $^1/_2$ Milliarden Papierpesos.

Die vorherrschende Betriebsform in der argentinischen Landwirtschaft ist der extensive Großbetrieb. Ganz besonders gilt dies von der Viehzucht, die auf Naturkamp betrieben wird. Für sie war zunächst eine andere Betriebsform auch garnicht möglich, und erst eine stärkere Zunahme der Alfalfakultur wird eine Verkleinerung der Betriebe unter Intensivierung der Wirtschaftsmethoden gestatten, wie sie in geeigneten Gegenden unter Betonung der Rasseviehzucht oder durch Übergang zur Milchwirtschaft bereits eingetreten ist. Der landwirtschaftliche Zensus von 1908 zählt 9338 Viehzuchtbetriebe von mehr als einer Quadratlegua (2500 ha) Grundbesitz, darunter 304 Betriebe von 50 000 ha und darüber. Auf den Katasterkarten der argentinischen Provinzen und auch der südlichen Territorien findet man Flächen von der Größe europäischer Königreiche mit den Namen einzelner argentinischer Familien bezeichnet; es kommen darunter Besitzungen bis zu $^1/_2$ Mill. ha vor.

Im Ackerbau ist dagegen der mittlere und Kleinbetrieb die Regel. Im Erntejahr 1915/16 waren von 71 000 Farmen, auf denen Weizen, Leinsaat, Hafer, Gerste, Roggen und Kanariensaat angebaut wurden, nur 14 % über 200 ha groß. Die am zahlreichsten (63 %) vorkommende Betriebsgröße liegt zwischen 25 und 200 ha, — für deutsche Begriffe immer noch ganz stattliche Besitzungen, da im Deutschen Reich etwa 95 % aller Betriebe nur bis zu 20 ha aufweisen. Auch die verhältnismäßig kleinen Ackerbaubetriebe werden, wie früher schon erwähnt, in der Form des Großbetriebes bewirtschaftet, und zwar wird in extensiver Monokultur entweder Weizen oder Hafer oder Leinsaat usw. angebaut. Wegen der noch immer vorhandenen umfangreichen Reserve an ungebrochenem Kamp, d. h. jungfräulichem Boden, fehlt zu intensiverem Betrieb der Anreiz; — ferner ist hierauf von Einfluß der Mangel sachverständiger Arbeitskräfte; ausschlaggebend sind jedoch die Besitzverhältnisse. Ein eingesessener Bauernstand ist nur in geringem Umfang vorhanden. Für den Großgrundbesitzer aber kommt der Getreidebau vielfach nur als sekundäre Bodennutzung, zumeist nur als Vorbereitung des Bodens zur künstlichen Weide in Betracht. Daher herrscht im Getreidebau der Pachtbetrieb vor. Im Jahre 1910 wurden die in der Ackerbauzone gezählten Betriebe bewirtschaftet von Pächtern zu 56 %, von Halbpächtern (Medianeros) zu 12 %, von Eigentümern nur zu 32 %. Auffallend ist die übliche kurze Dauer der Pachtverträge, sodaß man fast von einem Pachtbetrieb im Umherziehen sprechen kann. Die in den Ackerbaukolonien vorhandenen bodenständigen Pachtungen treten dem gegenüber in den Hintergrund. Der Großgrundbesitzer gibt dem Pächter sein Land auf 2 Jahre, selten länger, schreibt ihm vor, was er anzubauen hat und läßt ihn im letzten Pachtjahr Alfalfa mit aussäen. Nach der letzten Ernte muß der Pächter häufig auch noch seine Hütte (rancho) wieder dem Erdboden gleich machen, den Brunnen zuschütten und kann darauf weiter ziehen. Auf diese Weise wird der Kamp „alfafiert" und dann wieder mit Vieh bestockt. Nach etwa zehn Jahren Weidegang hat sich das Wachstum der Alfalfa erschöpft und die Prozedur der Alfalfierung wird in der gleichen Weise wiederholt. Für den Großgrundbesitz ist die Wirtschaftsform billig und bequem, denn er braucht für die Besserung seiner Weiden nicht nur keine Aufwendungen zu machen, sondern erhält obendrein den Pachtschilling, in der Regel in Form eines Anteils am Ernteertrag. Sein Interesse an der Erhaltung des Wanderpachtsystems ist daher erheblich größer als an der Schaffung einer bodenständigen Ackerbaubevölkerung. Anderseits beweisen die Pächterstreiks der letzten Jahre, daß der Pächter mit seinem Lose unzufrieden ist. Angestrebt wird eine Ermäßigung der Abgaben und Verlängerung der Pachtverträge sowie Erlaubnis zur Benutzung eines kleinen Teils des Pachtlandes für den Anbau des Eigenbedarfs des Kolonisten oder für das Halten von Nutzvieh. Auf dem Interessengegensatz zwischen Großgrundbesitzer und Pächter beruht im Wesentlichen das „Agrarproblem", über das seit langem in Argentinien viel geschrieben und noch mehr geredet wird, zu dessen praktischer Lösung aber bisher recht wenig getan würde. Neuerdings will man die Mindestdauer der Pachtverträge auf 4 Jahre festlegen, was indessen nur wenig zur Beseitigung der Nachteile der ganzen Betriebsart beitragen wird. Das Pachtsystem ist das größte Hindernis für den Übergang zu intensiverem Wirtschaftsbetrieb, denn der Kolonist sucht den Ertrag nicht durch bessere Bodenbearbeitung, sondern durch möglichste Ausdehnung der angebauten Fläche in extensiver Wirtschaft zu steigern und erhält dazu vom Großgrundbesitzer so viel Land wie er umpflügen kann. Gerade deshalb war das System aber auch von großer Wichtigkeit für die rasche

Eroberung der Pampa für den Getreidebau. Ohne seine Kenntnis ist die fast überstürzt zu nennende Entwicklung der argentinischen Landwirtschaft gar nicht verständlich.

Weiterhin werden die Erträge des Ackerbaus durch klimatische Einflüsse (Dürren, Spätfröste) oder durch Heuschreckenfraß nachteilig beeinflußt, sodaß man den argentinischen Ackerbau nicht unzutreffend mit einem Hazardspiel verglichen hat.

Die Anbaufläche von Weizen hat sich seit Anfang des Jahrhunderts verdoppelt, doch beläuft sich der Ertrag im Durchschnitt nur auf 6 bis 7 Doppelzentner pro ha., also nur den dritten Teil des in Deutschland erreichten Durchschnitts. Von der Weizenernte des Jahres 1915/16 wurden 2,3 Mill. t, also die Hälfte, exportiert, 1917 ging der Weizenexport infolge einer Mißernte auf 936 000 t zurück, stieg 1918 wieder auf rund 3 000 000 t, hielt sich 1919 auf 3,2 Mill. t und erreichte im laufenden Jahre unter der Einwirkung einer enormen Nachfrage seitens Europas die Rekordziffer von über 5 000 000 t. Der Inlandverbrauch ist auf nicht ganz 2 000 000 t anzusetzen, wovon ein knappes Drittel auf Saatgut entfällt. Eine recht bedeutende Mühlenindustrie vermahlt jährlich gegen 1½ Mill. t Weizen. Die Brennerei ist noch wenig entwickelt.

Die Ausfuhr von Mais, die in den Jahren 1912 und 1913 4,8 Mill. t überschritten hatte, litt bedeutend mehr als die Weizenausfuhr unter der Einwirkung des Krieges. Fehlende Transportmittel und Mangel an Brennmaterial zeitigten die Erscheinung, daß namhafte Mengen zu Feuerungszwecken Verwendung fanden. Auch bei Mais lassen sich enorme Schwankungen in der Produktion beobachten, so betrug die Ernte 1911 nur den zehnten Teil der von 1918 (7,3 Mill. t). Der Inlandsverbrauch beläuft sich auf etwa 1½ Mill. t. Seine Ausdehnung etwa durch vermehrte Verfütterung in der Schweinezucht wäre vorteilhaft, zumal die Maispreise die bei Weizen und Leinsaat zu beobachtende Steigerung nicht mitgemacht haben.

Entgegen der ständigen Ausdehnung der Weizen- und Maiskulturen ist die Anbaufläche der Leinsaat, des drittwichtigsten Agrarprodukts, seit Beginn des Jahrhunderts ziemlich konstant geblieben. Leinsaat ist reines Exportprodukt. Die Leinölindustrie steht noch in den Anfängen, wenn auch nicht zu verkennen ist, daß sich ihr neuerdings größeres Interesse zuwendet.

Hafer wird besonders in der Provinz Buenos Aires, in geringerem Umfang in der Pampa Central angebaut. Als Viehfutter findet er nur als ganze Pflanze, d. h. als Grünfutter, Verwendung. Der Körnerertrag wird ebenso wie Leinsaat fast vollkommen exportiert. Die Ausfuhrmenge betrug im Durchschnitt der letzten 10 Jahre vor dem Kriege etwa 400.000 t.

Verhältnißmäßig gering ist trotz geeigneter Böden der Anbau von Gerste. Die Verwendung für Brauzwecke hat erst in den letzten Jahren auf Grund von Versuchen, die argentinische Großbrauereien anstellen ließen, einige Fortschritte gemacht. Malz wird ebenso wie Hopfen vom Auslande eingeführt.

Zu einem wichtigen Faktor im Rahmen der argentinischen Volkswirtschaft hat sich der Anbau und die Verarbeitung von Zuckerrohr entwickelt im Zusammenhang mit dem Anschluß des Hauptproduktionsgebietes, der Provinz Tucumán, an das argentinische Eisenbahnnetz im Jahre 1876. Damals wurden dort auf einer Anbaufläche von 2400 ha rund 3000 t Zucker jährlich gewonnen, 1913 dagegen auf 100 000 ha etwa 270 000 t. Da in schlechten Jahren bedeutend weniger erzeugt wird — 1917 z. B. nur 88 000 t —, der Eigenverbrauch des Landes aber mit 200 000 t anzunehmen ist, so muß dementsprechend zeitweilig Zucker eingeführt werden. Angesichts der hohen Schutzzölle, unter denen die Industrie arbeitet, ergeben sich aus den schwankenden Produktions- und Einfuhrziffern fast in jedem Jahr heftige Interessenkämpfe zwischen den Besitzern der 43 Zuckerfabriken und Raffinerien (Anlagekapital 190 Mill. Papierpesos) auf der einen Seite und den Verbrauchern auf der anderen Seite, die billigen Zucker verlangen. Dementsprechend folgen sich Einfuhrverbote und Ausfuhrverbote, Ein- und Ausfuhrerlaubnis, Beschlagnahme und Höchstpreise in raschem Wechsel.

Ein anderes wichtiges Erzeugnis Argentiniens ist der Wein. Sein Hauptgebiet ist die Provinz Mendoza, die etwa 70 % der mit 132 000 ha nachgewiesenen Anbaufläche umfaßt, und wo 1913 $^4/_5$ der Gesamtproduktion von 5 Mill. hl erzeugt wurden. Die Qualität des Weins läßt trotz guter Anlagen zu wünschen übrig, da eine sorgfältige längere Pflege, wie bei europäischen Gewächsen, nicht stattfindet. Der Wein wird durchweg jung verbraucht. Bisher galt der Grundsatz, daß die alte Ernte aus der Bodega heraus sein müsse, wenn die neue eingebracht wird. Erst in den letzten Jahren hat man der Erzeugung besserer Sorten mehr Aufmerksamkeit zugewendet und auch gute Erfolge erzielt. Unter dem Einfluß dieser Bestrebungen und des Krieges ist die Weineinfuhr, die 1906 bis 1910 jährlich über 500 000 hl betragen hatte, auf den zehnten Teil heruntergegangen. Gleichzeitig hat sich eine Ausfuhr entwickelt, die der Menge nach der Einfuhr ungefähr die Wage hält. Neben dem Wein hat auch der Obstbau in Argentinien eine große Zukunft.

Günstige Bodenverhältnisse sind im Norden des Landes, besonders im Chaco, für den Anbau von Baumwolle vorhanden. Auch das Klima begünstigt dort mit seinen Trockenperioden die Ernte. Größeren Umfang haben die Kulturen erst in den letzten Jahren erreicht. Schwierigkeiten für eine größere Ausdehnung des Ausbaus bereitet vorläufig noch die Arbeiterfrage, die durch Einwanderung geeigneter Elemente gelöst werden müßte. Die Baumwollernte ven 1920 wird auf etwa 60 000 Ballen im Werte von rund 10 Millionen Goldpesos geschätzt. Der größere Teil ist nach dem Auslande, in der Hauptsache nach Spanien verkauft worden. Die Baumwollkultur ist im argentinischen Chaco noch sehr entwicklungsfähig, und im Hinblick auf die Abhängigkeitsverhältnisse im Baumwollbezuge sollte die deutsche Baumwollindustrie diesem, weder unter amerikanischem noch englischem Einfluß stehenden Gebiet besondere Beachtung schenken.

Von den sonstigen in größerem Umfang angebauten Pflanzen ist außer Erdnuß (maní), Kartoffeln usw. noch der Tabak zu erwähnen, dessen Anbaufläche etwa 10 000 ha einnimmt. Die Produktion schwankt zwischen 4 und 10 Millionen kg. Daneben findet noch eine beträchtliche Einfuhr statt, denn von dem in argentinischen Zigarren- und Zigarettenfabriken verarbeiteten Tabak sind nur 40 % einheimisches Erzeugnis. Die Ausfuhr von Tabak und Zigaretten hat seit 1917 größeren Umfang angenommen (1918 2½ Mill. kg). Ob dies nur eine Folge des Kriegsbedarfs war, oder ob sich hierin eine regelmäßige Ausfuhr entwickelt, steht noch dahin.

Ebenso wichtig wie der Ackerbau ist für die argentinische Gütererzeugung die Viehzucht. Die von den spanischen Erobern eingeführten Rinder hatten sich unter den Lebensbedingungen der Pampa zu einer besonderen Rasse, dem Criollo-Typ, entwickelt, aus dem im Laufe der letzten 50 Jahre durch zunehmende Einfuhr hochwertigen Rasseviehs (Shorthorn, Hereford uam.) der Frigorifico-, d. h. Schlachthaustyp, gezüchtet worden ist. Während früher das Rind nur so viel wert war, wie für seine Haut zu erzielen war, brachte auf der Ausstellung in Buenos Aires im September 1920 ein im Lande gezogener Zuchtstier den Preis von 110 000 Papierpesos. Um die Mitte des vorigen Jahrhunderts beschränkte sich die Auswertung des Viehbestandes auf Häute, Salzfleisch und Talg in den Saladeros. Daneben gewann die Ausfuhr von lebendem Vieh an Bedeutung. Zu Anfang der 80 er Jahre entstanden die ersten Gefrierfleischanstalten am La Plata, die zunächst Hammelfleisch, seit der Jahrhundertwende in immer steigendem Maße auch Rindfleisch exportierten. Unter ihrem Einfluß ging die Saladero-Industrie und die Ausfuhr von lebendem Vieh zurück. Im Jahre 1913 wurden auf der Grundlage eines Bestandes von etwa 26 Mill. Rindern und 43 Mill. Schafen 1,3 Mill. Rinder und 2 Mill. Schafe für den Export geschlachtet. Dazu kamen für den argentinischen Eigenverbrauch etwa 2 Mill. Minder und eine entsprechende Anzahl Schafe, während die Ausfuhr von lebendem Rindvieh nur 225 000 Stück und die von Salz- und Dörrfleisch nur noch 3900 t betrug. Die für den argentinischen Viehbestand im Zensus angegebenen Zahlen sind nicht einwandfrei; wahrscheinlich sind die Bestände erheblich größer, da bei den Zählungen von den Besitzern möglichst niedrige Angaben gemacht zu werden pflegen, um nicht für eine stärkere Besteuerung Unterlagen zu liefern. — Die Ausfuhr der gesamten Frigorifico-Produkte, d. h. außer Fleisch in jeder Form auch Talg, Häute, Hörner, Knochen usw., erreichte 1914 einen Wert von 268,4 Mill. Papierpesos. In den folgenden Jahren hat sie unter der Einwirkung des Krieges weiter zugenommen, von 462 000 t in 1914 auf 767 200 t im Jahre 1918; noch größer war natürlich die Wertsteigerung.

Während die Viehzuchtbetriebe ebenso wie ihre Grundlage, der Großgrundbesitz, sich größtenteils in Händen von Argentiniern befinden, ist die Fleischausfuhr eine Schöpfung englischer und nordamerikanischer Konzerne. Der Einfluß der letzteren, obwohl jüngeren Datums, überwiegt z. Z. schon beträchtlich. Ein im Jahre 1913 zwischen englischen und nordamerikanischen Interessenten ausgebrochener Preiskampf gelangte infolge des Krieges nicht ganz zur Durchführung, doch haben die damals zutage tretenden Verhältnisse und noch mehr die seitdem eingetretene Entwicklung es dem Argentinier klar werden lassen, daß ebenso wie im Eisenbahnwesen auch in der Fleischindustrie die Überfremdung trotz zweifelloser Verdienste um die Erschließung wirtschaftlicher Reichtümer letzten Endes doch eine große Gefahr für die Selbständigkeit des Landes in sich birgt, die sich leicht zur Ausbeutung auswachsen kann. Häufig werden Klagen der Viehzüchter laut über Benachteiligung durch die Fleischtrusts, und man versucht deren Käufermonopol durch Errichtung eigener Schlacht- und Gefrieranstalten zu brechen. Auf der anderen Seite sind die Frigorificos, z. B. Armour, bemüht, große Viehzuchtbetriebe selbst zu finanzieren. Erschwert wird eine Verselbständigung Argentiniens auf diesem Gebiete durch die Transportfrage, denn die Schaffung einer entsprechenden Flotte von Fleischdampfern, wie sie die englischen und nordamerikanische Konzerne bereits besitzen, würde enorme Kosten verursachen. Das in der argentinischen Fleischindustrie angelegte Kapital wird mit insgesamt 93 Mill. Papierpesos im Zensus von 1914 angegeben, dabei dürfte das Auslandskapital erheblich in der Mehrheit sein und die englisch-argentinische Kapitalmacht sich zur nordamerikanischen wie 1 zu 2 verhalten.

Bei einem Rindviehbestande von 26 Mill. Rindern ist die Frage nach der Milchverwertung naheliegend. Dieser für unsere deutsche Landwirtschaft so wichtige Produktionszweig steckte in Argentinien bis vor kurzem noch in den Anfängen. Der unbeschränkte Weidegang, der keine Ställe kennt, die spärliche Bevölkerung des Landes, die hauptsächlich auf Fleischproduktion gerichtete Züchtung machen dies erklärlich. Man kann sagen, daß die Molkereiindustrie Argentiniens im wesentlichen erst aus der Versorgung der Millionenstadt Buenos Aires heraus entstanden ist. Einen mächtigen Impuls hat sie durch den Krieg erhalten, so daß sie heute zu den wichtigsten Industrien des Landes zählt und zweifellos eine große Zukunft hat. Bei etwa 2 $^1/_4$ Millionen Milchkühen betrug 1918 die Erzeugung von Butter 25 000 t, von Käse 20000 t und von Kaseïn 8 000 t. Hiervon wurden ausgeführt etwa 19 000 t Butter, 7 000 t Käse und 4 000 t Kaseïn. England hatte sich nach dem Kriege die gesamte Butterausfuhr gesichert, doch ist dieses Monopol an Preisdifferenzen wieder gescheitert.

Die hochentwickelte Schafzucht hat mit der fortschreitenden Verwertung des Bodens für Ackerbau und künstliche Weiden durchgreifende Veränderungen erfahren. Sie mußte ihren Schwerpunkt aus der Provinz Buenos Aires mehr nach dem Süden verlegen, wo die Ebenen Patagoniens geeignete Weidegründe boten, die auch nur für Schafzucht auszunutzen waren. Die ursprünglich auf Wollerzeugung gerichtete Zucht hatte seit Aufkommen der Gefrierfleischanstalten in den von diesen erreichbaren Gegenden auch die Fleischproduktion zum Ziel. Der Schafbestand ist von 75 Mill. im Jahre 1895 auf 43 Mill. im Jahre 1914 zurückgegangen, die Wollausfuhr gleichzeitig von 200 000 t auf 120 000 t, doch weist der Wert der Ausfuhr infolge der dauernden Verbesserung der Rasse und damit der Qualität der Wolle trotzdem eine Zunahme von 43 auf 55 Mill. Goldpesos auf. Von der argentinischen Wollerzeugung werden 5—10 % im Lande verbraucht, großenteils zur Anfertigung von Matratzen; doch hat sich unter Mitwirkung des Zollschutzes auch schon eine Textilindustrie entwickelt, die Decken und grobe Tuche herstellt. Die Qualität genügt mangels guter Fabrikeinrichtungen, vor allem aber mangels ausgebildeter Arbeitskräfte nur den einfachsten Ansprüchen.

Immerhin hat der Krieg einerseits durch Unterbindung der europäischen Zufuhr, anderseits durch starke Nachfrage nach Decken und Militärtuchen auch auf die argentinische Wollindustrie befruchtend eingewirkt. Ihr Arbeitskapital wird mit etwa 50 Mill. Papierpesos angegeben. Ihre Lebenskraft wird sie bei der Wiederkehr normaler Wettbewerbungsverhältnisse noch beweisen müssen, indessen kann angenommen werden, daß ihr Absatz in gewissen Grenzen eine Erweiterung erfahren wird. Wichtig für die Wollverwertung ist die Einrichtung von Wollwäschereien, die in den letzten Jahren namhaften Umfang erreicht hat. 1918 wurden in 14 Wollwäschereien 17 000 t Wolle gewaschen, davon 12 500 t für den Export.

In einem Weide- und Ackerbauland wie Argentinien ist natürlich die Pferdezucht von großer Bedeutung (Bestand 1914: 8,3 Mill.). Wenn im Ackerbau auch die Verwendung von Maschinen weit fortgeschritten ist, so wird zum Pflügen und zum Transport doch noch ganz überwiegend die tierische Kraft gebraucht, da die verhältnismäßig kleinen und durchweg kapitalschwachen Eigen- und Pachtbetriebe die hohen Beschaffungs- und Betriebskosten von Traktoren im allgemeinen nicht aufzubringen vermögen. In den letzten Jahren hat indessen das Automobil auch auf dem Kamp Eingang gefunden. — Bemerkenswert ist die hohe Blüte der Zucht von Rassepferden, die das Material für die beim Argentinier so beliebten Pferderennen liefern. Eine Ausfuhr von Pferden in größerem Umfange hat nur stattgefunden, wenn ein Krieg größere Nachfrage hervorrief.

Schließlich sei noch die Schweinezucht erwähnt, für die Argentinien als Maisproduzent günstige Vorbedingungen bietet. Die Zahl der vorhandenen Schweine betrug 1914 allerdings erst 3 Mill., was auf die verhältnismäßig geringe Zahl mittlerer und kleiner Ackerbaubetriebe zurückzuführen ist, für die sich die Schweinezucht als Nebenbetrieb besonders eignen würde. Die Gefrierfleischanstalten sind mit Erfolg bemüht, die Errichtung von Schweinemästereien zu fördern.

Ein noch wenig ausgenutztes Produktionsgebiet ist die Fischerei, die an der Südküste über reiche Fanggründe verfügt. Abgesehen von der nicht unbedeutenden Walfischerei beschränkt sich die Verwertung vorläufig auf den eigenen Verbrauch des Landes. Ansätze einer Konservenindustrie sind vorhanden. In letzter Zeit interessiert sich hierfür nordisches Kapital.

Ein verhältnismäßig geringer Teil der argentinischen Gütererzeugung beruht auf dem Holzreichtum des Landes. Während die Pampa, die patagonischen Steppen und die Cordilleren vom 40. Breitengrad an nach Norden keine oder doch nur ganz wenige Baumbestände aufweisen, enthält der übrige Norden des Landes und die südliche Cordillere ausgedehnte Wälder. Die Abgeschlossenheit der letzteren von allen Verkehrswegen hat eine Ausbeutung bisher verhindert. Nur im Norden findet sich eine Verwertung des Holzes in größerem Umfange. An erster Stelle ist hier die bedeutende Quebracho-Industrie zu nennen, die den roten Quebrachobaum ausbeutet. Aus ihm wird ein für die Gerberei wichtiger Taninextrakt gewonnen; außerdem gibt das sehr wetterbeständige Holz ein ausgezeichnetes Material für Eisenbahnschwellen. Bemerkenswert ist, daß im Eisenbahn- und Wegebaugesetz von 1907 (Ley Mitre) die Verwendung von Hartholzschwellen zur Bedingung gemacht wurde, wodurch die Holzindustrie eine namhafte indirekte Subvention erhalten hat. Ausgedehnte Bestände des Quebrachobaumes finden sich besonders im Norden der Provinz Santa Fé und im südlichen Chaco bis zur Bahnlinie Barranqueras-Metán, wo die Wälder auf die Quadratlegua (2500 ha) etwa 15—30 000 t dieses Holzes enthalten. Nördlich der erwähnten Linie bis nach Paraguay hinein sind die Bestände weniger reich. Die Ausbeutung geschieht ausschließlich im Raubbau. Die von deutschem Unternehmungsgeist ins Leben gerufene ertragreiche Quebrachoindustrie ist infolge des geringen Wagemuts des deutschen Kapitals in englische Hände übergegangen. Im Jahre 1919 wurden 130 000 t Extrakt exportiert, davon etwa die Hälfte nach den Vereinigten Staaten. Der Eigenverbrauch des Landes an diesem Gerbstoff wird auf etwa 5 000 t geschätzt. — Die Gerbereiindustrie hat keineswegs den Umfang und die Bedeutung erreicht, den sie angesichts der günstigen Materialverhältnisse haben könnte. Immerhin deckt sie den Eigenbedarf des Landes an gröberen Ledersorten, und unter nordamerikanischem Einfluß ist eine Schuhindustrie ins Leben gerufen worden, die während des Krieges sogar nach Kapstadt exportieren konnte.

Zu den noch wenig erschlossenen Gütern des argentinischen Besitzstandes gehört das Mineralreich. Wertvolle Ablagerungen sind im Zuge der Cordilleren vorhanden, aber nur wenige erfüllen die Vorbedingungen für eine gewinnbringende Ausbeute. Die aufgefundenen Gold- und Silberminen sind oberflächlich bearbeitet, dann aber aufgegeben worden, weil in den entlegenen Gegenden der intensivere Betrieb für die kapitalschwachen Unternehmungen unübersteigliche Schwierigkeiten bot. Von Kupferminen ist die von Chilecito in der Sierra de Famatima (Provinz La Rioja) in Betrieb und bemerkenswert durch eine 34 km lange, von

Deutschland gelieferte Drahtseilbahn, die La Mejiana mit Chilecito verbindet. Von anderen Metallen wird nur Wolfram von der mit deutschem Kapital (400 000 Goldpesos) arbeitenden „Hansa"-Bergwerksgesellschaft in der Los Cobres-Mine in San Luis abgebaut. Neben der Gewinnung von Steinsalz, Gyps, Sand- und Pflastersteinen ist neuerdings die Zementfabrikation in Sierras Bayas im Süden der Provinz Buenos Aires aufgenommen worden, wo mit nordamerikanischem Kapital eine große moderne Anlage geschaffen worden ist; doch vermag deren Erzeugung nur einen geringen Teil des Bedarfs zu decken.

Das für die Wirtschaft wichtigste Mineral, die Steinkohle, fehlt Argentinien. Nachrichten über die Auffindung von Kohle tauchen zwar häufig auf, indessen ist die im Jahre 1870 ausgesetzte Prämie von 25 000 Pesos für die Auffindung eines abbauwürdigen Vorkommens immer noch nicht zur Auszahlung gelangt, und der Leiter des Bergbauamts, Ingenieur Hermitte, muß in seiner Monographie über argentinische Geologie und Mineralogie selbst zugestehen, daß „die Annahme des Vorhandenseins reicher Kohlenlager in verschiedenen Gegenden Argentiniens mehr Legende als Tatsache ist". Das einzige nennenswerte Kohlenfeld ist das von Salagastà in der Provinz Mendoza, doch ist das dort geförderte Produkt sehr ungleichmäßig und enthält bis zu 45 % Asche. Abgesehen davon würde schon die große Entfernung des Lagers von den Stätten des Verbrauchs den Abbau unwirtschaftlich machen. Auch die bei Epuyen im Territorium Chubut gemachten Kohlenfunde eröffnen keine besseren Aussichten.

Angesichts des Fehlens von Kohle setzt man große Hoffnungen auf das Petroleum. Hier bieten in der Tat die Felder von Comodoro Rivadavia an der Küste Chubuts bessere Aussichten. Indessen hat man dort bisher nur eine Jahresförderung von rund 200 000 t erreicht, etwa 10 % des eigenen Bedarfs. Auch die Felder in Neuquén (Plazu Huincul) Salta und Jujuy haben gute Proben eines an Brennstoffen reichen Öls ergeben.

Die in den Wasserfällen enthaltene „weiße Kohle" bietet Gelegenheit zur Gewinnung elektrischer Kraft und wird in den Anden-Provinzen und in Córdoba bereits ausgenutzt. Weitere umfangreiche Pläne befassen sich mit der Kraftgewinnung aus den Yguazú-Fällen und dem Salto Grande des Uruguay, doch stecken sie erst in den Vorarbeiten, und es wird noch erheblicher Fortschritte in der Technik der Leitung hochgespannter Ströme über weite Entfernungen bedürfen, bevor sie zur Wirklichkeit werden [1]).

[1]) Die Frage wird verschieden beurteilt. Siehe z. B. in diesem Buche: Frölich, Industrie..., S. 214. (Der Herausg.)

Welche Bedeutung die **Brennstofffrage** hat, erhellt aus der Tatsache, daß die Kohleneinfuhr während des Krieges von 4 Mill. t auf 600 000 t fiel, und dementsprechend stieg natürlich der Preis. Als Ersatz wurde Holz aus den Wäldern des Nordens herangeschafft. Für die auf dem Wasserwege beförderten Mengen fehlen die Zahlen, aber allein die Bahntransporte weisen 1915—18 eine Zunahme von etwa 5 Mill. t auf. Unter normalen Verhältnissen würde die Verwendung von Brennholz in diesem Umfange allein der Transportkosten wegen viel zu teuer fallen.

Der Mangel billiger Brennstoffe läßt die Antwort auf die Frage nach den Aussichten, die Argentinien für die Herausbildung großer Industrien, etwa nach nordamerikanischem Muster bietet, nicht sehr zuversichtlich ausfallen. Ein zweiter in dem gleichen Sinne wirkender Umstand ist das Fehlen von Eisen. Zwar ist eine Eisenindustrie vorhanden, aber sie verarbeitet im wesentlichen Schrott mit importierten Koks zu Baukonstruktionen, Nieten, Draht, Blechen, Nägeln usw., führt also bis zu einem gewissen Grade ein Treibhausdasein unter dem Schutz von Zöllen und Frachtkosten. Außer den bereits genannten Verarbeitungsindustrien von Landeserzeugnissen verdient Erwähnung die Möbelindustrie, die, abgesehen von Luxusmöbeln, den einheimischen Bedarf bereits deckt. Ferner sind u. a. vorhanden Papier- und Flaschenfabriken, aber auch Fabriken baumwollener Strickwaren und Zeuge, die aus importiertem Garn bei etwa 15 Mill. Pesos Kapital jährlich für über 50 Mill. Pesos Ware herstellen. Bezeichnend für den ausländischen Einfluß auf die Entwicklung dieser Zweige der argentinischen Wirtschaft ist es, daß von den 1914 gezählten 48 779 Gewerbe- und Industriebetrieben nur ein Drittel sich in den Händen von Argentinern befand, ein Verhältnis, das bei Außerachtlassung der kleineren Betriebe noch ungünstiger für das einheimische Unternehmertum ausfallen dürfte.

Verkehr. Die wirtschaftliche Entwicklung hängt in wenigen Ländern so eng mit dem Ausbau des Verkehrs und seiner Mittel zusammen als gerade in Argentinien. Ausgangspunkt und Einfallstor hierfür war das weite Becken der La Plata-Mündung. Hier landeten die spanischen Entdecker und Eroberer, von hier aus drang die Erkundung und wirtschaftliche Erschließung nach dem Innern vor. Der La Plata und seine nördliche Fortsetzung, der Paraná, bilden gewissermaßen die Grundlage, auf der sich das Verkehrssystem aufbaute. Die südliche Küstenlinie blieb zunächst ohne Bedeutung. Erst nachdem der Getreidebau den Süden der Provinz Buenos Aires erobert hatte und in die Pampa übergriff, erst nachdem der Bau von Eisenbahnen die notwendigen Zufuhrwege geschaffen hatte, entstand an der Südküste in Bahia Blanca ein weiterer wichtiger Seehafen. Früher schon waren neben Buenos Aires die am La Plata gelegene gleichnamige Hauptstadt der Provinz Buenos Aires sowie Rosario und Santa Fé am Paraná als Häfen für den Überseeverkehr zur Bedeutung gelangt, denn dieser Fluß ist bis zur letztgenannten Stadt hinauf, d. h. 358 km von seiner Mündung, für Seedampfer bis 6 000 t fahrbar. — Außer dem nord-südlich gerichteten System des Parana mit seinem wiederum von Norden kommenden mächtigen Nebenfluß, dem Paraguay, und dem gleichfalls in das La Plata-Becken mündenden Uruguay kommen andere Flüsse für die Binnenschiffahrt nicht in Betracht. Wohl weist der Norden im Bermejo, wie der Süden im Rio Negro ausgedehnte Flußläufe in west-östlicher Richtung auf, doch bedürfen diese zunächst noch einer durchgreifenden und daher kostspieligen Regulierung, bevor sie für die Schiffahrt nutzbar gemacht werden können. Der Wirkungskreis der Binnenschiffahrt bleibt somit auf den äußersten Osten des Landes beschränkt und ist daher verhältnismäßig unbedeutend, besonders auch weil der Verkehr aus den meisten Paraná-Häfen, unter denen neuerdings noch San Nicolas, Campana, Zárate und Villa Constitución zu Bedeutung gelangt sind, ohne Inanspruchnahme von Flußschiffen unmittelbar auf die Hochseedampfer übergeht. Die Schiffahrt an der Südküste ist entsprechend dem geringen Verkehrsbedürfnis noch wenig entwickelt. Im ganzen zählt man in Argentinien 59 Hafenplätze für den Seeverkehr, darunter 17 Paranáhäfen. Im Jahre 1913, dem letzten Normaljahre des Weltverkehrs, kamen in argentinischen Häfen 21 111 Dampfer und Segelschiffe mit rund 17 Mill. t Raumgehalt aus dem Auslande an, 1918 nur die Hälfte. An der im Jahre 1919 anlangenden Dampfertonnage waren England mit rund 40 %, die Vereinigten Staaten mit etwa 15 % beteiligt. Letztere kamen in früheren Jahren so gut wie gar nicht in Betracht, und die Entwicklung scheint sich hier soweit sich dies unter den jetzigen Verhältnissen beurteilen läßt, im wesentlichen auf Kosten des englischen Anteils zu vollziehen. Bemerkenswert ist auch das Auftreten der japanischen Schiffahrtslinien am La Plata. Der frühere lebhafte Verkehr mit Deutschland ist nur zu einem kleinen Teil durch holländische und nordische Linien aufgenommen worden.

Im Landverkehr sind vor dem Aufkommen der Eisenbahnen nur wenige Verkehrslinien festzustellen. Die bedeutendste von ihnen führte vom Paraná in nordwestlicher Richtung nach Perú, dem Regierungszentrum des spanischen Kolonialreichs. Sie ist aus einer Reihe alter Stadtplätze wie Córdoba, Tucumán, Salta, Jujuy erkennbar. Für den

Ausbau des Bahnnetzes blieben diese Verkehrslinien jedoch nur von sekundärer Bedeutung. Maßgebend war vielmehr die Entwicklung des Ackerbaus in den weiten Ebenen der Pampa, mit dem in engster Wechselbeziehung die Schienenstränge sich strahlenförmig von Buenos Aires aus wie ein Spinnennetz ausdehnten. Präsident Saenz Peña sagte hierzu einmal: „Unsere Landwirtschaft dankt ihre Entstehung zuerst dem Schienenweg und dann dem Pflug". Gegen das Ende der siebziger Jahre, d. h. vor dem Einsetzen der agrarischen Erzeugung für den Export, hatten die Bahnen erst eine Länge von rund 2000 km erreicht, dann gewannen sie sprunghaft an Ausdehnung, begünstigt durch die Bodenformation der Pampa, die ein Verlegen des Schienenstrangs auf ungeheure Entfernung gestattete, ohne daß Dämme, Brücken oder sonstige Kunstbauten notwendig gewesen wären und den Bau verteuert hätten. Um die Jahrhundertwende betrug die Schienenlänge bereits gegen 17 000 km, und seitdem ist sie auf über das Doppelte, etwa 35 000 km, angewachsen. Die Eisenbahn als Transportmittel der Bodenerzeugnisse machte die Ausnutzung der Bodenreichtümer und damit eine größere Kolonisation überhaupt erst möglich, da der Anteil der Zufuhrkosten zur Bahn an den Gesamtunkosten bei einem Karrentransport von über 25 km den Getreidebau nach landesüblicher Berechnung nicht mehr rentabel erscheinen läßt. Alles Land, das wesentlich weiter von der Bahn abliegt, kommt also hierfür nicht mehr in Frage. Die Fortschritte der Kolonisation sind auch insofern vielfach unmittelbar den Eisenbahngesellschaften zu verdanken, als diese das längs der Strecke liegende Land planmäßig aufteilten und besiedelten, auch große Bewässerungsanlagen und andere Einrichtungen zur Förderung der Landwirtschaft schufen.

Nicht weniger als 82% der Bahnlinien Argentiniens sind Eigentum ausländischer Privat-Gesellschaften; nur etwa 6 200 km befinden sich im Besitz des Staates. Die Staatsbahnen sind zudem sogenannte Pionierbahnen, d. h. sie liegen außerhalb der Hauptlandwirtschaftszone im Chaco und in Patagonien, wo sie die weitere Erschließung und Nutzbarmachung des Landes fördern sollen. Das in den Privatbahnen angelegte Kapital wird auf rund 5½ Milliarden Mark geschätzt. Im Jahre 1913 beförderten die argentinischen Bahnen 82 Mill. Passagiere und 42 Mill. t Güter. Das Schwergewicht der Einnahme ruht auf Seiten des Güterverkehrs, besonders auf dem Transport der landwirtschaftlichen Erzeugnisse aus dem Innern nach den Ausfuhrhäfen. Hieraus ergibt sich der Nachteil, daß die Inanspruchnahme der Eisenbahnen nicht über das ganze Jahr sich gleichmäßig verteilt, sondern in der Hauptsache in einen verhältnismäßig kurzen

Zeitraum nach der Ernte sich zusammendrängt. Die Notwendigkeit eines raschen Abtransports namentlich der Weizenernte wird besonders auch durch den Umstand bedingt, daß es nicht nur auf den Estancias und Farmen, sondern auch an den Eisenbahnstationen an geeigneten Einrichtungen zum Einlagern größerer Getreidemengen fehlt. Ein umfassendes Getreidesilosystem, das die Einführung allgemein umsatzfähiger Lagerscheine mit sich bringen müßte, ist seit langem geplant, und ein nordamerikanischer Konzern hat vor kurzem eine entsprechende Konzession nachgesucht. Die argentinische Regierung hat das Angebot indessen abgelehnt, wohl aus der Erwägung, daß die nicht nur im Eisenbahnwesen oft schon nachteilig empfundene Überfremdung wichtiger Wirtschaftsfaktoren dadurch an Umfang weiter zunehmen würde.

Aus der starken Abhängigkeit des Bahnbetriebs von der landwirtschaftlichen Erzeugung erklären sich die öfters bemerkbaren Unterschiede in der Rentabilität der einzelnen Gesellschaften, je nachdem sie in der Hauptsache Weizen oder Mais oder andere Landesprodukte zu transportieren haben, deren Ernteergebnisse in dem gleichen Jahre recht verschieden sein können. So kommt es, daß die Kurse der argentinischen Eisenbahnpapiere an der Londoner Börse wesentlich von den aus Argentinien gemeldeten Wetter- und Saatenstandsnachrichten beeinflußt werden.

Gute Aussichten hat in Argentinien der Flugverkehr bei den großen Entfernungen und der günstigen Bodengestaltung. Engländer Franzosen und Amerikaner sind auch hier eifrig bemüht, sich Vorteile für den Absatz ihrer Flugzeugindustrie zu sichern. Hoffentlich gestatten auch Deutschland die Verhältnisse bald, sich an diesem Wettbewerb zu beteiligen.

Außenhandel. Aus der Betrachtung der Gütererzeugung Argentiniens und seiner Verkehrsverhältnisse ergibt sich ohne weiteres das Bild seines Außenhandels. Die Ausfuhr ist eine fast ausschließlich agrarische. Ackerbau und Viehzucht liefern etwa 95 %, der Rest setzt sich zusammen aus Erzeugnissen der Weinausbeutung, Jagd und Fischerei. Die Anteile von Ackerbau und Viehzucht an der Gesamtausfuhr halten sich ungefähr die Wage. Im Durchschnitt des Jahrzehnts 1908—17 betrug der Anteil des Ackerbaus 50 %, derjenige der Viehzucht 46 %. Während der Kriegsjahre überwog der Ausfuhrwert der Viehzuchtprodukte wegen des großen Fleischbedarfs der Ententeheere, während der Mangel an Schiffsraum dem Getreideexport Schranken setzte. Unter normalen Bedarfsverhältnissen und bei entsprechenden Getreideernten wird jedoch dem Ackerbau wieder die größere Bedeutung zukommen, wie es die enormen Getreideverschiffungen des laufenden Jahres auch bewiesen haben. Im Jahre 1919 betrug der Wert der Ausfuhr rund 1 Milliarde Goldpesos; er übertraf den der Einfuhr um 375 Mill. Goldpesos. Es ist dies der höchste bisher erreichte Ausfuhrüberschuß in der Handelsbilanz, die seit Anfang der 90er Jahre mit Ausnahme des Jahres 1911 stets aktiv gewesen ist. In den letzten Kriegsjahren gingen 80 % der Ausfuhr nach Nordamerika, England, Frankreich und Italien. Gefördert wurde der Absatz dorthin durch Kredite von je 100 Mill. Goldpesos, die Argentinien zu Anfang 1918 an England und Frankreich gewährte, und neuerdings auch durch die Zahlungserleichterungen, die Frankreich und Italien daraus erwuchsen, daß namhafte Summen ihrer Anleihen in Argentinien gezeichnet worden sind.

Der Wert der Einfuhr[1]) erreichte 1919 den Betrag von rund 656 Mill. Goldpesos und übertrifft damit die vor dem Kriege erreichten Wertzahlen. Zieht man jedoch die inzwischen auf allen Gebieten eingetretene Wertsteigerung in Betracht, so belief sich die vorjährige Einfuhr nur auf etwas mehr als die Hälfte derjenigen des Jahres 1913. Dasselbe Verhältnis ergibt sich, wenn man die Einfuhrmenge der vier Kriegsjahre mit derjenigen der vier letzten Jahre vor dem Krieg vergleicht. Man sieht hieraus, daß auch Argentinien gewissermaßen unter Blockade gestanden hat, und begreift den Hunger nach Waren, von dem so oft berichtet worden ist. Der im Verbrauch entstandene Ausfall ist auch heute erst wieder zu einem Teil gedeckt. Aus einer Betrachtung der Haupteinfuhrartikel und der Mengen, in denen sie bezogen werden, geht deutlich hervor, wie sehr das argentinische Wirtschaftsleben für viele Materialien und Gebrauchsartikel auf das Ausland angewiesen ist. Gleichzeitig drängt sich auch die Erkenntnis auf, wie sehr diese Abhängigkeit vom Auslande dadurch erhöht wird, daß die Einfuhr und natürlich ebenso die Ausfuhr auf Transportmitteln des Auslandes geschieht. Besäße Argentinien eine nennenswerte eigene Handelsmarine, so könnte diese Abhängigkeit in mancher Hinsicht gemildert werden.

Der Krieg hat in den Außenhandelsverhältnissen mancherlei Umwälzung hevrorgerufen. Englands Bedeutung ist zwar unverändert geblieben, an die Stelle Deutschlands sind jedoch die Ver. Staaten auf den zweiten Platz vorgerückt, und auch Brasilien und Spanien haben ihre Positionen verbessert. Bemerkenswert sind die Anstrengungen, die Nord-

---

[1]) Über die Entwicklung des Einfuhrhandels in diesem Buche auch Frölich, Einfuhrhandel... S. 216 ff. (Anm. d. Herausgeb.)

amerika zur Eroberung des argentinischen Marktes und zur Verdrängung Englands macht. Panamerikanismus, Kulturbestrebungen, Presse, Bankwesen usw., alles wird in den Dienst wirtschaftlicher Expansion gestellt. Wenn auch Erfolge nicht zu leugnen sind, so dürfte es in Anbetracht der Besonderheiten der nordamerikanischen Produktion und des zunehmend erstarkenden europäischen Wettbewerbs bis zur Erreichung einer Vorherrschaft doch noch gute Weile haben. Auch ist der Argentinier selbst klug genug um einzusehen, daß eine entschieden nordamerikanische Orientierung seiner Handelsbeziehungen schließlich nur zu seinem Nachteil ausfallen würde. Inzwischen erfreut sich Argentinien an den günstigen Verhältnissen, die der Wettbewerb der ganzen Welt auf seinen Märkten mit sich bringt.

I. Die Handelsbilanz und ihr Saldo.

a) Scheinbarer Saldo.

	Tarifwert der Einfuhr $ Gold	Tarifwert der Ausfuhr $ Gold	Saldo $ Gold
1913	421 352 542	483 504 547	+ 62 152 005
1919	229 709 812	— [1]	—

b) Wirklicher Saldo.

	Realwert der Einfuhr $ Gold	Realwert der Ausfuhr $ Gold	Saldo $ Gold
1913	496 227 094	519 156 011	+ 22 928 917
1919	655 772 294	1 030 965 258	+ 375 192 964

II. Ein- und Ausfuhr in den Jahren 1913 und 1919 nach Ländern.

$ Gold	Realwert d. Einf. 1913	Realwert d. Einf. 1919	Realwert d. Ausf. 1913	Realwert d. Ausf. 1919
Süd-Afrika	92 871		175 451	
Deutschland	83 933 786	1 506 219	62 201 615	
Australien	1 204 292			
Österr. Ung.	6 983 664		3 486 063	
Bolivien	296 632		1 215 332	
Brasilien	10 898 057	47 368 807	26 107 988	
Kanada	1 944 180			
Kuba	1 326 076		685 459	
Chile	833 314		2 088 368	
Übertrag	107 512 872	48 875 026	95960276	

[1]) Von 1917 an sind die statistischen Ausfuhrwerte nur Realwerte.

$ Gold	Realwert d. Einf. 1913	1919	Realwert d. Ausf. 1913	1919
Übertrag	107512872	48875026	95960276	
Dänemark	240 233		787 028	
Spanien	14 582 567	46 482 028	5 174 842	
Vereinigt. Staaten	73 012 668	232 868 392	24 589 025	
Frankreich	44 815 230	25 888 888	40 509 709	
Italien	40 947 525	21 421 603	21 521 771	
Japan	1 021 918	25 890 606	18 838	
Mexiko	1 593 405	12 986 593	126 673	
Norwegen	2 661 600		1 157 893	
Belgien	25 839 752	965 021	35 154 027	
Niederlande	4 795 220		24 297 932	
Paraguay	2 673 126		2 044 685	
Peru	1 580		5 396	
Portugal	689 693		575 635	
Franz. Besitzungen	24 604		329 688	
Engl. Besitzungen	9 137 244		748 472	
Großbritannien	154 053 513	154 478 509	129 275 029	
Rußland	527 114		652 939	
Schweden	3 676 817		1 153 450	
Schweiz	3 236 376			
Uruguay	3 762 166		6 766 810	
Andere Länder	1 421 871	85 915 618	128 305 893	
	496 227 094	655 772 294	519 156 011	

III. Einfuhr in den Jahren 1913 und 1919 nach Gegenständen.

	Tarifwert $ Gold 1913	1919	Realwert $ Gold 1913	1919
1. Lebende Tiere	1 419 290	2 054 320		2 054 320
2. Nahrungsmittel:				
a) tierische	6 584 692	1 669 333	7 750 182	4 597 343
b) pflanzliche		28 475 603		84 486 945
α) Früchte		1 762 609		3 220 287
β) Gewürze u. andere Würzstoffe (inkl. Zucker u. genießbares Öl	12 403 061	10 116 890	25 116 199	37 482 419
γ) Gemüse und Getreide (inkl. Reis, Malz usw.)	6 727 848	3 298 758	9 849 569	10 516 440
δ) Substanzen für Aufguß u. warme Getränke (inkl. Kaffee, Tee und Yerba mate)	9 517 360	11 214 649	14 770 943	27 722 612
Übertrag	36652251	58592162	57486893	170080366

	Tarifwert $ Gold 1913	1919	Realwert $ Gold 1913	1919
Übertrag	36652251	58592162	57486893	170080366
ε) Mehle, Pasten, Stärkemehl u. and. Nahrungsmittel		413 346		947 844
Gesamtsumme von 2 =	34 933 955	30 144 936		89 084 288
3. Tabak und Tabakfabrikate	4 923 399	4 582 777	5 174 492	9 568 838
4. Getränke:				
a) Weine	9 866 310	1 882 995	12 934 732	5 293 099
b) Branntwein und Liköre	3 022 088	854 384	5 068 042	3 426 934
c) übrige Getränke		282 510		876 628
Gesamtsumme von 4 =	14 042 158	3 019 889		9 596 661
5. Textilrohstoffe u. Textilerzeugnisse:				
a) Seide	7 080 063	5 570 985	5 210 926	11 715 781
b) Wolle	16 751 832	6 252 798	13 434 969	24 767 333
c) Baumwolle	41 407 338	31 987 654	43 726 148	96 954 579
d) übrige Textilfasern, (inkl. „harpillera“, Fleischfutterale usw.	24 320 981	19 386 882	41 613 198	82 800 365
Gesamtsumme von 5	89 560 214	63 198 319	103 985 241	216 238 058
6. Fette, mineralische, ätherische, medizinische u. fette Öle (inkl. Solaröl; Naphta, Petroleum usw.	19 462 593	18 996 712	17 642 108	35 868 858
7. Chemische und pharmazeutische Substanzen u. Produkte	17 308 314	15 134 475	21 385 347	40 202 862
8. Farben	2 535 437	2 640 239	2 603 894	5 378 167
9. Hölzer, and. holzartige Substanzen u. deren Erzeugnisse:				
a) Rohstoffe u. Halbfabrikate	18 142 368	7 525 863	20 392 022	28 041 366
b) Erzeugnisse	7 725 860	2 204 960	8 683 866	3 307 440
Gesamtsumme von 9 =	25 868 228	9 730 823	29 075 888	31 348 806
10. Papiere u. Papiererzeugnisse:				
a) Papier u. Karton	6 011 345	6 827 008	5 843 027	18 678 694
b) Erzeugnisse	3 890 640	1 440 123	3 781 702	1 546 692
Gesamtsumme von 10 =	9 901 985	8 267 131	9 624 729	20 225 386
11. Häute und deren Erzeugnisse	4 684 897	1 326 270	5 734 313	3 334 243
12. Eisen und seine Erzeugnisse:				
a) Rohstoffe u. Halbfabrikate	28 496 999	8 621 101	29 722 370	29 708 314
b) Erzeugnisse a. Eisen u. Stahl	52 030 822	17 191 225	53 114 064	37 872 117
Gesamtsumme von 12 =	80 527 821	25 812 326	82 836 434	67 580 431
13. Übrige Metalle u. ihre Erzeugnisse:				
Übertrag	244 891 662	147 953 622	285919346	446980710

	Tarifwert $ Gold 1913	1919	Realwert $ Gold 1913	1919
Übertrag	244 891 662	147 953 622	285 919 346	446 980 710
a) Rohstoffe und Halbfabrikate	3 400 053	5 320 806	3 539 455	12 626 273
b) Erzeugnisse	10 857 866	5 410 725	11 303 039	11 800 791
Gesamtsumme von 13 =	14 257 919	10 731 531	14 842 494	24 427 064
14. Landwirtschaft	9 124 682	8 533 573	15 703 491	16 051 651
15. Gesteine, Erdstoffe, Kristalle u. keramische Produkte:				
a) Rohstoffe und Halbfabrikate (inkl. Steinkohle)	43 869 963	12 772 548	53 013 001	48 894 612
b) Erzeugnisse	6 465 020	1 761 183	6 368 045	5 581 189
Gesamtsumme von 15 =	50 334 983	14 533 731	59 381 046	54 475 801
16. Elektrizität	10 110 088	13 612 757	18 117 277	9 078 858
17. Verschiedene Gegenstände und Fabrikate	28 040 306	9 059 336	28 040 306	25 855 345
Gesamtsumme:	421 352 542	229 709 812	496 227 094	655 772 294

IV. Ausfuhr in den Jahren 1913 und 1919 nach Gegenständen.

Gruppen der Produkte	Tarifw. $ Gold 1913	Realw. $ Gold 1913	1919
Viehzucht	165 800 133		548 730 950
Landwirtschaft	301 267 094		438 435 276
Waldausbeutung	10 617 985		25 369 460
Andere Produkte	5 819 335		18 429 572
Gesamtsumme:	483 504 547	519 156 011	1 030 965 258

V. Mengen und Werte der wichtigsten ausgeführten Produkte.

Gegenstand	Maßstab	Menge 1913	1919	Wert in $ Gold 1913	1919
A. Viehzucht.					
Rinder	Stck.		80 298		4 075 011
Pferde	„		15 509		995 987
Schafe	„		96 692		360 974
Gefrorene Rinder	t		398 251		145 625 881
Gekühlte Rinder	„		2 480		854 059
Gefrorene Hammel	„		56 759		17 149 049
Gesalzene Rinderhäute	„	65 775	80 349	24 540 000	53 978 398
Trockene Rinderhäute	„	21 219	21 187	13 990 000	17 863 653

Gegenstand	Maß-stab	Menge 1913	Menge 1919	Wert in $ Gold 1913	Wert in $ Gold 1919
Wolle, gewaschen	„	120 080	13 671		15 584 518
Wolle, ungewaschen	„		140 193		129 639 239
Konservenfleisch	„	30 552	124 276		70 167 784
Kuhbutter	„		20 358		17 161 472
Talg und Schmalz	„		91 148		29 118 591
Suelas	Stck.		120 750		1 787 737
B. Landwirtschaft.					
Hafer	t	889 744	333 243	20 450 000	10 359 294
Gerste	„		40 739		1 379 595
Leinsaat	„	1 016 732	855 455	49 910 000	111 058 461
Mais	„	4 806 951	2 485 465	112 290 000	76 763 869
Weizen	„	2 812 149	3 286 260	102 630 000	201 692 376
Branntwein	l		1 238 968		120 039
Weizenmehl	t	120 000	328 107	7 220 000	28 892 702
Argentinischer Wein	l		9 554 756		1 144 945
Kuchen aus öligen Sämereien	t		51 721		1 861 940
C. Forstwesen.					
Quebrachoextrakt	t	79 684	139 667	4 970 000	23 568 995
Holz	„	383 964	27 808	4 990 000	172 935
Quebrachorollen (rollizos de Quebracho)	t		54.642		1 132 823

Wirtschaftspolitik. Über die innere Wirtschaftspolitik Argentiniens lassen sich aus dem bisher Gesagten einige Schlüsse ziehen. Das Kernproblem des ganzen argentinischen Wirtschaftslebens ist die Bevölkerungsfrage [1]). Die Regierung des Landes hat dies von jeher erkannt. Verfassung und Gesetze begünstigen die Einwanderung und Kolonisation, und der von einem der bedeutendsten Staatsmänner Argentiniens aufgestellte Grundsatz „Gobernar es poblar" („Regieren heißt bevölkern") ist nie aus dem Auge verloren worden. Trotzdem kann nicht behauptet werden, daß auf diesem Gebiet der Erfolg dem Aufgebot gesetzgeberischer Arbeit entsprochen hätte. Der Grund liegt in der geschilderten Agrarverfassung, in der Landfrage. Die Regierung kann das Hauptverlangen des Einwanderers: gutes, billiges Land mit Absatzgelegenheit für die Produktion, nicht befriedigen. Soweit bisher auf dem Gebiete der Kolonisa-

[1]) Ausführlich behandelt dieses Problem E. W. Schmidt in „Die agrarische Exportwirtschaft Argentiniens", Jena 1920.

tion Erfolge erzielt wurden, sind sie in der Hauptsache privaten Unternehmungen zu verdanken.

Ferner ist die Wirtschaftspolitik der Regierung darauf gerichtet, jeden wirtschaftlichen Fortschritt auf dem Gebiete der Industrie und des Verkehrs durch Gewährung von Zollerleichterungen für den Bezug von Maschinen und anderem Material sowie durch Zuwendung sonstiger Vorteile im Wege der Konzessionspolitik zu fördern. Andererseits hat sie dafür Sorge getragen, daß derartige Konzessionen nicht in Monopole ausarten, die das Gemeinwohl schädigen. So hat sich die Regierung im Wege der Gesetzgebung maßgebenden Einfluß auf die Tarifgestaltung der Eisenbahnen und Anteile an deren größeren Gewinnen gesichert und gleichzeitig veranlaßt, daß die Bahnen gehalten sind, zu den Baukosten der Zufahrtswege zu den Stationen beizutragen. Eine Kontrolle der zahlreichen, mit fremden Kapital arbeitenden Verkehrsgesellschaften ist um so mehr geboten, als das starke Überwiegen einer Nationalität im fremden Kapital unter Umständen zu einer Bedrohung der Selbständigkeit in wichtigen wirtschaftlichen Entschließungen führen könnte. Auch auf anderem Gebiete ist die argentinische Regierung bemüht, das Wirtschaftsleben von der Beeinflussung von Trusts und ähnlichen diktatorischen Vergewaltigungen freizumachen, die sich verschiedentlich bemerkbar machten. So wird z. B. dem Petroleummonopol der Standard Oil Corporation, die Argentinien von einer Tochtergesellschaft, der Compania Nacional de Petroleo, bearbeiten läßt, durch Ausbeutung der Petroleumfelder von Comodoro Rivadavia in staatlicher Regie entgegen gewirkt. Aus der gleichen Erwägung ist kürzlich auch ein vorteilhaftes Angebot des englischen Petroleumtrusts zur Übernahme dieser Felder abgelehnt worden.

Mannigfaltig sind die Bestrebungen der Regierung, die Preisbildung der Nahrungsmittel und sonstigen Lebensnotwendigkeiten im Sinne der Verbilligung zu beeinflussen. Dieser Grundsatz tritt besonders in der Zolltarifpolitik zutage. Auch sonst versucht die Regierung z. B. die Zuckerpreise durch Ausfuhrverbote niedrig zu halten, der Herausbildung eines Weinmonopols entgegen zu arbeiten, trustartige Erscheinungen in der Mühlenindustrie und in der Gefrierfleischindustrie zu verhüten.

Die Aufschließung der weiten Gebiete des Chaco und Patagoniens, die dem Privatkapital zum Bau von Bahnlinien nicht genügend Anreiz bieten, hat die Regierung durch den Bau von Pionierbahnen selbst in Angriff genommen. Zwecks Schaffung einer eigenen Handelsmarine und Schiffsbauindustrie werden argentinischen Werften Subventionen gezahlt. Durch landwirtschaftlichen und gewerblichen Unterricht sucht man die Leistungsfähigkeit der erwerbstätigen Bevölkerung zu steigern, und wissenschaftliche Institute arbeiten an der Erforschung der wirtschaftlichen Reichtümer des Landes.

Auch der Sozial-Politik hat Argentinien in letzter Zeit größere Aufmerksamkeit zugewandt. Der Achtstundentag besteht zwar gesetzlich nur für Jugendliche unter 16 Jahren, er ist aber im Verordnungswege auf die anderen Arbeiter ausgedehnt worden und wird gewohnheitsmäßig auch bei der Mehrzahl der Industrien durchgeführt. Der Berner Konvention ist die argentinische Regierung nicht beigetreten. Es besteht weder eine Arbeitslosenversicherung, noch eine Altersversicherung mit Ausnahme einer staatlichen Pensionskasse für Eisenbahnbeamte und -arbeiter, zu welcher die Eisenbahngesellschaften und die Angestellten Zwangsbeiträge zu entrichten haben. Zur Verhütung bezw. zur raschen Beilegung von Lohnstreitigkeiten und Streiks sowie zur Regelung des Verhältnisses zwischen Arbeitgeber und Arbeitnehmer auf einer festen gesetzlichen Grundlage liegen dem argentinischen Kongreß mehrere Gesetzentwürfe vor.

Die äußere Wirtschaftspolitik Argentiniens wird gekennzeichnet durch das Bestreben, der Produktion des Landes einen unbehinderten Absatz im Auslande zu schaffen. Wenn sich auf diesem Gebiete Hindernisse zeigten, wie z. B. zeitweise bei der Ausfuhr von lebendem Vieh nach England und neuerdings infolge des Bestrebens der Ver. Staaten, ihre Landwirtschaft durch Einfuhrzölle zu schützen, hat dies stets zu energischen Protestaktionen seitens der Republik geführt. Andererseits öffnet Argentinien seine Grenzen weit aller wirtschaftlichen Betätigung des Auslandes.

Die Handelsverträge, die Argentinien mit anderen Staaten geschlossen hat, beruhen auf dem Grundsatz der Meistbegünstigung; wo dies in den ursprünglichen Handelsverträgen nicht ausdrücklich festgelegt war, wie bei Frankreich und Italien, ist dies durch spätere Abkommen nachgeholt worden. Das argentinische Vertragssystem umfaßt weiterhin Flußschifffahrtsabkommen, Postverträge, Abkommen über das Urheberrecht und insbesondere mit den Grenzländern Viehseuchenabkommen. Das Verhältnis zu Deutschland wird durch den 1859 in Kraft getretenen Freundschafts-, Handels- und Schiffahrtsvertrag mit Preußen geregelt.

Die deutschen Interessen werden in Argentinien durch die Gesandtschaft in Buenos Aires wahrgenommen, mit der das Generalkonsulat vereinigt ist. Wahlkonsulate bestehen in Bahia Blanca, Comodoro Rivadavia, Concordia, Córdoba, Mendoza, Posadas, Puerto

Gallegos, Puerto Madryn, Rosario, Salta, Santa Fé, Tucumán. Die deutschen Handelsfirmen sind zum größeren Teil in der „Deutschen Handelskammer" in Buenos Aires zusammengeschlossen, einer Interessentenvereinigung ohne amtliche Eigenschaften. Diese Organisation wurde im Laufe des Krieges zur Abwehr der Boykottmaßnahmen der Entente ins Leben gerufen und hat als solche gute Dienste geleistet. Die Industrie- und Handelskreise in Deutschland, die an der Förderung und dem Studium der wirtschaftlichen Beziehungen zu Argentinien Anteil nahmen, sind im Deutsch-Argentinischen Zentralverband, Berlin, vereinigt.

Zollwesen. Wie bei der Betrachtung der Staatsfinanzen schon erwähnt wurde, beruhen diese zu einem namhaften Teil auf den Zolleinkünften. Sowohl die Einfuhr wie die Ausfuhr wird belastet. Die Grundlage des argentinischen Einfuhrzolltarifs ist ein Wertzoll von 25 %, der durch einen Zuschlag von 7 % auf 32 % gebracht wird. Daneben erfolgt eine besondere Zollbehandlung nach drei Gruppen von Waren zum Schutz bezw. zur Förderung der nationalen Produktion:

1. Zollfreie Einfuhr für landwirtschaftliche Geräte und Maschinen, Eisenbahnmaterial, Brennmaterial, Säcke usw., sowie niedrige Zollsätze von 5—20 % auf Rohmaterial und Maschinen;
2. Zölle von 30—50 % auf Fabrikate, die auch im Inlande hergestellt werden;
3. Zölle von mehr als 25 % auf Waren, die mit inländischen Produkten konkurrieren, wie Zucker, Wein und Spirituosen, Tabak usw.

Die Einfuhrzölle werden bei den meisten Waren nicht vom deklarierten Wert, sondern von einem tarifmäßig festgelegten Einschätzungswert (aforo) erhoben. Nach dem Gesetz sollen die Einschätzungswerte in jedem Jahre im Zusammenhang mit dem Budgetgesetz revidiert und mit den wirklichen Warenwerten in Einklang gebracht werden. Diese Vorschrift ist jedoch bisher nicht durchgeführt worden, vielmehr beruhen diese Wertzölle noch auf den Einschätzungen aus dem Jahre 1906, die hinter dem gegenwärtigen wirklichen Warenwert meist recht erheblich zurückbleiben. Daher kann kaum behauptet werden, daß im argentinischen Zolltarif eine ausgesprochen fiskalische Politik zum Ausdruck kommt. Im Oktober 1920 ist die Budgetkommission in eine Prüfung der zollgesetzlichen Bestimmungen vom volkswirtschaftlichen Standpunkte aus eingetreten. Diese Kommission behandelt ihre Aufgabe vernehmlich unter dem Gesichtspunkt, daß alle Artikel zollfrei sein sollen, die der Volksernährung, der Erweiterung der argentinischen Gütererzeugung und öffentlichen, insbesondere Bildungszwecken dienlich sind. Auch sonst ist die Tendenz in Gesetzgebung und Verwaltung keineswegs übertrieben protektionistisch, sondern eher liberal zu nennen. In der Botschaft des Präsidenten an den Kongreß im Jahre 1919 finden sich die Grundlinien der argentinischen Zollpolitik folgendermaßen festgelegt: „Der Zollschutz soll auf diejenigen Industrien beschränkt bleiben, die imstande sind, das Allgemeinwohl zu fördern und die Artikel des täglichen Verbrauchs zu verbilligen, keinesfalls soll er die Einfuhr ausländischer Waren als solche erschweren. Daher soll das ausländische Erzeugnis nicht etwa mißgünstig angesehen werden, sondern der Geschmack des Publikums soll dahin wirken, daß das nationale Erzeugnis an Wohlfeilheit und Qualität den Wettbewerb nach Möglichkeit aufnehmen kann".

Die Bindung der Warenwerte für die Zollerhebung im Jahre 1906 hat in Anbetracht der inzwischen eingetretenen Preissteigerung dazu geführt, daß die gegenwärtig erhobenen Zollsätze sich gegen früher um die Hälfte und mehr verbilligt haben. Im Jahre 1910 betrugen die Zolleinnahmen 20 % des Wertes der importierten Waren, 1918 dagegen weniger als 10 %. Da nun in den Kriegsjahren die Einfuhr nicht nur der Menge, sondern auch dem Werte nach beträchtlich zurückging, so mußte die Regierung wohl oder übel an eine Erhöhung der Zölle gehen, um die Ausfälle im Budget auszugleichen. So gelangten seit 1918 Zuschläge zu den Tarifzöllen zur Erhebung in der Weise, daß die bisher zollfreien Waren, ausgenommen einige lebensnotwendige Artikel, mit 5 % belastet, und daß zu den Zollsätzen bis 20 % ein Zuschlag von 2 % und zu den über 20 % ein solcher von 7 % erfolgte.

Für einige Klassen des Zolltarifs wird ein weiterer Zuschlag von 25 % erhoben, wenn die Waren in Postsendungen eingehen oder von Reisenden mitgebracht werden. Schließlich ist im Juli 1920 in Anbetracht der sich immer mehr ausprägenden Differenz zwischen Einschätzungswert und Warenwert, der im Jahre 1919 für die Gesamteinfuhr auf 185,4 % berechnet wurde, eine Erhöhung des aforos um 20 % erfolgt.

Die Finanznot führte weiter dazu, daß 1918 auch die seit 1905 bei der damaligen Neuordnung der Zollgesetze abgeschafften Exportzölle wieder eingeführt wurden. Es handelt sich hierbei gleichzeitig um eine Art Kriegsgewinnbesteuerung, da nur die über einen im Gesetz festgesetzten Grundpreis hinaus erzielten Überschüsse mit einem Ausfuhrzoll belegt werden, und zwar Ackerbauerzeugnisse mit 12 %, andere mit 15 %. Die Überschußwerte werden monatlich von einer Kommission festgesetzt. Die für das Budget von 1920 angeregte Erhebung eines allgemeinen Ausfuhrzolls von 5 % auf den ganzen Wert der ausgeführten Erzeugnisse ist von der Deputiertenkammer abgelehnt worden.

Um die Volksernährung sicherzustellen, d. h. den Abfluß des Weizens nach dem Auslande zu hemmen, wurde am 10. Juni 1920 eine Ausfuhrabgabe von 40 Goldpesos je Tonne Weizen, von 50 Goldpesos je Tonne Weizenmehl und von 20 % auf den Wert zur Zeit der Verschiffung bei allen Nahrungsmitteln, bei deren Herstellung Weizen verwendet wird, eingeführt, und zwar neben den Ausfuhrzöllen. Da diese Ausfuhrabgabe, die übrigens nicht mehr besteht, die gewünschte Wirkung nicht hatte, wurde im August die Ausfuhr von Weizen gänzlich verboten und erst im Dezember, nach Beginn der neuen Ernte wieder zugelassen.

Buenos Aires als wirtschaftlicher Mittelpunkt. Bei einer Beschreibung der Volkswirtschaft Argentiniens darf man an einer Besonderheit nicht vorübergehen. Es ist das die Vorherrschaft eines einzigen Wirtschaftszentrums, der Hauptstadt Buenos Aires. Man hat Paris der dort hervortretenden Zentralisationsbestrebungen wegen den Wasserkopf Frankreichs genannt, mit viel größerer Berechtigung verdient Buenos Aires diese Bezeichnung als Haupt Argentiniens. Treffender als mit dem Kopf wäre ein Vergleich mit dem Herzen, denn von dort aus strömt das Leben in den ganzen Wirtschaftskörper. Dorthin treibt es aus dem Innern des Landes alles, was Talent und Unternehmungsgeist, was Bildungsdrang und Kraft zu wirtschaftlichem oder politischem Vorwärtskommen in sich fühlt. Fast jede große Estancia, jedes Industrieunternehmen des Innern unterhält ein Kontor in Buenos Aires. Dort ist der Anknüpfungspunkt der zahlreichen Fäden, die das argentinische Wirtschaftsleben mit dem Auslande verbinden. Dort ist der Sitz des Ein- und Ausfuhrhandels und aller Verkehrsunternehmungen. Dort finden die aus allen Kulturländern herübergreifenden Bestrebungen ihre erste Nutzanwendung und dort vollzieht sich auch die erste Berührung der Einwanderer mit argentinischem Wesen. Als zentraler Arbeitsmarkt zieht die Hauptstadt die Beschäftigungslosen an sich und gibt sie wieder aus. So ist Buenos Aires der Brennpunkt, von dem aus die gesamte Entwicklung des Landes Richtung und Ziel empfängt. Wie ein Schwamm oder Sieb legt sich die Großstadt vor das ganze Land und hält wie Circe manchen Wanderer fest, der nicht nach Buenos Aires, sondern nach Argentinien wollte. Das haben viele schon zu ihrem Schaden erfahren, die ohne Halt zu finden, im Sumpf der Großstadt untergingen. Der erste Eindruck des südamerikanischen Paris, wie es der Argentinier nicht ungern nennen hört, ist der einer kühnen, rasch fortschreitenden Entwicklung, — insofern ein Spiegelbild des ganzen Landes. Mächtig ausgedehnte Hafen-, Speicher- und Bahnanlagen bedecken die Ufer des Stroms, die sich trotz ihrer Großartigkeit schon wieder zu eng und klein erweisen. Beleuchtungszentralen und Fabriken schließen sich an. Im Zentrum der Stadt drängen sich neben niedrigen Häusern aus älterer Zeit gewaltige Regierungs- und Geschäftspaläste, Hotels und Theater ragen empor. In den engen Straßen wogt der Riesenverkehr der Millionenstadt, der auch schon bis zur Untergrundbahn fortgeschritten ist. Die in jeder Großstadt vorhandenen Gegensätze zwischen reich und arm, zwischen Luxus und Entbehrung prägen sich in Buenos Aires besonders deutlich aus, denn es ist eine der teuersten Städte der Welt, und der bürgerliche Mittelstand ist verhältnismäßig wenig zahlreich. Dem Luxus, an dessen Befriedigung die ganze Welt mitarbeitet, steht eine zunehmende Teuerung der Lebenshaltung gegenüber, durch die Regierung und Stadtverwaltung vor ernste Probleme gestellt werden.

Kosten der Lebenshaltung. Die allenthalben zu beobachtende Preissteigerung hat auch in Argentinien beträchtlichen Umfang erreicht; schon für 1917 wurde gegenüber dem Stande von 1910 eine Erhöhung von rund 50 % errechnet. Der argentinische Arbeiter muß die Hälfte seines Einkommens für Nahrung, $^1/_5$ für Wohnung und den Rest für Kleidung, Beleuchtung und andere Bedürfnisse ausgeben. Regelmäßige Ersparnisse dürfte er zur Zeit kaum machen können, da die Löhne nicht im gleichen Verhältnisse wie die Preise gestiegen sind. In Argentinien sind die beiden Hauptnahrungsmittel Brot und Fleisch. Trotz der Entbehrungen, die infolge der Teuerung der arbeitenden Klasse auferlegt werden, kann nicht gesagt werden, daß die Ernährung darunter gelitten hat. Der Fleischverbrauch auf den Kopf der Bevölkerung ist allerdings in den letzten 20 Jahren auf die Hälfte heruntergegangen, hauptsächlich unter dem Einfluß der italienischen und spanischen Einwanderer, die nicht so starke Fleischesser waren wie der eingeborene Argentinier; immerhin betrug er 1917 noch 90 kg, sodaß Argentinien nach wie vor eines der Länder ist, die bezüglich des Fleischverbrauchs die höchste Indexziffer aufweisen. Der jährliche Verbrauch pro Kopf beläuft sich bei Brot auf 167 kg, Wein 51 l, Zucker 24 kg, Milch 83 l, — Zahlen, die Argentinien als das gelobte Land erscheinen lassen. Und doch ist drüben der Kampf ums Dasein nicht weniger hart, denn abgesehen davon, daß Rindfleisch auf das $1\frac{1}{2}$-fache, Brot auf fast das Doppelte des Vorkriegspreises gestiegen sind, hat der Argentinier besonders für die sonstigen Lebensnotwendigkeiten und Gebrauchsgegenstände, die z. T. vom Auslande bezogen werden müssen, unvergleichlich mehr zu zahlen als der Deutsche, wenn man die gleichzeitig eingetretenen Einkommenserhöhungen mit in Betracht zieht. So sind auch in Argentinien Maßnahmen an der Tagesordnung, die der Bevölkerung billiges Schuhzeug und wohlfeile Kleidung verschaffen sollen. Besonders einschneidend wirkt ferner die in den letzten Jahren eingetretene Steigerung der Mieten, die sich viel hemmungsloser vollzogen hat als in Deutschland. Erst vor kurzem hat eine Verordnung den Mietpreis von 1920 als vorläufigen Höchstpreis festgelegt. Der Taglohn des Arbeiters beträgt je nach Kenntnissen und Fertigkeiten 3—7 Papierpesos, Straßenbahnangestellte verdienen als Mindestsatz 4,50 Papierpesos. Im Ganzen kann man sagen, daß die Lohnhöhe ungefähr den deutschen Vorkriegslöhnen entspricht, wenn man Peso gleich Mark setzt, nur daß die Kaufkraft des Peso hinter jener zurückgeblieben ist, die die Mark vor dem Kriege in Deutschland hatte.

Das argentinische Volksvermögen. Das argentinische Volksvermögen wurde von Alejandro E. Bunge im Jahre 1916 auf insgesamt 32,7 Milliarden Papierpesos berechnet, also annähernd auf den 5. Teil des 1913 von Helfferich für Deutschland angenommenen Wertes. Die Hauptposition nimmt in dieser Berechnung der Grund und Boden mit $10^1/_2$ Milliarden ein, dann folgen die Städte und Ortschaften mit 6,8 Milliarden, die Verkehrseinrichtungen mit 4,7 Milliarden, der Viehbestand mit 3,2 Milliarden. Der Grund und Boden wird also als die breiteste Grundlage des Nationalwohlstandes betrachtet. Seine intensivere Bearbeitung und Ausnutzung durch eine zunehmende Volkszahl bietet die weitesten Möglichkeiten zu einer Vermehrung des Volksvermögens, einmal durch Wertsteigerung des Bodens selbst, dann durch den Absatz der den Eigenbedarf übersteigenden Erzeugung an das Ausland. Der argentinische Bauer produziert heute schon mehr als der europäische, jedoch nur weil er eine größere Bodenfläche bearbeitet, die er nicht zu düngen braucht. Aber er gelangt nicht in den vollen Genuß der Früchte seiner Arbeit, weil die Verhältnisse und Formen der argentinischen Wirtschaft Mängel und Mißbildungen aufweisen. Da sind zunächst die hohen Frachtkosten. Infolge des einseitigen Abflusses der Gütererzeugung nach der La Plata-Mündung, wo sich sowohl der Hauptverbrauch wie die Ausfuhr konzentriert, während der Verbrauch nach den binnenländischen Grenzen hin abnimmt und eine Ausfuhr über diese Grenzen nur in ganz unbedeutendem Umfange stattfindet, wird die Produktion der vom La Plata abgelegenen Landesteile mit zunehmender Entfernung durch immer höhere Frachtkosten belastet. Ein Zonentarifsystem soll zwar mildernd wirken, aber schließlich werden dadurch doch nur die günstiger gelegenen Produktionsgebiete wieder stärker belastet, da sie für das Defizit aus den Transporten, die über längere Strecken laufen, aufkommen müssen. — Der Ertrag der produktiven Arbeit wird außerdem durch zahlreiche Zwischenhändler stark gemindert. Man hat statistisch nachgewiesen, daß z. B., in der Stadt La Plata auf je 7 Einwohner ein Händler kommt. Ferner wird der Gewinn geschmälert durch die hohen Preise aller Verbrauchsartikel, die zumeist vom Auslande eingeführt werden und daher gleichfalls mit hohen Frachtspesen (durchschnittlich 11 % vom Wert) und Zwischenhandelsgewinnen belastet sind. Während des Krieges sind auch die Nachteile stark fühlbar geworden, die durch Ausschaltung des freien ausländischen Wettbewerbs beim Aufkauf der Produkte entstehen.

Trotz dieser Schönheitsfehler der argentinischen Volkswirtschaft ohne die der Nationalwohlstand noch rascher zunehmen würde, ist da, Vertrauen, das der Argentiner in die Zukunft seines Vaterlandes setzt wohl berechtigt: Hat sich doch gerade in den letzten Jahren der in der Wirtschaftsgeschichte eines so jungen Landes äußerst wichtige Umschwung vollzogen, daß Argentinien bei weitem nicht in dem Maße wie früher fremdes Kapital absorbiert, sondern zum ersten Mal als Gläubiger-Staat auftreten konnte. Mit unerschütterlichem Optimismus kommt der Argentinier deshalb über die Krisen und Rückschläge hinweg, die eine so stürmische Entwicklung naturnotwendig mit sich bringen muß. Er weiß, daß die unerschöpflichen Reichtümer seines Bodens und die lebensspendende Kraft der argentinischen Sonne, die er mit den Himmelsfarben im Wappen führt, die Schäden bald wieder heilen und zu neuem Fortschritt die Bahn öffnen werden.

Kultur, Presse, Politik und Deutschtum in Argentinien.

Von

Professor Dr. **von Hauff,**

früher Oberlehrer an der Germania-Schule in Buenos-Aires.

Zu den hervorragendsten Gebäuden im Hafen von Buenos Aires gehört der große, von der deutschen Firma Bunge & Born gebaute Getreidespeicher, der 30000 Tonnen faßt, während die dazu gehörige Mühle täglich 350 Tonnen liefert. Wenn das Korn in Kähnen oder mit der Bahn ankommt, wird es automatisch gewogen, gereinigt, dann noch einmal gewogen, gemahlen und in Säcke gefüllt, die auf einer langen Rutschbahn in die Schiffe gleiten. Das elektrische Licht und die elektrische Kraft für Buenos Aires wird von der 1898 gegründeten Deutsch-überseeischen Elektrizitätsgesellschaft geliefert, der Bau der Untergrundbahn, der ganz erhebliche Schwierigkeiten macht, wurde von der bekannten Firma Philipp Holzmann in Frankfurt a. M. begonnen, die Ausfühung des großen Trockendocks in Bahia Blanca wurde von dem Baukonsortium Dyckerhoff & Widmann in Nürnberg und F. H. Schmidt in Altona übernommen, die größte Zuckerfabrik des Landes, die in Rosario steht, wird von Deutschen geleitet, und selbst im Kriegsarsenal weht deutscher Geist. Auch ein großes deutsches Warenhaus fehlt nicht, das von der Firma Clarfeld in Hamburg in Betrieb genommen wurde. Betrachtet man dann noch die Tätigkeit der deutschen Kaufleute, besucht man die deutschen Schulen und Ansiedlungen, so könnte man als guter Deutscher versucht sein, der deutschen Kultur die erste Stelle in Argentinien einzuräumen. Läßt man aber das allgemeine Leben der Städte auf sich wirken, so tritt doch, ganz abgesehen von der Sprache, die romanische Kultur durchaus in den Vordergrund, wobei aber nicht etwa Madrid tonangebend ist, sondern Paris. An die Pariser Boulevards erinnern die großen Straßen, an die Pariser Geschäfte die Kaufhäuser, an Paris der Luxus der Speisehäuser, und an Paris vor allem das Leben der eleganten Welt beim Korso wie im Salon. Nach Paris zu kommen ist die Sehnsucht der vornehmen argentinischen Männer und Frauen; gern und leicht lernen sie die ihrem Ohr wie ihrer Zunge angenehme französische Sprache, während ihnen die deutsche Sprache schwer und unsympathisch erscheint. Von geringerer Bedeutung für die argentinische Kultur scheint mir der englische Einfluß zu sein, denn der Engländer geht von Argentinien ebenso steif und kalt wieder weg, wie er hingekommen ist, nur daß er sich in der Zwischenzeit die Taschen gefüllt hat. Aber auch wenn er sein Geld zählt, bleibt er steif und kalt. Man zollt seiner geschäftlichen Tüchtigkeit Achtung, aber er kann sich keine Zuneigung und keine Abneigung erwerben. Wie es mit den Nordamerikanern gehen wird, läßt sich noch nicht sagen, da ihre Bestrebungen, die argentinische Kultur zu beeinflussen, noch von zu kurzer Dauer sind.

Der Hinweis auf die germanischen und romanischen Einflüsse genügt aber bei weitem nicht, um ein Bild der argentinischen Kultur zu geben, die uns wie ein Mosaik aus buntesten Farben erscheint, das zahllose Steine und Steinchen vor uns aufblitzen läßt, nach denen sich flinke Hände ausstrecken, um dann rasch nach etwas anderem zu greifen. Namentlich Buenos Aires ist in kultureller Hinsicht eine Weltstadt in des Wortes vollster Bedeutung, wo wir eine Kostprobe von allem haben können, was der menschliche Geist ersonnen hat, so daß der auserlesenste wie der gewöhnlichste Geschmack für einen Augenblick Befriedigung findet; und wer Buenos Aires nicht gesehen hat, der darf nicht sagen, die Welt könne ihm nichts neues mehr bieten.

Was bei der argentinischen Kultur fehlt, das ist die Einheit und Stetigkeit. Es ist, als hätte man vor sich eine Fülle des kostbarsten Baumaterials, das aber in wirrem Durcheinander liegt. Das Gefühl, nur Stückwerk zu sein, ist bei den Argentiniern selbst sehr stark entwickelt und die tiefer Denkenden unter ihnen leiden mehr darunter als recht ist. Denn es ist gar nicht zu erwarten, daß bei einem so jungen Volk die Aufnahme der Einwanderer sich schon vollzogen haben sollte. Aber das eifrige Streben und der glühende Wunsch, eine eigenartige argentinische Kultur zu schaffen, gibt uns die Gewähr, daß dieses Ziel in fortschreitendem Maß erreicht werden wird und zwar um so schneller, wenn es den Argentiniern gelingt, sich von dem französischen Einfluß loszumachen und sich auf sich selbst zu besinnen. Dazu sind auf dem Gebiet der Literatur wie der Musik, der Malerei wie der Philosophie erfreuliche Ansätze zu spüren.

Von sich und seinem Land muß der Argentinier ausgehen; und das

Land bietet alle Vorbedingungen: Meer und Hochgebirge, endlose Grassteppe und Urwald. Diese Vielheit muß der argentinische Kulturmensch so zu einer Einheit zusammenschließen, daß man sich sein Werden nur auf diesem Boden vorstellen kann, so wie der deutsche Kulturmensch entstanden ist aus der Vielheit seiner Stämme, deren Besonderheiten wieder in der Eigenart ihrer engeren Heimat begründet sind.

Es ist dem Eingeborenen, den der spanische Eroberer vor 400 Jahren in Argentinien vorfand, nicht gelungen, sich zu halten, und ebensowenig haben es die Spanier fertiggebracht, sich den neuen Besitz wirklich zu eigen zu machen, aber die Verbindung der beiden hat doch einen Menschenschlag hervorgebracht, den man nur in Argentinien findet: den Gaucho.

Der Gaucho gehört in die Pampa, wo er sich den Rancho, seine Hütte, baut. Mit dem Pferd verwachsen wie der Indianer durchstreift er die unabsehbaren Grassteppen, in denen er sich mit Hilfe seines angeborenen Ortssinns zurechtfindet, halbwild wie die Rinderherden, die er mit Peitsche und Lasso in Zucht hält. Seitdem der Viehzüchter die Pampa durch Stacheldrähte einteilt und der Ackerbauer Grenzsteine setzt, ist die Zeit des eigentlichen Gaucho vorbei. Aber immer noch nötigt er uns Bewunderung ab, wenn er im Dienst des Großgrundbesitzers die Herden zusammentreibt und von dem schäumenden Pferd aus mit selten fehlendem Wurf einem bestimmten Tier in der brüllenden und wild durcheinanderwogenden Masse das Seil um den Hals wirft. Aber das Ungebundene fehlt ihm jetzt: er muß sich Gesetzen fügen, die er nicht aufgestellt hat, weil es ihm nicht gelungen ist, sich in dem Strom der Einwanderer als bodenständiger Felsblock zu halten, an dem die fremden Wogen sich brechen müssen. So ist es ihm auch nicht gelungen, eine Kultur zu schaffen, die ein besonderes Glied in der Kette der Menschheitsentwicklung darstellen könnte; um so mehr aber müssen wir wünschen, die urwüchsige Kraft und Geschmeidigkeit des Gaucho in der kommenden argentinischen Kultur in recht ausgedehntem Maß zu finden.

Zunächst vermissen wir beides, wenn wir uns die Presse ansehen. Bewundern müssen wir freilich auch hier die gewaltige Zahl der Zeitungen, deren es allein in Buenos Aires über 200 geben soll, und die Menge des bedruckten Papiers bei den führenden Blättern. Bewundern müssen wir den Palast der Prensa, der meines Wissens größten Zeitung ganz Südamerikas; denn in diesem Palast ist alles, was ein Zeitungsunternehmen heute irgend brauchen kann, in vollkommener Weise vereinigt. Daneben werden aber auch die Leser nicht vergessen. Rechtsanwälte und Ärzte erteilen ihnen unentgeltlich Rat. Ebenso werden kaufmännische, industrielle und ähnliche Fragen von Fachleuten beantwortet; eine große Bücherei kann umsonst benutzt werden, und prachtvoll eingerichtete große Säle stehen zu Vorträgen oder Festlichkeiten zur Verfügung. Von den Enden der Erde erhält die Prensa auf dem schnellsten Wege Nachricht von jedem wichtigeren Ereignis. Aber der Geist dieses Unternehmens ist nicht argentinisch, hat doch der Gründer seinen Wohnsitz in Paris aufgeschlagen.

Außer der Prensa ist in erster Linie die von dem bekannten General Bartolomé Eitre gegründete Nación zu nennen, die neben der mehr unterrichtenden Prensa das völkische Interesse vertritt. Der Verlag gibt außerdem eine große Sammlung von Werken amerikanischer und europäischer Schriftsteller in spanischer Sprache heraus: den argentinischen Reclam. Die Nación besteht bald 50 Jahre, während La Argentina zu den jüngsten Gründungen gehört, aber trotzdem schon eine stattliche Anzahl von Beziehern hat. Sie bringt vor allem aktuelle Nachrichten und sucht durch besondere Vergünstigungen Leser zu gewinnen, ähnlich wie die Prensa. Von Nachmittagszeitungen, die ebenfalls europäischen Nachrichtendienst haben, verdienen noch El Diario, La Razón und El Nacional Erwähnung.

Wir müssen leider sagen, daß die argentinische Presse alle Fehler der europäischen an sich hat. Es handelt sich bei ihr um nichts Argentinien Eigentümliches. Noch fehlt es an den Schriftstellern wie an den Lesern, um Blätter zu schaffen, in denen Argentinier zu Argentiniern reden, wo gezeigt wird, wie die Tagesereignisse von rein argentinischem, nicht französischem oder nordamerikanischem Standpunkt aus zu betrachten sind; wo nur Dinge behandelt werden, die für das Wohl und Wehe der Gesamtheit von Bedeutung sind, nicht nur für das Einzelner, die gerade durch einen Zufall in den Vordergrund geschoben werden. Und dabei könnte man täglich zehn mal so viel Zeitungen mit der Behandlung von Fragen füllen, die in der Luft liegen und die jeden unmittelbar angehen. Der Argentinier möchte sich sein eigenes Volksbildungswesen, sein eigenes Rechtsleben, seine eigene Dichtkunst und seine eigene Weltanschauung schaffen, ein Feuer brennt in ihm, das auflodern will zum Himmel, um seinen Schein weithin über das Meer zu werfen, aber statt dessen wärmt er sich immer noch die Hände an ein paar glimmenden Kohlen, die ihm von Fremden zugeworfen werden, und trägt in seinen Zeitungen Brocken auf, die von den Tischen europäischer Zeitungsschreiber gefallen sind.

Eigenartiger, argentinischer sind die illustrierten Zeitschriften, unter denen in erster Linie die Caras y Caretas (Gesichter und Masken) zu nennen sind. Das Blatt ist in ganz Südamerika bekannt und bringt auch reichlich politische Satiren und Witze. Es liegt aber in der Natur der Sache, daß auf diesem Gebiet das europäische nicht so deutlich in die Erscheinung treten kann.

Die Zahl der Provinzblätter läßt sich auch nicht annähernd schätzen, denn überall wird der Versuch gemacht, Zeitungen herauszubringen, mögen sie auch noch so bescheiden aussehen. Eine Handpresse, so viel Typen als für zwei Seiten nötig sind, und die Zeitung ist fertig, wobei der Herausgeber, Redakteur, Setzer, Drucker, Austräger und Geldeinzieher ein und dieselbe Person ist. Die Lebensdauer solcher Zeitungen geht, je nachdem sie wöchentlich oder monatlich erscheinen, von einer Woche oder einem Monat an aufwärts. Die bedeutendsten Provinzblätter sind: Los Andes in Mendoza, El Dia in Jujuy, La Provincia in Corrientes, La Revista Comercial in Bahia Blanca und das ganz und gar klerikale Blatt Los Principios in Córdoba.

Unter den deutschen Zeitungen nimmt die „Deutsche La Plata-Zeitung" in jeder Hinsicht die erste Stellung ein. Sie ist das älteste und gelesenste Blatt. Ein besonderes Verdienst hat sich der Verlag durch die spanische Ausgabe erworben, die viel zur Aufklärung über Deutschland beigetragen hat. Man hat die Bedeutung regelmäßiger Aufklärungsarbeit in Form von redaktioneller Reklame in den spanischen Zeitungen bisher leider sehr vernachlässigt und es wäre höchste Zeit, daß dies ganz systematisch betrieben würde. Die Zeit ist außergewöhnlich günstig, da die Argentinier jetzt sehr geneigt sind, auf alles zu hören, was von Deutschland kommt.

Das „Argentinische Tageblatt" vertritt vorwiegend schweizer Interessen und schimpft zu viel über die Deutschen für eine Zeitung, die in deutscher Sprache erscheint. Die Wochenschrift „Buenos Aires Handels-Zeitung", die deutsch und spanisch erscheint, ist ein Fachblatt.

Um sich in Ruhe dem Aufbau einer eigenen Kultur widmen zu können, müßte Argentinien verschont sein von allen politischen Kämpfen. Dies ist aber leider nicht der Fall, wenn wir auch anerkennen dürfen, daß die innerpolitischen Erschütterungen in den letzten Jahrzehnten bedeutend an Stärke abgenommen haben, so daß wir auch in dieser Beziehung vertrauensvoll in die Zukunft sehen dürfen, vorausgesetzt, daß die Umwälzungen im Gefolge des Weltkrieges Argentinien nicht in den Strudel hineinziehen. Immer noch liegt die Politik in der

Hand weniger Parteiführer, die durch Versprechungen von Vorteilen rein materieller Art ihre Wähler beeinflussen, so daß eine Volksabstimmung trotz des allgemeinen Wahlrechts noch weniger als bei uns den wahren Ausdruck der Volksmeinung darstellt. Das Parteiinteresse steht über dem Allgemeininteresse, das Allerschädlichste für ein Land, das sich seine nationale Einheit erst schaffen muß. Man lernt hier den Wert einer Tradition schätzen, die man in Ländern mit alter Geschichte nur zu leicht als störend empfindet. „Unser Land ist noch zu jung", ist die ganz richtige Erklärung, die der einsichtige Argentinier für sehr viele Mängel gibt; er tut aber seinem Land unrecht, wenn er die Erklärung in die Form einer Klage oder gar Anklage kleidet.

Es wäre gänzlich verkehrt, aus dem bisherigen den Schluß zu ziehen, als fehlte es dem Argentinier an Patriotismus. Was fehlt, ist die Liebe zur Scholle, die mit Sorgfalt langsam aufbaut. Der Argentinier liebt sein Land, weil es fruchtbar ist, und es macht sich in seinem Charakter noch der Trieb des Einwanderers nach schnellem Reichtum geltend. In dieser Hinsicht bildet der Deutsche eine wertvolle Ergänzung zum Argentinier, weil der Deutsche Geduld hat, erst den Grund legt und dann ruhig zuwartet, bis die Frucht reift.

Schon unter den Begleitern Mendozas, der am 2. Februar 1535 oder 1536 Buenos Aires zu gründen versuchte, waren 150 Deutsche, neben rund 2500 Spaniern. Die meisten dieser Ansiedler zerstreuten sich oder gingen nach kurzer Zeit zugrunde, und so gründete Garay am 11. Juni 1580 die Stadt zum zweiten Male und zwar mit dauerndem Erfolg. Die Gründungsurkunde ist noch erhalten und bezeichnet zehn Gründer als Spanier, während von den übrigen 53 die Herkunft unbekannt ist. Sicher waren nicht wenige bereits im Land Ansässige darunter, und manche Namen lauten gut deutsch, wenn man die romanische Endung wegläßt, z. B. Johann Martin, Peter Frank, Anton Robert; andere sind sicher stark verändert oder übersetzt, weil Garays Schreiber sie sonst weder schreiben noch aussprechen konnte. Der Zuzug der Deutschen hat vermutlich nie ganz ausgesetzt, doch dürften es meist Abenteurer gewesen sein, von denen Kulturarbeit nicht geleistet werden konnte.

Bald nach der Unabhängigkeitserklärung im Jahr 1810 brachte der Minister Rivadavia europäische Einwanderer in größerer Anzahl nach Argentinien, unter denen nach den Berichten zahlreiche einzelne Deutsche waren und ganze Familien. In dem Krieg zwischen Argentinien und Brasilien in den zwanziger Jahren des 19. Jahrhunderts dienten im brasilianischen Heer deutsche Söldner, deren Zahl nach der niedrigsten Angabe 2000, nach der höchsten 3600 betrug. Viele davon ließen sich nach Friedensschluß dauernd in Argentinien nieder. Ebenso von den rund 1000 deutschen Söldnern, die Brasilien 1851 anwarb.

Eine planmäßige Ansiedlung deutscher Einwanderer wurde aber erst von dem holsteiner Schulmeister Frers in Angriff genommen, dessen Nachkommen heute als reiche Kaufleute in Argentinien leben. Betrieb er die Sache auch nur im Kleinen, so doch mit Erfolg. Auf seine Veranlassung ließen sich 1836 in dem Dorf Baradero am Parana, wo noch heute eine deutsche Kolonie besteht, zehn und später noch einmal acht deutsch-schweizerische Familien aus dem Kanton Freiburg nieder. Im Anfang der fünfziger Jahre faßte dann die argentinische Regierung selbst den vortrefflichen Plan, deutsche Ackerbaukolonien zu gründen, weil sie wußte, daß die deutschen Bauern die besten in der Welt sind. Sie schloß mit dem sehr geschickten Einwanderungsagenten Castellanos einen Vertrag, wonach er im Lauf der nächsten zehn Jahre 1000 Familien ansiedeln sollte, und zwar alle zwei Jahre 200. Aber während Castellanos die ersten 200 Familien mit weit über 1000 Köpfen anwarb, wechselte in Argentinien die Regierung und man wollte von dem ganzen Plan nichts mehr wissen. Immerhin sollten die nun einmal angeworbenen Familien angesiedelt werden, und zwar sollten sie gleichzeitig die Grassteppe bei Santa Fé fruchtbar machen und einen Schutzwall bilden gegen die Jndianer, die den Bewohnern von Santa Fé Besuche machten. Als die Ansiedler kamen, fanden sie von den in Aussicht gestellten Häusern und Ackergeräten nichts vor, weil eben das Interesse der Regierung erkaltet war; dagegen sollten sie Baumwolle und Tabak bauen, ohne eine Ahnung davon zu haben, wie das zu machen ist. So konnte es nicht anders kommen, als daß die ganze Sache zusammenbrach, und die Ansiedler wären einfach verhungert, wenn die argentinische Regierung sie nicht auf Vorschuß mit Lebensmitteln versorgt hätte. Dadurch häufte sich aber eine solche Schuldenlast an, daß die Ansiedler verlangten, wieder nach Hause gebracht zu werden, weil sie daran verzweifelten, jemals auf einen grünen Zweig zu kommen. Da schenkte ihnen die Regierung alle Schulden und sie hat diesen hochherzigen Schritt nie bereuen müssen, denn durch die Steuern, die von der Gemeinde Esperanza, die ihrem Namen am Anfang so wenig Ehre machte, aufgebracht werden, hat die Regierung eine vortreffliche Einnahme, die zu den früheren Ausgaben in keinem Verhältnis steht. Von viel größerem Wert ist aber, was die Deutschen durch ihr Beispiel für die Förderung des Ackerbaus geleistet haben. Außerdem wurden in den folgenden Jahrzehnten noch eine ganze Reihe weiterer Ansiedlungen angelegt, von denen sich die allermeisten halten konnten und zum großen Teil aus deutschen und schweizerischen Bauern bestehen. Französisch Redende sind häufig schon in der zweiten Generation germanisiert worden. Dies möchte ich ausdrücklich für solche hervorheben, die gedankenlos den ebenso alten wie unberechtigten Vorwurf nachsprechen, der Deutsche sei im Ausland im wechselweisen Einwirken der Nationalitäten stets der unterliegende Teil.

Wer es gut meint mit Argentinien, der wird bedauern, daß die planmäßige Anlage von Ackerbaukolonien in der Art Esperanzas und der daraus entstandenen Ansiedlungen seit mehr als 40 Jahren aufgehört hat. Es gibt genug deutsche Landwirte in Argentinien, die Erfahrung und Geschick haben, um eine Ackerbauansiedlung so zu gründen, daß ein Mißlingen ausgeschlossen ist. Gerade geschlossene deutsche Siedlungen aber würden für die Entwicklung der argentinischen Kultur in dem oben angedeuteten Sinn von hervorragender Bedeutung sein.

Von seinem Heimatboden muß der argentinische Kulturmensch ausgehen, wie der Gaucho mit seiner Pampa verwachsen war. Dabei kann niemand besser mitwirken, als der deutsche in Argentinien ansässige Bauer. Die Gefahr, daß dadurch wieder ein fremder Zug hereinkomme, besteht nicht, denn die treibende Kraft ist hier der argentinische Boden.

Um diesem hohen Ziel näherzukommen, müßten hin und her in Argentinien landwirtschaftliche Schulen eingerichtet werden mit Musterbetrieben, wie wir sie in Deutschland haben, angepaßt an die argentinischen Verhältnisse. Den Anfang damit könnte man nirgends besser machen als in den deutschen Ansiedlungen, wo man sehen kann, wie man rationell arbeitet. Als ich mir die deutschen Ansiedlungen in der Gegend von Esperanza ansah, brauchte ich gar nicht zu fragen, wo der deutsche Grund und Boden anfing, und ich konnte nur immer wieder meine Bewunderung ausdrücken, wenn ich bedachte, was die Deutschen aus der ihnen übergebenen Grassteppe unter den schwierigsten Verhältnissen gemacht haben.

Diese landwirtschaftlichen Schulen müßten mit einer Art Internat für jüngere und Unterkünften für ältere Leute verbunden sein, was aber bei der Billigkeit der Lebensmittel keine übermäßigen Kosten verursachen würde. Solche Schulen, in denen natürlich auch die Möglichkeit zur Bildung von Geist, Herz und Gemüt geboten wäre, würden in kurzer

Zeit Mittelpunkte der Bildung für ihre ganze Umgebung darstellen, die durch sie um mehrere Kulturstufen gehoben würde.

Auch bei der Gründung dieser Schulen könnte man wie bei der Gründung der Ansiedlungen selbst an Bestehendes anknüpfen, denn es gibt schon seit bald 60 Jahren deutsche Schulen in Argentinien, die wir als die eigentlichen Träger des dortigen Deutschtums bezeichnen müssen. Der Plan zur Gründung der ersten deutschen Schule war im Jahr 1842 von einigen Deutschen in Buenos Aires gefaßt worden, denen auf ihre Bitte der 30 Jahre alte Kandidat der Theologie, Siegel, vom evangelischen Verein in Bremen geschickt wurde, um die Stelle des Pfarrers und Schulleiters der neu zu gründenden Gemeinde zu übernehmen. Aus dem Anfang seiner Tätigkeit gibt er uns folgenden interessanten Bericht: „Bei der Gründung der deutsch-evangelischen Gemeinde gab es hier bis auf 7 Leguas im Land zerstreut nur 30—40 rein protestantische Familien. Die übrigen lebten teils in gemischten, teils in wilden Ehen oder waren gar nicht verheiratet. Bei den meisten war das wenige, was sie noch von Religion aus Deutschland mitgebracht hatten, total verschwunden, manche waren gänzlich verwildert. Die meisten waren Handwerker oder Viehzüchter, wenige Kaufleute. Im ganzen etwa 600 Seelen."

Der junge Pfarrer und Rektor stürzte sich mit Eifer in die Arbeit und lud die Leute dringend ein, ihre Kinder am Eröffnungstag der Schule zum Unterricht zu schicken. Als aber der große Tag kam, war der Rektor Siegel die einzige anwesende Person, so daß er beim besten Willen den Unterricht nicht beginnen konnte. Er lud wieder kräftig ein und diesmal kamen sieben Schüler, so daß er am 7. November 1843 tatsächlich anfangen konnte zu unterrichten. Ein Jahr später waren es schon 27 Schüler, so daß man an die Anstellung eines Hilfslehrers ging, da Siegel doch im Hauptamt Pfarrer war. Nach zehn Jahren konnte Siegel berichten: „Die Schule steht in gutem Ansehen und deutsches Wesen hat guten Ruf. Unser Streben geht dahin, die Schule nach und nach so weit zu bringen, daß in ihr alles gelehrt werden kann, was man in Buenos Aires braucht."

Aus dieser Schule ist die Germaniaschule hervorgegangen; die sich unter der Leitung des noch dort tätigen Direktors Dr. Ruge zu einer der ersten deutschen Auslandsschulen überhaupt entwickelt hat. Wie hoch diese Schule auch von Argentiniern geschätzt wird, zeigt das Urteil des Ministers Zeballos, der sich viel um die Besserung des argentinischen Schulwesens bemühte und zur Bereicherung seiner Kenntnisse auch Deutschland bereiste. Er sagte 1905 in einem Vortrag, der in der Revista de Derecho, Historia y Letras abgedruckt ist: „Ich weiß nicht, ob die Tatsache bekannt ist, daß die deutschen Kaufleute des Landes, die ein Vorbild bezüglich der Hingabe an ihren Beruf und ihrer finanziellen Geschicklichkeit sind, doch noch Zeit und Interesse finden, um den Mangel an Staatsschulen zu ersetzen und ihre Kinder vor dem Ausbeutungssystem schlecht geleiteter Privatschulen, in denen unfähige Lehrer arbeiten, zu schützen. Sie haben ein vollständiges Schulsystem gegründet, in welchem nur von geeigneten Lehrkräften unterrichtet wird. Es ist dies, ihnen zur Ehre sei es gesagt, die Germaniaschule. Diese Anstalt, ohne die Verdienste der andern schmälern zu wollen, hat für uns ein besonderes Interesse, namentlich vom wissenschaftlichen Gesichtspunkt aus. Sie hat unter Leitung argentinischer Architekten ein Gebäude errichtet, das, wenn auch vielleicht in verkleinertem Maßstabe, ein getreues Abbild der guten Schulen Hamburgs und Bremens ist. In dieser Schule findet man den Begriff der deutschen Schule ausgeprägt: Wissenschaftlichkeit, Bequemlichkeit, Luft, Licht, Wärme, freie Spielplätze und eine Turnhalle zur Entwicklung der physischen Kräfte. Die Germaniaschule hat Stundenpläne, die von den deutschen etwas abweichen, da sie gleichzeitig mehrere deutsche Schultypen umschließt. Sie ist Volksschule, da sie Elementarunterricht erteilt, sie ist Realschule, weil sie höheren und für das praktische Leben berechneten Unterricht vermittelt, sie nähert sich dem Gymnasium, da sie zum Eintritt in den wissenschaftlichen Beruf vorbereitet. Ein solches kompliziertes Schulsystem ist in Deutschland nicht vorhanden, weil man dort die verschiedenen Anstalten getrennt besitzt, ist jedoch für hiesige Verhältnisse wohl verständlich, ja sie gereicht der deutschen Kolonie zur Ehre, die ein Kapital von beinahe 400 000 Pesos zusammengebracht hat, um dieses große Werk zu vollbringen, das auch für Argentinien einen Fortschritt bedeutet; denn obgleich es von Deutschen geleitet wird und von Deutschen gegründet worden ist, lehrt diese Schule doch auch die Republik Argentinien lieben und achten und ihr dienen. Diese Beobachtung habe ich gemacht, als ich die Anstalt auf Einladung des deutschen Gesandten besuchte. Ich wünsche, daß es in der Republik Argentinien stets Schulen geben möge, die, von Fremden gegründet, von solchem Geist und von solchen Idealen geleitet werden."

Wir sehen aus diesem Urteil des Ministers, daß in maßgebenden Kreisen Argentiniens volles Verständnis für die Arbeit der dortigen deutschen Schulen vorhanden ist. Aber es ist im Interesse des Deutschtums wie der Entwicklung der argentinischen Kultur sehr zu bedauern, daß die deutschen Schulen als eine Art Fremdkörper mehr geduldet werden, als daß sie an dem ganzen Geistesleben tätigen Anteil nehmen. Und wenn wir bedenken, daß es in Argentinien rund 100 deutsche Schulen mit etwa 6000 Schülern und Schülerinnen gibt, so wird man zugeben, daß diese Anstalten für den geistigen Fortschritt eines Landes wie Argentinien etwas bedeuten könnten, wenn die darin schlummernden Kräfte zur Entfaltung gebracht würden. Es ist zwar schon viel wert, wenn jährlich etwa 1000 Kinder ins Leben treten, die so viel von deutschem Wesen in sich aufgenommen haben, daß sie imstande sind, darauf weiterzubauen, aber es wäre doch ganz anders, wenn dieses Weiterbauen nicht den meist erst 14jährigen Kindern und ihren Eltern überlassen würde, das heißt also in vielen Fällen dem Zufall, sondern wenn sie dazu auch später sachgemäße Anleitung bekämen. Daran aber kranken alle deutschen Schulen in Argentinien, daß die oberen Klassen, wo der Unterricht erst die richtigen Früchte tragen kann, leer sind, weil die Schüler an ihre Zukunft denken müssen und anfangen, sich auf ihren Beruf vorzubereiten.

Es ist nun nichts verkehrter, als wenn deutsche Schulen unter weitgehender Preisgabe ihrer Eigenart sich den einheimischen Schulen so anpassen, daß sie kaum mehr als deutsche Schulen zu bezeichnen sind. Damit ist gar niemandem gedient. Vielmehr sollten die argentinischen Schulen sich den deutschen annähern, indem sie vor allem deutsche Zucht einführen und der deutschen Sprache eine reichliche Stundenzahl zumessen. Nicht bloß der oben genannte Minister Zeballos, sondern jeder, der die Germaniaschule besuchte, war entzückt von der dort herrschenden Ordnung. Nicht nur Deutsche, sondern auch Argentinier besuchen die deutschen Schulen, trotzdem die einheimischen Schulen frei sind, während die deutschen, um bestehen zu können, ein recht hohes Schulgeld erheben müssen. Jedermann ist überzeugt, daß der Deutsche das Unterrichten besser versteht als jeder andere; warum lernt man denn nicht von ihm?

Es war eine halbe Sache, wenn am Anfang unseres Jahrhunderts ein pädagogisches Seminar unter der Leitung deutscher Oberlehrer eingerichtet wurde, die Leute in das Lehrfach einführen sollten, die aus Ermanglung eines Bessern oder vorübergehend, um sich nebenbei etwas zu verdienen, unterrichten wollten. Der Schade ist nicht groß, wenn die Einrichtung jetzt ein Ende gefunden hat. Auch das bleibt ein Schlag ins Wasser, wenn an eine einzelne Universität wie Córdoba eine handvoll deutscher Gelehrter berufen werden, die Pflanzen suchen und Käfer fangen, im übrigen aber ein Märchendasein führen. Wir gedenken bei dieser Gelegenheit des bedeutendsten deutschen Gelehrten, der in Argentinien wirkte, des Naturwissenschaftlers Burmeister, dem die Argentinier im Park von Palermo ein Denkmal errichtet haben. Das alles hindert aber nicht, daß in den argentinischen Schulen nach Lehrbüchern unterrichtet wird, die von Franzosen verfaßt sind. In einem Lehrbuch für Erdkunde aus einer französischen Bücherfabrik stand der Satz: „Die Deutschen bestehen aus einer Mischung von Nationen. Die Franzosen sind durch das Elsaß vertreten, das unausgesetzt gegen den Raub von 1871 Einspruch erhebt. Die Polen werden durch die Slaven und Masuren, die Dänen durch die Einwohner von Schleswig vertreten, das den Dänen im Jahr 1864 mit Waffengewalt entrissen worden ist." Erst in neuerer Zeit ist der Satz gestrichen worden, weil doch endlich ein Deutscher auf den Unsinn hinwies, aber was stehengeblieben ist, erweckt doch den Eindruck, als wären die Deutschen eine zusammengewürfelte Masse aus allen möglichen Völkern, wobei namentlich die Berliner so tief stehen, daß das Gesindel von London und Paris ein wahres Muster der Kultur im Vergleich damit genannt werden muß. Daher waren die Argentinier, die nach Berlin kamen, immer sehr erstaunt, über die dort herrschende Ordnung und Sauberkeit, die sie in Paris vielfach vermißten.

Von unten herauf, von der Schule her muß die argentinische Kultur gebaut werden, nicht von oben herunter, von der Universität her. Das kann aber nicht dadurch geschehen, daß man in Nachahmung europäischer Einrichtungen eine allgemeine Schulpflicht durchzudrücken sucht, die in einem Land mit so weit verstreuter Bevölkerung gar nicht möglich ist und für viele Bewohner des Landes gar kein Segen wäre [1]). Es fehlt dazu auch noch durchaus an dem nötigen Stamm von Lehrern. Diese könnten auf keine Weise besser herangezogen werden als mit Hilfe der deutschen Schulen, die ebenfalls daran leiden, daß sie mit Lehrern vorlieb nehmen müssen, die sich erst einarbeiten und dann bald wieder nach Deutschland zurückkehren. Aus diesem Grund hat die oben erwähnte Germaniaschule den Anfang mit einer Art Lehrerseminar gemacht, das sie aber allein nicht zu einer Anstalt großen Stils ausbauen kann.

[1]) Der Elementarunterricht ist für alle Kinder vom 6. bis 14. Jahre verbindlich und unentgeltlich. Doch läßt sich dies wegen der weit verstreuten Bevölkerung in keiner Weise durchführen, so daß die Zahl der Analphabeten immer noch sehr groß ist.

Die mehr als 50 deutschen Vereine, unter denen ich den Lehrerverein und den Volksbund besonders hervorheben möchte, würden der Regierung sicher gern raten, wie die Ausführung der angedeuteten Vorschläge zur Entwicklung der argentinischen Kultur am besten zu erreichen wäre. Jetzt, da die stets törichten Behauptungen von der deutschen Gefahr auch vom Dümmsten nicht mehr ernst genommen werden, wäre die richtige Zeit, deutsches Wissen, das in der Heimat keine Verwendung finden kann, Argentinien zur Verfügung zu stellen. Nur durch die lebendige Berührung kann dies geschehen, denn so dankenswert die Bestrebungen sind, mit Hilfe von Übersetzungen und einer in spanischer Sprache erscheinenden Zeitung die Wahrheit über Deutschland zu verbreiten — ohne das lebendige Wort, ohne die lebendige Persönlichkeit fehlt die Hauptsache: das Leben.

Der deutsche Pfarrer hat in Argentinien nicht mehr die Bedeutung für die Erhaltung des Volkstums wie früher, eine Erscheinung, die man auch in andern Ländern beobachten kann. Es wurde bereits erwähnt, daß die Bildung der deutschen Gemeinde in Buenos Aires mit der Anstellung eines Pfarrers begann, der dann eine Schule gründete; und fast 60 Jahre war das Amt eines Schulrektors mit dem des Pfarrers in Buenos Aires verbunden. Aber genau wie in Deutschland macht sich auch im Ausland immer stärker das Bestreben geltend, Schule und Kirche gänzlich voneinander zu trennen. Den Anfang machten die Schulen, die ihren Lehrplan den höheren Schulen Deutschlands anpaßten und die Berechtigung zum Einjährigen oder gar zum Abitur anstrebten und erhielten, denn zu ihrer Leitung reichten die philologischen Kenntnisse des Pfarrers in der Regel nicht aus. Aber auch die Schulen auf dem Land streben nach der Trennung von der Kirche, und hier kann man doch einige Bedenken nicht unterdrücken, auch wenn man an sich durchaus für eine selbständige Schule eintritt und die Trennung von der Kirche in den Städten als einen großen Fortschritt begrüßt. Auf dem Land ist der Pfarrer dem Lehrer in der Regel an Bildung weit überlegen, und es ist im Ausland doppelt bedauerlich, wenn das Wissen des Pfarrers den Schülern nicht zugute kommt, denn gerade in solchen Ländern wie Argentinien muß sich manche Landschule mit „Lehrern" begnügen, die nur noch schwache Erinnerungen an eine eigene mangelhafte Schulbildung haben. Da es sicherlich noch lange dauern wird, bis es dem Lehrerverein in Argentinien gelingt, alle deutschen Schulen in Argentinien mit Fachleuten zu besetzen, werden wir uns freuen müssen, wenn die Pfarrer auf dem Lande recht fleißig Unterricht geben, wobei es sich kaum vermeiden lassen wird, daß der Lehrer hinter dem Pfarrer zurücksteht.

Der hervorragendste gesellschaftliche Verein ist der vor rund 70 Jahren gegründete Turnverein, der ein prachtvolles Klubhaus hat. Nach ihm kommt der 1855 gegründete Gesangverein Germania, der ebenfalls in der Stadt ein Haus besitzt, während der Ruderverein Teutonia im Tigredelta sein Klubhaus hat. Auch in den anderen größeren Städten bestehen natürlich deutsche Vereine, die bei ihren Festlichkeiten auch Argentinier heranziehen und so zum gegenseitigen Verständnis beitragen. — Daneben bestehen eine Reihe von Hilfsvereinen, wie Krankenvereine, Vereine zum Schutz der Einwanderer, ein Seemannsheim usw. Der Deutsche wissenschaftliche Verein sucht durch Vorträge und eine Bücherei zu wirken, während der deutsche Lehrerverein den Versuch machte, mit Hilfe einer Zeitschrift für argentinische Volkskunde das Volksleben zu erforschen.

Ganz ungenügend ist die Versorgung der Deutschen in Argentinien mit geistiger Nahrung. Es fehlt ebenso sehr an einer führenden Zeitung wie an Buchhändlern, die zielbewußt im Dienst des Volkstums arbeiten. Versuche, die in beiden Richtungen gemacht wurden, sind daran gescheitert, daß die Unternehmungen keinen entsprechenden Gewinn abwarfen. Die Zeitung[1]) müßte eigene Telegramme bringen und ihre Mitarbeiter gut bezahlen, nur dann kann sie in Wettbewerb mit der Prensa treten. Im andern Fall bleibt sie ein Nachrichtenblatt für die betreffende deutsche Ansiedlung, neben dem aber eine argentinische Zeitung unentbehrlich ist. Einen sehr wichtigen Bestandteil dieser Zeitung müßte die Bücherschau bilden, in der die wichtigsten Neuerscheinungen so besprochen werden müßten, daß der Leser ein objektives Urteil über Art und Inhalt der Bücher bekäme. Mit Hilfe der deutschen Vereine müßten dann hin und her im Land Buchniederlagen gegründet werden, in denen die Bücher eingesehen und gekauft werden könnten. Das könnte natürlich nur mit Unterstützung des Börsenvereins durchgeführt werden, hätte aber eine ganz andere Wirkung als die gelegentliche Verteilung von Büchern an Schulen durch den Verein für das Deutschtum im Ausland, so anerkennenswert sie an sich ist.

Die Verwirklichung der angedeuteten Wege zur Stärkung des Deutschtums in Argentinien konnte auch vor dem Krieg auf amtlichem Wege

[1]) Vgl. die Ausführungen über bestehende deutsche Zeitungen auf S. 50. (Anm. d. Herausgeb.)

nicht durchgeführt werden. Dazu sind nur die deutschen Kaufleute imstande, die, wie oben erwähnt, in Buenos Aires ein mustergültiges Schulwesen geschaffen haben. Das nächste wäre, daß sie an die Germaniaschule eine Handelsschule angliederten, in der die jungen Kaufleute mit den für Argentinien notwendigen Kenntnissen ausgerüstet würden. Versuche in dieser Richtung sind gescheitert, weil die jungen Leute nur kommen, wenn ihnen die Teilnahme an den Kursen von den Geschäften aus zur Pflicht gemacht wird. Die Kosten, die den Geschäften dadurch entstünden, würden sich reichlich verzinsen.

Los von Frankreich! Unter diesem Zeichen muß der Argentinier seine eigene Kultur, seine eigene Presse, seine eigene Schule schaffen. Doch ist das Land noch zu jung, um diese Aufgabe ganz allein lösen zur können. Allzu tief hat der französische Sauerteig die gebildeten Schichten durchdrungen. Möchten die Argentinier insbesondere die vielen fauligen Niederschläge französischer Kultur recht bald gründlich ausfegen, damit die Keime neuen Lebens, die überall zu sehen sind, recht kräftig wachsen können.

Einwanderung und Siedelung.

Von

Dr. Pfannenschmidt,

bisher landwirtschaftlicher Sachverständiger beim deutschen Generalkonsulat in Buenos-Aires.

Die Bevölkerung Argentiniens baut sich in weitaus überwiegender Zahl aus Einwanderern und ihren Nachkommen auf, denen gegenüber die Vermischung mit den ursprünglichen Bewohnern des Landes stark zurücktritt. Aus diesem Grunde ist der Bildungsvorgang der argentinischen Bevölkerung von der Einwanderung nicht zu trennen.

In den ersten Jahrhunderten der spanischen Herrschaft vollzog sich die Besiedlung des Landes nur langsam und spärlich, da bis zum Jahre 1810 die Einwanderung von Europäern im allgemeinen verboten war und sie daher im wesentlichen auf eine geringe Anzahl von Untertanen der spanischen Krone beschränkt blieb. Nur Negersklaven wurden damals in größeren und kleineren Trupps eingeführt, um den großen Mangel an Arbeitskräften zu beheben. Aus der Vermischung dieser Elemente mit den Indianern des Landes gingen die sog. Criollos hervor, die den Grundstock der Bevölkerung Argentiniens bilden. Es muß jedoch ausdrücklich hervorgehoben werden, daß der Zustrom von Negern nach Argentinien, von späteren gelegentlichen Einwanderungen in ganz kleiner Zahl abgesehen, auf diese früheste Zeit der Besiedlung des Landes beschränkt blieb, so daß die argentinische Bevölkerung sich im wesentlichen ohne Einschlag von Negerblut gebildet hat. Das geschah in scharfem Gegensatz zu dem Nachbarlande Brasilien, wo die subtropische Plantagenwirtschaft die Arbeitskräfte der Negersklaven nicht entbehren konnte. Desto dringender notwendig wurde für Argentinien die Einwanderung von Europäern, als es dazu überging, seine großen Pampaländereien durch den Ackerbau zu erschließen.

Erst die Verordnung vom Jahre 1810 gestattete auch Nichtspaniern freien Zuzug. Dennoch blieb die Einwanderung in den nächsten Jahrzehnten weiterhin gering, obwohl einige Anläufe, die Einwanderung zu beleben, bereits im Jahre 1812 gemacht wurden und zu dem gleichen Zwecke auch später, im Jahre 1824, eine Kommission eingesetzt wurde. Bald aber brachte die Gewaltherrschaft Rozas' alle bisherigen Bemühungen zum Stillstand, da die Vorbedingungen zur Aufnahme von Einwanderern, d. h. die Ruhe und Sicherheit im Lande, nicht vorhanden waren. Als endlich unter Urquiza's Regierung zeitweilig Ruhe eintrat, konnte die Einwanderung durch die „Associacion Filantropica de Inmigracion" unter Beihilfe der Regierung von neuem Förderung finden. Dennoch blieben diese Bestrebungen ohne größeren Erfolg, so daß sich die Regierung im Jahre 1869 veranlaßt sah, selbst stärker einzugreifen, indem sie eine Kommission zur Förderung der Einwanderung ernannte.

Bis zum Jahre 1857 sind ziffernmäßige Angaben über die Einwanderung nicht vorhanden. Von 1857 bis 1865 kamen nur 66 874 Einwanderer an. Das folgende Jahrzehnt brachte eine allmählige Steigerung des Zustroms in Höhe von etwa 260 000 Einwanderern. In den Jahren 1876 bis 1880 verminderte sich die Zahl der Einwanderer auf 112 191, dagegen verdoppelte sie sich in jedem der beiden folgenden Jahrfünfte, nämlich auf 255 185 beziehungsweise 591 383, im letzteren Zeitraum unter dem Einflusse von zahlreichen Freipassagen, die die argentinische Regierung an Einwanderer aus Europa ausgab. 1891 bis 1895 fand unter dem Einfluß der großen wirtschaftlichen Krisis ein starker Rückschlag statt, dem erst allmählig eine neue Besserung folgte und zwar von 1896 bis 1900 auf 412 074, 1901 bis 1905 auf 526 030. Das Jahrfünft 1906 bis 1910 brachte 1 238 073 und endlich das Jahrfünft 1911 bis 1915 1 011 833 Einwanderer. Der europäische Krieg tat der Einwanderung gewaltigen Abbruch.

So stattlich die Einwanderungsziffer von 4 744 003 Köpfen, die im Verlaufe der Jahre 1857 bis 1916 ins Land gekommen sind, zunächst erscheinen mag, so hat Argentinien, genauer betrachtet, kaum Veranlassung, sich damit zufrieden zu geben, da sie im Verhältnis zur Größe des Landes gering ist, wie sie auch im Vergleich mit der Einwanderung in andere Länder, insbesondere mit der in die Vereinigten Staaten von Amerika ganz wesentlich zurückgeblieben ist.

Von der Einwanderung in die Vereinigten Staaten unterscheidet sich die Einwanderung Argentiniens übrigens nicht nur dem Intensitätsgrade nach, sondern ganz besonders auch nach der Nationalität der Einwanderer. Während von den Einwanderern in die Vereinigten Staaten bis zum Jahre 1884 etwa 89 % auf die germanische und angelsächsische Rasse entfielen und in neuerer Zeit immer noch fast die Hälfte aller dortigen Einwanderer diesen Ursprungs waren, entfallen in Argentinien bis in die neueste Zeit hinein fast 90 % aller Einwanderer auf die Angehörigen romanischer Rasse. Diese Verschiedenheit hat der wirtschaftlichen Entwicklung beider Länder ein besonderes Gepräge gegeben, worauf nicht stark genug verwiesen werden kann. An erster Stelle der Einwanderer standen bis vor wenigen Jahren der Zahl nach die Italiener. Neuerdings scheinen sie von den Spaniern überholt zu werden. Erst in weitem Abstande folgen Franzosen, Deutschrussen und andere.

Auf die besondere Eigenart der einzelnen Nationalitäten kann des näheren nicht eingegangen werden. Ich beschränke mich darauf, zu erwähnen, daß die Italiener neben den Deutschrussen die Mehrzahl der Ackerbauer stellen, während Spanier und Franzosen sich mit Vorliebe städtischen Berufen zuwenden, soweit die spanischen Basken sich nicht in der Milchwirtschaft betätigen. Das Vorherrschen der Italiener und Deutschrussen als Ackerbauer hat seine Wirkung insofern nicht verfehlt, als es zur Beibehaltung der übergroßen Extensität im Ackerbaubetriebe sehr wesentlich beigetragen hat[1]).

Ein sehr beachtenswertes Moment ist die starke Rückwanderung im Vergleich mit der Einwanderung, die sich in den einzelnen Jahrfünften von 1886/1890 bis 1911/1915 auf 12,9 bis sogar 71,7 % belief. Im großen Durchschnitt haben 36 % aller Einwanderer das Land wieder verlassen, so daß von 4,7 Millionen im ganzen nur 3,0 Millionen Einwanderer dem Lande verblieben. Einen nicht geringen Bestandteil der Rückwanderer bilden die italienischen Wanderarbeiter, die alljährlich zur Ernte nach Argentinien kommen, um nach beendeter Arbeit wieder in die Heimat zurückzukehren.

Die starke Abwanderung muß um so mehr befremden, als die Anbaufläche des Ackerbaus sich in den letzten zwei Jahrzehnten bekanntlich stark vergrößert hat, so daß mit Recht angenommen werden könnte, daß reichlich Arbeitsgelegenheit vorhanden gewesen sei. Wenn die Arbeitskräfte dennoch das Land in so großer Zahl wieder verlassen haben, so ist daraus zu schließen, daß die Einwanderer ihre Erwartungen hinsichtlich der Einkommens- und sonstigen Verhältnisse nicht immer erfüllt fanden. Die Gründe für diese Unzufriedenheit liegen darin, daß die Arbeitsgelegenheit nicht zu allen Zeiten günstig und zeitweilig recht unsicher ist. Gut bezahlte Landarbeit ist nur während der Weizen- und Leinernte, die höchstens drei Monate ausfüllt, zu erhalten. Da

---

[1]) Näheres über diese Fragen enthält das demnächst im Buchhandel erscheinende Werk des Verfassers „Land- und Volkswirtschaft in Argentinien".

aber eine Organisation des Arbeitsmarktes vor 1911 kaum vorhanden war und sie auch jetzt noch manches zu wünschen läßt, so treten selbst während dieser arbeitsreichen Zeit für den Arbeiter Zeit- und Geldverluste durch Hin- und Herreisen ein, die seine Ersparnisse oft erheblich schmälern. Nach beendeter Weizen- und Leinernte sinken die Löhne bereits für den Getreidedrusch erheblich. Die Dauer der ganzen landwirtschaftlichen Arbeitsperiode richtet sich nach dem Ausfall der Maisernte, die günstigenfalls die Arbeitskräfte bei weit geringeren Löhnen als in der Weizen- und Leinernte bis in den Juni oder Juli in Anspruch nimmt. Sobald auch die Maisernte beendet ist, herrscht oft großer Überfluß an Arbeitskräften bis zum Beginn der neuen Ernte, also bis Oktober/November, wodurch die überzähligen Arbeiter zur Arbeit an den Eisenbahnstrecken und zu anderen Arbeiten, die ihnen kaum das Existenzminimum erbringen, oder zur unfreiwilligen Muße gezwungen werden, sofern sie nicht vorziehen, bis zum Beginn der neuen Ernte in ihre Heimat zurückzukehren.

In den städtischen Betrieben werden Handwerker und Spezialisten auf irgendeinem Gebiete wohl gut bezahlt. Die gewöhnlichen Tagelöhner erhalten aber geringen Lohn, der für die bescheidensten Lebensbedürfnisse kaum ausreicht. Die Teuerung von allem zum Leben Notwendigen ist in den letzten Jahren in Argentinien sehr groß geworden. Solange der Landarbeiter in fremden Diensten steht, wird er von den hohen Preisen der Lebensmittel wenig oder gar nicht betroffen, da er gewöhnlich freie Verpflegung und Wohnung erhält und daher nur für seine übrigen, meist recht geringen Bedürfnisse zu sorgen hat.

So eigenartig es klingt, ist Argentinien trotz der verhältnismäßig geringen Einwanderung und der geringen Dichtigkeit der Bevölkerung (im großen Durchschnitt nur zwei Köpfe auf den qkm) zur Zeit nicht in der Lage, einen größeren Einwandererstrom aufzunehmen. Das hat seine guten Gründe darin, daß die Industrie des Landes noch wenig entwickelt ist und daher nur weniger Arbeitskräfte bedarf, daß ferner aus dem großen Gebiete infolge der klimatischen und Bodenverhältnisse recht große Teile ausscheiden, die für intensivere landwirtschaftliche Nutzung nicht geeignet sind, und daß schließlich darüber hinaus die extensive Wirtschaftsweise in Ackerbau und Viehzucht dem einzelnen Bewirtschafter sehr große Flächen zumißt. Eine Änderung und Besserung in dieser Richtung könnte nur durch Intensivierung der Landwirtschaft und die dadurch bewirkte Verringerung der auf die einzelnen entfallenden Flächen, ferner durch die Ausnutzung der in den nördlichen

Gegenden gelegenen reichen Ländereien geschehen, ein Problem, das seiner Lösung dringend harrt und das zum Schlusse noch erörtert werden soll.

Die Einwanderungs- und Kolonisationsgesetzgebung kann hier nur ganz kurz gestreift werden. Die Einwanderung nach Argentinien ist durch das grundlegende Gesetz vom 19. Oktober 1876 geregelt worden, das in seinen Grundzügen noch heute in Anwendung ist. Das Gesetz sah die Einsetzung einer besonderen Behörde vor, aus der im Laufe der Jahre das jetzt noch bestehende Einwanderungsamt hervorgegangen ist. Zu den besonderen Obliegenheiten der Behörde gehört die ständige Aufrechterhaltung der Verbindung mit den Einwanderungsagenten im Auslande und mit den Kommissionen und Behörden im Lande, um die Einwanderung nach besten Kräften zu fördern und die Einwanderer in geeignetster Weise im Lande zu verteilen, sowie auch der Regierung zur Belebung der Einwanderung geeignete Maßnahmen in Vorschlag zu bringen. Als Einwanderer wird auf Grund dieses Gesetzes jeder ausländische Arbeiter, Handwerker, Ackerbauer usw. angenommen, der das 60. Lebensjahr noch nicht erreicht hat, seine moralische und sonstige Eignung nachgewiesen hat und in der zweiten oder dritten Schiffsklasse zugewandert ist. Jeder Einwanderer, der diese Bedingungen erfüllt, hat bei dem Betreten des argentinischen Bodens Anrecht auf die Vergünstigung, die Arbeitsvermittlung der Behörde in Anspruch zu nehmen, auf Kosten der Regierung nach jedem beliebigen Orte des Landes, den er zu seinem ersten Aufenthalte ausgewählt hat, befördert zu werden und seine Gebrauchsgegenstände — Kleider, einfaches Hausgerät, Ackergeräte, Handwerkszeug und eine Jagdflinte — bis zu dem von der Regierung festgesetzten Werte zollfrei einzuführen. Leumund und Eignung des Auswanderers können durch die Konsuln, die Einwanderungsagenten Argentiniens im Auslande oder durch die Behörden am Wohnsitz des Auswanderers bescheinigt werden. Die letztere Bestimmung ist durch die Verordnung vom Jahre 1916 noch verschärft und zur Bedingung der Zulassung gemacht worden. Die Einwanderer werden während der ersten fünf Tage nach ihrer Ankunft auf ihren Wunsch im Einwandererhause untergebracht und dort unentgeltlich verpflegt. Im Einwandererhause erkrankte Leute werden bis zu ihrer Genesung behandelt und verpflegt.

Infolge anarchistischer Umtriebe in Buenos Aires wurden im Jahre 1910 schärfere Bestimmungen zur Verhinderung der Einwanderung staatsgefährdender Personen erlassen.

Der zweite Teil des Gesetzes behandelt die allgemeinen Grundsätze der Kolonisation.

Über die Verteilung der Bevölkerung wurde schon an anderer Stelle dieses Buches gehandelt. Besonders hervorzuheben ist nur, daß von der Gesamtbevölkerung des Landes etwa $1/4$ auf die Stadt Buenos Aires und ihre Vororte und Nachbarstädte und ein weiteres Viertel auf die Provinz Buenos Aires entfallen. Das flache Land ist immer noch recht dünn bevölkert und dennoch ist es, wie schon gesagt, gegenwärtig für große Einwanderermassen nur wenig aufnahmefähig.

Die Anfänge der Kolonisation fallen mit dem Bestreben der Spanier, sich im Lande festzusetzen, zusammen. Jahrhundertelang waren die Erfolge gering. Selbst als nach der am 9. Juli 1816 erfolgten Unabhängigkeitserklärung die Kolonisation in größerem Maße erfolgen sollte, setzten die andauernden Überfälle der Eingeborenen allen Bemühungen solange ein Ziel, bis es gelang, diese Elemente mehr und mehr zurückzudrängen und unschädlich zu machen.

Die Regierungszeit Rozas brachte einen vollständigen Stillstand der Kolonisationsarbeit. Infolge der vielen Einziehungen von privatem Grundbesitz war während dieser Zeit ein allgemeiner Wirrwar hinsichtlich der Besitzrechte entstanden.

Im großen ganzen hat die Landesregierung in der Frage der Kolonisation kaum mehr geleistet, als daß sie das Land und besonders die größte und wertvollste Provinz (Buenos Aires) durch mehrere Kriegszüge von den Indianern säuberte und dadurch die Grundlage für die friedliche Entwicklung der Kolonisation schuf. Andauernde politische Unruhen, die sich bis zum Jahre 1895 hinzogen, haben dagegen das Kolonisationswerk oft recht erheblich gehemmt. Die vereinzelten Versuche, die Einwanderung durch Freipassagen zu beleben, haben zum großen Teile die üble Wirkung gehabt, daß dadurch ungeeignete Elemente ins Land gezogen wurden. Das Gesetz über die Bildung von Centros Agricolas, das die Entwicklung des Ackerbaus besonders fördern sollte, führte in der Gründerzeit vor 1890 zu einer wüsten Spekulation und brachte daher nur geringen Erfolg.

Allmählich hat sich die Regierung der wertvollsten Ländereien beraubt, indem sie sie durch Schenkung, Vergebung und Verkauf, oft zu recht billigen Preisen, in die Hände von Privaten überführte. Daher beschränkt sich ihre Tätigkeit jetzt nur auf die Nationalterritorien.

Einwanderern ist der Erwerb von Staatsländereien kaum zu empfehlen, da manche Schwierigkeiten und Zeitverluste bei der Erlangung nicht zu vermeiden sind. Besonders stößt die Vermessung der Ländereien auf viele Schwierigkeiten und verzögert sich die Erlangung der Eigentumstitel oft ganz ungewöhnlich. Vor wenigen Jahren hat die argentinische Regierung eine Art Heimstättengesetz erlassen, auf das die deutschen Auswanderer große Hoffnungen gesetzt haben. Es muß aber ausdrücklich hervorgehoben werden, daß dieses Gesetz in der Praxis noch keine Betätigung gefunden hat, und daß noch nicht einmal die Ausführungsbestimmungen zu dem Gesetze erlassen worden sind.

Erfolgreicher waren die Bestrebungen einzelner Provinzen, die in den 1850er Jahren auftraten. Den Anfang machte Corrientes, ohne zu einem Erfolge zu gelangen. Bald folgten Entre Rios und Santa Fé mit besserem Ausgang. Die ersten Ansiedler waren Einwanderer aus Deutschland und der Schweiz, die u. a. die Kolonien Esperanza und Humboldt gründeten. Ihnen gesellten sich später Italiener hinzu. Anfangs hatten die Kolonisten aus Unkenntnis der Verhältnisse hart zu kämpfen. Mit den Jahren sind aber daraus blühende Anwesen entstanden, die heute noch bestehen.

Da, wie gesagt, die günstig gelegenen und zum Ackerbau geeigneten Staatsländereien bald vergeben waren, entwickelte sich die Kolonisation und Siedlung auf dem Wege der privaten Betätigung durch Einzelpersonen und Gesellschaften. Sie geschieht durch

Aufteilung und Verkauf oder Verpachtung des Landes durch die Landbesitzer unmittelbar an die Ackerbauer,

durch Verkauf großer Länderflächen an Unternehmer zum Zwecke der Aufteilung und

durch Verpachtung des Landes an Unternehmer zum Zwecke der Weiterverpachtung.

Nachdem die guten Ländereien im Preise bald erheblich gestiegen waren, sahen sich die Unternehmer schon seit Jahren gezwungen, in den entlegenen Westen, d. h. in die Pampa Central und die benachbarten Gegenden abzuwandern, wo die natürlichen Bedingungen von Klima und Bodenverhältnissen dem Ackerbau weit weniger günstig sind als in dem alten Anbaugebiete. Unter dem Einflusse hoher Bodenpreise und sonstiger großer Belastung entwickelte sich im Laufe der letzten zwei Jahrzehnte das Pächterwesen weit stärker als der Eigenbesitz. Neuerdings ist es Pächtern kaum mehr möglich, sich in dem eigentlichen Ackerbaugebiete, d. h. in dem Weizen-, Lein- und Maisgebiete die eigene Scholle zu erarbeiten, wenn sie nicht von besonderem Glück begünstigt

5*

sind. Von allen Ackerbauern in Argentinien sind gegenwärtig etwa $^2/_3$ Pächter und nur $^1/_3$ hat es zu eigenem Grundbesitz gebracht.

Wie erwähnt, erscheint das Ackerbaugebiet in der gemäßigten Zone, solange die gegenwärtige Wirtschaftsweise vorhält, als nahezu vergeben. Bewässerungsland kommt, soweit vorhanden, stets nur in geringer Ausdehnung in Frage, da die Kosten solcher Anlagen recht groß sind. Um unter diesen Umständen schleunige Abhilfe zu schaffen, bleibt nur die eine Möglichkeit, die noch verfügbaren entlegenen Ländereien aufzusuchen. Dazu bietet sich im Norden Argentiniens und in Paraguay an manchen Stellen sehr günstige und bisher recht wenig beachtete Gelegenheit. Dort sind große, sehr fruchtbare und immer noch sehr billige Ländereien vorhanden, die sich, wie die Erfahrung lehrt, ganz vorzüglich zum Baumwollbau, zum Anbau subtropischer Pflanzen und zur Viehzucht eignen. Sie befinden sich teilweise in Privathänden, teilweise gehören sie der Regierung. Seit einigen Jahren findet eine Abwanderung der überschüssigen Elemente dorthin statt, indem diese sich teils vereinzelt, teils in lose verbundenen Kolonien angesiedelt haben. Die Schwierigkeit des Vorankommens liegt bislang darin, daß der einzelne zu sehr auf sich selbst angewiesen und meistens mit den örtlichen Verhältnissen und besonders mit der zweckmäßigen Art des Landbaus zu wenig vertraut ist. Hierin Wandel zu schaffen, wäre durch eine zielbewußte Siedlung und Kolonisation in kleinen Ausmessungen sehr wohl möglich. Sie eröffnet die besten Aussichten. Ein solches Werk ist aber nur mit größeren Geldmitteln durchzuführen. Ob solche von deutscher Seite aufgebracht werden können, läßt sich zur Zeit noch nicht sagen, da die unglücklichen Valutaverhältnisse behindernd wirken. Ein Erfolg wäre im Interesse der deutschen Auswanderer wie auch im allgemeinen deutschen Interesse sehr zu wünschen. Dort ließe sich ein großes Werk schaffen, das der Not der Zeit Rechnung trägt und die besten Aussichten für die Zukunft eröffnet. Solche Unternehmungen sind um so mehr geboten, da sie dazu beitragen würden, die Baumwollnot und die Mängel der Fettversorgung Deutschlands zu beheben. Dort würde es auch möglich sein, den lebhaften Wunsch der deutschen Auswanderer nach der eigenen Scholle zu erfüllen.

Argentinien als Ziel deutscher Auswanderung.

Von

Konsul Dr. **Kurt Martin.**

Der Anteil der Deutschen an der wirtschaftlichen Entwicklung Argentiniens liegt in der Hauptsache auf dem Gebiet des Handels. In Landwirtschaft und Viehzucht, den Hauptstützen der argentinischen Volkswirtschaft, finden sich Deutsche zwar in den verschiedensten Stellungen, sie treten jedoch an Zahl hinter die meisten Ausländer zurück. Stärker sind sie im Handwerk vertreten. Im ganzen zog bisher von den Deutschen, die in den letzten fünfzig Jahren die Heimat in der Absicht verließen, sich dauernd im Ausland niederzulassen, nur ein verschwindend kleiner Teil nach der großen südamerikanischen Republik; die meisten fanden ihr Ziel in den Vereinigten Staaten, deren Volkswirtschaft ihre heutige Bedeutung zum großen Teil deutschem Fleiß und deutscher Tatkraft verdankt. Auf diese Weise hat der Deutsche die beste Gelegenheit verpaßt, sich von der reichen Ackerbauzone Mittelargentiniens rechtzeitig einen Anteil zu sichern. Während der letzten Jahrzehnte des vorigen Jahrhunderts ging der Grund und Boden in den fruchtbaren und günstig zum Weltverkehr gelegenen Provinzen Buenos Aires, Santa Fé, Süd-Córdoba und Entre Rios, neuerdings auch in der östlichen Pampa so gut wie ganz in Privatbesitz über. Heute haben dort die Bodenpreise eine derartige Höhe erreicht, daß sie für den Einwanderer unerschwinglich sind. Für den Inhaber deutscher Papiermark kommt aber ein Kauf ohnehin nicht in Frage, es sei denn, er besäße so viel, um sich selbst bei heutigen Preisen auch in Deutschland ankaufen zu können. Die wenigen Auswanderer, die hierzu imstande sind, mögen hier außer Betracht bleiben. Der heute nach Argentinien ziehende Deutsche fährt im Zwischendeck und hat in der Regel den Rest seines Barvermögens für die Schiffspassage aufgewendet, so daß er zunächst auf die Kraft seiner Arme und seine Intelligenz als einzige Betriebsmittel angewiesen ist.

Die Fürsorge der argentinischen Regierung für den einwandernden Bevölkerungszuwachs ist nicht sehr weitgehend. Zwar wird der Ankömmling, der den Anforderungen der Einwanderungsvorschriften genügt und von den Vergünstigungen des Einwanderungsgesetzes Gebrauch machen will, wie schon an anderer Stelle erwähnt wurde, fünf Tage (im Notfall auch länger) im Einwandererhotel verpflegt. Der mit dieser Einrichtung verbundene Arbeitsnachweis steht ihm zur Verfügung, und der Staat transportiert ihn schließlich ohne Entgelt an den Ort, wo er Arbeit gefunden hat. Damit ist aber das Maß der Fürsorge auch erschöpft und der Einwanderer auf sich allein gestellt.

Von einer Ansiedelung auf Regierungsland im Rahmen einer planmäßigen Kolonisation, auf die so viele ihre Hoffnungen gesetzt haben, ist keine Rede, — d. h. es ist davon in Argentinien schon seit langem sehr viel die Rede gewesen, aber all die vielen Pläne und Gesetzentwürfe, die eine geordnete Siedlungspolitik einführen wollten, sind nie zur Wirksamkeit gelangt. Gewiß gibt es im Norden wie im Süden Argentiniens noch weite Strecken auch fruchtbaren Regierungslandes. Sie bieten aber dem einzelnen Ansiedler keine Möglichkeit des Fortkommens, da die Mittel und die Organisationen fehlen, um seine Produktion wirtschaftlich zu verwerten und an den Markt zu bringen. Hier könnte nur planmäßiges Vorgehen unter Aufwand erheblicher Kosten geeignete Vorbedingungen schaffen, ähnlich wie dies z. B. bei den jüdischen Ackerbaukolonien des Baron Hirsch in den Provinzen Santa Fé, Entre Rios und Buenos Aires und in der Pampa Central mit Erfolg geschehen ist. In der Ackerbauzone Mittelargentiniens, wo die günstigen Vorbedingungen eines dichteren Netzes der Verkehrsmittel den Absatz der Erzeugnisse gewährleistete, ist jedoch die organisierte Siedlung, die dort durch private Kolonisationsgesellschaften ausgeübt wird, durch die hohen Bodenpreise immer mehr erschwert. Die Gesellschaften werden gezwungen, das Feld ihrer Tätigkeit immer weiter hinaus an die Peripherie dieser Zone zu verlegen, wo die Existenzbedingungen noch recht unsicher sind, oder Land mit mageren Böden zu kaufen, das dem Kolonisten außer Enttäuschungen wenig einbringt. Aber auch die Inanspruchnahme einer solchen privaten Kolonisationsgesellschaft erfordert ein Anfangskapital in argentinischen Pesos, das der deutsche Auswanderer nicht besitzt.

Nun ist in deutschen Auswandererkreisen versucht worden, diesen Übelstand durch das Allheilmittel der „Organisation" zu beheben, d. h. man hat Siedlungsgenossenschaften gegründet in der Hoffnung, durch planmäßiges Zusammenarbeiten die ersten Schwierigkeiten zu überwinden und in der Gesamtheit vielleicht den Kredit zu erhalten, der dem einzelnen versagt bleibt. Diese Hoffnung hat sich als trügerisch erwiesen, — sie diente lediglich zum neuerlichen Beweise des alten Lehrsatzes, daß viele Nichts zusammen wiederum ein Nichts ergeben, denn die geringen, mit vereinten Kräften aufgebrachten Mittel zerrannen in Argentinien wie Schnee vor der Sonne, soweit sie nicht in vielen Fällen schon vorher als Verwaltungsunkosten in die Taschen der geriebenen Leiter des Unternehmens geflossen waren. Im ganzen haben derartige mißglückte Experimente, soweit sie in Argentinien in die Erscheinung traten, nur dazu geführt, die deutsche Einwanderung zu diskreditieren und die Beteiligten zu entmutigen. Von Versuchen, das Siedlungsproblem auf diesem Wege lösen zu wollen, kann daher nur dringend abgeraten werden. Auswanderervereinigungen sind bisher drüben durch den Druck der Verhältnisse ausnahmslos auseinandergesprengt worden. Sie werden eine Berechtigung erst dann gewinnen, wenn in Argentinien durch staatliche oder private Initiative besiedlungsfähige Ländereien und Wirtschaftskredite bereitgestellt worden sind, durch welche die planmäßige Ansiedlung auch mittelloser Deutscher sichergestellt wird. Bisher ist dies noch nicht geschehen und in absehbarer Zeit dürfte sich hierfür auch kaum eine Aussicht bieten.

Unter den gegebenen Verhältnissen führt der Weg zum selbständigen Grundbesitz in der Ackerbauzone über die mühevolle Stufenleiter: landwirtschaftlicher Arbeiter und Anteilspächter zum Kauf auf Abzahlung. Nur wer über ein hinreichendes Maß von Kraft, Ausdauer, Anpassungsfähigkeit und Entsagung verfügt und dabei vom Glück begünstigt wird, ist imstande, diesen Weg mit Erfolg zurückzulegen. Um welche Beträge es sich dabei handelt, ist leicht daraus zu errechnen, daß die untere Grenze der rentabeln Betriebsgröße einer Weizenfarm in Argentinien mit etwa 100 ha angenommen wird, und daß der Hektar in der Ackerbauzone 100 bis 400 Papierpesos kostet (1 Papierpeso je nach Kurs etwa 20 Mark). Dazu kommen die Kosten des lebenden und toten Inventars einschließlich Haus und Brunnen sowie das Betriebskapital.

Natürlich gibt es in der Ackerbauzone auch noch andere Möglichkeiten selbständiger landwirtschaftlicher Betätigung. Die Millionenstadt Buenos Aires hat einen großen Verbrauch von Gemüsen, Obst, Molkereiprodukten, Eiern, Geflügel usw. Dementsprechend bieten Obst- und Gemüsebau, Milchwirtschaften und Geflügelfarmen in der näheren und weiteren Umgebung gute Erwerbsmöglichkeiten. Im Paranádelta z. B., das günstig zu diesem Markte gelegen ist, haben sich schon vor Jahrzehnten Deutsche angesiedelt, die zum Teil gut vorwärts kommen. An die dort herrschende Mosquitoplage muß sich der Neuling aber erst gewöhnen. Auch im Süden der Provinz Santa Fé haben kleinere Betriebe, die in der Hauptsache auf Milchwirtschaft beruhen, sich gut entwickelt. Zur Inangriffnahme solcher Unternehmungen ist jedoch in allen Fällen viel mehr Kapital erforderlich, als der deutsche Einwanderer in der Regel aufbringen kann.

Günstige Siedlungsbedingungen für Deutsche bietet sowohl in bezug auf Klima wie auf Produktionsmöglichkeiten das südliche, sich am Fuße der Anden erstreckende Territorium Neuquen. Voraussetzung für eine Kolonisation in größerem Umfange ist aber auch hier die Bereitstellung von bedeutendem Kapital, das dem Einwanderer die Einrichtung seines Betriebes erst ermöglichen müßte. Für den Gedanken, in den Südterritorien Neuquen, Rio-Negro, Chubut und Santa Cruz deutsche Siedlungen in größerem Umfange anzulegen, ist in den letzten Jahrzehnten lebhaft Propaganda gemacht worden. Einzelne Unternehmen dieser Art sind auch entstanden, haben aber ausnahmslos Fiasko gemacht — übrigens aus Gründen, die zum wenigsten in den natürlichen Verhältnissen jener Landstriche selbst lagen. Die Schuld hatte vornehmlich Mangel der Organisation, oft auch die unzureichende Eignung der führenden Persönlichkeiten.

So muß heute in Südargentinien der einzelne Deutsche sein Schicksal selbst in die Hand nehmen und in der Regel als Knecht auf einer der großen Schaffarmen anfangen, bis er nach jahrelanger, entbehrungsreicher Arbeit in einer Natur, die meist nur durch ihre Öde großartig wirkt, sich ein kleines Kapital und damit die Gelegenheit zu wirtschaftlichem Aufstieg errungen hat.

In der Wirtschaft der Provinzen des mittleren Westens, Mendoza, San Juan und La Rioja, steht der Weinbau an erster Stelle. Hier beherrscht der anspruchslose italienische und spanische Landarbeiter das Feld, mit dem für den Deutschen der Wettbewerb ziemlich aussichtslos ist. Klima und Arbeitsweise bieten soviel Schwierigkeiten, daß auch diese Gegenden für den einzelnen mittellosen Anfänger auf landwirtschaftlichem Gebiet nicht empfohlen werden können. Das gleiche gilt von dem sich nördlich anschließenden Zuckerrohrgebiet der Provinzen Tucuman, Salta und Jujuy, das zudem in der Gestalt des „Chucho“, einer Art Malaria, Gefahren für die Gesundheit in sich birgt.

Als aussichtsreiches Siedlungs- und Kolonisationsgebiet wird vielfach der argentinische Chaco gepriesen, und wohl auch nicht mit Unrecht. Die bisher dort geschaffenen Siedlungen kommen langsam voran. Ein Hindernis schnellerer Entwicklung sind vorläufig noch die mangelhaft ausgebildeten Verkehrsgelegenheiten und der geringe lokale Absatz der Produktion, die zum nächsten größeren Markt einen längeren Transportweg zurücklegen muß. Boden und Klima sind nach dem Urteil Sachverständiger besonders geeignet für den Anbau von Baumwolle, und die bisher angestellten Versuche ermutigèn zur Fortsetzung. Trotz mangelhafter Pflege der Felder waren die Erträgnisse zufriedenstellend. Das Haupthindernis für die Ausdehnung des Anbaus ist der Mangel an Arbeitskräften, sowohl für das Reinhalten der Felder von Unkraut als ganz besonders für die Ernte. Versuche, die Ureinwohner des Chaco, die Indianer, hierzu in ähnlicher Weise wie zur Zuckerrohrernte in den Nordprovinzen heranzuziehen, sollen kein befriedigendes Ergebnis gezeitigt haben. Hier wird erst eine umfangreiche Einwanderung den gewünschten Aufschwung bringen können. Aber auch bei dieser Siedlungsmöglichkeit ist, soweit sie für den Deutschen in Betracht kommen soll, ein Fragezeichen zu machen. Der mittellose Einwanderer kommt nur als Lohnarbeiter in Betracht, nicht als Kolonist, und die Arbeit in den Baumwollfeldern wird kaum derartig bezahlt werden und solche Arbeitsbedingungen bieten können, daß sie der Deutsche auf die Dauer wird durchhalten wollen.

Zu erwähnen bleiben schließlich noch Corrientes und Misiones. Das letztgenannte Territorium ist vielfach als geeignete Siedlungsgelegenheit — auch für Deutsche — gepriesen worden, und es finden sich unter den dortigen Siedlern auch eine ganze Anzahl Landsleute. Die meisten von ihnen sind aber nicht aus Europa unmittelbar dorthin gezogen, sondern kamen als Söhne deutscher Einwanderer aus den brasilianischen Südstaaten herüber. Sie waren also mit den Mühen und Besonderheiten südamerikanischer Urwaldkultur — um solche handelt es sich in Misiones — bereits von Jugend auf vertraut. Der aus der alten Heimat kommende Landmann findet sich damit nur schwer ab, denn es ist ein mühevolles, entbehrungs- und entsagungsreiches Leben, das der Urwaldkolonist in den ersten Jahren zu führen gezwungen ist, bis er sein Land gerodet und anbaufähig hergerichtet hat. Selbst der kräftigste Mann läßt dabei oft mutlos die Arme sinken. Der größte Teil der Elemente, aus denen sich die deutsche Auswanderung zusammensetzt, ist für diese Kolonisation ungeeignet, ganz besonders aber der Mittelstand und die zahlreichen Angehörigen gebildeter Stände, unter denen die Schwärmerei für Urwaldromantik am weitesten verbreitet ist.

Wenn man das Ergebnis dieses flüchtigenUmblicks kurz zusammenfassen will, so ist zu sagen, daß Argentinien nicht das Land ist, das eine deutsche Massenauswanderung aufnehmen könnte. Wohl wird der einzelne, der die nötige Kraft, Energie und Anpassungsfähigkeit besitzt, sich unter den fremden Verhältnissen durchzusetzen vermögen und sich eine neue Existenz aufbauen können. Die große Mehrzahl der deutschen Auswanderer werden jedoch nicht die notwendige Eignung besitzen, um unter den Kolonisationsbedingungen, die in Argentinien gegenwärtig geboten werden, voranzukommen.

Immerhin bietet Argentinien für deutsche Auswanderer an Stelle der Arbeitslosigkeit in Deutschland eine Reihe von Arbeitsmöglichkeiten, deren Entlohnung zum Teil so gestellt ist, daß sich auch Sparmöglichkeiten ergeben.

Deutschen Handwerkern bieten sich teilweise sogar günstige Aussichten, sofern sie ihr Fach verstehen und auch daneben Sinn für praktische Verwendung ihrer Kenntnisse auf verwandten Fachgebieten haben. Vorbedingung ist natürlich, daß sie sich in die Verhältnisse des Landes einzuleben verstehen; dazu mag der Rat von Nutzen sein, sich als Fremder von jeder politischen Betätigung möglichst fernzuhalten. Bei der Betrachtung der Arbeitsgelegenheiten für Handwerker ist zu unterscheiden zwischen der Beschäftigung in Buenos Aires und der auf dem Lande. Nach Angaben des Auswanderungssachverständigen bei der Deutschen Gesandtschaft finden in der Hauptstadt Beschäftigung: Mechaniker, Klempner, Hufschmiede, Kesselschmiede, Maschinenschlosser, Bauschlosser, Dreher, Nieter, Maschinisten, Maschinisten für Holzbearbeitungsmaschinen, Büchsenmacher, Wickler für Hoch- und Niederspannungswickelei, Zimmerleute, Schiffszimmerleute, Tischler, Modelltischler, Möbeltischler, Holzbildhauer, Stellmacher, Küfer, Bootsbauer, Maler, Glaser, Glasbläser, Gerber, Sattler, Täschner, Schuhmacher, Schneider, Färber, Spinner, Weber, Bäcker, Zuckerbäcker, Seifensieder, Drucker, Setzer, Maschinensetzer. Im Holzgewerbe werden 4, 5, 6 und 7 Pesos Papier, was gegen das Vorjahr eine Steigerung von ungefähr 1 Peso Papier bedeutet, ohne freie Station täglich bezahlt. Die Handwerker müssen ihr eigenes Arbeitsgerät mitbringen. Bäcker erhalten 5—6 Pesos Papier täglich ohne freie Station, bei freier Station 50—60 Pesos monatlich. Maler erhalten 6 Pesos, Malergehilfen 5 Pesos Papier pro Tag ohne freie Station, wobei Nachtarbeit und Sonntagsarbeit doppelt bezahlt wird. Zur Zeit des Berichtes war von der Gewerkschaft der Maler der Streik verhängt worden. Die Vereinigung der Malermeister war bereit, die genannten Löhne als Mindestsätze zu betrachten und das Straßenbahnfahrgeld für die Fahrt zur Arbeit und von derselben zu bezahlen. Im Druckergewerbe betragen die Löhne für Handsetzer 6,50—9 Pesos Papier, für Maschinensetzer 8—10 Pesos Papier pro Tag.

Auf dem Kamp und in der Provinz finden ihr Fortkommen Zimmerleute bei 60—90 Pesos Papier monatlich und freier Station. Die für den Kamp gesuchten Zimmerleute sollen womöglich auch Kenntnisse des Schlosser- und Schmiedehandwerks besitzen. Bei verheirateten Zimmerleuten besteht die Aussicht auf eine Beschäftigung der Ehefrau im gleichen Betriebe, wenn sie zu kochen versteht. Schmiede finden Anstellung bei 80—90 Pesos Papier Monatslohn und freier Station, Mechaniker für Windmühlen unter den gleichen Bedingungen. Gärtnern, Park- und Gemüsegärtnern, werden, wenn sie verheiratet sind und ihre Frau als Köchin tätig sein kann, 90—110 Pesos Papier monatlich bei freier Station für beide zusammen geboten. Es kommt vor, daß Handwerkern auf dem Lande Stellungen als Knechte zu den für diese üblichen Lohnsätzen geboten werden mit der Aussicht auf eine Anstellung in ihrem eigentlichen Berufe zu den obengenannten Bedingungen, bis eine Vakanz vorhanden ist.

Deutschen Handwerkern ist zu raten, die Stellungen auf dem Lande denen in der Stadt vorzuziehen, da ihnen dort die Möglichkeit, Ersparnisse zu machen, eher gegeben ist. Sie müssen dafür jedoch die Nachteile, die das primitive Leben auf dem Lande mit sich bringt, in Kauf nehmen.

Besonders muß darauf aufmerksam gemacht werden, daß die soziale Gesetzgebung in Argentinien noch ganz unentwickelt ist und daß die Regierung sehr rücksichtslos gegen Agitatoren für eine Umwälzung der sozialen Verhältnisse vorgeht. Die Arbeitszeit beträgt durchweg acht Stunden. Die in größeren Betrieben tätigen Handwerker pflegen sich außer einigen bestehenden deutschen Organisationen den argentinischen Gewerkschaften anzuschließen. Streiks sind häufig. Die Gefahr, daß deutsche Arbeitnehmer als Streikbrecher eingestellt werden und sich dadurch Unannehmlichkeiten aussetzen, ist nicht von der Hand zu weisen. In einzelnen Fällen hat man mit deutschen Industriearbeitern, z. B. Maschinenschlossern, die Erfahrung gemacht, daß sie zu einseitig vorgebildet sind und den verschiedenartigen Anforderungen, die an ihre Fähigkeiten auf dem argentinischen Kamp und in der Kleinstadt gestellt werden, nicht zu genügen vermögen. Im übrigen können die in Argentinien mit deutschen Einwanderern gemachten Erfahrungen im ganzen als zufriedenstellend bezeichnet werden. Daß eine verhältnismäßig große Anzahl von ihnen sich in die ungewohnten Verhältnisse drüben nicht zu finden vermag, ist nicht die Schuld Argentiniens, sondern liegt in dem ungeeigneten Auswanderermaterial begründet, das zurzeit den Weg über die deutschen Grenzen sucht. Der Hauptfehler des deutschen Auswanderers ist seine Phantasie. Er wird erst dann mit den übrigen Wandererelementen den Wettbewerb unter gleichen Bedingungen aufnehmen, wenn er gelernt hat, alle sich ihm bietenden Möglichkeiten nüchtern ins Auge zu fassen und ihre Auswertung überlegt in Angriff zu nehmen.

Für Argentinien ist die deutsche Einwanderung, wie auch seitens maßgebender argentinischer Kreise zugegeben wird, ein sehr erwünschter Bevölkerungszuwachs, da der Deutsche an Arbeitsamkeit mit seinem italienischen und spanischen Genossen wetteifert, diese aber als rassenbildendes Element in mancher Hinsicht an Wert übertrifft.

Das Verkehrswesen Argentiniens.

Von

Dr. **Rudolf Großmann,**

Referent am Ibero-amerikanischen Institut, Hamburg.

Die beste Auskunft darüber, wie sich das Verkehrswesen Argentiniens zweckmäßig entwickeln kann, erteilt die Landkarte. Die große Republik des Südens gleicht, wenn ich mich eines vermenschlichten Bildes bedienen darf, einem Mann, der mit dem Rücken gegen eine 7000 m hohe Wand lehnt, während er mit dem Gesicht frei hinausschaut in die Weite des atlantischen Ozeans, Afrikas und, ein wenig vorgebeugt, Westeuropas. Es wäre widersinnig, wollte dieser Mann, gewissermaßen mit dem Kopf durch die Wand, seine Blicke gegen das peruanisch-chilenische Hochland richten. Das war jedoch in der spanischen Kolonialzeit dank der verwaltungstechnischen Verknüpfung mit dem Vizekönigreich Perú der Fall. Damals vollzog sich der regste geistige, aber auch materielle Austausch Argentiniens über das Hochgebirge. Städte der Kordillere und Vorkordillere, Salta, Córdoba, Tucumán und Mendoza waren im Gegensatz zu dem heute alles aufsaugenden Wasserkopf Buenos Aires die Kulturzentren Argentiniens. Ihre Bewohner trieben ihr Vieh, schleppten ihren Wein, beförderten ihre Hausmachererzeugnisse auf mühsamen Paßwegen nach Norden und Nordosten; umgekehrt ging die Warenausfuhr der Bergwerke von Potosí über das berühmte Tal von Humahuaca nach Buenos Aires. Mochte die oft gescholtene spanische Kolonialverwaltung am La Plata auch ihre Lichtseiten haben — von der wirtschaftlichen Bedeutung einer vernünftigen Verkehrspolitik besaß sie nicht die dunkelste Vorstellung. Denn abgesehen von den sinnlosen Schwierigkeiten, die das Mutterland dem Exporthandel Argentiniens über den atlantischen Ozean bereitete, war dieser primitive Verkehr derart zeitraubend und kostspielig, daß allein die Transportkosten die Weltmarktspreise der Waren um ein Beträchtliches überstiegen. Nur wenn die Produktion des Landes in außerordentlich hochwertigen und dabei geringen Laderaum beanspruchenden Erzeugnissen bestanden hätte, wäre vielleicht eine Rentabilität möglich gewesen. Das kann man jedoch von Argentiniens Ackerbau und Viehzucht nicht behaupten. Bei ihnen spielt die Quantität die Hauptrolle.

Deshalb braucht Argentiniens Wirtschaft vor allem Wasserwege. Das offene Meer bietet ihr auch heute noch die bequemste, schnellste und billigste Verbindung mit allen benachbarten und entlegneren Absatzmärkten außer Bolivien und Paraguay. Auf ihm kann Argentinien seinen Reichtum einlösen, der sonst totes Kapital bleibt: der Seeverkehr hat seine internationale Stellung begründet, die auf der Güterausfuhr in großen beruht. Er ist gewissermaßen das A und O der argentinischen äußeren Verkehrspolitik. Die innere muß lediglich darauf gerichtet sein, auf möglichst schnellem und billigem Wege Anschlüsse an das Meer zu gewinnen. Seit weitschauende Staatsmänner dies klar erkannt haben, gedeiht das Land, das 1880 noch Getreide ein führen mußte, um sich satt zu essen, ist es vom Lokalstaat zum Weltstaat emporgeschnellt.

Die Natur kommt dieser inneren Verkehrspolitik entgegen. Zwei Riesenströme durchziehen die Republik, von denen der eine, der Paraná, mit seinem Nebenfluß Paraguay die Verbindung mit der Republik Paraguay herstellt. Dieses nord-südliche Flußsystem bildet den Lebensnerv des argentinischen Verkehrs. In ihm tritt der andere Riesenstrom, der Uruguay, wegen seines verhältnismäßig kurzen, nur einseitig zu Argentinien gehörenden Ufers gegenüber dem Paraná zurück. Auch erfordern seine flachen Ufer weit vorgeschobene Landungsbrücken oder Umladung, während das 20 m hohe Steilufer des Paraná geradezu eine natürliche Kaimauer bildet. Obwohl der Paraná so stark versandet ist, daß bei Corrientes die Dampfer oft tagelang festsitzen, konnte sich auf ihm doch die blühendere Schiffahrt entwickeln. An ihm liegen die bedeutendsten Häfen des Landes, an ihm schiebt sich die Besiedelung in konzentrischen Kreisen stromaufwärts, auf ihm und dem Paraguayfluß fahren Passagier- und Frachtdampfer 3000 km weit ins Herz des brasilianischen Staates Matto Grosso.

Einer solchen natürlichen Weltverkehrslinie von verblüffend einfacher verkehrsgeographischer Gestaltung steht in west-östlicher Richtung mangels schiffbarer Flüsse nichts Ebenbürtiges zur Seite. Die einzigen Ströme, die im Norden als Verkehrszubringer in Betracht kämen, Bermejo und Pilcomayo, werden durch die mitgeführten Sinkstoffe und Baumwurzeln Dampfkesseln wie Rad- und Schraubenwellen gleich gefährlich. Bisher hat man hier nur mittels Luftschrauben getriebene Gleitboote, sog. „Glisseurs“, mit Erfolg verwenden können.

Die großen west-östlichen Adern des Südens, Rio Negro und Colorado, durchströmen Trockengebiete, die erst durch Staudämme und daraus gespeiste Rieselfelder dem Anbau erschlossen werden müßten. Der Mitte fehlen alle großen Wasseradern. Hier hat nun Menschenhand einzugreifen. Und sie kann es unschwer. Die natürlichen Vorbedingungen auf dem ebenen Pampagelände sind derart, daß die Anlage von Schienen- und Wagenwegen gegenüber den meisten europäischen Ländern ein Kinderspiel ist. Von diesen beiden Möglichkeiten, Eisenbahn und Kunststraße, hat freilich, trotz der größeren Anlagekosten, in Argentinien allein die Eisenbahn das Problem gelöst, den reichsten Teil Argentiniens dem Weltverkehr einzugliedern. Ähnlich wie andere Länder plötzlichen Aufstieges hat Argentinien nie eine Periode des Landstraßenverkehrs durchgemacht; auf Karren und Maultier ist gleich das Dampfroß gefolgt.

So erklärt sich die allgemeine Verwahrlosung des argentinischen Chausseewesens: es gilt nicht als gleichberechtigt. Vier Jahrhunderte hindurch hatte sich keine Verwaltung darum gekümmert, und wenn schon, wie im Jahre 1817, einmal ein „Departamento Central de Caminos" begründet wurde, das auf Staatskosten Kunststraßen mit Wegweisern und Meilensteinen anlegen sollte, blieb die Ausführung aus Geldmangel auf dem Papier. Noch war ja die goldene Zeit, wo der Einzelne quer durch die uneingezäunten Grundstücke des Nachbars fuhr, um das nächste Verkehrszentrum zu erreichen. In dem grobsandigen Lehmboden brauchte ein Karren nur zwei- oder dreimal denselben Weg zu fahren, dann hatten sich natürliche Geleise, sogenannte „Carriles" gebildet, die der Nächste gewohnheitsrechtlich weiterbenutzte oder nach Laune und praktischem Blick modifizierte, bis sie eines schönen Tages voll Stolz zur Provinzialstraße erklärt wurden. Ein Einspruch des Bodeneigners war nicht zu befürchten, weil der Wert des verlorengegangenen Acker- und Weidelandes im Verhältnis zum Ganzen gleich Null war.

Eine Wendung zum Besseren trat erst mit dem Ende des letzten Jahrhunderts ein, als durch die sog. Ley Mitre (Ley No. 5315) wenigstens ein finanzieller Grundstock für Wegebauten geschaffen wurde. Aber dieses Gesetz ist eigentlich ein Eisenbahngesetz und wird uns daher erst später beschäftigen. Hier sei nur soviel gesagt, daß mit Hilfe dieses Gesetzes im Betriebsjahr 1913/14 drei Millionen Pesos zu Straßenzwecken flüssig gemacht werden konnten, während allein die Provinz Buenos Aires nach zuverlässigen Schätzungen 70 Millionen gebraucht hätte. Ebenso embryonal ist das Gesetz Nr. 4301, das durch

Instandsetzung altausgefahrener Wege in eisenbahnlosen, aber bevölkerten Gegenden etwa 10 000 km Karrengeleise zum Teil in Automobilstraßen verwandeln soll [1]). Ehe es nicht zu einer systematischen bundesgesetzlichen Regelung kommt, werden die ewigen Kompetenzstreitigkeiten zwischen National- und Provinzialregierungen nicht aufhören. Hierin liegt der Todeskeim alles Wegebaus: die staatliche „Dirección General de Puentes y Caminos" legt Chausseen an und unterhält sie, die Provinzialgouverneure verlegen Fahrdämme, verbreitern, verengern und nehmen weg, ohne gesetzlich belangt werden zu können. Auch was man im allgemeinen als Norm ansieht, daß die 50 m breiten General- und halb so breiten Partialstraßen von der Nationalregierung, die Munizipalwege innerhalb der Ortschaften von der Provinz unterhalten werden, ist mehr eine Annahme als gesetzlich festgelegt. Vollends die Zukunft der Vizinalwege, von denen irgendwo eine Verordnung besteht, daß sie 8,66 m breit sein sollen, ist noch ganz unsicher. Schon ihre Einteilung in Wagenstraßen (caminos carreteros) und Reitwege (caminos de herradura) gestattet gewisse Rückschlüsse auf ihre Beschaffenheit.

Argentinien wandte vor Kriegsausbruch, abgesehen von den Erträgnissen des Mitre-Gesetzes, für Wegebauten jährlich 80 $ pro km auf. Zum Vergleich sei erwähnt, daß für den gleichen Zweck England, trotz besserer Vorarbeiten, damals 77 $, Italien 162 $ und die Vereinigten Staaten 300 $ jährlich opferten. Allerdings rechtfertigen die hohen Bauaufwendungen für an sich unergiebige Objekte in gewisser Weise solch stiefmütterliche Behandlung. Denn so billig man minderwertiges Wege schafft, so teuer stellen sich bei dem Steinmangel und den weiten Entfernungen der Pampa erstklassige Hochstraßen. Schon bei den heute allein üblichen pflasterlosen Wegen betragen die Anlagekosten 500 $ pro km. Festbeschotterte oder gepflasterte Straßen, wie sie der Lastkraftwagenverkehr der Zukunft doch früher oder später erfordern wird, ließen sich nach Kriegsberechnungen (1915) nicht unter 10 000 bis 25 000 $ pro km herstellen und unter 500 bis 600 $ jährlich unterhalten.

---

[1]) Es handelt sich nach der Memoria 1915 des Ministerio de Obras Públicas um die Chausseen: Catamarca—Huacra—Tucumán; Córdoba—Río Seco—Santiago del Estero; Salta—Cafayata—Tucumán; La Rioja—Vinchina—(Chile); Jujuy—Quiaca—(Bolivien). Sie sind auch mit Kilometertafeln versehen. Um den Ausbau der argentinischen Straßen zu Post- und Sportzwecken bemüht sich seit Jahren der private „Touring Club Argentino", wenn auch leider mit mehr Opferfreudigkeit als tatsächlichen Erfolgen.

Man hat daher in der vorerwähnten Ley Mitre zunächst nur das Allerdringendste, die Anlage von Zufahrtstraßen zu den Bahnhöfen vorgesehen, damit Erntekatastrophen, wie sie durch das Stocken der Getreideabfuhr infolge aufgeweichter Wege an der Tagesordnung waren, künftig vermieden werden. Im allgemeinen kann man sagen, daß die Chausseen in Buenos Aires, Santa Fé, Córdoba und Entre Ríos heute bescheidenen Ansprüchen genügen, während sie in den Andenprovinzen und Nationalterritorien, besonders im Winter, noch im Zeitalter der Sintflut stehen. Erst kürzlich mußten in der Provinz San Juan die Nationalwahlen verschoben werden, weil man die Wahllokale nicht erreichen konnte. Einige Möglichkeiten für den Automobilverkehr liegen dagegen im Chubut- und Santa Cruz-Territorium vor.

Im allgemeinen gilt vom Innern Argentiniens, daß der Unternehmer bei der bestehenden Wegeverfassung noch am besten abschneidet, wenn er sich der alten, seit Jahrhunderten geschichtlich gewordenen Verkehrsmittel bedient. Das sind im Gebirge Maultier und Esel, die als Höchstleistung 140 kg bewältigen, hier und da auch einheimische Träger. In der Ebene Diligencia und Galera, schlechtgefederte, mit 10—12 Pferden bespannte Mailcoaches, die in den fünfziger Jahren das Nonplusultra der Personenbeförderung darstellten, während der Güterverkehr sich auf Carretas vollzog, offenen Ochsenkarren, deren zwei einzige Räder so hoch waren, daß sie jede Furt bequem durchfuhren. Unsere Großväter sahen diese Carretas so zahlreich in den Straßen der Hauptstadt, daß sie dort zum Verkehrshindernis wurden. Heute bilden sie zwar immer noch ein unentbehrliches Requisit des einheimischen Kampbauern — das nur wenige ausländische Siedler, wie die Polen im Misionesgebiet, durch den europäischen vierrädrigen Karren ersetzen —, aber für mehr als den allerlokalsten Transport kommen sie höchstens in Patagonien in Frage. Bedenkt man, daß sie nur zwischen 800 und 1400 kg Ladefähigkeit besitzen, 30 bis 50 Karren also auf einen gewöhnlichen Breitspurgüterwagen kommen, ferner, daß der Betriebsstoff, nämlich Futter für die Zugtiere, bei anhaltender Trockenheit überhaupt nicht zu beschaffen ist, so wird man allerdings einsehen, daß dieser Verkehr keines Ausbaus nach irgendwelcher Richtung fähig ist.

Überhaupt muß man im Auge behalten, daß in Argentinien, wäre es nur auf sein Wegenetz angewiesen, zwei einzige Verkehrsmöglichkeiten Aussicht auf bescheidene Rentabilität böten: das Zutreiben von Viehherden zu den Pökel- und Gefrieranstalten an den Flußufern und der Transport von Fellen und tierischer Wolle auf den geschilderten

Karren. Besonders das Viehtreiben ist auch heute noch so im Schwung, daß die Eisenbahnen höchstens $^1/_{12}$ ihrer Einnahmen aus Viehtransporten erzielen. Dagegen fände der ganze gewaltige Ackerreichtum keinen Absatz, außer in küstennahen Gebieten, weil sein Volumen die Frachtkosten unerschwinglich machen würde.

Eine moderne Verkehrswirtschaft muß also vor allem darauf bedacht sein, die Anfahrtswege zum Meer nach Möglichkeit zu verkürzen. Das kann schon durch eine günstige Auswahl der Häfen [1]) geschehen.

Argentinien entwickelt sich in dieser Hinsicht mustergültig. Drei Hauptagrarzonen besitzt es: die südliche Weizen- und Haferzone der Pampa Central, die mittlere Mais- und Weizenzone der Provinz Buenos Aires, die nördliche Mais-, Weizen- und Leinsaatzone der Provinzen Santa Fé und Córdoba; drei Hauptausfuhrhäfen mit bequem zugänglichem Hinterland entsprechen ihnen: Bahía Blanca, Buenos Aires und Rosario. Zwischen ihnen hat dann der unaufhaltsame Fortschritt noch mehrere Zwischenhäfen nötig gemacht. Es sind dies La Plata und Samborombón zwischen Bahía Blanca und Buenos Aires, Campana, Zárate, San Nicolás und Villa Constitución zwischen Buenos Aires und Rosario, sowie Colastiné und Santa Fé nördlich davon. Weise Dezentralisation sorgt somit, daß jeder Siedler auf dem kürzesten Wege den Ausfuhrhafen erreicht und sich der Erntesegen in keinem einzelnen Punkte staut; selbst das riesige Buenos Aires hatte schon 1910 nur 44 % der Ausfuhr zu bewältigen. Etwas weniger scharf durchgeführt ist dasselbe System für die Einfuhr. Buenos Aires war vor einigen Jahren noch Endhafen für 75 bis 80 % aller Güter [2]); das ist damit zu erklären, daß bei der Einfuhr die Kürze des Landtransports eine untergeordnete Rolle spielt, da es sich meist um landwirtschaftliche Maschinen, Textilstoffe und ähnliches, also wertvolle Waren handelt.

Für den Umschlagverkehr der genannten Häfen stehen die modernsten Spezialeinrichtungen zur Verfügung. Ihr Vorbild ist natürlich Buenos Aires. Sein Hafen besteht aus zwei Teilen: dem alten Riachuelohafen für Segler und kleinere Dampfer, der 1876 nach den Plänen des argentinischen Ingenieurs Luís A. Huergo begonnen wurde, und dem jüngeren Maderohafen, dem eigentlich modernen Teil mit vier Docks und zwei Binnenbecken (Dársenas). Da der Verkehr sich

---

[1]) Über Häfen siehe auch Frölich, Einfuhrhandel...., S. 221 f. (Anm. d. Herausg.)

[2]) Nach B. Schmidt, Die agrarische Exportwirtschaft Argentiniens, Jena 1920, S. 23. Vgl. dagegen Frölich, Einfuhrhandel...., S. 222. (Anm. d. Herausg.)

in den dreißig Jahren von 1880 bis 1910 von monatlich 4 auf monatlich 50 einlaufende große Überseer steigerte, ist seit 1909 ein dritter Hafenbau geplant, aber noch nicht durchgeführt worden. Die alte Kaianlage von 10½ km Länge, 200 000 t Fassungsvermögen für Getreideheber und 400 000 t in den Zollschuppen blieb während des Krieges im wesentlichen bestehen. Seit 1916 ruhten die Erweiterungsbauten vollständig, und erst kürzlich (1920) ist der Vertrag mit der Firma C. H. Walker & Co., Ltd. zur Herstellung weiterer Anlagen im Werte von 25 Mill. $ Gold erneuert worden [1]). Bis 1910 war der Bau auf 35 Mill. $ Gold zu stehen gekommen, unter ihnen 22 163 909 $ Gold ausländisches Kapital. Der Warenumschlag im Hafen betrug in Normalzeiten 20 Mill. t, wobei im Exportgeschäft im Gegensatz zu den mehr spezialisierenden übrigen Häfen der Republik alle Produkte ziemlich gleichmäßig vertreten waren. Der Krieg hat dann der Höchstzahl von 2073 einlaufenden Dampfern im Jahre 1913 die Tiefstzahl von 719 Dampfern 1917 entgegengestellt. Demgemäß schnellte auch die Einfuhrmenge von 4 867 000 t im Jahre 1913 auf 1 841 000 t 1917 zurück, ohne daß der Einfuhrwert infolge der inzwischen eingetretenen Preissteigerung zurückgegangen wäre. Gegenwärtig sind natürlich auch die Mengenziffern wieder im Steigen begriffen.

Der zweite Hafen des Landes, Rosario, ist Hauptumschlageplatz für Getreide, Zucker und Alkohol aus dem Nordwesten und Quebracho aus dem Norden. Die natürlichen Vorbedingungen von 3,70 m Fahrwassertiefe in nächster Nähe des 25 m hohen Steilufers sind so günstig, daß das Hinablassen der Getreidesäcke auf Gleitbahnen (Canaletas) lange Zeit schwierige Elevatorenanlagen überflüssig machte. Im übrigen bestehen seit 1902 auch regelrechte moderne Hafenanlagen, zu denen die französische Firma Hersent Fils im Verein mit den Creusotwerken die Konzession erhielt. Sie legte 3½ km lange Kais mit Schuppen und Getreidehebern an, wofür ihr die Regierung auf 40 Jahre das Recht abtrat, alle Hafengebürnisse im Umkreis von 12 km landeinwärts und 20 km stromauf- und abwärts zu erheben. Vom Reingewinn hat

[1]) Neben Platzmangel krankt Buenos Aires an der Versandung des Hafens. Trotz der jährlich aufgewendeten 3 Mill. $ Baggerungskosten müssen oft tiefgehende Überseer 15 km vor der Stadt auf der Außenreede ankern und günstige Flutverhältnisse abwarten. Die Liniendampfer größeren Tiefgangs liefen deshalb bis 1903 statt Buenos Aires La Plata an. Ein von Geh. Wasserbaurat Offermann angeregter Seekanal in dieser Richtung kam nicht zur Ausführung.

die Gesellschaft nach Abzug der Betriebskosten und der zur Verzinsung und Amortisation nötigen Summen 50 % an den Staat abzuführen.

Gibt die Maisverladung Rosario sein charakteristisches Gepräge, so ist Bahía Blanca mehr auf Weizen und Hafer eingestellt. Seine drei Handelshäfen werden von je einer Privatbahngesellschaft beherrscht und stellen somit einen Typus für sich dar. Den größten Hafenteil Ingeniero White baute die englische Südbahn, den modernsten, auszementierten Teil Puerto Galván die gleichfalls englische Pazifikbahn, den tiefgehendsten Teil Puerto Belgrano die französische Rosario-Puerto Belgrano-Bahn, deren Seele der Ingenieur Pagnard, deren eigentlicher Ausführer jedoch eine deutsche Baufirma war. Später ging der letztgenannte Hafenteil, der durch die beengende Nachbarschaft des Kriegshafens nie recht zur Entwicklung kommen konnte, in die Hände des nordamerikanischen Farquhartrusts über, allerdings ohne bleibenden Erfolg. Der Trust mußte während des Krieges liquidieren, und seitdem läßt die Union die Hände von argentinischen Häfen.

Alles, was neben den drei genannten Hauptverkehrsplätzen aufkommen will, muß sich auf ein Sondergebiet werfen, sei es Getreide, besonders Mais, wie in Villa Constitución und San Nicolás, sei es Quebracho wie in Colastiné, oder Gefrierfleisch wie in Campana, Zárate und La Plata, dem Sitz der nordamerikanischen Weltfirmen Frigorífico Armour, La Plata und La Plata Cold Storage Co. Eine bedeutende Ermäßigung der Hafengebühren, die für Santa Fé z. B. die Hälfte derjenigen von Buenos Aires betragen, tut ihr übriges, diesen Häfen die Existenz zu sichern; andernfalls würde die allgemeine Erhöhung der Hafengebühren während des Krieges um 50% für Seeschiffe und 25% für Küstenfahrzeuge gerade für sie unerträglich geworden sein.

Nach den Bestimmungen des argentinischen Zollgesetzes dürfen Durchgangsgüter 30 Tage, Einfuhrgüter 20 Tage in den fiskalischen Schuppen liegen, ehe der Aufschlag von 5 % des Wertes eintritt. Ein eigentlicher Freihafen im Sinn einer neutralen Auslandszone für die Aufspeicherung von Produkten bis zu ihrer Einfuhr in die Republik fehlte bis zum Jahre 1910. Damals wurde La Plata mit einer solchen Zone ausgestattet, die sich aber geringer Benutzung erfreute. Für die patagonischen Häfen bestand Zollfreiheit bis 1917.

Kein zweites Land der Welt ist so abhängig vom Frachtenmarkt wie Argentinien. Man kann den Seefrachten-Tarif geradezu als Barometer der argentinischen Volkswirtschaft ansehen: Teure Frachten versperren der Republik ihre einzigen Absatzmärkte, Überangebot an

Schiffsraum ist gleichbedeutend mit Bargeld, um die eigene Einfuhr zu finanzieren. Ein solches Überangebot bestand nun tatsächlich vor dem Krieg durch die sog. Tramps, englische Kohlendampfer, die Rückladung zu jedem Preis suchten, um nicht leer zurückzufahren und dabei die Frachten bis 5 und 6sh. pro Tonne drückten. Im Krieg blieben diese Außenseiter natürlich aus. Dadurch schnellten die Frachten für Getreide im Lauf von zwei Jahren auf das 12fache, für Häute um das 20fache empor, was eine Krisis zur Folge hatte. Zwar konnte die Entente den argentinischen Erzeugnissen als Gegenständen ersten Bedarfs den nötigsten Schiffsraum nicht versagen, schraubte aber die Einfuhr ihrer Produkte nach Argentinien beträchtlich zurück. Das stetige Anziehen der Frachten dauerte bis Januar 1920. Von da an erfolgte ein ebenso stetiger Rückgang, so daß sie bereits im Juni 1920 um 40 % gesunken waren. Jetzt übersteigt die verfügbare Tonnage in argentinischen Häfen bereits wieder die Nachfrage. Viele Schiffe finden nur unter Schwierigkeiten Rückfracht nach Europa. Im Juli 1920 kostete die Tonne Schwergetreide von Buenos Aires nach London 90 sh, Buenos Aires—New York 12 Doll. Der Konkurrenzkampf am La Plata beginnt aber bereits derartig hitzig zu werden, daß die Frachten binnen kurzem weiter zurückgehen müssen.

Das einzige Mittel, das Argentinien von den Zufällen des Weltkrieges einigermaßen unabhängig gemacht hätte, der Ausbau einer nationalen Handelsflotte, unterblieb. Im Gegenteil wanderten von den 1914 vorhandenen 364163 Reg.-To. — davon $^1/_3$ im Lande selbst erbaut — fast alle Fahrzeuge über 200 t dank verlockender Angebote an das schiffsraumhungrige Ausland. Erst ein während des Krieges eingetretener Regierungswechsel schuf die Grundlage zu einer Besserung: der Ausbau einer starken Eigenflotte ist immer einer der Lieblingsgedanken des gegenwärtigen Präsidenten Irigoyen gewesen. Durch einen Gesetzentwurf des Jahres 1918, der für Werftunternehmungen auf argentinischem Boden unentgeltliches Gelände, Zoll- und Steuerfreiheit bis 1931 vorsah, wollte er die Grundlagen für den heimischen Schiffbau schaffen. Gleichzeitig sollte die nordamerikanische National City Bank den Bau der ersten zehn argentinischen Gefrierfleischdampfer in die Hand nehmen; das Projekt kam aber laut Pressemeldungen nicht zur Ausführung. Dagegen verhandelte Argentinien kürzlich mit Spanien wegen Auflegung einer Anleihe von 500 Mill. Ptas., die hauptsächlich zur Erbauung einer 400000 t starken Nationalflotte verwandt werden soll. Durch sie hofft Argentinien den Transport seiner Erzeugnisse vom Ausland unabhängig zu machen. In dieser Beleuchtung versteht man auch, warum Argentinien so energisch auf die Herausgabe des gekaperten, unter argentinischer Flagge fahrenden Hamburg-Süd-Dampfers „Bahía Blanca" bestand, daß es darüber beinahe in Konflikt mit England geraten wäre: der Dampfer bedeutete einen Zuwachs von 13 000 Reg.-To. für seine Flotte.

Unter allen Flaggen, die in argentinischen Häfen gezeigt werden, dürfte also die Landesflagge verhältnismäßig die seltenste sein. Sie hat ganz und gar nicht Schritt gehalten mit dem Riesenaufschwung der La Plata-Schiffahrt im allgemeinen. 1869 überschritt die Gesamttonnage aller eingelaufenen Schiffe kaum die Million. 1900 liefen bereits 36000 Schiffe mit 12½ Mill. t ein, 1918, trotz des Krieges, der einen Rückgang von 20 % in der Schiffszahl und von 40 % in der Tonnage gegen das letzte Friedensjahr brachte, 45 000 Schiffe mit 17 Mill. t (Dampfer und Segler einschl. des Verkehrs von inländischen Häfen)[1]).

Schrittmacher im La Plata-Frachtgeschäft war damals wie heute selbstverständlich England, dessen Royal Mail in Fusion mit der Pacific Steam Navigation Company[2]) selbst während des Kriegs den Dienst nie ganz einstellte. Dieser Konzern war derjenige, dessen Dampfer vor dem Kriege das meiste Gold als Überschuß der argentinischen Handelsbilanz in die Republik einführten. Er hat auch durch resolute Konstruktion mehrerer Klassen Gefrierfleischdampfer diese argentinische Hauptindustrie erst auf die Beine gestellt. Beide Gesellschaften, zusammen mit der Nelson und Houlder Line, Lamport & Holt und einem halben Dutzend größerer Linien sicherten den Briten im letzten damaligen Friedensjahr von allen einlaufenden Dampfern 10 % der Dampferzahl und 60 % der Tonnage. Heute gesellen sich zu ihnen auch noch die kanadischen Linien (Canadian National Railways und Canadian Pioneer), die die Benachteiligung der kanadischen Maschinenfabrikanten durch die bisherige Verladung über New York aufheben wollen.

Demgegenüber kam in weitem Abstand Deutschland mit 1 % der Dampfer und 10 % der Tonnage, in die sich Hamburg-Amerika-Linie, Hamburg-Südamerikanische Dampfschiffahrtsgesell-

[1]) Genaue Zahlenangaben siehe in The Economic Development of the Argentine Republic in the Last Fifty Years, herausgeg. von Ernesto Tornquist & Co. Ltd., Buenos Aires 1919.

[2]) Die Schiffe der letzteren liefen allerdings nur Montevideo an, von wo aus Umladung erfolgte.

schaft, Norddeutscher Lloyd, Hansa und Menzell-Linie teilten. Trotzdem war Deutschland in der Linienfahrt nach dem La Plata maßgebend. Besonders Hapag und Hamburg-Süd saßen fest im Sattel, seit beide Gesellschaften einen gemeinsamen Dienst eingerichtet hatten und die durch ihren günstigen 6—9000 t-Typ sehr konkurrenzfähige de Freitas-Linie in der ersteren aufgegangen war. Sie bewältigten 1913 mit 9 Abfertigungen monatlich den größten Teil des Passagier- und des südeuropäischen Auswandererverkehrs, wogegen der Norddeutsche Lloyd, der in der Krisenzeit vor 1890 das Hauptauswanderergeschäft besorgt hatte, sich später vertragsmäßig mehr auf den Frachtenmarkt einstellte, ohne jedoch den Passagierverkehr ganz zu vernachlässigen. Während des Krieges ist die deutsche Handelsflagge am La Plata nicht erschienen, seit wenigen Wochen wird sie zum erstenmal wieder von der Hamburg-Süd mit ihren Dampfern „Deutschfeld“ und „Argentina“ gezeigt, nachdem die Hapag bereits seit Mai 1920 mit zwei gecharterten nordamerikanischen Dampfern Fahrten unternimmt. Mit welchem Dampfertyp, in welcher Richtung sich dieser erste vorsichtige Wiederaufbauversuch entwickeln wird, ob nach der Fracht- oder Passagierseite, das alles sind noch ungelöste Fragen. Höchstens die Mitteilung der Gesellschaft, daß sie einstweilen keine Auswanderer befördere, läßt einige Schlüsse zu.

An die Stelle, die Deutschland vor dem Kriege einnahm, sind die Vereinigten Staaten gerückt. Während in 35 langen Jahren vor Kriegsausbruch insgesamt 27 nordamerikanische Dampfer mit noch nicht 30 000 t in Argentinien einliefen (dafür allerdings eine größere Anzahl Segler), trafen bereits ein Jahr danach 43 Dampfer und 30 Segler ein. Heute sind die Yankees selbst Großbritannien eine ernste Konkurrenz geworden, seit sie zum erstenmal in der Weltschiffahrt die Frachtrate New York—Rio um 33 % billiger als die Frachtrate London—Rio gestalten konnten. 70 % ihrer gegenwärtig einlaufenden Schiffe gehören dem Schiffahrtsamt der Vereinigten Staaten, der Rest der U. S. Steel Corporation, der Oriental Navigation, der Munson Line, den National Steamship Lines und der Firma Chadwick Weir & Co.

Frankreich, das sich früher immer in einigem Abstand hinter Deutschland hielt, hatte bis 1912 50 Jahre lang seinen Hauptvertreter in den Messageries Maritimes. Dann gingen diese in der Compagnie Sudatlantique auf, heute sind auch deren sämtliche Aktien im Besitz der Chargeurs Réunis, die gegenwärtig (1920) 43 Schiffe im La Plata-

Dienst haben, darunter 16 Schnelldampfer. Daneben verkehrt an französischen Linien die Compagnie de Transports Maritimes, an belgischen der Königlich Belgische Lloyd.

Während bei Italien [1]) der Einfluß des Kriegs nach der Gewinnseite, bei Spanien [2]) infolge regierungsseitiger Beanspruchung der Schiffe nach der Verlustseite, bei beiden aber ohne allzu große Veränderung gegenüber der Vorkriegszeit zu bewerten sein dürfte, haben die germanischen Neutralen [3]) einen gewaltigen Vorsprung zu verzeichnen. Hier ist es vor allem der Königlich Holländische Lloyd, bis 1909 eine bescheidene Frachtfirma, die während des Kriegs und kurz nach Friedensschluß fast ausschließlich den Verkehr zwischen Deutschland und Argentinien bewältigte. Ganz ausgelöscht ist Österreich am La Plata, das mit seiner Austro-Americana von Triest aus immerhin eine Rolle spielte. Dagegen ist ein neuer Konkurrent aufgetaucht, der vor dem Krieg kaum vertreten war, nämlich Japan. Die Osaka Shosen Kaisha unterhält bereits längere Zeit einen Dienst Japan-Argentinien-Südafrika, der auch einen bisher unbekannten Handel Argentinien-Afrika ins Leben gerufen hat, die Nippon Yusen Kaisha in Yokohama ist ihr gefolgt, und schon finden sich in den Schiffahrtsanzeigen argentinischer Blätter zwei weitere Gesellschaften (Toyo Kisen Kaisha und Mitsui Kaisha), denen es hauptsächlich auf die Beförderung japanischer Auswanderer nach Brasilien ankommt.

Infolge dieser noch im Gang befindlichen Verschiebungen dürfte es schwierig sein festzustellen, welches künftig die wichtigsten Häfen für den Güterumschlag mit Argentinien sein werden. Für Deutschland waren es vor dem Kriege Hamburg und Bremen. Hamburg, das nach Argentinien Kabel, Baumwollwaren, Maschinen, Strumpf- und Wirkwaren, Eisenwaren und Papier verschiffte und dafür Leinsaat, Schafwolle, Rinderhäute, Mais und Kleie eintauschte — die Weizeneinfuhr erfolgte nur teilweise über Hamburg —; Bremen, das Ma-

---

[1]) Zu Kriegsbeginn bestanden: Navigazione Generale Italiana, Lloyd Italiano, Italia, La Veloce, Sicula Americana, Lloyd Sabaudo und Transatlantica Italiana, die 1914 zusammen 189 Schiffe mit 537 764 t nach dem La Plata abfertigten. Gegenwärtig sind die beiden letztgenannten Gesellschaften am rührigsten.

[2]) Gegenwärtig: Compañía Transatlántica Española und Compañía Pinillos, Izquierdo y Cía.

[3]) Dänemark: Det Forenede Dampskip Selskab. Norwegen: Den Norske Sydamerika-Line; Wilhelmsen. Schweden: Rederi Aktiebolaget Nordstjernan.

schinen, Eisen-, Stahl- und elektrotechnische Erzeugnisse ausführte, um vor allem rohe Schafwolle einzuführen — wobei Hamburgs Güterverkehr mit Argentinien nach seinem Wert berechnet in der Einfuhr aus Argentinien gut fünfmal, in der Ausfuhr nach Argentinien gut doppelt so groß war wie der Bremens. Wie weit der seit diesem Jahre wiederaufgenommene direkte Verkehr zwischen Hamburg und Buenos Aires für den Welthandel überhaupt in Frage kommen kann, ruht noch im Schoße der Zukunft.

Mit ganz anderen Verhältnissen als etwa in Deutschland hat die Binnenschiffahrt in Argentinien zu rechnen. Die Tatsache, daß man auf der Flußfahrt von Buenos Aires nach Rosario das Ufer aus dem Auge verliert, erläutert dies. Die größte Strecke, die in Deutschland für seefähige Schiffe befahrbar ist, nämlich von Köln bis zur Rheinmündung, beträgt 343 km. Der Uruguay ist für bedeutend größere Dampfer bis Concordia, mindestens 450 km, schiffbar. Auf dem Paraná können von Januar bis September, nach Überwindung der Barre von Martín García oberhalb der Uruguayeinmündung, Dampfer von 10 000 t bzw. 23 Fuß Tiefgang bis Rosario, 6000 t-Dampfer bis Santa Fé vordringen. Während hier große Überseer rund 600 km Flußstrecke zurücklegen, verkehren umgekehrt Flußdampfer regelmäßig bis Montevideo. Die scharfe Grenze zwischen Binnen- und Seeschiffahrt ist verwischt.

Ein besonderer Typ der Küstenfahrt hat sich im Verkehr mit Patagonien ausgebildet [1]). Hier unterhielt vor dem Krieg die Hamburg-Süd einen regelmäßigen Dienst unter argentinischer Flagge (Compañía Nacional del Sud), der als Heimfracht patagonisches Petroleum und feuerländisches Buchenholz mitnahm, wogegen die Wollausfuhr des Archipels englisches Reservat blieb. Erst im Verlauf des Krieges, wo diese Linie trotz ihrer argentinischen Nationalität wiederholten Kaperungsversuchen Englands ausgesetzt war, kam als Konkurrenz die Compañía Sudatlántica mit sieben Dampfern hoch, abgesehen von einer kleinen spanischen Sociedad Importadora y Exportadora de la Patagonia.

Die eigentliche Flußschiffahrt des La Platasystems beherrscht unumschränkt seit einem Vierteljahrhundert das Unternehmen des Dalmatiners Nicolas Mihanovich. Vorher hatte dieser, ein Selfmademan

---

[1]) Vgl. hierzu: Kühn, Die atlantische Küstenfahrt Patagoniens, Mitt. d. Deutsch-südam. u. Iber. Inst. in Köln, 1920, Heft 1/2.

von genialer kaufmännischer Begabung und großer Rücksichtslosigkeit, schwer mit dem Wettbewerb der großen englischen Gesellschaft La Platense, der Mensajerías fluviales und mehrerer kleinerer Unternehmen, darunter die deutsche Firma J. H. Siemens & Co., zu ringen. Verträge, die auf eine Teilung der Interessensphäre mit der Platense hinzielten, wurden von dieser nicht innegehalten. Da überließ Mihanovich sich dem englischen Kapital und wurde damit Herr der Lage. Die von ihm ins Leben gerufene Compañía Nacional de Navegación — „Nacional" wieder nur deswegen, weil sie unter argentinischer Flagge fuhr — umfaßte bereits 1912 38 Passagierdampfer, darunter erstklassige Dreischraubendampfer mit vier Decks, 24 Frachtdampfer, 58 Schlepper und 141 Leichter mit insgesamt 64 000 t Raumgehalt. Das investierte Kapital in Höhe von 2 600 000 Pfund Sterling lag meist in englischen Händen. Die Gesellschaft verteilte vor Kriegsausbruch bei einem Reingewinn von zuletzt 224 224 Pfund Sterling eine jährliche Dividende von 10 % auf die 400 000 Vorzugsaktien und von 9 % auf die übrigen 1 400 000 Aktien. Man ersieht daraus, welche bedeutenden Vorteile das englische Kapital aus der argentinischen Flußschiffahrt zu ziehen verstand. Die Familie Mihanovich war überdies auch die Gründerin der vorhin erwähnten Küstenlinie „Compañía Sudatlántica".

Den Nordamerikanern ließen die Erfolge der Engländer keine Ruhe. Nachdem die französische, aber mit amerikanischem Geld finanzierte Domingo Barthe-Linie von Mihanovich zerschmettert worden war, versuchten sie es durch die Methode freundschaftlicher Geschäftsbeziehungen. Es gelang dem Farquhartrust, zwei Direktorstellen bei Mihanovich zu besetzen, gleichzeitig gewann er erheblichen Einfluß auf den Gefrierfleischtransport, indem er der Liebig Co. seine Vertrauensmänner aufzwang und eine selbständige Argentine Lighter Co. mit einem Kapital von 300 000 Doll. gründete. Durch das aufsehenerregende Versagen des Trusts ging dieser Vorsprung den Nordamerikanern verloren, und die „Compañía Nacional de Navegación", die mittlerweile auch den Hafenschleppdienst weiter ausgebildet hatte, der die Keimzelle der Firma gewesen war, konnte sich ungestört ihres Monopols erfreuen [1]).

Natürlich diktierte sie auf diese Weise die Flußfrachten. So kam es, daß vor dem Krieg die Beförderung einer Tonne Apfelsinen von

[1]) Eine kleinere Gesellschaft „Marina Mercante Argentina" mit (1916) 12 Dampfern und zusammen 14 250 t konnte gegen Mihanovich ebenfalls nicht recht aufkommen.

Asunción nach Buenos Aires etwa 3 bis 4 mal so viel kostete wie dieselbe Tonne auf einem deutschen Dampfer von Argentinien nach Europa. Während die großen Apfelsinenplantagen in Paraguay und Corrientes sich durch eigene oder gecharterte Fahrzeuge dieser Frachtpolitik einigermaßen erwehrten, bedeutete sie den Ruin aller kleinen Pflanzer, eine Wirkung, die dadurch erst ins rechte Licht gelangt, wenn man erfährt, daß die Gesellschaft riesige Apfelsinenplantagen in Paraguay besitzt, mit deren Erzeugnissen sie einen lebhaften Handel treibt.

Dem Gütertarif entsprach der Personenfahrpreis. Während in Friedenszeiten der Bremer Lloyd für eine 25tägige Reise nach Buenos Aires 500 M., d. h. 20 M. täglich berechnete, stellte sich bei Mihanovich die 3tägige Fahrt Asunción—Buenos Aires bei entsprechender Bequemlichkeit auf 180 M., also 60 M. im Tagesdurchschnitt.

Heute ist infolge erheblicher Schwierigkeiten, die in den beginnenden sozialen Kämpfen in Argentinien ihre Ursache haben, das Gleichgewicht der Gesellschaft empfindlich gestört worden, so daß sie sich seit kurzem entschlossen hat, unter uruguayischer Flagge zu fahren.

Über das Kanalwesen Argentiniens ist nicht viel zu sagen. Ähnlich wie den Straßenbau gegenüber den Eisenbahnen hat die Regierung das Kanalsystem gegenüber den natürlichen Wasserstraßen erheblich vernachlässigt, obgleich es der gegebene Verkehrsweg für ein industriearmes Agrarland gewesen wäre. Dessen Produkte sind ja im allgemeinen nicht an schnelle Beförderung gebunden. Die billige Wasserfracht würde die Eisenbahnfracht herunterdrücken und manche Industrie, die bisher im Keim erstickt wurde, weil sich der Bahntransport nicht lohnte, könnte wieder lebensfähig werden. Diese Vernachlässigung ist aber allen Ländern mit jung aufstrebendem Eisenbahnwesen gemeinsam und wird nach Ablauf einer gewissen Zeit von selbst überwunden.

Ein einziges Mal ist in Argentinien ein großzügiges Kanalprojekt gefaßt worden: im Jahre 1826, als der damalige Präsident Rivadavia den Andenfluß Jachal unter Benutzung mehrerer Nebenflüsse des Paraná direkt mit Buenos Aires verbinden wollte. Der Plan scheiterte, nicht nur aus Geldnot, sondern weil die damalige Technik die Niveauunterschiede nicht zu überwinden vermochte. Auch würde man heute aus topographischen und wirtschaftlichen Dezentralisationsgründen zweckmäßiger Bahía Blanca als Endpunkt wählen.

Praktisch beschränkt sich die gegenwärtige argentinische Kanalpolitik auf Stromregulierungsarbeiten. Durch solche ganz oder teilweise künstliche Flußkanäle im Paranádelta ist allerdings für die

Schiffahrt, besonders für die Überwindung der vorerwähnten Barre von Martín García Erhebliches geleistet worden. Der 1876 begonnene Riachuelokanal bei Buenos Aires war geradezu die Vorbedingung für das Aufblühen dieses Hafens. Ein anderer künstlicher Schiffahrtsweg von San Pedro am Río Baradero, einem Nebenflüßchen des Paraná, nach Junín war der erste Ansatz zu einem Binnenlandkanal. Er wurde 1903 angefangen, sollte 303 km lang werden und ein Gebiet von 1 138 000 ha mit vorwiegend Weizen-, Mais-, Gerste- und Kartoffelkulturen bewässern. Entgegen dem Rat der Fachleute von der Provinzialregierung unternommen, blieb das Unternehmen infolge technischer Schwierigkeiten stecken. Die großen Möglichkeiten, die z. B. das flache Hinterland von Rosario unter Benutzung noch nicht schiffbarer Flüßchen bieten würde, ruhen überhaupt noch im Schreibtisch der Ingenieure. Vor allem eine Kanalverbindung zwischen Córdoba und Rosario, wie sie seit 1890 der verdienstvolle Wasserbautechniker Luis A. Huergo — derselbe, der den Riachuelohafen in Buenos Aires anlegte — plante, würde der Stadt Rosario ein Hinterland von 450 km Tiefe bis an den Fuß der Kordillere erschließen.

Argentinien besitzt im Verhältnis zu seinem Landgebiet zu wenig Küste. Argentinien hat keine billigen Wasserstraßen für den Verkehrsanschluß der mittelländischen Agrarzone an die Nord-Süd-Straße. Das sind die beiden Gründe, warum das Eisenbahnwesen[1]) des Landes sich so gewaltig entwickelt hat. Bevor die Eisenbahn die Aufschließung des genannten Gebiets unternahm, beschränkte sich der Exportverkehr auf die Viehwirtschaft — nach der Erschließung im großen durch den Schienenstrang wurde Argentinien, das 1880 noch fast 70 mal so viel tierische wie Ackerbauprodukte ausführte, zum Export-Getreideland großen Stils.

Man kann in der Entwicklung des argentinischen Bahnbaus drei Perioden unterscheiden. Die erste, wirtschaftlich bedeutungsloseste Zeit war die, wo das ausländische Kapital langsam tastend, noch von europäischen Verhältnissen ausgehend, zunächst Verbindungsbahnen zwischen den Hauptkulturzentren des Landes herstellte. Man legte nur dort Bahnen an, wo man schon vorhandener Agrarproduktion Absatz verschaffen wollte, die Eisenbahn also bestenfalls ein billigerer

[1]) Lückenlose statistische Angaben über die finanzielle und betriebliche Entwicklung der argentinischen Bahnen enthält das Werk: Economic Development of the Argentine Republic in the Last Fifty Years, herausgeg. von Ernesto Tornquist & Co. Ltd., Buenos Aires 1919, S. 116—122.

Konkurrent bestehender Verkehrsmöglichkeiten sein konnte. Nachdem 1857 ein erster Versuch mit 12 km Vorortstrecke bei Buenos Aires gemacht war, begann diese Periode 1863 mit der von dem Engländer Wheelwright angelegten Bahn Rosario—Córdoba und erreichte ihren Abschluß gegen 1880, wo die drei wichtigsten Provinzstädte, Rosario, Córdoba und Tucumán, miteinander verbunden waren und zwischen Rosario und Buenos Aires wenigstens eine Teilstrecke im Betrieb stand. Einer Weiterentwicklung war dieses System der Verbindungsbahnen nicht fähig, da weitere nennenswerte Kultur- und Bevölkerungszentren nicht existierten. Internationale Verbindungen hatte man auch nicht damit gewonnen.

Wenn man den Eisenbahnbau nicht auf ein totes Geleise schieben wollte, mußte eine neue Politik einsetzen. Die Bahnen mußten nicht altvorhandene Kultur weiter ausbauen, sondern eine neue selbständige Kultur, die Kultur der Technik und des Weltverkehrs dem Lande bringen. Irgendwo in der Wildnis mußte ein Blockhaus mit dem schlichten Namen „Station km Soundsoviel" entstehen. Das war die Keimzelle, nun hieß es weitersorgen. Bahnkapitalist, Pfadfinder und Kolonisator wurden eins. Der Bahnbau allein war in der dürren Steppe wertlos, wenn nicht auch das zugehörige Rieselfeld hergestellt wurde[1]), und das Rieselfeld war wertlos, wenn man nicht Landwirte, vielleicht auch die Bahnarbeiter selbst heranzog und sie in der Bewirtschaftung der neuerschlossenen Felder unterrichtete. So reihten sich Ackerbaukurse, teilweise vom Ministerium unterstützt, Musterfarmen und Wanderausstellungen dem Bahnunternehmen an. Eine Haupttätigkeit aber war die Anwerbung ausländischer Siedler durch überseeische Werbebureaus, wie dies z. B. die argentinische Zentralbahn in Europa zur Aufschließung der Provinz Santa Fé in größtem Maßstab tat. Leider hat mit der Förderung der Landwirtschaft durch die Bahn die der Industrie nicht Schritt gehalten; hier kommen höchstens einige Eisenbahnwerkstätten in Betracht, die eigenes Wagenmaterial herstellen. Eher darf auf die Förderung des Handels durch die Anlage mächtiger Speicher- und Hafenbauten in bahnseitiger Regie hingewiesen werden.

Wieder war es der Scharfblick der Engländer, der die Vorteile dieses Systems erkannte. Auf die Erfahrungen gestützt, die ihr Kapital in der ersten Entwicklungsperiode gemacht hatte, begannen sie Mitte der 80er

[1]) Wie z. B. die Berieselungswerke, die die Südbahn seit 1911 zwischen dem Carlos Pellegrini-See und der Station Chinchales im Río Negro-Territorium am Zusammenfluß des Neuquén und Limay ins Leben rief.

Jahre in großzügigem Maßstab, ohne Beeinflussung des Staats, aber mit dessen Interessen zusammengehend, mit dem Bau der ebengeschilderten Erschließungsbahnen. Der Seehafen Buenos Aires — für die Schiffahrt wichtigster Knotenpunkt, für den Durchgangsverkehr zu Land fast bedeutungslos — wurde zum Scheitelpunkt eines wohldurchdachten Netzes, das mit den radialen Schenkeln Bahía Blanca—Patagonien, Mendoza—Chile, Tucumán—Bolivien, Santa Fé—Chaco und Concordia—Paraguay die künftigen internationalen Verkehrstendenzen andeutete.

Seit 25 Jahren ist nun auch dieses System der Erschließungsbahnen so weit durchgeführt, daß man, wenigstens in der Mittellandzone, an das dritte System, das der Transversalbahnen herangehen konnte. Je nachdem sie geradlinig von der Hauptstrecke abzweigen oder kreisförmig zu ihr zurückkehren, werden sie Ramales (Stichbahnen) oder Circuitos (Kreisbahnen) genannt. Solche Transversalbahnen machen sich in dem Augenblick nötig, wo die Erschließungsbahn schon soviel Menschenmaterial vorgeschoben hat, daß sich weitab und gewissermaßen unabhängig von ihr wirtschaftliche Produktionsmittelpunkte bilden. Es hat sich nämlich herausgestellt, daß bei der Beschaffenheit der argentinischen Landstraßen Getreide nur exportfähig ist, wenn es — roh gerechnet — nicht weiter als 5 Leguas = 25 km bis zur nächsten Bahnstation befördert werden muß. Oder, anders ausgedrückt: jeder Kilometer Bahnstrecke versorgt nach rechts und links ein Gebiet von 25 km, zusammen 50 km Durchmesser. Kommt auf 50 qkm Anbaufläche 1 km Eisenbahn, so ist das vorhandene Verkehrsbedürfnis erfüllt. Gegenwärtig ist dies in der Getreidezone von Santa Fé, Córdoba und Nord-Buenos Aires der Fall, aber auch in der Zuckerrohrzone von Tucumán, der Weinbauzone von Mendoza und der Quebrachozone von Santiago del Estero. Hier kamen 1916 auf 50 qkm Anbaufläche 1,6 km Bahnen, d. h. bald ebensoviel wie in den Vereinigten Staaten, $^1/_8$ soviel wie in Deutschland. Die erwähnten Gegenden haben also als ziemlich mit Bahnen gesättigt zu gelten, während der patagonische Süden noch im Zeichen der Erschließungsbahnen steht. Transversalbahnen, die noch völlig fehlen, sind solche in längsmeridionaler Richtung.

Die wirtschaftliche Folge der ebengeschilderten Entwicklung war erstaunlich. In der Periode der geradlinig vorgetriebenen Erschließungsbahn hielt die Vermehrung der Anbaufläche mit der Vermehrung des Schienennetzes gleichmäßig Schritt, nach Herstellung der Transversalbahnen bedeutete jede Verdoppelung der Schienenlänge eine Vervierfachung der Anbaufläche. Oder, um es mathematisch auszudrücken: während das Schienennetz in arithmetischer Progression zunahm, stieg die Anbaufläche in geometrischer Progression. Etwas weniger günstig, aber immerhin noch im arithmetischen Verhältnis 1 : 1 wuchs die Bevölkerung im Verhältnis zur Netzausbreitung. Bereits zu Kriegsausbruch hatte Argentinien mit 43,8 km Eisenbahnlänge auf 10 000 Einwohner — wenn man nur die mittlere Hauptwirtschaftszone in Betracht zieht, sogar 54,2 km — alle anderen Länder der Erde außer Kanada und Australien (60,8 bzw. 59,1 km Bahnen auf 10 000 Einwohner) überflügelt [1]). Durch alle diese Beobachtungen wird also der Satz aufs Glänzendste bestätigt, daß in wirtschaftlichen Neuländern, wenn sie überhaupt entwicklungsfähig sind, der Bahnbau primäre Ursache, Ackerbau und Siedlung sekundäre Wirkungen bilden müssen. Natürlich arbeiteten solche Pionierbahnen oft mit jahrelanger Unterbilanz, wenigstens auf dem jeweilig vorgeschobensten Streckenteil. Aber ebenso naturnotwendig kam der Tag, wo die Einnahmen die Unkosten um ein Vielfaches überschritten. Sich dies gesagt zu haben, darin liegt eben der kaufmännische Scharfblick.

Durch den Krieg hat die normale Entwicklung allerdings eine Änderung erfahren. Die enorme Verteuerung der Betriebsmittel, vor allem der Kohle, bewirkte eine Stagnation, die in der Einstellung der Bahnbauten zum Ausdruck kam. Nur das im Bau befindliche wurde vollendet, neue Konzessionen nicht erteilt, unwichtige anulliert. Zum erstenmal in der argentinischen Wirtschaftsgeschichte ging abgelegtes rollendes Material argentinischer Linien an Frankreich. Wie die Weiterentwicklung sich gestaltet, bleibt abzuwarten. Daß sie die Vorkriegshöhe noch nicht erreicht hat, sieht man, wenn man die gegenwärtige Durchschnittsverzinsung der Bahnen von 3,46 % (1919) mit der von 5,16 des Jahres 1910 vergleicht. Entsprechend hat sich das Verhältnis der Ausgaben zu den Einnahmen von 63 : 100 im Jahre 1913 auf 77 : 100 im Jahre 1919 verschlechtert [2]).

Eine Rolle für sich spielen im argentinischen Eisenbahnwesen die internationalen Linien, besonders die über die Anden führenden. Sie erfordern so hohe Baukosten und Verzinsung, daß ein Gütermassen-

[1]) Vgl. Schmidt, Die agrarische Exportwirtschaft Argentiniens, Jena 1920, S. 85. Während Argentinien damals 1800 Eisenbahnenstationen zählte, besaß es nur 330 Orte mit mehr als 2000 Einwohnern.

[2]) Vgl. Lateinamerika A., März 1920, S. 110 ff.

transport für Vieh und Getreide auf ihnen anfangs unmöglich schien, abgesehen von der Umladung wegen Spurweitendifferenz. Für den Getreidehandel nach Chile war in Friedenszeiten der Weg um Kap Horn, für Viehtransporte der beschwerliche Bergpfad über den Uspallatapaß billiger als die seit 1910 betriebene Transandinobahn. Der Krieg hat eine gewisse Änderung geschaffen. Der Getreidetransport hat sich von 1915 bis 1918 versiebenfacht und der Viehtransport verfünfundzwanzigfacht, wobei man allerdings berücksichtigen muß, daß auch diese Zahlen, am Gesamttransport gemessen, noch relativ gering sind[1]). Noch weniger dürfte sich die internationale Strecke nach Bolivien rentieren, die phantastische Köpfe bereits jetzt, wo das Anschlußstück zwischen La Quiaca und Tupiza noch längst nicht fertiggestellt ist, zu einer durchgehenden 16 000 km-Verbindung Buenos Aires—New York ausgestaltet sehen. Für den Passagier- und Postdienst wird sie aber einmal ebenso wichtig werden, wie die Transandinobahn, die heute schon den englischen Schnellpostverkehr von London nach Australien mitübernimmt. Mit dem erdrückenden Wettbewerb der Wasserwege endlich haben auch die andern beiden Zweiländerstrecken Buenos Aires—Asunción über Posadas und Buenos Aires-Rio de Janeiro über Uruguayana zu kämpfen. Hier kann nur eine betriebliche Trennung zum Erfolg führen: Post- und Passagierdienst müssen, was den Eisenbahntransport anbelangt, zwischenstaatlich, der Güterverkehr innerstaatlich durchgeführt werden.

Der Vorortverkehr kann nur kurz gestreift werden. Er besteht eigentlich nur in der Umgebung von Buenos Aires, wo schon seit 1911 Westbahn und argentinische Zentralbahn, neuerdings auch die Pazifikbahn beginnen, ihre Dampfstrecken in elektrische umzuwandeln. Eine Konzession, die die deutsche Firma Otto Francke für eine Schnellbahn nach La Plata besaß, ist leider nicht zur Ausführung gekommen.

Entsprechend der etappenweisen Entwicklung des argentinischen Eisenbahnnetzes hat auch die staatliche Eisenbahnpolitik drei verschiedene Perioden durchgemacht. Vor 1872 kümmerte sich der Staat durchaus nicht um den Bahnbau, den er ganz den privatwirtschaftlichen

---

[1]) Eine sehr ausführliche Monographie über diese Bahn, die im Begriff steht, mit der chilenischen Transandinobahn zu einer Gesellschaft verschmolzen zu werden, enthält der Artikel „El Ferrocarril Transandino" im „Boletín de Obras Públicas", Buenos Aires 1919, Nov.; eine weitere Studie über projektierte Andenbahnen „Los futuros ferrocarriles transandinos en el Norte de la República" findet sich in derselben Publikation Februar 1920.

Erwägungen der Kapitalisten überließ. Mißtrauen der Unternehmer dem Staat gegenüber ist das Signum dieses Vorstadiums. Von 1872 (wo mit dem ersten Eisenbahngesetz die eigentliche Politik begann) bis 1891 beschränkt er sich darauf, durch Subventionen eine möglichst rasche Ausgestaltung dieses privaten Schienennetzes herbeizuführen und die Bilanzen der Bahnen zu überwachen, für die er gewisse Zinsgarantien übernommen hatte. Bei der ersten Eisenbahn betrugen diese 7 % des wirklichen Anlagekapitals. Ein weiteres Lockmittel bildeten in dieser Periode, aber auch nur in ihr, die Landschenkungen. Bei Erteilung der Konzession erhielten die Bahnen einen 10 km breiten Streifen längs der Strecke abgetreten, aus dessen Aufteilung an Siedlungsunternehmungen sie anfangs mehr Nutzen zogen als aus dem eigentlichen Verkehr.

An die generelle Regelung der Tariffrage und des konstruktiven Teils geht der Staat dann seit 1891 durch Einsetzung der Dirección general de ferrocarriles nacionales, besonders tatkräftig aber durch das schon eingangs erwähnte Mitregesetz des Jahres 1907 heran. Dieses Grundgesetz der heutigen Eisenbahnpolitik wetzte reichlich spät wieder aus, was ein Vorgänger von ihm im Jahre 1891 zum größten Schaden der Weiterentwicklung verfehlt hatte, indem es die seit 1872 gewährte Zollfreiheit für eingeführtes Material und Steuerfreiheit für das gesamte Unternehmen wiederherstellte und weitschauend bis 1947 verlängerte. Während die Zeit um 1891 den Stillstand des argentinischen Bahnbaus bedeutete, leitete das Mitregesetz die dritte Periode, die des wahren Fortschritts ein. Das Unternehmertum wird nunmehr fieberhaft angelockt, statt 1000 km wie in der Zeit bis 1892 und 200 km wie von 1893 bis 1897 werden jetzt jährlich 2 und 3000 km fertiggestellt, internationale Linien dem Verkehr eröffnet. Aber schon ist der Staat, der vorher Bahnbau um jeden Preis wollte, wirtschaftlich erstarkt, stellt die Zinsgarantien ab, gewährt Konzessionen nur auf Grund sachverständiger Gutachten, greift in die Linienführung ein und fordert Gegenleistungen von den Gesellschaften. Sie müssen 3 % der errechneten Nettoeinnahmen, die ein für allemal auf $^3/_5$ der Bruttoeinnahmen festgesetzt werden, an ihn abführen, wofür er allerdings die Verpflichtung übernimmt, Wege und Zufahrtstraßen zu der betreffenden Bahn zu bauen. Auch das Tarifwesen wird insofern zum ersten Mal geregelt, als die Regierung sich das Recht der Tarifrevision vorbehält, sobald die Einnahmen einer Gesellschaft 3 Jahre hindurch 17 % ihres anerkannten Kapitals überschreiten. Letztere Bestimmung löste bei den Bahngesellschaften das begreifliche Bestreben aus, ein ungünstigeres Bild von den erzielten Reingewinnen zu geben, als es in Wirklichkeit der Fall war. Daher die starken Rückstellungen und beträchtlichen Landerwerbe in den jährlichen Geschäftsberichten, die in der Tat bewirkten, daß nie die erlaubte Höchstgrenze einer 6,8%igen Verzinsung erreicht wurde. Umgekehrt hatten jene Gesellschaften, die darauf rechneten, vom Staat aufgekauft zu werden, ein Interesse daran, ihren Gewinn möglichst hochzuschrauben, besonders in Zeiten, wo der Gedanke einer allgemeinen Verstaatlichung der argentinischen Staatsbahnen aufkam, und das ist bei jedem neuen Wahlfeldzug der Fall. Eine Handhabe zur Verstaatlichung findet sich übrigens in einer Bestimmung des Mitregesetzes, wonach der Staat die Enteignung der Privatbahnen jederzeit zu dem um 20% vermehrten Betrag ihres anerkannten Kapitals vornehmen kann[1]). Theoretisch erleichtert wird dies dadurch, daß Konzessionen nach nordamerikanischem Muster nicht auf eine bestimmte Anzahl von Jahren erteilt werden; es scheitert aber praktisch am Geldmangel der Regierung.

Obgleich die Akzeptierung des Mitregesetzes nicht obligatorisch war, nahmen es doch alle Gesellschaften außer der „Entre Rios and Argentine North Eastern" sofort freiwillig an, ein glänzender Beweis dafür, daß die Regierung trotz der Prohibitivtendenz des Gesetzes den rechten Weg gefunden hatte, um Staatsrücksicht und Privatinteressen gleicherweise zu befriedigen. Auch erhielt das privatrechtliche Verhältnis zwischen, Staat und Eisenbahn dadurch eine feste Grundlage.

Neuerdings ist dann auch der Staat selbst zum Unternehmer geworden. Sein Netz ist meist aus Unternehmen hervorgegangen, die der Staat aus Betriebsgründen weiter ausbaute oder aus wirtschaftlichen Gründen aufkaufte, um die drückenden Zinsgarantien loszuwerden. Es besteht aus zwei nicht miteinander verbundenen Komplexen. Die nördlichen Schmalspurlinien „Central Norte" und der darin aufgegangene „Argentino del Norte" sind mehr strategisch-politische Bahnen, die die dünnbevölkerten Nordprovinzen näher an die Botmäßigkeit der Regierung heranrücken sollen und sich infolgedessen vorläufig mit einem beträchtlichen jährlichen Defizit [2]) bescheiden. Dagegen sind die südlichen „Lineas de Fomento" (San Antonio-Lago-Napuelhuapí in Río Negro; Comodoro Rivadavia-Río Senguerr in Chubut; Puerto Deseado-Lago Argen-

[1]) Man muß also bei den argentinischen Gesellschaften nicht das buchmäßige, sondern das gesetzlich anerkannte Kapital zugrunde legen, um Vergleiche untereinander anstellen zu können. Vgl. die Abhandlung von Pablo Nogués: „Capital y tarifas en la ley 5315" im Boletín de Obras Públicas, Buenos Aires, Bd. XV, S. 287 ff.

[2]) 1918: 2 160 941,25 $m/n. 1919: 869 390,60 $m/n.

tino in Santa Cruz) isolierte Querverbindungen mit Breitspur, die die Andentäler der Atlantikküste näherbringen sollen. Also immerhin aussichtsreiche Erschließungsbahnen, aber noch so weltentlegen, daß das Privatkapital sich nicht hinwagt. Alles in allem verzinsten sich die Staatsbahnen daher (1916) mit 0,28%, die Privatbahnen hingegen mit 3,94%. Noch am 30. Mai 1920 entfielen von den ausgebauten 35 708 km Hauptstrecke nur 6 129 km, also 17% auf Staatsbahnen; ihre Beteiligung am gesamten Güterverkehr betrug sogar nur knapp 10%. Man sagt der Staatsbahn unzuverlässigen Betrieb und mangelhafte Wagengestellung nach; sind doch allein im Geschäftsjahr 1919/20 1 723 fahrplanmäßige, d. h. 5 Züge täglich, wegen freiwilliger und unfreiwilliger Betriebsstörungen auf ihnen ausgefallen.

Bei den Privatbahnen sorgte die Konkurrenz in weit höherem Maße für Abstellung dieser Mängel. Besonders die ehemalige Regierungspolitik, mehrere Konzessionen in derselben Richtung zu vergeben, verhinderte anfangs die Ausbildung eines einseitigen, betriebslähmenden und frachtenverteuernden Monopols. Die vielen Parallelbahnen zwischen Buenos Aires und Bahía Blanca, Buenos Aires und Rosario, Rosario und Tucumán sind aus diesem Grunde entstanden. Bald aber hatte die Parallelkonzessionspolitik, genau wie in England, Frankreich und der Union, Fusionierungen der beteiligten Gesellschaften zur Folge, das Kapital, das bei Erteilung der Konzessionen in anderen Gegenden selbständige Früchte getragen hätte, lag brach.

Um einen kurzen Einblick in die Technik des argentinischen Eisenbahnwesens zu bekommen, folgt man am besten der amtlichen Scheidung nach Spurweiten, da bei der sonst üblichen Einteilung nach Haupt- und Nebenbahnen sehr viele Strecken der wirtschaftlichen Bedeutung nach unter die Rubrik Hauptbahnen, der Betriebstechnik nach unter die Bezeichnung Nebenbahnen fallen würden. Argentinien kennt 3 Spuren, die breite, normale und schmale. An ihnen war die mitteleuropäische Normalspur von 1,435 m Ende 1915 nur mit 7,6% beteiligt. Da sie sich vorwiegend in den vollständig vom Wasser umschlossenen Provinzen Corrientes und Entre Ríos, dem argentinischen Mesopotamien, findet, kommt eine wirtschaftlich nachteilige Umladung von anderen Spurweiten nicht in Betracht. Für die internationale Linie Buenos Aires—Paraguay, die dieses Zwischenstromland durchquert, ist die einheitliche Spur dadurch gewahrt, daß auch das auf dem rechten Paranáufer nach Buenos Aires zu verlaufende Stück einer Normalspurgesellschaft gehört. Diese, die „Central de Buenos Aires“, fertigt unter Benutzung von Dampffähren über den Paraná bei Zárate und Posadas direkte Durchgangszüge Buenos Aires—Asunción ab, die die Gesamtstrecke in 54 Stunden zurücklegen.

Etwa $^1/_3$ der argentinischen Bahnen zeigt die Schmalspur von 1 m. Sie wurde seinerzeit auf Anregung norwegischer Ingenieure eingeführt und von der Staatsbahn aus Sparsamkeitsrücksichten für ihr nördliches Netz akzeptiert, ferner von zwei Gebirgsbahnen, nämlich der Argentinischen Transandinobahn in der Kordillere und der die Sierra von Córdoba durchquerenden Central Córdoba, sowie von mehreren die Ackerbauzone aufschließenden Bahnen der Provinzen Santa Fé und Buenos Aires übernommen. Außerdem bedienen sich ihrer mehrere Bahnen von sekundärer Bedeutung. Im allgemeinen herrscht diese Spur nördlich von Rosario.

Die eigentliche Hauptspur Argentiniens, 1915 auf 60% aller Bahnen verlegt, ist die spanische und britisch-indische Breitspur von 1,676 m. Sie findet sich im reichsten Teil der Ackerbau- und Viehzone, nämlich südlich von Rosario; alle wirklich führenden Gesellschaften bedienen sich ihrer.

So besteht wenigstens im Herzen Argentiniens eine gewisse Einheitlichkeit, die um ein Geringes den schweren Fehler der Regierung ausgleicht, drei verschiedene Spurweiten zuzulassen. Dieser Fehler haftet dem argentinischen Bahnwesen seit 1872 an, als das noch auf keinerlei Erfahrungen gestützte geldarme Land glaubte, allen strategischen Gefahren und allen Scherereien der Güter- und Personenumladung zum Trotz aus ökonomischen Gründen für gewisse Gegenden nur Schmalspurkonzessionen erteilen zu müssen. Die Rechnung hat sich insofern als falsch erwiesen, als die Bau- und Betriebskosten in der Folgezeit weniger von der Breite der Spur als von der Beschaffenheit des Bodens und anderen Faktoren abhingen. Es stellten sich nämlich vor dem Krieg die Anlagekosten für Gebirgsstrecken auf durchschnittlich 50—70 000 Doll., bei der Transandinobahn sogar auf 100 000 Doll. pro km, in der flachen, weniger enge Krümmungen erfordernden Ebene dagegen auf durchschnittlich 8 000—20 000 Doll. bei eingleisiger Streckenführung, wie sie mit Ausnahme der Vorortslinien fast überall besteht. Die jährliche Zinslast im Gebirge ist also so hoch, daß hier vorderhand nur unter besonderen Umständen ein Bahnbau unternommen werden kann. In der Ebene ist es sehr wichtig für den Kostenanschlag, ob das Terrain wasserhaltig ist, also teure Brücken- und Dammbauten erfordert oder nicht, und ob Hartholz für Schwellen am Bauort zur Verfügung steht. Dieses Hartholz bildete im Jahre 1900 bei 73 % aller argentinischen Bahnen den Unterbau, 13 % leisteten sich den Luxus vom Ausland bezogener Stahlschwellen und 14%

den von Schienenstühlen. Da das schier unzerstörbare Quebrachoholz am reichlichsten im Chaco vorhanden ist, stellt sich hier der Bahnbau am billigsten. Andererseits treibt in etwas besiedelteren Pampagegenden die Bodenspekulation ungeheuerliche Blüten, was für neugeplante Unternehmungen besonders schwer ins Gewicht fällt, seit die Regierung ihre Landschenkungen eingestellt hat. Auch darf man inbezug auf das rollende Material nicht vergessen, daß es bis zur letzten Niete aus dem Ausland, vornehmlich England oder, soweit dies den argentinischen Bedarf nicht decken konnte, zur Hälfte aus den Vereinigten Staaten und (vor dem Krieg) zur anderen Hälfte aus Deutschland bezogen wurde [1]). Deutschland lieferte besonders Borsiglokomotiven für die Staatsbahn. Da das Material im Kriege teilweise sehr abgenutzt ist, dürfte sich für die Folgezeit kostspieliger Ersatz notwendig machen. Vor allem die gegenwärtige Zahl von 3824 Lokomotiven reicht nicht zu.

Sind das alles Momente, die für die Anlage erschwerend ins Gewicht fallen, so ist bei den Unterhaltungskosten zweierlei in Rechnung zu ziehen — von den sozialen Kämpfen, die die Privatgesellschaften seit 1915 zur Einrichtung staatlich verwalteter Pensionskassen und seit 1919 bei Durchführung des Achtstundentags geführt haben, ganz zu schweigen. Erstens, daß Argentinien fast alle Kohle aus England bezieht — dem es schon vor dem Kriege 9 $ Gold für die Tonne in Buenos Aires zahlte — und daher stark auf Holzfeuerung angewiesen ist. Die argentinischen Bahnen sind infolgedessen im Begriff, ihren Betrieb auf Ölfeuerung umzustellen; „Central Argentino" hat dies bereits durchgeführt, so daß diese Feuerung jetzt auf $^1/_3$ aller Bahnen besteht. Zweitens ist nicht zu vergessen, daß der Güterverkehr wegen der wirtschaftlichen Einstellung des ganzen Landes auf den Getreidebau Saisoncharakter trägt, d. h. daß für die Monate Januar bis April ein Überschuß an rollendem Material bereitgestellt werden muß, das einseitig vom Innern nach der Küste

---

[1]) An der argentinischen Verkehrsmitteleinfuhr waren hauptsächlich beteiligt (Wert in $ Gold):

	1913	1914	1915
Großbritannien	15 926 037	12 974 308	3 797 234
Deutschland	7 478 322	4 001 540	202 216
Vereinigte Staaten	5 646 299	1 907 493	1 453 057
Frankreich	3 615 051	1 400 854	328 937
Belgien	3 391 034	2 038 314	26 979

(nach: Meißner, Argentiniens Handelsbeziehungen zu den Vereinigten Staaten von Amerika, Cöthen 1919, S. 335).

rollt, um die 8 Mill. t Körnerfrucht einer Normalernte an die Seehäfen zu schaffen, aber zu einem Drittel beladen zurückkehrt. Auch dieses Drittel würde noch spärlicher ausfallen, wenn die äußerst anspruchslose Landbevölkerung nicht wenigstens ihre landwirtschaftlichen Bedarfsartikel und Maschinen aus Europa, oder, was für die Verkehrsrichtung gleichbedeutend ist, den einheimischen Industriezentren an der Küste beziehen müßte. Gut $^2/_3$ des gesamten Frachtverkehrs sollen in dieser Zeit bewältigt werden, bei reichen Ernten noch mehr. Man sieht, das ganze Jahresbudget der Eisenbahngesellschaften hängt von dem höchst unsichern Faktor des Ernteausfalls ab. Ließ die Weizenernte zu Anfang des Wirtschaftsjahres zu wünschen übrig, so kann die spätere Maisernte die Differenz immerhin decken. Fällt auch sie ungünstig aus, so ist die Bilanz des betreffenden Jahres rettungslos aus dem Gleichgewicht. Gegenüber der ebengeschilderten Überlastung in der Küstenrichtung während der ersten Jahresmonate bedeuten die 180 000 t Heu und Schafwolle, die in der zweiten Jahreshälfte zum Versand kommen, fast einen Betriebsstillstand, der kaum die Kosten deckt. Schuld an der Verstopfung der Bahnhöfe während der Erntezeit trägt auch die Gepflogenheit der Exporteure, ihr Getreide statt in eigenen Lagerhäusern solange in den bahnamtlichen Schuppen zu belassen, bis sich ihnen aus der günstigen Weltmarktskonjunktur heraus eine Verschiffungsgelegenheit bietet. Da das Gesetz den Bahnen keinerlei Handhabe bietet, länger lagernde Güter zurückzuweisen, sind Prozesse wegen Transportverzögerung zwischen den einheimischen Händlern und den meist ausländischen Gesellschaften nichts Seltenes. Hier müßte der Staat mit umfassenden Elevatoren- und Speicheranlagen rettend eingreifen.

Abgesehen von diesen abnormen Verhältnisen genügen fast alle Privatbahnen dem Verkehrsbedürfnis. Besonders auf den Breitspurbahnen ist das rollende Material vorzüglich. Der Personendienst, der über eine Holz- und eine Polsterklasse verfügt, die sich nachts in Schlafwagen verwandelt, befriedigt auch europäische oder, besser gesagt, nordamerikanische Ansprüche — denn in Nordamerika oder England sind die Wagen gebaut. Die Schnellzüge brauchen nicht mehr als 50 km Reisegeschwindigkeit auf ebener Strecke zu erzielen, da zwischen den Großstädten der Hauptpersonenverkehr in die Nacht verlegt ist und die Fahrtdauer ziemlich genau die Zeit der Dunkelheit erfüllt. Die 10 bis 20 km Reisegeschwindigkeit, auf die die Personenzüge im Innern infolge langer Stationsaufenthalte nur kommen, haben ihrerseits außer der Kohlenersparnis den Vorteil, daß hier die Lokomotive des Zuges, der meist aus Personen- und Güterwagen gemischt ist, gleichzeitig sämtlichen Rangierverkehr besorgen kann und Verspätungen trotzdem ausgeschlossen sind. Bei den zahlreichen Strecken, auf denen nur wenige Zugpaare in der Woche nötig sind, verbürgt dieses System eine ziemliche Regelmäßigkeit des Betriebs. Große Einnahmen sind dadurch natürlich nicht zu erzielen. Durchschnittlich decken die argentinischen Bahnen auch nur $^1/_4$ ihrer Bruttoeinnahmen aus dem Personenverkehr, eine Verhältniszahl, die sich trotz stetiger Bevölkerungszunahme stetig verschlechtert statt verbessert. Demgemäß sind die Fahrpreise verhältnismäßig hoch, nach Friedensverhältnissen doppelt so hoch wie in Deutschland. Zwischen gewöhnlichem und Schnellverkehr wird kein Unterschied gemacht. Der Staat setzt dem Zugverkehr keine Grenzen, weder nach oben noch nach unten, wohl aber hat der Krieg die Zahl der Personenzüge durchschnittlich um 50 % herabgemindert, die der Reisenden um 30 % [1]).

Bei den Leistungen des Güterverkehrs, die, wie schon angedeutet, weit mehr Ackerbauprodukte als tierische Güter transportiert, ist die Spurweite zu berücksichtigen. Im allgemeinen haben die argentinischen Güterwagen, bei denen sich offene und bedeckte der Zahl nach die Wage halten, eine Ladefähigkeit von 7,3 t pro Achse bei Breitspur, 5,1 t bei Normalspur und 4,5 t bei Schmalspur, im Durchschnitt 6,5 t [2]). Mit ihnen wurden 1919 auf 35 257 km Netzlänge 39,81 Mill. t Güter befördert, d. h. 1130 t pro km gegen 1026 t im Jahre 1915 und 1302 t 1913. Eine leichte Aufwärtsbewegung hat also nach dem Krieg wiedereingesetzt.

Fassen wir noch einmal alle ebengeschilderten Momente zusammen: geringer Verkehr im Personen- und Viehtransport, der Güterverkehr einseitig auf Ackerbauprodukte angewiesen, die sich in einseitiger Richtung auf eine kurze Zeitspanne zusammendrängen, so hat man Handhaben für die Bildung der argentinischen Tarifsätze im Güterverkehr [3]). So buntscheckig sie auch im einzelnen sind, so folgen sie doch im großen und ganzen dem Prinzip der Werttarife, d. h. das hochwertige Produkt zahlt höhere Frachten als das geringwertige, Weizen ist stärker belastet als Mais, Leinsaat stärker als Weizen. Entscheidend ist im übrigen bei den meisten Gesellschaften die Verkehrsrichtung. Während für Ein-

---

[1]) Der normale Verkehr 1913 betrug 82,32 Mill. Reisende, 1919 69,92 Mill.

[2]) Vgl. Schmidt u. Grotewold, Argentinien in geographischer, geschichtlicher und wirtschaftlicher Beziehung. Hannover 1912, S. 301.

[3]) Eine ausgezeichnete Studie über die argentinischen Tarife bietet der Aufsatz „El problema de las tarifas ferroviarias en la República Argentina“ im Boletín de Obras Públicas, Buenos Aires, 1920, Jan. ff.

fuhrartikel nach dem Innern einheitliche Kilometertarife bestehen, findet auf Exportartikel in umgekehrter Richtung das Staffeltarifsystem Anwendung. Letzteres bedeutet, daß sich die Einheitssätze ermäßigen, je weiter der Produktionsort vom Ausfuhrhafen entfernt ist, und zwar bei den führenden Bahnen meist in parabolischer Staffelung. Oder, um ein bestimmtes Beispiel anzuführen: der Einheitssatz für Weizen betrug 1915 bei einer gewissen Gesellschaft auf 44 km 5,41 Cts., auf 255 km 2,31 Cts., auf 655 km nur 1,47 Cts. Für Ackerbaugebiete der Küste bedeutet das natürlich eine Art indirekter Steuer zu gunsten der weiter entlegenen, gemeinhin als verkehrsungünstig gelegen geltenden Gebiete. Sie wird aber von diesen küstennahen Gebieten aus zwei Gründen leicht ertragen. Denn erstens stellen sich für das entlegene Gebiet infolge der gleichbleibenden Streckeneinheitssätze des Einfuhrtarifs die Gestehungskosten — Saatgut, Maschinen, Säcke — höher, zweitens sind die Transportstrecken für diese Gebiete tatsächlich so groß, daß auch trotz der Wohltat des Staffeltarifs die Rentabilität des Exportgutes bei einer bestimmten Entfernung des Produktionsorts von der Küste aufhört. Kurz vor Ausbruch des Krieges lag diese Grenze für den Getreidebau bei etwa 700 km. Die Frachttarife sind zwischen 1914 und 1917 nur zweimal erhöht worden, einmal um 10 % (1915), dann um 22 % (1917). Ein Antrag, die Grundpreise nochmals um 10 % zu erhöhen (1918), wurde abgelehnt.

Über die Finanzierung der argentinischen Bahnen orientiert ein Blick in die amtliche Statistik [1]). Danach hatte das Land für Verzinsung der in Eisenbahnen angelegten ausländischen Kapitalien im Jahre 1916 38 523 690 $ Gold aufzubringen, was einem Kapitalwert von 1 254 795 900 $ Gold entsprach. Von ihnen entfiel der Löwenanteil mit 90 % auf die 14 englischen Bahnunternehmungen, die restlichen 10 % verteilten sich auf 3 französische und belgische Gesellschaften. Deutsches Kapital war nur indirekt und auch so nur verschwindend wenig beteiligt. Ein eigenartiges Mißgeschick hat die Nordamerikaner am La Plata verfolgt. Hier versuchte der bekannte Farquhartrust die Engländer durch ungeheure Kapitalsaufwendungen aus dem Felde zu schlagen. Der Anfang war glänzend. Bereits 1913, zwei Jahre nach seiner Gründung, hatte der Trust, an dem auch ein deutsches Bankunternehmen interessiert war, über 6000 km in Argentinien in seinen Händen, darunter auch die beiden französischen Gesellschaften „Chemins de Fer de le Province de Santa Fé“ und „Chemins de Fer de le Province de Buenos Aires“. Ver-

---

[1]) Vgl. Intercambio Económico de la República, 1910—1917.

schiedene Fusionierungen waren die Folge, aber der Krieg ließ den Trust finanziell versagen. Seit 1916 ist England zu Land wie zu Wasser wieder Alleinherrscher im argentinischen Verkehr, was sich besonders in der Zeit der „Schwarzen Listen“ fühlbar machte. Auch das wenige argentinische Privatkapital, das in Eisenbahnen investiert war, hat es durch Ankauf aufgesaugt.

Um die Stellung der Engländer zu beleuchten, genügen ein paar Angaben über die vier wichtigsten Linien, die 1915 56 % des argentinischen Netzes und 71,9 % des Frachtverkehrs monopolisierten. Es sind der Bedeutung nach:

1. Die Südbahn (Buenos Aires Great Southern R. C.) mit den beiden Hafenplätzen Buenos Aires und Bahía Blanca als Stützpunkten und dem unermeßlich reichen Río Negro-, Neuquen- und Pampagebiet als Hinterland. Sie beherrscht nicht nur infolge geschickter Linienführung, sondern auch durch Anlage moderner Docks, Kai- und Sauganlagen sämtliche Seehäfen der Provinz Buenos Aires und besorgt damit fast deren sämtliche Getreideausfuhr. Da Buenos Aires hauptsächlich Weizen und Hafer exportiert, hat die Bahn immer die Möglichkeit, die Differenz einer schlechten Weizenernte durch den Frachtenüberschuß aus einer günstigen Haferernte zu decken. Auch der Viehtransport spielt bei ihr eine außergewöhnliche Rolle. Dank dieser ziemlich stabilen Faktoren im Wirtschaftsjahr verteilte die Gesellschaft seit den 90er Jahren durchschnittlich 7 % Dividende, woran sie trotz des Kriegsrückschlags auch im Geschäftsjahr 1919 wieder festhalten konnte.

2. Die Pazifikbahn (Buenos Aires and Pacific R. C.). Ihr Charakteristikum ist die ost-westliche Transversale, dargestellt durch eine Hauptlinie mit mehreren rechten und linken Parallellinien durch die mittelargentinische Agrarzone in Richtung auf Chile. Zweiglinien, die sie je am Anfang und Ende ihres Netzes fühlhörnerartig ins Land schickt, sichern ihr obendrein außer dem internationalen Verkehr über die Anden das Monopol in der mendocinischen Weingegend und einen festen Einfluß auf den Hafen Bahía Blanca. Wie hier die Südbahn einen eigenen Hafen, Ingeniero White, angelegt hat, so besitzt die Pazifikbahn in dem benachbarten Puerto Galván ihren Privathafen, wo lediglich die von ihr vorzugsweise beförderten Wein- und Ackerbauerzeugnisse zur Verschiffung gelangen.

3. Die Argentinische Zentralbahn (Central Argentine R. C.). Ihre Domäne ist Nordargentinien mit den Zentren Santa Fé und Córdoba. In dem besiedeltsten Teil des Landes gelegen, hat sie 25 % des jährlichen

argentinischen Ernteverkehrs zu bewältigen und 50 % des Exportverkehrs nach dem Hafen Rosario, den sie somit fest in Händen hat. Aber auch noch in dem weiter flußabwärts gelegenen Villa Constitución und in Buenos Aires hat sie sich eigene Hafenanlagen gesichert. Diesen Vorzügen ist auf der anderen Seite entgegenzuhalten, daß die Bahn keiner sehr bedeutenden Expansion mehr fähig ist. Verzinsungen wie die von 17,58 % im Jahre 1884 wird sie wohl nicht mehr erreichen, zumal sie sich mehr und mehr so einseitig auf die Maisernte einstellt, daß von deren Ausfall das Wohl und Wehe des Geschäftsjahres abhängt.

4. Die Westbahn (Buenos Aires Western R. C.). Sie ist zwischen Pazifik- und Südbahn wie zwischen die Schenkel eines Winkels eingekeilt, weist aber mit der offenen Seite dieses Winkels in die zukunftsreichen Gebiete der Nordpampa und des südlichen San Luis. In den 80er Jahren machte sie die große Krisis im Eisenbahnwesen mit, so daß sie wegen schlechter Rentabilität vom Staat aufgekauft wurde. Später hat sie sich in englischen Händen zur viertbedeutendsten Bahn Argentiniens entwickelt, die ihre Haupteinnahmen — ähnlich der Südbahn, aber im Gegensatz zu den meisten anderen Gesellschaften — aus dem Viehtransport erzielt. Sie hat früher wie jetzt 7 bis $7^1/_2$ % Dividende verteilen können und ist eine der sich am besten verzinsenden Großbahnen Argentiniens geworden. Diese Entwicklung ist typisch für das argentinische Bahnwesen, über das man im übrigen als Motto das kürzlich ausgesprochene Wort des Generaldirektors der Pazifikbahn Mr. Goudge setzen könnte: „Argentinien ist so ziemlich der einzige Großstaat der Erde, der sich eines großen Eisenbahnnetzes rühmen kann, das sich aus sich selbst heraus erhält“ [1]).

Eine große Entwicklungsmöglichkeit liegt noch vor den Überland- und Straßenbahnen. Über die ersten Anfänge einer Elektrifizierung des Bahnwesens war bereits gesprochen. Sie erstreckt sich vorderhand nur auf die Vorortsbahnen in der Umgebung der Bundeshauptstadt. Eigentliche Kleinbahnen, wie die sog. Tranvías Rurales, die der ländlichen Güterbeförderung dienen (1915 : 947 km), werden immer noch mit Dampf oder Pferden betrieben [2]). Dagegen verfügt der städtische Straßenbahnverkehr über die modernsten Betriebsmittel. Hier ist es der französisch-argentinische Ingenieur Lacroze — einer der Pioniere

[1]) „La Unión“, 11. Okt. 1920.

[2]) Ein Dekret, das den Bau von Decauvillebahnen anregt, wurde im Dezember 1919 genehmigt.

des argentinischen Landtransportwesens, wie der Ingenieur Huergo einer der Vorkämpfer des Wassertransportwesens war — der seit 1868 in zäher Arbeit die Stadt Buenos Aires mit einem Pferdebahnnetz zu überziehen begann, das seit 1897, nach Einführung des elektrischen Betriebs, ganz gewaltige Dimensionen annahm. Wenn heute Buenos Aires als Handelsstadt ganz das Aussehen New Yorks oder Londons hat, d. h. ein zentrales Geschäftsviertel und ein peripheres Wohnviertel, in dem das Einfamilienhaussystem herrscht, so verdankt es diese segensreiche Dezentralisation seinen Straßenbahnen, die vor dem Krieg für 10 Cts., heute für 12 Cts. den Fahrgast von der Wohnung bis ans Kontor befördern. Eingestellt ist der — übrigens nicht sonderlich rentierende — Betrieb ganz auf das Geschäftsleben, daher der Einminutenverkehr auf manchen Strecken während der Woche und das bedeutende Abflauen an Sonn- und Feiertagen, das in der Unlust des Argentiniers zu kurzen Sonntagsausflügen begründet liegt. Daß der Nachtverkehr auf manchen Linien völlig durchgeführt wird, liegt im Charakter der Großstadt.

Insgesamt beförderten die 4 hauptstädtischen Gesellschaften im letzten Jahre (1919) auf einem Netz von 795 km und etwa 100 Linien weit über 400 Mill. Passagiere, wozu 2416 Wagen und ein Heer von 10 441 Beamten nötig war [1]). Dieses Netz, das nur die Hälfte des gesamten Straßenbahnnetzes der Republik darstellt, hat auf diese Weise $^4/_5$ des gesamten Straßenbahnverkehrs des Landes bewältigt. Da die Hauptstadt damals 1,7 Mill. Einwohner zählte, ist jeder Einwohner durchschnittlich über 250 Male im Jahre gefahren. Der Rest des elektrischen Straßenbahnverkehrs verteilt sich auf Rosario, Bahía Blanca, La Plata; in einigen Provinzstädten ist er in Bildung begriffen.

Das Straßenbahnwesen Argentiniens liegt ebenfalls in ausländischen Händen. Zu Kriegsausbruch waren 109 496 149 $ Gold darin investiert, die sich auf 6 Gesellschaften verteilten, nämlich 4 englische in Buenos Aires und 2 französisch-belgische in Buenos Aires und Rosario. Aber auch Deutschland hatte ein gewichtiges Wort dabei mitzusprechen [2]). Das dankte es der beherrschenden Stellung seiner Elektrizitätsindustrie am La Plata, wo so viele wichtige Konzessionen für die Herstellung und Nutzbarmachung elektrischer Kraft in Händen der Deutsch-überseeischen Elektrizitätsgesellschaft lagen. So hatte die Gesellschaft

[1]) Vgl. auch The Economic Development of the Argentine Republic in the Last Fifty Years, herausgeg. von Ernesto Tornquist & Co. Ltd., Buenos Aires 1919, S. 123 ff.

[2]) Direkt beteiligt war deutsches Kapital an der Brüsseler Gesellschaft „Tramways de Buenos Aires“.

unter anderm die Berechtigung, die Bundeshauptstadt samt Vororten bis zum Jahre 1957 mit Elektrizität zu versorgen, weswegen alle Trambahngesellschaften außer Lacroze den Strom von ihr abnehmen mußten oder aus Rentabilitätsgründen freiwillig von ihr abnahmen. Ein Sechstel der gesamten Stromabgabe der Gesellschaft entfiel daher auf die Straßenbahnen. Unter der Nachwirkung des Friedensschlusses ist nun auch dieser stolze deutsche Vorsprung verloren gegangen, indem das gewaltige Unternehmen kürzlich von einem spanischen Bankkonzern unter Führung des Banco Urquijo übernommen worden ist. Es hat seinen Sitz in Madrid und arbeitet mit einem Kapital von 320 Mill. Ptas [1]). Kann dadurch deutsches Kapital hier nicht mehr den alten Einfluß ausüben, so ist wenigstens zu hoffen, daß Deutschlands Lieferungen in Straßenbahnwagen und -material einmal wieder die alte Höhe erreichen. Noch zu Anfang des Krieges war Deutschland bei den rund 300 Wagen im Wert von $1/2$ Mill. $ Gold, die das Land jährlich brauchte, ein ziemlich erfolgreicher Konkurrent Großbritanniens und ein noch erfolgreicherer den Vereinigten Staaten gegenüber. Heute werden allerdings Motorwagen bereits im Lande hergestellt.

Durch sein Elektrizitätsmonopol hatte sich Deutschland übrigens auch den Einfluß auf die Untergrundbahn in Buenos Aires insofern gesichert, als der gesamte Strom, den der „Metropolitano de Buenos Aires" für die elektrischen Züge, Beleuchtung, Signale, Telephone, Uhren und Entwässerungsanlagen beanspruchte, von der Deutschen Überseeischen Elektrizitäts-Gesellschaft geliefert wurde. Der Bauvertrag war mit der Anglo-Argentine Tramways Co. geschlossen, die sich verpflichtete, 4 Linien in der inneren Stadt anzulegen, von deren Roheinnahmen sie 6 % an die Stadt abführt. Sie sind nach Londoner System, d. h. nur wenig unter dem Straßenspiegel angelegt und dienen in erster Linie dem Verkehr von der Plaza de Mayo (dem Sitz der Regierung) nach den wichtigsten Bahnhöfen, wo direkte Überführung in oberirdische Schienenwege möglich ist. Leitung und Ausführung haben jedoch überwiegend in deutschen Händen, nämlich denen des Ingenieurs Paul Ramme und der Firma Philipp Holzmann & Co. gelegen. Für eine Untergrundbahn waren die Kosten erstaunlich niedrig, nämlich 4300 $ pro Meter auf der ersten in Betrieb genommenen Strecke. Auf den 14 km, die 1919 im Betrieb waren, wurden von 69 täglichen Wagenzügen 38 Mill. Passagiere befördert.

---

[1]) Vgl. in diesem Buche: Frölich, Einfuhrhandel .... S. 240. (Anm. d. Herausgeb.)

Da hier von Spezialbahnen die Rede ist, darf eine weitere deutsche Großtat nicht unerwähnt bleiben, die allerdings auf anderem Gebiete liegt. Das ist die Schwebebahn von Chilecito in der Provinz La Rioja nach der in Montblanc-Höhe gelegenen Kupfer- und Silbermine La Mejicana. Sie wurde von der Leipziger Firma Bleichert ausgeführt und überrascht durch die Kühnheit ihrer Konstruktion in dem felsigen Gelände. Da ihre 35 km 380 000 $ Gold gekostet haben, stellt sich das km auf rund 10 000 $ Gold. Ihre errechnete Kapitalverzinsung wurde in der Einweihungsrede des argentinischen Bautenministers bei einer Frachtrate von 3,36 $ m/n die Tonne und einer täglichen Mindestleistung von 50 Tonnen auf 6 % angegeben. Vermutlich dürften erhebliche Betriebseinstellungen bei den Chilecitogruben während des Krieges diese Rechnung beeinträchtigt haben, jedoch ist die Förderung seit 1918 infolge des hohen Kupferpreises wieder in vollem Gang.

Am Anfang einer großen Zukunft steht in Argentinien der Kraftwagen. Schon 1912 rechnete der amerikanische Konsul in Rosario heraus, daß allein in dieser Stadt noch 20 000 Personen seien, die sich ein Automobil leisten könnten. Die Kaufkraft des Publikums hat seitdem in gewissen Kreisen eher zu- als abgenommen. 1919 verfügte die Stadt Buenos Aires über 6 971 Personenautomobile), davon 4 022 Privatautomobile, 2 930 Mietsautos und 19 Garagenautomobile), dagegen nur über 410 Lastkraftwagen. Eine Konzession für einen Automobilomnibusdienst in Buenos Aires ist erteilt.

Noch besser sind diese Aussichten bei dem modernsten Kind der Technik, dem Flugzeugwesen. Wie alles, was epochemachend und sensationell wirkt, war die Aviatik in Argentinien sofort auf gewaltige Begeisterung gestoßen: Bereits 1919 ließ es sich das argentinische Weltblatt „La Nación" nicht nehmen, seine Tagesausgaben auf dem Luftweg ins Innere des Landes zu befördern. Im selben Jahr konnte man auch schon von den Vorarbeiten für regelmäßige Luftverkehrslinien sprechen. Je eine italienische und eine französische Fliegermission besuchten das Land, die italienische zu militärischen, die französische zu ausgesprochen kommerziellen Zwecken. Letztere richtete bald einen regelmäßigen Luftverkehr Buenos Aires-Montevideo dreimal wöchentlich ein und unternahm Passagierflüge im Vorortverkehr von Buenos Aires, wobei sie in insgesamt 275 Flügen 1010 Passagiere beförderte. Heute bestehen am La Plata folgende Luftreedereien: 1. The River Plate Aviation Co., eine Gründung der Aircraft Manufacturing Co. unter starker Beteiligung der argentinischen Firma Carlos Tornquist, anscheinend das aussichtsreichste Unternehmen, 2. eine französisch-argentinische „Compañía Franco-Argentina de Transportes Aéreos mit 1 Mill. $ Kapital, die aus der französischen Fliegermission hervorgegangen ist und regelmäßige Verbindungen zwischen Buenos Aires, Montevideo, Mendoza und Córdoba herstellen will, sowie 3. eine italienische Gesellschaft, die das Erbe der italienischen Luftmission angetreten hat. Dazu kommt noch je eine Reederei in Córdoba und Tucumán. Wie sie sich entwickeln werden, läßt sich bei der Kürze ihres Bestehens noch nicht absehen. Ihr geschäftliches Ziel dürfte aber weniger die Herstellung regelmäßiger Passagier und Postlinien sein, als der, Apparate ihres Typs zu militärischen Zwecken an die Regierung abzusetzen. Im übrigen ist zu bemerken, daß im Augenblick die nordamerikanische Firma Curtiss und die englische Handley Page krampfhafte Anstrengungen machen, in Argentinien Fuß zu fassen. Ganz gewiß gewährt die Bodenbeschaffenheit des Landes äußerst günstige Flugmöglichkeiten. Um sie auszunutzen, d. h. in Entfernungen von etwa 350 km auf den Hauptrouten geeignete Landungsplätze zu schaffen, hat sich ein Aero-Club Argentino gebildet, der wiederum, wie auf dem Gebiet des Verkehrswesens überall, die nötige Initiative einzig und allein vom Privatkapital und privaten Enthusiasmus erhofft. Aber es ist noch alles im Fluß. Unternehmen, die heute mit großem Tamtam angekündigt werden, schließen morgen sang- und klanglos ihre Pforten, um bald wieder durch andere ersetzt zu werden, die über Nacht emporschnellen. Jedenfalls werden die nächsten Jahre wahre Gründerjahre auf dem Gebiet der argentinischen Luftschiffahrt werden.

Über das argentinische Postwesen[1]) mögen einige wenige Daten genügen. Personen- und Briefbeförderung ist Sache des Staats, der bei der geringen Bevölkerungszahl noch auf Jahre hinaus mit Unterbilanz arbeiten wird (1914 — 32,8 %, 1918 — 18,8 %). Immerhin befördert er mit einiger Regelmäßigkeit 1 Milliarde Postsendungen im Jahre (in und nach dem Krieg weniger), wovon $^{9}/_{1}$, auf den Inlandverkehr entfallen, und gibt einem Stab von (1918) 15 449 Beamten Lohn und Brot.

Dagegen liegt das Telegraphenwesen zum größten Teil in Privathand. Dies war erforderlich, weil National- und Provinzialregierungen die Kosten des Betriebs für die (1918) 83 781 km Linienlänge unmöglich allein aufbringen konnten. Aber auch die Privatgesellschaften machen

---

[1]) Statistik in: The Economic Development of the Argentine Republic in the Last Fifty Years, herausgeg. von Ernesto Tornquist Ltd., Buenos Aires 1919, S. 125 ff.

dabei kein glänzendes Geschäft, da der Worttarif im Inland keine Staffelung nach Entfernungen duldet, diese aber bei der Größe des Landes und der Schwierigkeit, die Leitungen in unbevölkerten Gegenden in Stand zu halten, ins Gewicht fallen. Sehr oft wird darum der öffentliche Telegrammverkehr von den Bahngesellschaften mitversehen: Der erste 1857 in Betrieb genommene Telegraph war bereits ein solcher Eisenbahntelegraph. Daß das Telegraphenwesen nicht den Aufschwung genommen hat wie andere Verkehrsinstitutionen, ist danach begreiflich. Von 4 Mill. Telegrammen im Jahre 1895 ist der Verkehr auf 18 Mill. im Jahre 1918 gewachsen.

Umso größere Hoffnungen knüpfen sich an den Ausbau der drahtlosen Telegraphie. Hier standen sich von vornherein die Marconi- und die deutsche Telefunken-Gesellschaft im schärfsten Kampf gegenüber, der sich dahin entschied, daß die englische Gesellschaft 1915 mit 12 Stationen den Verkehr des Publikums zu gewöhnlichen Telegrammpreisen, die deutsche den des Staates in Händen hatte. Zur Ausbeutung einer der Firma Siemens-Schuckert im Jahre 1919 übertragenen 30 jährigen Konzession ist eine argentinische Gesellschaft Transradio gegründet worden. Gegenwärtig sind 3 neue Großstationen von 3000 km Reichweite und 4 kleine von 800 km Reichweite im Bau. Mit „Telefunken" sind alle argentinischen Kriegsschiffe und die staatlichen Stationen ausgerüstet, die sich vom Iguazúwasserfall an der Dreiländerecke Paraguay-Argentinien-Chile bis zum Feuerland in einem ununterbrochenen Gürtel hinziehen. Im Gegensatz zu anderen Ländern spielt hier der Inlandverkehr eine Hauptrolle. Daß auch alle Schiffe mit mehr als 50 Mann Besatzung, die argentinische Häfen berühren, mit drahtloser Telegraphie versehen sein müssen, ist eine Verfügung der Regierung, die dem Ausbau des Funkwesens ebenfalls nur zugute kommen kann.

Im Fernsprechwesen ist der Staat dem freien Wettbewerb der Privatgesellschaften nie hindernd in den Weg getreten. Das hat in Buenos Aires zu der Unzuträglichkeit geführt, daß zwei verschiedene Gesellschaften mit gegenwärtig (1920) 47 367 Teilnehmern bestehen, was die Sprechmöglichkeit stark verringert. Umso glücklicher hat die Konkurrenz im Binnenland für die planmäßige Ausbreitung des Netzes gesorgt. Seit der ersten Telephonverbindung im Jahre 1881 ist die Zahl der Sprechstellen auf 70 000, die der Leitungen auf 300 000 km angewachsen, alle größeren Provinzstädte sind untereinander und mit der Bundeshauptstadt verbunden, wo nötig unter Einschaltung von Flußkabeln auf dem Paraná und Uruguay.

Vorliegende Ausführungen versuchen, das argentinische Verkehrswesen zu schildern, wie es sich aus geographischen und wirtschaftlichen Bedingungen heraus allmählich entwickelt hat. Der tiefumwälzende Krieg war auch ihm ein Hemmnis weitgreifendster Wirkung. In vielen Zweigen des Verkehrswesens baut man heute tastend da weiter, wo man vor 6 Jahren aufgehört hatte, oder denkt gar mit Wehmut an um ein Jahrzehnt zurückliegende Höhepunkte. Aber nicht bei allen. — Das Eisenbahnwesen hat die Kinderzeit seiner Entwicklung, abgesehen vom patagonischen Süden, hinter sich; ein Sturmlauf fremden Kapitals gegen England ist Geldvergeudung, wie es das Beispiel der Nordamerikaner zeigt. Dasselbe gilt vielleicht von der Flußschiffahrt. Kanal- und Straßenverkehr dagegen, Funkentelegraphie, Kraftwagen- und Flugwesen sind Gebiete, deren Möglichkeiten noch nicht entfernt erschöpft, teilweise kaum geahnt werden und für deren Betrieb nicht die Unsummen aufgewandt werden müssen, die das Eisenbahnwesen erfordert. Unbestrittene Monopole sind hier noch nicht erkämpft, der Sieger im Wettlauf des Auslands noch nicht verkündet. Wenn in dem täglich heftiger einsetzenden Ansturm auf das gesegnete Land am La Plata dem freien Wettbewerb noch Aussichten offenstehen, so sind es die zuletzt geschilderten. Von der Entschlossenheit und Kraft des Zugriffs wird es abhängen, wer das Feld in Argentinien behauptet.

Bank-, Geld- und Finanzwesen.

Von

Wilhelm Tang,

Direktor der Deutsch-Südamerikanischen Bank.

Mit Recht ist in Deutschland die Entwicklung Argentiniens seit langem Gegenstand hervorragenden Interesses gewesen. Der Aufschwung des argentinischen Außenhandels wird durch die folgenden Zahlen illustriert: Im Jahre 1874 betrug der Außenhandel 100 Millionen Goldpesos, im Jahre 1920 1850 Millionen. Hiervon entfallen etwa 1 Milliarde Goldpesos auf den Export und 850 Millionen Goldpesos auf den Import.

Der Handelsverkehr mit Argentinien wurde bis in die letzten Jahrzehnte des vorigen Jahrhunderts sehr erschwert durch die Unsicherheit der argentinischen Währung, die Schwankungen unterworfen war, wie wir sie in diesen Tagen in Europa erleben. Vergebens versuchte die Regierung durch künstliche Verringerung des Notenumlaufs eine Stabilisierung der Währung herbeizuführen. Das seitens der Staatskassen zur Vernichtung eingelieferte Papiergeld hielt sich, da staatliche Überschüsse nicht in genügender Höhe vorhanden waren, in zu bescheidenem Rahmen, um den Notenumlauf wirksam zu beschränken. Erst im Jahre 1899 brachte der frühere Finanzminister J. M. Rosa im Kongreß einen Gesetzesvorschlag ein, der im gleichen Jahre als Konvertierungsgesetz angenommen wurde und sich für das Land als ungemein segensreich erwies. Man stand damals vor einer reichen Ernte und es bestand die Befürchtung, daß das damalige Disagio von ca. 300 % schnell verschwinden und der Papierpeso dem Goldpeso gleichwertig werden würde. Hierin lag eine große Gefahr für die Landwirtschaft, deren Arbeiter sich eine der Valutabesserung entsprechende rapide Lohnreduktion nicht hätten gefallen lassen und die alle Produktionskosten auf der Basis eines ungefähren Goldkurses von 300 % getragen hatte. Um hier einen Ausweg zu schaffen, legte man gesetzmäßig die Relation zwischen Gold und Papier fest und bestimmte, daß 100 Papierpesos = 44 Centavos Gold werten sollten, oder daß man für 100 Goldpesos 227,27 Papierpesos zu zahlen hatte. Nachdem ein Goldpeso gleich M. 4,05 Gold ist, wurde dadurch der Papierpeso gleich M. 1,782 Gold. Es wurde eine Konversionskasse (Caja de Conversion) gegründet, welche den Umtausch des Papiergeldes in Gold auf dieser Basis durchzuführen hatte. Hierdurch waren der wilden Spekulation in der Landesvaluta ein Riegel vorgeschoben und eine sichere Grundlage für den internationalen Verkehr geschaffen. Die Goldbestände der Caja de Conversion nahmen, unterstützt von günstigen Erntejahren, stetig zu und weisen heute einen Bestand von ca. 470 Millionen Gold-Dollars auf, der den Papiergeldumlauf von ca. 1360 Millionen mit ca. 75 % deckt.

Das Beispiel Argentiniens — Schaffung einer festen Relation zwischen Gold und Papier — ist in den vielfachen Debatten, die sich mit der deutschen Valutanot beschäftigen, häufig als nachahmenswert empfohlen worden. Die Verhältnisse liegen aber doch recht verschiedenartig. Ein Agrarland kann schneller aus schwierigen Zeiten zu einer aktiven Handelsbilanz, die den Goldkurs in einer bestimmten Relation garantiert, kommen als das industrielle Deutschland, das einen großen Teil seiner Rohprodukte im Auslande durch Goldzahlung beschaffen muß. Solange außerdem die Summe nicht festgestellt ist, welche Deutschland an die Entente zu zahlen hat, ist jede Übersicht über unsere finanzielle Kraft unmöglich. Der Zeitpunkt einer Reform ist für uns noch nicht gekommen. Zweifellos wird aber seinerzeit auch für uns die Möglichkeit einer festen Relation zwischen Gold- und Papiermark im Vordergrund einer Sanierung stehen müssen. Dabei ist es für unseren internationalen Verkehr zunächst von geringerer Bedeutung, in welcher Höhe die Relation festgelegt wird; die Hauptsache wird die Schaffung einer festen Basis sein, um die großen Valutarisiken auszuschalten und im internationalen Warenaustausch wieder Vorkriegszustände zu schaffen.

Bei Kriegsausbruch wurde die Konversionskasse der Verpflichtung, Gold gegen Papier umzutauschen, entbunden, und sie ist auch heute noch geschlossen. Da Goldverschiffungen nach Argentinien während des Krieges gefährdet waren, wurden die Argentinischen Gesandtschaften ermächtigt, Goldhinterlegungen anzunehmen.

In den letzten Monaten [1]) ist eine etwa 20 %ige Verschlechterung des argentinischen Wechselkurses gegenüber New-York eingetreten. Diese Verschlechterung trat ein, obwohl die argentinische Handelsbilanz in den letzten Jahren stark aktiv war. Im Jahre 1918 bestand ein Export-

[1]) Vor Januar 1921.

überschuß von 301 Millionen, in 1919 ein solcher von 375 Millionen Dollar Gold; 1920 beträgt er ca. 150 Millionen Dollar Gold. Gegenüber Nordamerika weist die Statistik einen Passivsaldo aus, der aber an und für sich nicht das Disagio des argentinischen Dollars erklären würde, wenn nicht die durch Schließung der Konversionskasse getroffene Kriegsmaßregel noch in Kraft wäre [1]), wodurch Argentinien seinen Passivsaldo in New-York nicht durch Gold abdecken kann. Zwar hat man die bei der argentinischen Botschaft in Washington deponierten Goldbestände (ca. $ 78.000.000,— Gold) freigegeben, hierdurch jedoch nur eine vorübergehende Besserung des Kurses erreicht. Die Entwertung des argentinischen Pesos gegenüber dem nordamerikanischen Dollar erschwert natürlich die Handelsbeziehungen außerordentlich, was umso drückender empfunden wird, als seit dem Kriege Nordamerika an erste Stelle im Austauschverkehr mit Argentinien getreten ist und das bisher führende England in die zweite Position gedrängt hat. So ist die Valutafrage auch in Argentinien wieder in den Vordergrund des Interesses getreten; die Lösung dieses Problems bereitet der Regierung und dem Handel ernste Sorgen.

Das argentinische Bankgeschäft konzentriert sich fast ausschließlich auf die Stadt Buenos Aires. In dieser modernen Großstadt mit mehr als 2 Millionen Einwohnern, mit einem internationalen Geschäftsleben, dessen lebhafte und intensive Form an New-York erinnert, werden fast alle großen Geschäfte des Im- und Exportes für das ganze Land abgewickelt. Zwar unterhalten die Buenos Aires Banken ein ziemlich ausgedehntes Filialnetz, doch sind die Filialen durchweg von nur lokaler Bedeutung, mag es sich um Tucuman handeln, den Sitz der Zuckerindustrie, oder um Mendoza, das wichtige Weinbauzentrum Argentiniens. Rosario als zweitwichtigste Hafenstadt ist allerdings von nicht zu unterschätzender Bedeutung.

Von Banken wollen wir unterscheiden:

1. die Staatsbank (Banco de la Nacion),
2. die Hypothekenbanken,
3. die Commerzbanken.

Der Banco de la Nacion (Staatsbank) wurde als Nachfolgerin der infolge der Krisis im Jahre 1880 liquidierten „Banco Nacional" durch den damaligen Präsidenten der Republik, Dr. Carlos Pellegrini, im Oktober 1891 mit einem Anfangskapital von $ 50.000.000.— gegründet. Das Betriebskapital wurde zunächst durch eine Papiergeld-Emission

[1]) Über Erleichterungen in letzter Zeit siehe in diesem Buche: Dr. Martin, Wirtschaftsgrundlagen...., S. 17. (Anm. d. Herausgeb.)

seitens der Regierung durch Vermittlung der „Caja de Conversion“ beschafft mit der Absicht, dieses Darlehen durch den Erlös der dem Publikum anzubietenden Nationalbank-Aktien zurückzuzahlen. Diese Aktien-Emission schlug fehl, weshalb durch Gesetz vom September 1904 die Bank als amtliche Depositen- und Diskontbank konstituiert wurde. Das Kapital von $ 50.000.000.— stellte der Staat zur Verfügung. Das Recht der Notenausgabe besitzt die Bank nicht. Der Staat ist verantwortlich für alle Geschäfte der Bank. Diese muß 25 % ihrer Depositen als Kassenbestand halten. Der Staat darf nicht mehr als 20 % des Kapitals der Bank als Kredit in Anspruch nehmen. Von dem erzielten Jahresgewinn werden 50 % dem Kapital, die andern 50 % den Reserven zugeführt. Im Jahre 1907 wurde das Kapital um 50.000.000.— Papierpesos erhöht. Heute verfügt die Bank über ein Kapital von ca. 140.000.000.— Papierpesos und mehr als 40.000.000.— Papierpesos Reserven. Die Leitung setzt sich aus dem Präsidenten und sechs Direktoren zusammen, welche durch die Nationalversammlung auf 5 Jahre ernannt werden.

Welche Bedeutung die Bank im Wirtschaftsleben Argentiniens spielt, kann an der Summe der ihr zur Verfügung stehenden Depositen ermessen werden, die mit $1^1/_4$ bis $1^1/_2$ Milliarden Pesos mehr als $^1/_3$ der Gesamtdepositen aller argentinischen Banken darstellen. Durch ein Netz von Filialen und Agenturen (etwa 200) tritt sie in Kontakt mit dem flachen Lande und unterstützt durch liberale Kreditgewährung insbesondere die Landwirtschaft, an deren Entwicklung sie einen hervorragenden Anteil hat. Da sie laut Statuten nicht auf eine Rentabilität hinzuarbeiten braucht, kann sie in den Konditionen eine recht liberale Politik treiben und bleibt mit ihren Zinssätzen für Vorschüsse meistens etwa 1 % unter denen der Privatbanken. Sie läßt es sich insbesondere auch angelegen sein, den kleinen Landwirt und Viehzüchter, der bei den Aktienbanken keinen Kredit finden würde, durch Darlehen zu unterstützen. In ihrem letzten Geschäftsbericht (für 1919) hebt sie besonders hervor, daß mehr als 90 % der Stückzahl ihres Wechselbestandes auf kleine Abschnitte entfallen.

Durch ihre im Interesse der Entwicklung des Landes getriebene Geschäftspolitik, auch in den entfernt liegenden Distrikten neu sich bildenden Industrien Kredit zu gewähren, Kredite, die natürlich große Risiken in sich schließen, erklärt es sich, daß die Bank mit einem jährlichen bedeutenden Ausfall an Debitoren rechnen muß. In vorbildlicher Weise gibt sie der breiten Öffentlichkeit Rechenschaft über diese Verluste, die sie rücksichtslos abschreibt, obwohl aus alten Schulden doch regelmäßig größere Eingänge zu verzeichnen sind.

Zur Zeit figuriert unter den Debitoren der Bank der englische Staat mit 102 Millionen Gold-Dollar und Frankreich mit 25 Millionen Golddollar, Vorschüsse, die während des Krieges für Getreidelieferungen aufgenommen wurden.

Die Bank darf auf Grund ihrer Statuten auch Rediskontgeschäfte mit anderen Banken machen, mit denen sie sich von Fall zu Fall oder generell über die Höhe derselben einigt. Außerdem ist der Banco de la Nacion eine Clearing-Abteilung angegliedert, der alle bedeutenden Banken angeschlossen sind. Im Jahre 1919 wurden mehr als 33 Milliarden Papierpesos durch das Clearing abgerechnet.

Hypothekenbanken. Die beliebteste Kapitalanlage in Argentinien ist der Erwerb von Landbesitz; die großen Vermögen haben sich in der Hauptsache durch die schnelle Valorisierung des Bodenwertes gebildet. Unterstützt wurde diese Entwicklung durch ein sich stetig und schnell vergrößerndes Eisenbahnnetz. Im Jahre 1870 waren nur 730 km Bahnlinien ausgebaut; heute verfügt Argentinien über mehr als 35 000 km und steht damit an zehnter Stelle im Vergleich mit den übrigen Weltstaaten. Die im Eisenbahnbau investierten Gelder dürften etwa 1300 Millionen Goldpesos repräsentieren.

Ähnlich wie in anderen Agrarstaaten, z. B. Ägypten und Canada, können wir auch in Argentinien eine starke Spekulation im Grundbesitz verfolgen, bei der sich nicht nur der Kapitalist beteiligt. Bis in die Reihen der kleinen Angestellten finden sich Spekulanten, denen eine Beteiligung auch mit kleinem Spargroschen ermöglicht wird, da sie sich in kleinen Anzahlungen das Recht auf Erwerb eines in viele Parzellen (lotes) eingeteilten Stück Landes erwerben können. Die übermäßige Spekulation brachte in gewissen, schnell aufeinanderfolgenden Perioden schwere Krisen für das Wirtschaftsleben mit sich. Solche Krisen wurden umso fühlbarer, als der Grundbesitz starke hypothekarische Belastungen auf sich nahm. Der Zufluß solcher Gelder wurde durch den hohen, zwischen 8 und 10 % schwankenden Zinsfuß angelockt und erfolgte in solchem Ausmaße, daß er der Spekulation direkt Vorschub leistete und für die gleichmäßige und ruhige wirtschaftliche Entwicklung Gefahr bringend wurde. Besonders seit der Zentenarfeier im Jahre 1910, an der sich alle Nationen der Welt beteiligten und die eine gewaltige Presse-Propaganda begleitete, sehen wir ein steigendes Interesse der Kapitalistenländer an dem Grundbesitz des entwicklungsfähigen Argentinien.

Während im Jahre 1905 die Gesamtsumme der Hypotheken eine Milliarde Papierpesos betrug, erreichte sie im Jahre 1915 bereits 3 Milliarden. Von diesem Zeitpunkt an trat ein Umschwung ein. Die aus dem Auslande zufließenden Gelder blieben infolge des Krieges aus, dagegen ging die mit guten Verdiensten arbeitende Landwirtschaft an die Rückzahlung von Hypothekengeldern, so daß man heute die Gesamtverschuldung an Hypotheken mit etwa $2^1/_2$ Milliarden annehmen kann.

Etwa ein Drittel der Hypotheken entfällt auf die Stadt Buenos Aires, ein weiteres Drittel auf die reichste und wirtschaftlich am meisten erschlossene Provinz Buenos Aires, das letzte Drittel verteilt sich auf die übrigen 13 argentinischen Provinzen und auf die Nationalterritorien; im wesentlichen kommen hierbei die Provinzen Santa Fé, Cordoba und Mendoza in Betracht.

Die Hypothekengelder flossen im wesentlichen aus 3 Quellen: etwa 20 % entfällt auf den Banco Hipotecario Nacional (die staatliche Hypothekenbank), 30 % auf Privathypothekenbanken und der Rest auf Privat-Kapital.

Die staatliche Hypothekenbank (Banco Hipotecario Nacional) beschafft sich ihre Mittel durch Ausgabe von Pfandbriefen (sogenannten Cedulas), die mit 6 % Zinsen und 1 % Amortisation ausgestattet sind. Zins und Amortisation dieser Cedulas sowie auch die von der Bank entgegengenommenen Depositen und Spareinlagen werden vom Staat garantiert. Der Gesamtumlauf der Cedulas wird durch jeweiliges Gesetz vorgeschrieben; der heute autorisierte Cedulabetrag ist 750 000 000.— \$. Die Cedulas werden zu ihrem Nennwert mit erster Hypothek auf ein oder mehrere Grundstücke, die innerhalb der Republik gelegen und frei von allen Lasten sind, ausgegeben. Baudarlehen dürfen gewährt werden für die Errichtung von Baulichkeiten in Buenos Aires, den Hauptstädten der Provinzen und in Städten von mehr als 10 000 Einwohnern. Die Beleihungsgrenze ist im allgemeinen 50 % des Taxwertes; bei Darlehen über $^1/_4$ Million dürfen nur 40 % beliehen werden. Für kleinere Grundbesitzer sind Erleichterungen vorgesehen: so können Grundstücksbesitzer in Buenos Aires bis zu einem Betrage von 6000.— \$ 60 % des Taxwertes erhalten. Beliehen werden auch Forstkulturen, Pflanzungen, die zu industriellen Zwecken dienen, sowie mehr als 5 Jahre alte Weinberge mit einer Beleihungsgrenze von 40 %. Die einzelnen Darlehen müssen mindestens 1000 Pesos betragen, dürfen aber 1 Million Pesos nicht übersteigen.

Von den aus Europa nach Argentinien geflossenen Hypothekengeldern entstammt ein namhafter Betrag aus Belgien. Die nahen Beziehungen des Antwerpener Platzes zu Buenos Aires und der Umstand, daß eine Anzahl großer Bank- und Handelsfirmen sowohl in Buenos Aires als in Antwerpen Niederlassungen unterhielt, machten den belgischen Markt für die Übernahme dieser Hypothekengeschäfte ganz besonders geeignet, da einerseits der Informationsdienst für Belgien besonders gut ausgestaltet, andererseits die Kontrolle für die angelegten Gelder in Argentinien in gewissenhafter Weise und mit wenig Spesen durchgeführt werden konnte. Während in Argentinien Hypothekengelder durchschnittlich etwa 8 % erbrachten, waren die Gelder in Belgien zu einem Zinssatz von 4, $4^1/_2$ oder 5 % erhältlich. Hinzukam, daß die belgische Gesetzgebung die Gründung von Hypothekenbanken besonders begünstigte, da sie es gestattet, den zehnfachen Betrag des nominellen Kapitals in Obligationen auszugeben. Ferner konnten durch die in Belgien erlaubte Ausgabe von Genußaktien (actions de jouissance) den Gründern Vorrechte eingeräumt werden, wie sie in Nachbarländern nicht möglich waren. Der letztere Umstand führte auch dazu, daß immer neue Aktiengesellschaften gegründet wurden, sodaß bei Kriegsausbruch ungefähr 20 Institute bestanden, die den argentinischen Hypothekenmarkt mit Mitteln versorgten. Insbesondere beteiligten sich hieran die Häuser de Bary, die in Argentinien durch Tornquist eine kräftige Stütze hatten, Bunge, Bracht und Brauß Mahn & Co., die durch eigene Häuser in Argentinien vertreten waren. Es wurden in der Regel nur 20 % des Kapitals eingezahlt; der Rest von 80 % war also lediglich eine stille Reserve, die aber nie in Anspruch genommen wurde, da die Beleihungen in Argentinien im allgemeinen vorsichtig erfolgten und nur 50 % des Grundstückwertes bevorschußt wurden. Das nominelle Aktien- und Obligationenkapital dieser Hypothekenbanken beträgt insgesamt 740 Millionen Franken, von denen 620 Millionen Franken effektiv eingezahlt sind. Die Placierung der Obligationen wurde durch eine geschickte Pressekampagne unterstützt; zeitweise griff man auch auf Frankreich zurück, wenn die Lage des Geldmarktes dieses erlaubte. Hielt der Obligationen-Absatz nicht Schritt mit der Möglichkeit, gute Hypotheken-Anlagen zu finden, so pflegten die argentinischen Filialen der Hypothekenbanken auf ihre Mutterhäuser zu ziehen, meistens per 90 T/S, um dann aus später placierten Obligationen die Abdeckung vorzunehmen.

Auch in Frankreich und in der Schweiz wurden speziell nach Argentinien arbeitende Hypothekenbanken gegründet, die jedoch in ihrer Bedeutung hinter den belgischen Instituten zurückbleiben.

Die durch den Krieg eingetretenen Valutaverschiebungen haben diese

Art Geschäfte vorläufig unmöglich gemacht und Argentinien auch hierin, wie in so vielem anderen, auf die eigene Kraft angewiesen.

Die Hypothekenverträge mit den ausländischen Geldgebern sehen in der Regel die Rückzahlung in Gold oder in Wechseln in der betreffenden europäischen Währung vor. Der günstige Stand der argentinischen Valuta wurde vielfach zu Rückzahlungen in europäischer Währung benutzt. Proteste der Gläubiger fruchteten nichts, da die argentinischen Gerichte diese Form der Abzahlung trotz der veränderten valutarischen Verhältnisse als zu Recht bestehend anerkannten. —

In Buenos Aires arbeiten etwa 30 Aktienbanken, die das kommerzielle Geschäft pflegen: außer verschiedenen einheimischen 4 nordamerikanische, 4 italienische, 2 französische, 1 holländische, 1 spanische, und 2 deutsche. Die beiden deutschen sind der Banco Aleman Transatlantico, eine Filiale der Deutschen Überseeischen Bank, Berlin, die zum Konzern der Deutschen Bank gehört, und der Banco Germanico de la America del Sud, Filiale der Deutsch-Südamerikanischen Bank Aktiengesellschaft, Berlin, welche die Interessen der Dresdener Bank und der Nationalbank für Deutschland vertritt. Die größte Privatbank ist der Banco Español del Rio de la Plata mit einem Kapital von 100 000 000.— Papierpesos. Das in Argentinien arbeitende Kapital der übrigen Banken hält sich in den Grenzen zwischen 1—15 Millionen Gold-Dollars. Ende 1920 verfügten diese Banken insgesamt über einen Depositenbestand von 2 Milliarden Papierpesos, eine Summe, die zum heutigen Kurse in Mark umgerechnet etwa 40 Milliarden Mark ergibt.

Tornquist. Eine Sonderstellung nimmt das angesehene große Privatbankhaus Ernesto Tornquist & Co. ein. Seine Gründung reicht in das Jahr 1830 zurück; seine Entwicklung verdankt es in der Hauptsache dem vor wenigen Jahren verstorbenen Ernesto Tornquist, der 1874 in das Haus eintrat und es zu seinem heutigen Ansehen führte. Er hatte hervorragenden Anteil an dem Zustandekommen des Konversionsgesetzes und der Gründung der Nationalbank und hat sich um die Entwicklung der in den Kinderschuhen steckenden argentinischen Industrie hervorragendes Verdienst erworben. Hierunter sind hauptsächlich zu erwähnen die Zuckerindustrie, Bierbrauereien, Möbel-, Glas-, Seifenfabriken, Quebrachogewinnung, Eisenbahnen, Hypothekenbanken, Hotels, Theater, Fleischfabriken (Cia. Sansinena), Metallindustrie. Ohne Kinderkrankheiten ist es dabei nicht abgegangen, aber heute sind die von ihm gegründeten Unternehmungen in günstiger Entwicklung. Die dem Hause Tornquist nahestehenden Industriekonzerne arbeiten mit einem Kapital von ca. 200 Millionen Goldpesos, eine gewaltige Ziffer, in Mark umgerechnet etwa 10 Milliarden Mark. Als Vertreter der Baring-Gruppe und der Disconto-Gesellschaft, Berlin, hat dieses Haus bei fast allen wichtigen Finanzoperationen des Staates und der Stadt Buenos Aires in führender Weise mitgewirkt. —

Die eigenen Mittel der Banken erfahren wie bei uns eine wesentliche Vermehrung durch Entgegennahme von Depositen. Die Zinsen für Depositen im Kontokorrent, über die täglich verfügt werden kann, betragen 1—1½%; Depositen auf längeren Termin werden mit 4, 5, 6, von einzelnen Banken werden Jahresdepositen z. Zt. sogar mit 7 % verzinst. Die Amerikaner, welche die wirtschaftliche Eroberung Argentiniens besonders rührig betreiben, sind auf diesem Gebiet sehr eifrig und machen eine nach unseren Begriffen etwas eigentümliche Reklame hierfür, indem sie in den elektrischen Bahnen und in den Kaffeehäusern, ja sogar in den Kinos in Verbindung mit dem Film auf ihr Institut hinweisen. Auch durch Errichtung von Depositenkassen und Einrichtung von besonders hoch verzinsenden Sparkassen bei den Hauptbanken sucht man die brachliegenden Gelder zu erfassen.

Die hauptsächlichsten Anlagen sind Wechsel- und Kontokorrent-Kredite. Im Gegensatz zu den deutschen Gepflogenheiten werden in Argentinien im allgemeinen Kredite nur auf eine bestimmte, meist nicht über 6 Monate hinausgehende Frist gegeben. Bei Verfall hat der Kreditnehmer zunächst abzudecken und dann aufs neue mit der Bank zu verhandeln, ob sie den Kredit erneuern will. Während in Deutschland ein kommerzielles Haus in der Regel nur mit einer oder zwei Banken arbeitet, nimmt der argentinische Kaufmann mit Vorliebe bei mehreren, oft 6 bis 8 Banken Kredit in Anspruch. Ein Vertrauensverhältnis, wie es in Deutschland zwischen Bankier und Kreditnehmer im allgemeinen besteht, kann sich daher in Argentinien nur schwer entwickeln. Das Kreditgeschäft schließt infolgedessen in Argentinien für den Bankleiter sehr große Gefahren in sich, zumal wirtschaftliche Krisen in einem Lande mit starker Spekulation in Grund und Boden sehr schroff auftreten.

Zur Illustration füge ich einige Zahlen aus der Konkurs-Statistik hier an: Die Ziffern für Zahlungseinstellungen beliefen sich

1910	auf	$ m/n	53 000 000.—
1913	„	„	200 000 000.—
1914	„	„	440 000 000.—
1917	„	„	106 000 000.—
1918	„	„	55 000 000.—,

worunter das Krisenjahr 1913/14 durch seine gewaltigen Ziffern auffällt; aber auch die übrigen Jahre, die als normal angesprochen werden können, weisen Summen auf, die das, was wir in Europa gewohnt sind, weit in den Schatten stellen. Dabei sind die zahlreichen auf privatem Wege zustande kommenden Vergleiche nicht einmal in obigen Zahlen enthalten.

Es ist nicht üblich, eine Kommission im Kontokorrentgeschäft zu berechnen, sondern lediglich einen Debetzinsfuß zu vereinbaren, der nach Lage des Geldmarktes zwischen 7½ und 10 % schwankt und heute etwa 8½—9% beträgt. Zur Zeit ist also das Geld in Argentinien nicht teurer als bei uns.

Beim Wechseldiskontogeschäft sind zu unterscheiden: Kundenwechsel und Solafirmawechsel. Die Kundenwechsel guter Firmen sind auch in Argentinien das beste Anlagepapier. Sie werden dem Bankier häufig durch Makler zur Diskontierung angeboten. Der Bankier prüft die Liste und scheidet die nicht genehmen Firmen aus. Der Satz für Diskontwechsel ist in der Regel etwas niedriger als für Kontokorrent-Kredite. Die Solawechsel, die nur die Unterschrift des Kreditnehmers tragen, sind von den Banken eingeführt worden, um nicht zu viel Gelder im Kontokorrent-Geschäft festzulegen, teilweise auch, um eine stärkere Handhabe gegen die Kreditnehmer zu haben, als dies im Kontokorrent-Verkehr möglich ist.

Devisengeschäft. Bei den Devisenkursen werden unterschieden
Kabel-Auszahlung,
briefliche Auszahlung,
90 T/S Wechsel.

Die zwischen diesen Kursen liegenden Unterschiede sind in der Hauptsache Zinsunterschiede; kleinere Abweichungen erklären sich durch den Unterschied zwischen Angebot und Nachfrage. Kauft man z. B. in Buenos Aires Sichtwechsel auf Deutschland, so werden die Zinsen für die Reisezeit, bei 90 T/S Wechseln die Zinsen für Reisezeit zuzügl. Diskontzinsen für die Wechsel-Sicht im Kurse zum Ausdruck kommen. Die hauptsächlichsten Devisen sind der U.S.Dollar, £ Sterling, Mark, Franken, belgische Franken, holländische Gulden, Peseten und Lire. Der amerikanische Dollar ist während und nach dem Kriege in den Vordergrund getreten im Zusammenhange mit dem verstärkten Import aus Nordamerika und der besseren Kabelverbindung mit New-York, weshalb über New-York auch vielfach Engagements in europäischer Währung glattgestellt werden. Die Beziehungen Argentiniens zu den übrigen Ländern Südamerikas (bis auf Brasilien) sind von untergeordneter Bedeutung, da alle diese

Länder im wirtschaftlichen Austausch ihrer Produkte vornehmlich mit Europa und Nordamerika stehen und untereinander nur in geringem Umfange handeln.

Die Banken halten im allgemeinen ihre Devisenposition glatt bis auf Spitzen, die in der Praxis nicht zu vermeiden sind. Überwiegt nun, wie dies häufig der Fall ist, die Nachfrage nach Kabel in einer fremden Währung das Angebot von Kabel, so decken sie sich durch vista oder 90 T/S Papier ein, welches sie dem ausländischen Bankier als Deckung für ihre Kabelverfügung einsenden, meistens unter Ausnutzung eines sogenannten Postkredits, den ihnen die betreffenden Korrespondenten gewähren und der immer wieder abgedeckt sein muß, wenn die briefliche Bestätigung des Kabelauftrages vorliegt.

In Vorkriegszeiten haben die Banken in Buenos Aires in Zeiten großer Geldnachfrage ihre Mittel durch Ziehungen auf ihre Mutterhäuser oder sonstige befreundete Banken erhöht, durch sogenannte Finanztratten, die gegenüber guten Firmen in London, Paris, Antwerpen und Berlin glatt diskontiert wurden. Besonders in London mit seinem durchschnittlich sehr niedrigen Diskontsatz für prima Bankpapier waren solche Tratten an der Tagesordnung; sie brachten dem argentinischen Bankier einen guten Zwischengewinn an Zinsen und bedeuteten für den englischen Bankier eine mühelose Einnahmequelle aus der Akzeptkommission. Die heutigen Valutaschwankungen verbieten derartige Ziehungen, da das darin liegende Kursrisiko in keinem Verhältnis zu dem Gewinn an Kontokorrent-Zinsen steht.

Die Devisengeschäfte werden nicht an der Börse abgeschlossen, sondern durch Makler getätigt, und zwar sowohl die Devisengeschäfte zwischen Banken als auch zwischen Handel und Banken. Bei der internationalen Bedeutung des Platzes Buenos Aires spielte auch vor dem Kriege das Devisengeschäft eine sehr wichtige Rolle und erreichte jeweils seinen Höhepunkt in den Monaten Januar, Februar, März, April, in welchen die großen Ernteverschiffungen finanziert werden mußten. Fast automatisch — in der Höhe bedingt durch die jeweilig zur Verfügung stehenden Export-Überschüsse — hob sich um diese Zeit der Wert des argentinischen Pesos um ein bis anderthalb Prozent, da in diesen Monaten eine Fülle Wechselmaterial auf Deutschland, England, Belgien und Frankreich angeboten wurde, je nach dem Bestimmungsland, in welchem die Waren Absatz fanden. Die großen kommerziellen Häuser haben einen oder mehrere Vertrauensmakler, denen sie am frühen Morgen ihre

Orders überschreiben. Der Makler stellt alsdann durch persönliche Rückfrage bei den verschiedenen Bankleitern den Kurs fest und wählt den für seinen Kunden günstigsten Kurs aus. Nach abgeschlossenem Geschäft bestätigt der Makler durch eine Note den Abschluß des Geschäftes. Die großen Devisenschwankungen seit Kriegsschluß haben das Devisengeschäft auch in Buenos Aires immer mehr in den Vordergrund geschoben. Einerseits sucht sich der legitime Handel für alle Risiken zu decken, andererseits geht eine große Spekulation nebenher, die in Buenos Aires auch wie an anderen Plätzen zur Versteifung des Geldmarktes beiträgt, da die Devisen oft monatelang spekulativ gehalten werden. Naturgemäß verteilt sich das Devisengeschäft je nach der Nationalität der Banken: die deutschen Banken machen in der Hauptsache Markgeschäfte, die italienischen Banken Geschäfte in Liren und die englischen in Pfunden usw. Was speziell das Markgeschäft angeht, so ist es in Buenos Aires meist nicht möglich, die Nachfrage nach Mark durch das Angebot in Mark am Platze auszugleichen. Die Banken sind vielmehr gezwungen, ihre Markspitzen anderwärts, meistens in New-York einzudecken. Eine Arbitrage über Holland oder gar Deutschland verbietet sich zur Zeit noch wegen der schlechten Kabelverbindung.

Die großen Valutaschwankungen haben es mit sich gebracht, daß z. Zt. ein früher unbekannter Zweig des Bankgeschäftes ein lebhaftes Interesse beansprucht: die Kurs-Sicherung. Der argentinische Käufer verlangt vom deutschen Fabrikanten Preisangabe in argentinischer Währung, um seinerseits eine feste Basis der Kalkulation und eine Vergleichsmöglichkeit mit den Offerten anderer Länder — namentlich Nordamerika — zu haben. Der deutsche Fabrikant hingegen kann nur auf der Markbasis kalkulieren, denn er zahlt seine Löhne, Gehälter und Rohstoffe in Mark. Diese in seinen Exportwaren investierten Mark bekommt er in Goldpesos zurück, die jedoch meistens erst nach Lieferung, also nach Monaten bezahlt werden. Der deutsche Fabrikant kann bei den heutigen Kursschwankungen nicht darauf warten, bis die Zahlung in $ oro erfolgt, und wendet sich deshalb an die Bank, ihm dieses Risiko abzunehmen. Dies ist z. Zt. möglich auf Basis einer Prämie von 1½—2% per Monat für einen Termin von 3, höchstens 6 Monaten. Bei vielen Geschäften, insbesondere solchen mit der Regierung abzuschließenden (staatliche Bauten, Eisenbahnen, Brücken, Lokomotiven) kommen noch bedeutend längere Fristen in Betracht, die sich häufig auf 1—1½ Jahr, zuweilen noch weiter hinziehen. Da es sich hierbei in der Regel auch um größere Objekte handelt, pflegen sich zur Durchführung solcher

Sicherungen befreundete Banken zusammenzuschließen, um das Risiko unter sich zu verteilen. Trotz der durch die Kurssicherung entstehenden Spesen bleibt der deutsche Fabrikant meistens konkurrenzfähig, da der ihm durch die Entwertung der deutschen Valuta entstehende Vorsprung die Sicherungskosten überwiegt.

Export. Wir knüpfen hier zunächst an die Vorkriegszeit an, da die heutigen Verhältnisse nur einen Übergangscharakter haben und ein falsches Bild ergeben würden. Der Exportüberschuß beträgt in guten Jahren 4 bis 6 000 000, 1920 sogar 10 000 000 tons, deren Hauptvolumen früher nach England, Deutschland, den Vereinigten Staaten von Amerika, Belgien und Frankreich ging, während der Kriegsjahre zum überwiegenden Teil nach Nordamerika. Die wichtigsten Exportprodukte sind Getreide, Fleisch, Wolle, Häute, Quebracho.

Die großen Exporthäuser pflegen gegen ihre Verschiffungen per 90 T/S auf ihre Europahäuser oder befreundete Firmen zu ziehen. Dokumente werden solchen Tratten nicht beigefügt; ihr finanzielles Standing ist derartig, daß Blankotratten glatt von der Finanz hereingenommen werden. Die Banken haben, um ihr Risiko zu beschränken, ihre Limite, bis zu welcher Höhe sie diese sogenannten Haustratten hereinnehmen. Bei mittleren und kleineren Häusern wird in der Regel die Beifügung von Dokumenten gefordert. Die weniger kapitalkräftigen Exporteure nehmen teilweise schon während der oft wochenlang dauernden Ladung die Bank in Anspruch, indem sie sich von den Rhedereien für die Einzelablieferungen Teilquittungen — sogenannte mates receipts — ausstellen lassen, die von den Banken bevorschußt werden. Nach fertiggestellter Ladung werden diese Teilquittungen dann gegen die definitiven Dokumente ausgelöst.

In guten Erntejahren übersteigen die Wechselkurse den sogenannten Goldpunkt und lassen Gold nach Argentinien fließen, wenn der Verlust an Zinsen, Frachtspesen und Versicherung für die Goldsendungen kleiner ist als das Agio über der Goldparität. Die Konversionskasse hat feste Sätze, zu denen sie den Sovereign, den amerikanischen Dollar, die deutsche Doppelkrone usw. hereinnimmt; argentinische Goldmünzen, von denen nur eine kleine Menge (sogenannte Argentinos) bestehen, kommen für Goldverschiffungen nicht in Betracht. Diese Goldverschiffungen sind als Zweig des Bankgeschäftes recht beliebt, da sie rasch abzuwickelnde sichere Geschäfte darstellen. Die Banken konkurrieren dabei mit den großen Getreidehäusern, die häufig auf diese Weise ihre Getreideexporte selbst finanzieren.

Umgekehrt floß von Argentinien in der toten Saison bei starkem Import Gold nach den europäischen Ländern. Die Staatsbanken der betreffenden Länder unterstützen je nach Konvenienz solche Goldexporte, indem sie der vermittelnden Bank zinsfreie Vorschüsse zur Verfügung stellen; so gab die Reichsbank früher meistens 30—45 Tage zinsfrei Vorschüsse — also etwa ½% Prämie — um dadurch Gold in ihre Kassen zu lenken.

Import. Der Import nach Argentinien wird auf verschiedene Weise finanziert, je nachdem es sich um große Importfirmen handelt, die in Buenos Aires ihr überseeisches Mutterhaus oder Filialen unterhalten, oder um kleinere Firmen, die durch Vertreter einkaufen lassen, oder schließlich um Exporteure und Fabrikanten, die durch Reisende in Argentinien ihren Kundenkreis aufsuchen.

Die großen Importfirmen lassen in der Regel durch ihre eigenen Überseehäuser in den betreffenden Ländern für die Finanzierung Sorge tragen; unterhalten sie keine direkten Häuser in Übersee, so ist ihr Standing teilweise so gut, daß sie bereitwillig Kredit an den europäischen Einkaufszentralen erhalten, den sie zur Zahlung ihrer Warenimporte ausnutzen. Der direkt nach Argentinien liefernde Exporteur oder Fabrikant pflegt gegen seine Verschiffungen Wechsel in seiner Landeswährung, also in £, Franken oder Mark usw. auszustellen, um für sich das Kursrisiko auszuschalten. Ziehungen in argentinischen Pesos gehören zu den Ausnahmen. Solche Wechsel lauten meistens auf langes Ziel (3—6 Monate), da eine längere Kreditgewährung meistens Vorbedingung ist, um zum Geschäft zu kommen. Die Wechsel sind in der Regel von Verschiffungspapieren begleitet, welche gegen Akzept auszuliefern sind. Bei Fälligkeit zahlt der Wechselschuldner zum vereinbarten Kurs, der auf dem Wechsel vermerkt sein muß. Üblich ist dabei der 90 T/S Kurs; der Exporteur bekommt also am Fälligkeitstage in Argentinien sein Geld in einem 90 T/S Wechsel auf London, Paris oder Berlin, je nach der Währung der ursprünglichen Tratte, und verliert die Zinsen für die Reisezeit des Retour-Wechsels und den Diskont, also rund 120 Tage. Meistens gehen die Tratten durch die europäischen Zentralen oder Freunde der argentinischen Überseebank an die Buenos Aires-Filiale, wobei oft ein Vorschuß in Anspruch genommen wird in Höhe von 75—90% des Wechselbetrages, häufig auch Diskontierung gewünscht wird. Beim Diskont eines 90 T/S Wechsels auf Buenos Aires, der zum 90 T/S Kurs zahlbar ist, sind von dem diskontierenden Bankier in Abzug zu bringen:

Reisezeit nach Buenos Aires	25 Tage
Laufzeit des Wechsels	90 „
Reisezeit für den in Zahlung gegebenen 90 T/S Wechsel	25 „
Diskont des in Zahlung gegebenen Wechsels	90 „
	230 Tage

Beim Import nach Argentinien muß der deutsche Exporteur auch die schnell wechselnde Bonität des überseeischen Käufers — der direkt Exportierende muß sich ja meist an kleinere oder mittlere Firmen wenden — in Berücksichtigung ziehen. Liberale Kreditgewährung hat vielfach Enttäuschung und Verluste zur Folge gehabt.

Verführt durch den unmittelbar nach Kriegsschluß einsetzenden Warenhunger in Argentinien haben eine Reihe von deutschen Exporteuren, die bisher nicht nach Argentinien gearbeitet hatten, Waren hinausgeschickt, die nachher zum Teil bei der jetzt vollständig veränderten Situation (für gewisse Waren ist Buenos Aires überstockt) nicht aufgenommen wurden, wodurch den Banken große Arbeit und den Exporteuren teilweise empfindliche Verluste erwuchsen. Es muß davor gewarnt werden, daß deutsche Firmen ohne genügende Erfahrung den direkten Export aufnehmen. Es gehört hierzu eine Reihe von speziellen Kenntnissen, die nicht so ohne weiteres zu erwerben sind. Nur wer das Land aus eigener Anschauung kennt oder sehr vertrauenswürdige Vertreter und Reisende hat, kann auf die Dauer mit Erfolg in Argentinien arbeiten.

Effektengeschäft. Dem Charakter des argentinischen Wirtschaftslebens entsprechend ist die Effektenbörse von untergeordneter Bedeutung. Der Kurszettel verzeichnet außer den argentinischen Staatspapieren 28 Banken und 125 Industriegesellschaften. Der Kreis der Kapitalisten, die sich für Effektengeschäfte interessieren, ist beschränkt; bei den meisten Papieren führen Angebot oder Nachfrage schon bei mittlerem Umfang daher zu oft recht wesentlichen Kursschwankungen. Die Aktien lauten fast immer auf kleinere Beträge; 100 $ oro oder 100 $ Papier sind die beliebtesten Typen; auch noch kleinere werden hier und da gewählt.

Von den Staatspapieren stehen die Cedulas, die Pfandbriefe der Staatshypothekenbank, von denen z. Zt. mehr als 500.000.000.— $m/n im Umlauf sind, im Vordergrund des Interesses; hierin finden täglich größere Abschlüsse statt. Vor dem Kriege waren etwa 60% dieser Papiere im Ausland untergebracht, wo sie an den Börsen von London, Paris und Berlin notiert waren. Während und unmittelbar nach dem Kriege wanderte ein großer Teil dieser Papiere in das Ursprungsland, wo sie glatt ohne wesentliche Kurseinbuße aufgenommen wurden, zurück, weil der europäische Besitzer ein gutes Kursgeschäft damit verbinden konnte.

Das reich gewordene Argentinien dürfte in Zukunft der Anlage in Effekten größeres Interesse entgegenbringen, da die Entwicklung dahin führen wird, daß Argentinien Finanzierungen in Zukunft selbst übernimmt. Vor dem Kriege hat man bei Neugründungen irgendwelcher Art, die sich für Aktien- und Obligationen-Ausgabe eigneten, stets auf das zu billigen Bedingungen finanzierende Europa zurückgegriffen. Die Valutaverhältnisse und das eigene Kreditbedürfnis der valutastarken Länder haben diesen Weg vorläufig versperrt. Für die in Argentinien arbeitenden Banken eröffnet sich daher ein neues Feld der Betätigung — das Konsortialgeschäft, das bisher noch wenig oder überhaupt nicht gepflegt wurde, aber recht aussichtsvoll zu werden verspricht; denn auch die argentinische Industrie ist durch den Krieg stärker geworden und mancher Artikel, der vorher importiert werden mußte, wird bereits in der Heimat fabriziert.

Die Effektengeschäfte der Banken sind in der Hauptsache Lombard-Geschäfte nach europäischem Muster, wobei jedoch in der Regel eine höhere Marge gefordert wird mit Rücksicht auf die geringe Aufnahmefähigkeit des argentinischen Effektenmarktes. — Außerdem führen die Banken meistens einen gewissen Bestand an Staatspapieren in eigenem Besitz, der dazu dient, bei Regierungslieferungen die nötige Garantie (5% des Objektes) für Geschäftsfreunde stellen zu können.

Finanz-Geschäfte. Die überseeischen Filialen der Banken treten natürlich auch bei den großen Geschäften für ihre Mutterinstitute vermittelnd in Tätigkeit, so insbesondere bei dem Abschluß von Anleihe- und größeren Regierungsgeschäften. So vermittelte die Deutsch-Südamerikanische Bank in Buenos Aires im Jahre 1910 eine Anleihe für die Provinz Buenos Aires im Betrage von 40 Millionen Mark, in scharfer Konkurrenz mit französischen Banken. Solche Auslandsgeschäfte wären in größerem Maße möglich gewesen, wenn nicht die deutsche Regierung sich häufig ablehnend verhalten hätte und die Zulassung solcher Anleihen zu den deutschen Börsen erschwerte oder verhinderte. Maßgebend war dabei der von agrarischen Kreisen vertretene Standpunkt, den deutschen Agrarkredit nicht durch die Konkurrenz der höher verzinslichen ausländischen Wertpapiere zu verteuern. Wie wertvoll der Besitz solcher Auslandspapiere war, hat der Krieg bewiesen. Infolge der Überzahl der Feinde und des unglücklichen Ausganges des Krieges wurde wohl durch die Beschlagnahmungen ein großer Teil nicht verfügbar, und doch sind die wenigen ausländischen Effekten im Besitz der Regierung jetzt eins der wichtigsten Zahlungsmittel, um die allernotwendigste Lebensmitteleinfuhr zu finanzieren.

Ferner finanzierte die Deutsch-Südamerikanische Bank gemeinsam mit der Dresdener Bank den Ausbau des Kriegshafens in Bahia Blanca, der von einer deutschen Baufirma zur vollen Zufriedenheit der argentinischen Regierung ausgeführt wurde. Das Objekt betrug ca. 30 Millionen Mark.

In diesem Zusammenhang sei auch die Gründung der Telefunken-Gesellschaft erwähnt, die von den Konzernen Siemens-Schuckert, A.E.G. und den bei den deutschen Banken als Vertretern der Deutschen Bank und der Dresdener Bank mit sehr gutem Erfolg Mitte 1920 zustande kam. Hierdurch wird Argentinien in 2 Jahren eine drahtlose Station in gleicher Stärke wie Nauen besitzen — ein Werk, das sicher berufen sein wird, die vielseitigen Beziehungen zwischen Deutschland und Argentinien noch enger zu knüpfen. Die Gesellschaft hat ein Kapital von 10 Millionen Pesos. Die Maschinen sind von der A.E.G. und Siemens-Schuckert hergestellt. Für die Bedürfnisse in Argentinien (Ankauf des Landes und Installation) wurden 3 Millionen Pesos benötigt, die glatt aufgebracht wurden unter erfreulicher Mitwirkung auch von argentinischer Seite. Die Anerkennung für die Leistungen der deutschen Industrie, die in der Deutschen Überseeischen Elektrizitätsgesellschaft — mit Hauptsitz in Buenos Aires — so Glänzendes geschaffen hat, ist in argentinischen Kreisen sehr hoch, und hieraus läßt sich für die Zukunft manches erhoffen.

Unter Mitwirkung der Deutsch-Südamerikanischen Bank wurde im Jahre 1916 eine Versicherungsgesellschaft „La Germano-Argentina" ins Leben gerufen, die rein deutsche Interessen vertritt, während bisher die deutschen Exporteure bei Engländern zu versichern pflegten. Auch dies Unternehmen hatte vollen Erfolg. Der ursprünglich in Aussicht genommene Betrag von 2 Millionen Pesos konnte gleich auf 3 Millionen Pesos erhöht werden, wobei auch argentinisches Kapital herangezogen wurde, wenn auch die Leitung ausschließlich in deutschen Händen liegt.

Im Jahre 1919 ist unter Mitwirkung der Deutschen Überseeischen

Bank eine weitere deutsche Versicherungsgesellschaft ins Leben gerufen worden, die auch ein lohnendes Arbeitsfeld vorfindet.

Die Staatsfinanzen. Argentinien gehört zu den glücklichen Ländern, wo die persönliche Steuer [1]) eine unbekannte Sache ist. Der Staatshaushalt verschlingt jährlich rund 400 000 000.– $, von denen die gute Hälfte durch Steuer auf den Import (Einfuhrzölle) gedeckt wird. Der Rest findet Deckung in der Hauptsache durch Steuern auf Alkohol, Tabak, Stempelsteuern, Staatslotterie, durch Einnahmen aus Post und Telegraphie und aus einer Reihe von kleineren Steuerquellen. Von den letzteren seien Grundbesitzsteuer und Patentsteuer genannt, von denen 30% als Kommunalsteuer eingezogen werden. Die Hauptausgabeziffern betreffen Schulen, Heer, Marine, Polizei, Verwaltung; etwa ¼ der laufenden Einnahmen wird durch den Schuldendienst aufgezehrt, wobei ca. 50 Millionen auf die äußere Schuld und 35 Millionen auf die innere Schuld entfallen.

Man muß schon ein ganzes Jahrhundert zurückgehen, um die Entstehungsgeschichte der äußeren Schuld zu überblicken. Schon im Jahre 1822 wandte sich die junge argentinische Republik an das reiche England, um zwecks Ausbau des Hafens von Buenos Aires eine 6%ige Anleihe in Höhe von 1 000 000.– £ aufzunehmen, die mit 70% aufgelegt wurden, sodaß der Regierung 3½ Millionen $oro zuflossen. Die Anleihe wurde bald für lange Jahre notleidend, bis man 1856 sich mit den Gläubigern einigte. Es folgten später Anleihen, um die Kriegskosten für den Krieg mit Paraguay zu decken, Eisenbahn-Anleihen (Zentral-Nordbahn), die Nationalbank-Anleihe, aus deren Erlös die Regierung eine Schuld an die Nationalbank abtrug, sowie verschiedene andere Anleihen, deren Aufzählung hier zu weit führen würde. Im Jahre 1890 hatte die Republik die heftigste Krisis zu bestehen. Die Nationalbank war der Regierung und ihren auswärtigen Geldgebern gegenüber stark verschuldet, auch die Lage der Nationalhypothekenbank und der Stadt Buenos Aires war mehr als prekär. Die meisten Banken mußten ihre Kassen schließen. Die Regierung wandte sich an die auswärtigen Gläubiger, und es kam im Jahre 1891 ein Moratorium zustande; der Kredit Argentiniens war auf lange Zeit schwer geschädigt. In dem Moratorium war vorgesehen, daß der Zinsendienst der gesamten argentinischen Anleihen nicht in bar, sondern in 6%igen, durch die Zolleinnahmen sichergestellten Bons für die Dauer von 3 Jahren erfolgen sollte. Im Jahre 1893 kam mit dem

[1]) Über Steuerwesen vgl. in diesem Buche Dr. Martin, Wirtschaftsgrundgen...., S. 16. (Anm. d. Herausgeb.)

Bankhause Rothschild, London, ein Kompromiß zustande, laut welchem die gesamten Anleihen zusammengefaßt und für 5 Jahre mit 60% der ausmachenden Zinsen bedient werden sollten. Schon vor Ablauf der fünfjährigen Frist hat Argentinien die volle Zinszahlung wieder aufgenommen. Die weitere pünktliche Erfüllung der übernommenen Verpflichtungen durch die argentinische Regierung hat die frühere Scharte längst ausgewetzt.

Vom Beginn dieses Jahrhunderts an wurde in größerem Maße das argentinische Kapital zu Anleihen herangezogen; die äußere Schuld, die 1900 noch 390 Millionen Gold betrug, reduzierte sich bis auf 290 Millionen Gold, während die innere Schuld, die 1900 18 Millionen $ Gold und 93 Millionen Papier betrug, sich auf 223 Millionen Papier und 203 Millionen Gold erhöhte.

Die ausländischen Anleihen wurden in der Hauptsache in London untergebracht unter Führung des bekannten Baring-Syndikats, dem eine große Reihe führender europäischer Banken angehört, in Deutschland insbesondere die Diskonto-Gesellschaft, die Deutsche Bank und die Dresdner Bank.

Die Abhängigkeit des argentinischen Budgets von den Einfuhrzöllen brachte die Finanzen des Landes während des Krieges in eine schwierige Lage, da der Import aus Europa infolge der Kriegsbeschäftigung der Industrien in den kriegführenden Ländern auf ein Minimum zurückging. Dadurch ist eine große schwebende Schuld (ca. 600 Millionen Papierpesos) entstanden, die bisher nicht konsolidiert werden konnte, weil die bisherigen Geldgeber durch die Kriegsausgaben zu stark belastet waren. Nach dem Kriege geführte Verhandlungen wegen Abschlusses einer Anleihe in den Vereinigten Staaten haben bisher nicht zum Erfolg geführt.

Für die deutschen Kapitalisten war die Anlage in argentinischen Papieren nicht immer eine reine Freude. Anläßlich des oben erwähnten Moratoriums gingen die 5%igen staatlichen Schuldtitel, die ca. 90.— notierten, bis auf 25%, die 4½%ige Buenos Aires Anleihe sogar auf 19% zurück. Staat und Stadt Buenos Aires genießen aber heute mit Recht erstklassigen Kredit. Die einzelnen Provinzen, die auf Grund ihrer autonomen Verwaltung selbständige Anleihen im Ausland unterbrachten, sind in ihrer finanziellen Verwaltung nicht immer so gewissenhaft, so daß der Finanzminister der argentinischen Republik sich veranlaßt sah, öffentlich an der Finanzgebahrung der Provinzen Kritik zu üben.

Zum Schluß noch einige Worte über die gegenwärtigen **wirtschaftlichen Beziehungen zu Deutschland.**

Obwohl die Entente während des Krieges mit allen Mitteln, insbesondere durch schärfste Anwendung der „Schwarzen Liste“, die Betätigung für den deutschen Handel erschwert, teilweise sogar unmöglich gemacht hatte, ist kein einziges deutsches Haus von Bedeutung zu Fall gekommen. Die einzige Bank, die ihre Zahlungen einstellte, war eine französische, der Banco Frances del Rio de la Plata.

Nach Abschluß des Friedens hat die Entente auch der argentinischen Regierung den Vorschlag gemacht, die Sequestierung deutschen Eigentums in Argentinien zu Gunsten der Entente zuzulassen. In der richtigen Erkenntnis, daß das argentinische Wirtschaftsleben ohne ausländisches Kapital nicht gedeihen kann, daß auch das deutsche Kapital als willkommene Kraft angesehen werden muß, hat die argentinische Regierung diesen Ansinnen abgelehnt, sodaß die deutschen Häuser wieder mit allem Vertrauen an die Arbeit gehen konnten. Dieses Vertrauen ist umsomehr gerechtfertigt, als der Rohstoffmangel in Deutschland an und für sich die Möglichkeit bietet, Rohprodukte von Argentinien zu liefern, und man darf überzeugt sein, daß Mittel und Wege gefunden werden, um die Finanzierung solcher Lieferungen zu ermöglichen. Eine Lösung dieser Frage liegt auch im wohlverstandenen Interesse Argentiniens — auch Argentinien ist nicht reich, wenn es seine Produkte nicht absetzen kann — und Deutschland ist der gegeb ne große Abnehmer seiner Erzeugnisse.

Welche Konsequenzen sich aus den heutigen Zuständen ergeben, sei an dem Beispiel „Wolle“ illustriert. In den Kriegsjahren wurden für 10 kg Wolle in Buenos Aires bis zu 30 Papierpesos erzielt, 1919 sank der Preis auf 10 Papierpesos und heute sind nur etwa 3½ Pesos zu bekommen, weil das valutaschwache Europa Wolle nicht einführen kann und England einen großen Bestand Wolle kolonialer Provenienz durchschleppt.

Auf der anderen Seite haben die deutschen Industrie-Erzeugnisse und die Leistungen deutscher Ingenieure und Techniker das Ansehen der deutschen Industrie in Argentinien befestigt. Gezwungenermaßen hat man sich während des Krieges vielfach nordamerikanischer Erzeugnisse bedienen müssen, kehrt aber, soweit die Möglichkeit gegeben ist, gern zu deutschen Fabrikaten zurück. Leider waren die unmittelbar nach Kriegsschluß gelieferten deutschen Fabrikate nicht immer Qualitätsware, leider erschwerte die stark schwankende Markvaluta manchen Geschäftsabschluß, wobei den deutschen Firmen teilweise der Vorwurf nicht erspart werden kann, daß sie in vielen Fällen von bereits geschlossenen Verträgen zurücktraten, wenn die Entwicklung der Markvaluta ihnen eine anderweitige vorteilhaftere Verwertung ihrer Waren nachträglich gestattete. Auch die ewigen Streiks und Transportschwierigkeiten und die damit in Zusammenhang stehende Unmöglichkeit, Lieferungstermine einzuhalten, wirkten hemmend auf das Geschäft und mußten in Argentinien verstimmen, sodaß der deutschen Industrie mancher Auftrag verloren ging. Man darf aber überzeugt sein, daß diese unerfreulichen Erscheinungen vorübergehender Natur sind und die deutsche Handelswelt wieder zu ihrer früheren Methode — peinlichste Innehaltung übernommener Verpflichtungen — zurückkehrt, auf welche in der Hauptsache ihr Ansehen und ihre Überlegenheit im internationalen Welthandel beruht.

Die in Argentinien arbeitenden deutschen Finanz und Handelshäuser haben, soweit sie als Filialen deutscher Mutterinstitute arbeiten, gegenüber den Vorkriegszeiten einen schwereren Standpunkt, da sie sich innerhalb der ihnen in Argentinien zur Verfügung stehenden Mittel einrichten müssen und es vorläufig infolge der Valuta-Schwierigkeiten nicht mehr möglich ist, ihnen in unbeschränktem Maße Gelder aus Europa zur Verfügung zu stellen.

Eines ihrer besten Aktiven ist die deutsche Gewissenhaftigkeit und der deutsche Fleiß. Wenn an dieser Grundlage festgehalten wird, so werden sich auch die Schwierigkeiten der jetzigen Situation überbrücken lassen. Südamerika, insbesondere das gastliche Argentinien, dürfte eines der ersten Länder sein, wo deutsche Arbeit wieder ein lohnendes Feld findet. Zwar muß der Warenaustausch heute auf fremden Dampfern erfolgen, aber die Zeit wird nicht mehr fern sein, wo die deutsche Flagge, die früher so stolz am La Plata auftrat, sich wieder dort sehen läßt als Sinnbild deutscher Kraft.

Die Landwirtschaft Argentiniens.

Von

Dr. Pfannenschmidt,

bisher landwirtschaftlicher Sachverständiger beim deutschen Generalkonsulat in Buenos Aires.

Wenn zunächst die durch die Natur gegebenen Verhältnisse betrachtet werden, so ergiebt sich, daß die jährlichen Niederschläge, die im Nordosten (Misiones) sich auf 1500 mm und mehr belaufen, sich nach Westen und Süden mehr und mehr vermindern. Sie erreichen in dem um den Paranafluß herumliegenden Gebiete im nördlichen Teile, d. h. in Corrientes und im Chaco, etwa 1000 bis 1200 mm und im südlichen Teile, also in der Provinz Entre Rios und in der eigentlichen Pampa (den Provinzen Santa Fé, Buenos Aires und Cordoba) 1000 bis 600 mm, nach Westen zu sich allmählig weiterhin vermindernd. In dem den Cordilleren vorgelagerten Gebiete des Westens und im Süden (Patagonien) betragen die Niederschläge nur noch 300 bis 400 mm und stellenweise auch weniger. Was diese Regenmengen bedeuten, ergibt der Vergleich mit den Niederschlägen in Deutschland, wo im Jahresmittel etwa 600 mm Regen fallen. Hierbei ist jedoch zu berücksichtigen, daß die Niederschläge in Argentinien viel weniger ausgenutzt werden, da die hohen Luft- und Bodentemperaturen und häufige Winde eine schnelle Verdunstung bewirken, und da ferner die gänzlich unzureichende Bearbeitung der Böden große Verluste mit sich bringt.

Sehr verschiedenartig sind auch die Bodenverhältnisse. Während die sog. Pampa in der Hauptsache denkbar günstige, tiefgründige, humose und steinfreie Böden hat, Böden, die sich stellenweise bis nach dem Chaco und Corrientes hinziehen, setzen bereits in der Pampa Central recht häufig Kiesböden ein, die dann weiter den ganzen Westen und namentlich auch Patagonien durchziehen. Diese Böden sind stark durchlässig und halten dadurch die Feuchtigkeit nicht, was sich bei unzureichenden Niederschlägen und häufigen, stark austrocknenden Winden im Süden und hohen Temperaturen im Norden besonders schädigend fühlbar macht. Daraus ergibt sich denn auch, daß die eigentliche Ackerbauzone weit geringer zu bemessen ist, als früher ganz allgemein angenommen wurde. Noch vor wenigen Jahren waren die dortigen Kolonisatoren sehr stolz darauf, als die Eroberer der Pampa Central für den Getreidebau zu gelten. Das hat sich als ein verhängnisvoller Irrtum herausgestellt, da die Erfahrungen des Landbaus gelehrt haben, daß die Getreideernten in diesem Gebiete so unsicher sind, daß die emsichtigen Kolonisten in neuester Zeit danach trachten, das Risiko auf Ackerbau und Viehzucht zu verteilen. soweit es ihre meist dürftigen wirtschaftlichen Verhältnisse ermöglichen. Die schlechtesten dieser bisherigen Ackerbauländereien sind dort bereits wieder ihrer früheren Bestimmung, der Schafhaltung, zugeführt worden. Ein großer Teil der dortigen Kolonisten ist aber in die eigentliche Weizenzone (die Provinzen Buenos Aires, Cordoba, Santa Fé und Entre Rios) zurückgewandert, wo die Ernten zwar ebenfalls gelegentlich durch Dürren und andere Witterungsschäden und durch Heuschrecken bedroht sind, wo aber im großen ganzen die natürlichen Verhältnisse dem Ackerbau weit günstiger sind als in dem westlichen Grenzgebiete der Pampa Central.

Auf Grund sorgfältiger Erwägungen, die sich in der oben angedeuteten Richtung bewegen, die aber weiter zu verfolgen der hier verfügbare Raum nicht gestattet, ergibt sich, daß aus dem ganzen großen Gebiete Argentiniens sich kaum der sechste Teil zu intensiver Bewirtschaftung durch Ackerbau und verbesserte Viehzucht und damit zu intensiverer Besiedlung geeignet herausstellt. Das sind die Provinzen Buenos Aires mit Ausnahme des äußersten Südwestens und der niedrig gelegenen und Überschwemmungen ausgesetzten Gebiete, Santa Fé, Entre Rios, Corrientes und Misiones, ferner der Südosten der Provinz Cordoba und die hochgelegenen Teile des Chaco. In den nördlichen Landesteilen, insbesondere in den Misiones, erschweren dichte Waldungen die Siedlung. Das westlich der eben bezeichneten Zone gelegene Land eignet sich ausschließlich für extensive Rinderzucht, teilweise sogar nur für Ziegenzucht. Der Süden, also das große patagonische Gebiet, verbleibt der Schafzucht. Nur vereinzelte Stellen des Südens und Westens sind durch Bewässerungsanlagen dem Ackerbau und der intensiveren Bewirtschaftung erschlossen.

Wenn an früherer Stelle gesagt wurde, daß Argentinien für die Aufnahme größerer Einwanderermassen gegenwärtig wenig vorbereitet sei, so liegt das daran, daß die extensive Art des Ackerbaus, die gegenwärtig noch allgemein verbreitet ist, sehr große Flächen in Anspruch nimmt, daß die einzelnen Estanzien enorme Ausdehnung haben, und daß schließlich in der durch gute Böden und günstiges Klima bevorzugten Pampazone der Ackerbau mit der Viehzucht zusammenfällt.

Der argentinische Ackerbau beschränkt sich im wesentlichen auf den Anbau von Weizen, Leinsaat, Mais, Hafer, Roggen, Gerste, Kartoffeln und Gemüse im mittleren Teile und auf den Anbau subtropischer Gewächse und zwar von Baumwolle, Ölsaaten und Früchten im nördlichen Teile des Landes. Der Ackerbau in der nördlichen Zone ist erst in Aufnahme gekommen, als sich die Getreidebauzone zu füllen begann. Er bleibt daher für die Volkswirtschaft gegenüber dem Getreidebau gegenwärtig noch erheblich zurück. Er ist jedoch sehr entwicklungsfähig, sofern er in die richtigen Bahnen geleitet wird.

Der Getreidebau hat sich mit Riesenschritten entwickelt. Vor kaum einem halben Jahrhundert war Argentinien noch nicht imstande, den Bedarf des Landes an Weizen durch die eigene Produktion zu decken. Im Jahre 1875 bezifferte sich die Anbaufläche von Weizen auf nur 73 000, von Mais auf 130 000 und von Leinsaat sogar nur auf 34 Hektar. Hafer wurde erst weit später angebaut. Erst seit Ende der 1880er Jahre setzte der Ackerbau kräftiger ein. Die weitere Entwicklung ist auf das schnellste erfolgt. Gegenwärtig werden etwa 6½ Millionen ha mit Weizen, 1½ Millionen ha mit Leinsaat, 4 Millionen ha mit Mais und 1 Million ha mit Hafer bebaut. Daneben werden Roggen, Gerste, Kartoffeln in geringerer Ausdehnung gezogen. Etwa 7½ Millionen ha sind mit Luzerne (Alfalfa) besät. Bekanntlich wird der Ackerbau in Argentinien auf der Mehrzahl der Estanzien als Vorbereitung des Landes für die Weidewirtschaft betrieben, da es gilt, die harten Gräser zu zerstören und durch nahrhafte Futterpflanzen, womöglich durch Luzerne zu ersetzen. Da sehr große Flächen tunlichst schnell bewältigt werden mußten und Arbeitskräfte anfänglich in geringer Zahl vorhanden waren (man war fast gänzlich auf die Einwanderer angewiesen), so mußten die Arbeiten in allereinfachster, schnellster und billigster Weise ausgeführt werden. Daher beschränkte man sich darauf, den Boden aufzubrechen, zu besäen und auf günstige Witterungsverhältnisse zu hoffen. Fiel hinreichend Regen zur rechten Zeit, so gab es leidliche Erten. Mißernten wurden ohne Verzagen hingenommen, da ein etwaiger Ausfall durch größere Ansaatflächen auszugleichen versucht wurde. Auf dieser Grundlage entwickelte sich der Ackerbau in der denkbar einfachsten Betriebsweise, die dem meist ungelernten Italiener und auch den Deutsch-Russen, die die große Masse der Ackerbauer stellen, außerordentlich zusagt, da sie sehr bequem ist und äußerst wenig Arbeitsaufwand verlangt. Als das gute Land knapper wurde, mußte diese Methode versagen, und so sehen wir, daß der extensive Ackerbau in der Gegenwart sich überlebt hat, obwohl aus alter Gewohnheit und Bequemlichkeit noch immer vorwiegend daran festgehalten wird.

Die Staatsländereien sind in der Getreidebauregion schon seit Jahrzehnten in Privatbesitz übergegangen. Dagegen haben sich im Laufe der Zeit große Latifundien gebildet, die von ihren Besitzern so fest als möglich gehalten werden, und wenn trotzdem ein häufiger Besitzwechsel stattfindet, an dem sich alle Kreise der Bevölkerung beteiligen, soweit sie materiell dazu in der Lage sind, so geschehen die Verkäufe teils einem zeitweiligen Zwange folgend, teils um daraus Gewinn zu ziehen, stets in der Hoffnung, den Landverlust zu gegebener Zeit durch neue Ankäufe zu ersetzen. Das Geld rollt in Argentinien schnell und Wirtschaftskrisen sind nicht selten. Daher findet ein häufiges Auf und Nieder in den Preisen der Ländereien (auch der städtischen Grundstücke) statt. Gewaltigen Rückschlägen in den Werten (wie zuletzt noch in der Zeit von 1913 bis 1916) folgt stets wieder ein desto stärkeres Anziehen der Bodenpreise. Und im ganzen bleibt die Wirtschaftsmacht des Latifundienbesitzers bestehen.

Dem kleinen, unvermögenden Ackerbauer ist aus diesen Gründen, also wegen der Knappheit guten und gutgelegenen Ackerbaulandes und wegen der hohen Ankaufspreise, die in keinem Verhältnis zu den Erträgen stehen, der Erwerb eigenen Landes bereits seit einer Reihe von Jahren sehr schwer gemacht. Daraus erklärt sich die große und im Verhältnis zur Gesamtzahl der Ackerbauer alljährlich steigende Zahl der Pächter.

Der Werdegang des unvermögenden Einwanderers nach Argentinien, der sich landwirtschaftlich betätigen will, vollzieht sich gewöhnlich derart, daß der Neuling sich zunächst bei einem Kleinsiedler, Chacarero genannt, oder auf einem Gute (Estanzia) als Knecht verdingt, um dort alle ihm übertragenen Arbeiten zu verrichten. Er erhält dafür bei freier Wohnung und Beköstigung einen Monatslohn von 30 bis 60 Papierpesos, je nach seiner Leistungsfähigkeit. Ist er kräftig genug und arbeitswillig, so übernimmt er während der Erntezeit die Erntearbeiten. Diese werden weit höher entlohnt. Sie sind aber auch nicht leicht, da man in Argentinien trotz der auch dort in letzter Zeit nicht ausgebliebenen sozialistischen Verhetzung noch nicht die Einsicht verloren hat, daß die reife Ernte nicht eingebracht werden kann, wenn nicht jede

Stunde des Tages genutzt wird. Häufig werden die Arbeiten des Getreidemähens, die stets mit der Maschine geschehen, und des Zusammenbringens und Einmietens in Stücklohn vergeben. Dann verdient der Mann nebst guter und reichlicher Verpflegung je nach der Art der Arbeit und nach Angebot und Nachfrage täglich 5 bis 9 Pesos. Nach beendeter Weizen- und Leinernte sinken die Löhne erheblich. Es werden dann für den Erdrusch nur noch 3 bis 5 Pesos täglich bezahlt. Nach ein- oder mehrjähriger Betätigung als Peon bietet sich dem fleißigen Arbeiter die Möglichkeit, als Teilpächter (Medianero) irgendwo einzutreten. Er sollte sich aber mit diesem Übergang nicht gar zu sehr beeilen, da er sich häufig als Peon weit besser und sorgenfreier steht als als Medianero, indem er als ersterer die Beköstigung frei hat, als letzterer dagegen selbst für seinen Unterhalt sorgen muß, und dieser stellt sich in Argentinien recht teuer. Für die Betätigung als Medianero braucht er kaum größere Ersparnisse als die, die für seinen Lebensunterhalt bis zur nächsten Ernte hinreichen, denn die Maschinen, Arbeitstiere und auch das Saatgut werden dem Medianero von dem Landeigner gestellt. Als Entgelt dafür und für die Überlassung des Landes muß er die Hälfte des Erlöses aus der Ernte abliefern; außerdem hat er alle Arbeit zu leisten bzw. etwaige Löhne zu zahlen, wofür er übrigens im Bedarfsfalle Vorschuß erhält.

Wenn die Medianeros einige weitere Jahre gearbeitet und wiederum Ersparnisse gemacht haben, so daß sie einiges Inventar in Form von Arbeitstieren, Maschinen, Geräten u. a. m. anschaffen können, so können sie dann leicht als eigentliche Pächter Unterkommen finden. Die in Zeiten der Knappheit äußerst sparsamen und bedürfnislosen Italiener verstehen es meisterhaft, mit sehr geringen Mitteln ihre Pachtungen zu beginnen. Der Vorgang der Erpachtung spielt sich derart ab, daß ein solcher Italiener, der sich neben einem kleinen Barkapital eine Anzahl Arbeitstiere schon als Medianero angeschafft hat, mit dieser Grundlage an einen Landbesitzer oder Verpächter herantrittt und daraufhin dann die übliche Fläche Landes in Anteilspacht zugesichert erhält. Auf dieser Grundlage bekommt er dann leicht den weiteren Kredit in Gestalt von Maschinen, Geräten, Material zum Hausbau u. a. m. von dem nächstgelegenen Almacenero, d. h. Kaufladenbesitzer, der häufig der Verpächter oder sogenannte Kolonisator in gleicher Person ist. Dadurch ist der Kolonist aber von Anbeginn derart in Schulden, daß nur die Aufeinanderfolge mehrerer guter Ernten ihn daraus befreien kann, vorausgesetzt, daß er in seinen persönlichen Bedürfnissen äußerst sparsam verbleibt. Schon dieser Umstand wie auch das geringe Erträgnis der Ernten erklärt es, daß die große Masse der Ackerbaukolonisten in Argentinien überschuldet ist, und daß daher das Heraufarbeiten zu dem Besitz der eigenen Scholle nur noch in vereinzelten Fällen möglich ist. Das gilt um so mehr, als, wie gesagt, die guten Ländereien bereits recht hoch im Preise stehen, besonders die kleineren Gelände, die für den Kolonisten in Betracht kommen. Wegen der Extensität des Ackerbaus müssen sie übrigens noch immer reichlich groß bemessen sein. So rechnet man, daß eine Maisbauchacra in guter Maisgegend kaum unter 50 ha haben dürfte. Weizen- und Leinbauchacras in den Provinzen Santa Fé und Entre Rios haben eine durchschnittliche Größe von etwa 100 ha und Weizenbauchacras in der Provinz Cordoba eine Größe von 200, in der Pampa Central von 200 und mehr ha. Wenn man erwägt, daß gutes Maïsbauland gegenwärtig mit 500 Pesos, gutes Weizen- und Leinbauland mit 250 bis 300 Pesos und Land in der Pampa Central und Cordoba mit 100 bis 200 Pesos pro ha bezahlt wird, so kann man sich leicht berechnen, daß zum Erwerb einer Ackerbauchacra in Argentinien jetzt recht erhebliche Mittel erforderlich sind, selbst wenn die Kaufsumme nur mit einem Fünftel bis ein Viertel Anzahlung und ratenweiser Abzahlung zu leisten ist. In Anbetracht der geringen Höhe der Erträge muß bei derartigen Kaufgeschäften darauf Bedacht genommen werden, daß die Jahresraten des Kaufgeldes nur in guten Erntejahren herausgewirtschaftet werden können, und solche guten Erntejahre sind leider nicht die Regel.

Wenn ein Ackerbaupächter, sagen wir einmal ein deutscher Einwanderer, das volle Inventar für eine Pachtung auf Anteil für nur 100 ha in bar anschaffen wollte, so müßte er für Wagen, Geschirre, einen Pflug, eine Egge, eine kleine Mähmaschine und eine Breitsämaschine etwa 1800 Pesos, für 14 Pferde, 2 Kühe und 2 Schweine etwa 1200 Pesos, für Material zum Hausbau, Hausgerät und Brunnen 1000 Pesos, im ganzen ungefähr 4000 Pesos anlegen. Für Lebensunterhalt und sonstige Bedürfnisse bis zur nächsten Ernte wären 1500 Pesos, für Monatslöhne während der Ackerarbeit 150 Pesos, für Saatgut etwa 800 Pesos, für Erntelöhne 600 Pesos und für Bindegarn 400 Pesos, also weitere 3450 Pesos, im ganzen für Anlage und Betriebskapital 7450 Papierpesos aufzuwenden, in welche Summe die Kosten für die Getreidesäcke zur Verschickung der Ernte noch nicht eingeschlossen sind, die bei einer Ernte von 8 Doppelzentnern pro ha jetzt kaum unter 600 Pesos zu haben sein dürften. 7450 Papierpesos sind zum gegenwärtigen Kurse von einem Goldpeso gleich 65 Mark nicht weniger als 214 500 Mark. Unter diesen

Umständen kann ein deutscher Einwanderer, selbst wenn er über einige Kapitalien verfügt, gar nicht daran denken, in eine solche Pachtung hineinzugehen, ganz abgesehen davon, daß die Pacht, da sie in einem Anteil der Ernte erhoben wird, in diese Summe nicht eingeschlossen ist, und daß ferner der Erfolg der Arbeit infolge der nicht seltenen Mißernten durchaus nicht sichergestellt ist Der italienische Kolonist fängt allerdings, wie zuvor gesagt wurde, mit sehr viel geringeren Mitteln seine Pachtung an. Er pflegt dafür aber auch aus den Schulden kaum herauszukommen und bleibt stets in einer gewissen Hörigkeit bei seinem Verpächter oder bei dem Almacenero.

Obwohl die Betätigung als Ackerbaupächter im argentinischen Getreidebau für den deutschen Einwanderer kaum in Betracht kommt, dürfte eine kurze Schilderung der Arbeit und des Lebens des typischen Getreidebauers in Argentinien, wie er hauptsächlich durch Italiener vertreten ist, interessieren. Während die Deutsch-Russen noch immer gern daran festhalten, in Dörfern zusammen zu wohnen, hält der italienische Kolonist zäh an der Gewohnheit fest, sich möglichst im Mittelpunkte der Chacra, d h. des zu bebauenden Landes anzusiedeln. Das hat den großen Vorteil der Zeit- und Arbeitsersparnis, da er mit seinen Gespannen keine weiten unnötigen Wege zurückzulegen hat. Es bringt aber den großen Nachteil der starken Isolierung mit sich, wodurch der Ansiedler von dem Verkehr mit der Außenwelt mehr denn nötig abgeschlossen ist. Und dadurch erklärt es sich denn u. a. wohl auch, daß die Mehrzahl der Kolonisten in Argentinien allen Aufklärungen zur Verbesserung der Betriebsmethoden abgeneigt sind und bei der sehr unzeitgemäßen Extensität des Ackerbaus beharren.

Die Ackerbaupächter in Argentinien pflegen das kahle Land zu übernehmen. Sie finden gewöhnlich weder Brunnen, noch Haus, noch Umzäunung vor und manche Pachtverträge verlangen sogar das Einreißen des Hauses nach beendeter Pachtung. Die Brunnen müssen jedenfalls zugeschüttet werden, um Gefahren für die Passanten zu beseitigen. Der typische argentinische Kolonist beginnt seine Arbeit auf dem neuen Pachtlande gewöhnlich damit, daß er möglichst im Mittelpunkte desselben eine geeignete Stelle für den Brunnen heraussucht und diesen selbst gräbt, wenn die Wasserverhältnisse entsprechend sind. Findet er salziges oder gar bitteres Wasser, das für die Viehtränke nicht geeignet ist, so sucht er an anderer Stelle. Sobald der Brunnen fertig ist, wird das Haus gemacht, soweit dieser stolze Name für den Rancho des Italieners zutrifft. Er besteht aus einer Hütte, deren Wände als

Stützen Stangen haben, die mit Lehm verkleidet sind. Der Rancho hat gewöhnlich nicht mehr als zwei Zimmer. Das Dach wird mit Wellblechplatten gedeckt. Türen und Fenster sind aus rohen Brettern gezimmert. Die Küche befindet sich gewöhnlich außerhalb des Hauses. Es ist natürlich, daß solche Behausungen im Winter kalt und zugig, im Sommer entsetzlich heiß sind, da sie allen Einflüssen der Witterung ausgesetzt sind. Für diese Arbeiten verschwendet der typische Kolonist wenig Zeit, um so schnell als möglich seine Arbeit auf dem Felde beginnen zu können. Auch im weiteren Verlaufe der Ansiedlertätigkeit ist das Bedürfnis nach Wohnlichkeit und Behaglichkeit bei dem romanischen Kolonisten sehr gering, selbst dann, wenn er es in Ausnahmefällen zu Wohlstand gebracht hat. Dieser Vorgang bedarf der besonderen Erwähnung, da er häufig von argentinischer Seite zuungunsten deutscher Ansiedler geltend gemacht worden ist, denn man behauptet, daß die beschränkte Zahl der Deutschen, die im argentinischen Ackerbau tätig ist, darauf zurückzuführen sei, daß die Deutschen, namentlich zu Anfang, zuviel Zeit für ihre Behaglichkeit verschwenden und daher nicht vorankommen können. Es würde zuweit führen, die Stichhaltigkeit dieser Ansicht nachzuprüfen.

Der italienische wie auch der deutsch-russische Kolonist pflegt sich die Arbeit so leicht und bequem wie möglich zu machen. Sie besteht darin, daß das Land einmal flach umgebrochen und bald darauf mit Weizen oder Lein besät wird. Nur Urkamp und Maisland müssen zweimal gepflügt werden; der erstere, um die harten Grasbüschel herauszureißen und zu zerstören, da sonst das Besäen des Landes unmöglich wäre. Alle Arbeiten werden mit Maschinen verrichtet. Selbst die Pflüge sind mit Sitzen versehen. Das Pflügen geschieht ohne Rücksicht auf die Schonung der Pferde in schärfster Gangart. Nach beendeter Saatbestellung pflegt der typische Kolonist zu ruhen. Er gibt sich dieser Muße, die meistens 3 bis 4 Monate dauert, so nachhaltig hin, daß er nicht einmal sich einen kleinen Garten um sein Gehöft herum oder gar einen Gemüsegarten anlegt. Für Natur- oder Kunstgenüsse ist der Kolonist nicht zu haben. Geld machen mit möglichst wenig Mühe ist sein einziges Bestreben, und dabei setzt er seine Hoffnung auf günstige Witterung, ohne im geringsten der Natur nachzuhelfen. Während auf einer Chacra von 100 ha Pflugarbeit und Saatbestellung etwa 1½ bis 2 Monate in Anspruch nehmen, vollzieht sich die Weizen- und Leinsaaternte mit Maschinen in etwa 14 Tagen. Wenn dann noch der Erdrusch in wenigen Tagen erledigt ist, so ist die Jahresarbeit geleistet. Daß bei so geringem Arbeitsaufwande die Erträge sich in sehr bescheidener Höhe halten, kann nicht überraschen. Während in Deutschland vor dem Kriege im großen Durchschnitt etwa 19 Doppelzentner vom ha geerntet wurden, belaufen sich die Durchschnittserträge in Argentinien auf kaum mehr als 6 Doppelzentner. Sie beliefen sich in den zwei Jahrzehnten bis 1910 auf 749 Kilogramm und sind in dem letzten Jahrzehnt auf durchschnittlich 639 Kilogramm zurückgegangen. Die Erträge an Leinsaat sind noch geringer. Man hat oft behauptet, daß der Rückgang der Erträge auf eine Verarmung der argentinischen Böden schließen lasse. Das ist aber nur scheinbar der Fall, denn die Verarmung betrifft nur die oberste, ganz dünn gehaltene Ackerkrume. Würde der argentinische Kolonist seine Bequemlichkeit aufgeben und den Boden nur halbwegs so behandeln, wie es ihm zukommt, so könnte er die Ernten ohne wesentliche Mehrkosten aufs neue steigern, denn die guten argentinischen Böden, die in großer Ausdehnung vorhanden sind, enthalten ein unermeßliches Kapital von Bodenschätzen in Gestalt noch nicht gehobener Nährstoffe, das sicherlich weit größer ist als das der Böden in Deutschland, die durch jahrhundertelange Nutzung ausgesogen sind.

Die Pachtverträge sind für den Pächter äußerst ungünstig. Er hat im wesentlichen nur Pflichten und das alleinige Recht, den Boden während einer gewissen Zeit zu nutzen. Die Pachtzeiten werden in neuerer Zeit immer kürzer bemessen. Während die Verträge in früheren Jahren auf 4 bis 5 Jahre lauteten, dauern sie jetzt oft nur 2 bis 3 Jahre. Nicht selten werden die Vereinbarungen jetzt sogar nur von Jahr zu Jahr getroffen. Diese kurzen Befristungen erbringen den großen Nachteil, daß der Pächter aus dem Lande herauszuziehen sucht, was nur irgend möglich ist, ohne sich um die Pflege des Bodens im geringsten bekümmern zu können. Dem Verpächter entsteht aber der Nachteil, daß die Böden von Jahr zu Jahr mehr verunkrauten. Der kurzsichtige Landeigner setzt sich über diesen Schaden leicht hinweg, da er nur mit der Gegenwart rechnet und sich vor allem freie Hand für die Nutzung des Bodens erhalten will, sobald es ihm angezeigt scheint. Der Pächter ist durch dieses System an den Anbau gewisser Früchte, insbesondere von Mais, Weizen und bisweilen Leinsaat gebunden. Größere Viehhaltung schließt sich dadurch von selbst aus. Man könnte die Pächter bemitleiden, wenn sie sich diese Zwangslage nicht dadurch selbst geschaffen hätten, daß sie die Pachten und Verpflichtungen durch gegenseitiges Überbieten heraufgeschraubt haben. Das geschah allerdings häufig auch in Unkenntnis der zu übernehmenden Verpflichtungen, da die Mehrzahl der Pächter nicht lesen und schreiben kann und die Leute daher nicht wissen, was die Verträge besagen. Auf die vielen verschärfenden Bedingungen bei der Abgabe des Pachtanteils an den Verpächter, die die Benutzung der von letzterem zu liefernden Dreschmaschinen und vieles andere betreffen, kann näher nicht eingegangen werden. Die Verpachtungen geschehen nur selten in barem Gelde, da bei solchen Abkommen die Pachtraten halbjährlich im voraus zu zahlen sind, wozu den meist unvermögenden Pächtern die Mittel fehlen, und da auch die Verpächter es meisterhaft verstehen, den Pächtern die Überzeugung beizubringen, daß sich bei Anteilspacht das Risiko einer schlechten Ernte auf beide Teile verteilt. So zutreffend dieser Einwand ist, so gibt sich der Anteilspächter wohl selten Rechenschaft darüber, daß sich die Pachtraten bei nur einigermaßen guten Ernten ganz außergewöhnlich hoch stellen. Um nur einige Beispiele herauszugreifen: Es ergibt sich beim Weizenbau bei einer Pachtrate von 25 % der Ernte und einer Ernte von 8 Doppelzentnern pro ha zum Preise von 8 Pesos für den Doppelzentner eine Pachtsumme von 16 Pesos und bei sonst gleichen Bedingungen bei einer Ernte von 20 Doppelzentnern eine Pachtsumme von 40 Pesos; beim Leinsaatbau bei einer Pachtrate von 25 % der Ernte und 8 Doppelzentner Ernteertrag pro ha zum Preise von 17 Pesos für den Doppelzentner eine Pachtsumme von 34 Pesos und bei sonst gleichen Bedingungen bei einer Ernte von 20 Doppelzentnern eine Pachtsumme von 85 Pesos. Zum Friedenskurse von 1 Peso gleich 1,80 Mark umgerechnet, ergeben sich Pachtsummen von 28,80 bzw. 72 bzw. 61,20 bzw. 153 Mark für den Hektar Land. Zum Vergleiche sei darauf hingewiesen, daß im Jahre 1910 für die preußischen Domänen etwa 21 Mark in Ostpreußen und 89 Mark in der Provinz Sachsen für den Hektar bezahlt wurden. Dabei ist zu berücksichtigen, daß die preußischen Domänen mit Gebäuden und allem Zubehör abgegeben werden, während der argentinische Pächter nur das kahle Land erhält. Bei höheren Ernteerträgen und höheren Verkaufspreisen für die Erzeugnisse steigern sich die Pachtabgaben ganz ungeheuer.

Die Produktionskosten haben sich im Verlaufe der letzten 25 Jahre erheblich erhöht. Ein Vergleich mit den Ermittlungen des Professors Kärger ergibt, daß sie sich nahezu verdoppelt haben. Sie stellten sich bei einem Ertrage von 8 Doppelzentnern pro ha vor 25 Jahren je nach den besonderen Umständen auf 2,32 bis 4,97 Pesos für den Doppelzentner, und gegenwärtig betragen sie 4,94 bis 8,99 Pesos für die gleiche Einheit. Der Ackerbaupächter ist jetzt nur dadurch auf dem Weltmarkte wettbewerbsfähig, daß die Weltmarktspreise ebenfalls erheblich gestiegen sind. Es geht ihm aber schlecht genug.

Auf die Rentabilität des Getreidebaus ziffernmäßig einzugehen, muß ich mir hier versagen. Eingehende Berechnungen und Besprechungen hierüber finden sich in meinen Arbeiten über diese Frage in der Zeitschrift für Agrarpolitik vom Jahre 1911 und in meinem demnächst erscheinenden Buche über Land- und Volkswirtschaft in Argentinien. An dieser Stelle dürfte der Hinweis genügen, daß beim Weizenbau die Grenze der gewinnbringenden Produktion bei normalen Verkaufspreisen und Pachten etwa bei einem Ertrag von 7 bis 8 Doppelzentner pro ha liegt. Beim Leinsaatbau pflegt diese Grenze in Anbetracht der meist weit höheren Verkaufspreise etwas niedriger zu liegen, so daß der Ertrag von etwa 5 Doppelzentnern pro ha zur Deckung der Produktionskosten hinreicht, vorausgesetzt, daß die Verkaufspreise nicht unter 15 bis 17 Pesos für den Doppelzentner sinken.

Bei höheren Ernteerträgen, die sich beim Weizenbau etwa bis zur Höhe der Durchschnittserträge der Ernten in Deutschland vor dem Kriege (etwa 19 Doppelzentner pro ha) heben, würde der argentinische Getreidebauer recht gute Geschäfte machen. Leider sind solche Erträge in Argentinien selten.

Wie früher dargelegt wurde, dürfte der Ackerbau in der Getreidezone von Argentinien für deutsche Auswanderer gegenwärtig kaum in Betracht kommen. Das liegt teilweise daran, daß die für den Betrieb erforderlichen Mittel bei dem derzeitigen Stande des deutschen Geldes unverhältnismäßig hoch sind, und ferner, daß die Rentabilität des Ackerbaus nur gering ist. Für letzteren ist der Grund hauptsächlich darin zu erblicken, daß die erzielten Erträge zu niedrig und daher die Einkünfte zu gering sind. Nun ist zwar anzunehmen, daß die Erträge sich durch bessere Bodenbearbeitung und einen Wechsel der anzubauenden Früchte ohne große Mehrkosten ganz erheblich steigern lassen würden und daß durch eine verbesserte Wirtschaftsweise auch die Unsicherheit der Erträge, die nur zum Teil durch Witterungseinflüsse veranlaßt wird, zu beheben sein würde. Da darüber aber erst wenige praktische Beobachtungen und Erfahrungen vorliegen, kann dem Einwanderer nicht geraten werden, mit der Neueinführung einer solchen Methode voranzugehen. Sobald die Erkenntnis von der Notwendigkeit besserer Betriebsweise durchgedrungen sein wird, wird der deutsche Landwirt in Argentinien besonders am Platze sein. Dann wird sich ihm die Möglichkeit der Ansiedlung erst richtig bieten.

Im Großbetriebe findet der Ackerbau in Argentinien nur ganz vereinzelt statt. Die argentinischen Großgrundbesitzer sind der Meinung, daß ihnen die Bearbeitung der Böden mit fremden Arbeitskräften keine Rechnung läßt. Das mag zutreffen, solange die Erträge infolge der oberflächlichen Bodenbearbeitung so niedrig wie bisher sind.

Im Gegensatz zu der Getreidebauzone bietet der Ackerbau in dem nördlichen Gebiete weit bessere Aussichten Eine eigentliche Kolonisation hat dort noch nicht eingesetzt. Selbst die sog. Kolonisatoren haben sich dieses Gebietes noch nicht bemächtigt. Die Ansiedler haben sich dort teils auf Privat-, teils auf Regierungsland niedergelassen. Da sie aber dort noch weit mehr sich selbst überlassen sind als in der Getreidebauzone, kommen sie nur wenig voran, vor allem auch, weil die Absatzverhältnisse wenig geregelt sind. Das gilt sowohl für die Erzeugnisse der Viehzucht wie vor allem auch für die Ackerbauprodukte. Die Kolonisten sind meistens gezwungen, die Ölsaaten und die unentkernte Baumwolle den Fabriken mit ihren Gespannen auf weite Entfernung zuzuführen, wodurch sich de Absatz recht teuer stellt. Die Ansiedler sind bisher den Verarbeitungsunternehmungen, also den Ölfabriken und Entkernungsanstalten, auf Gnade oder Ungnade ausgeliefert und erhalten meistens Preise, die weit unter den Weltmarktpreisen liegen. Nur wenn eine zielbewußte und einheitlich geregelte Kolonisation einsetzen würde, die nur durch großkapitalistische Gesellschaften geschaffen werden könnte, würde die Möglichkeit für eine schnellere Entwicklung gegeben werden. Dazu haben sich die erforderlichen Mittel trotz mannigfacher Bemühungen bisher nicht aufbringen lassen. Die Natur gibt an den dafür geeigneten Stellen verschwenderisch. Die Böden sind ebenso gut wie in der alten Ackerbauregion und das Klima ist dem Pflanzenwachstum noch günstiger. Klimatische Behinderungen, selbst für die Ansiedlung von Nordeuropäern, bestehen nicht. Die Temperaturen sind zur Sommerszeit zwar hoch, aber kaum sehr viel höher als zeitweilig in und um Buenos Aires. Fieber herrscht an den hochgelegenen Plätzen, die einzig und allein für Kolonisationsunternehmen in Betracht kommen, nicht. In diesem Gebiete würde der Kolonisation und Siedlung, sofern sie in zweckentsprechender Weise organisiert würde, sich weiter Spielraum bieten.

Der Ankauf der landwirtschaftlichen Erzeugnisse, insbesondere von Weizen, Leinsaat, Mais und Hafer, geschieht durch eine geringe Zahl großer Handelshäuser, die ihren Sitz teils in Buenos Aires, teils in Europa haben und ihre Geschäfte auf den ganzen Erdball ausdehnen. Neben den vier oder fünf ganz großen Firmen bestehen noch einige von geringerer Bedeutung, die häufig bei den Geschäften als Außenseiter auftreten.

Der Großhandelspreis des argentinischen Getreides und der Leinsaat richtet sich nach den Weltmarktpreisen. Bisweilen wird er durch die Höhe der Überseefrachten beeinflußt. Der Ausfall Rußlands und der Balkanländer, die vermehrte Nachfrage nach landwirtschaftlichen Erzeugnissen von seiten der kriegführenden Mächte, die dazu in der Lage waren, sowie die hohen Schiffsfrachten machten sich während und auch noch nach Beendigung des europäischen Krieges für Argentinien sehr geltend, so daß die Preise aller landwirtschaftlichen Erzeugnisse in Argentinien stark gestiegen waren. Vor etwa einem halben Jahre, als ich Argentinien verließ (Mitte 1920), wurden für Weizen 20 Papierpesos für den Quintal, d. h. für den Doppelzentner, bezahlt, der vor dem Kriege mit 8 bis 9 Pesos bewertet wurde. Ähnliche Preissteigerungen hatten auch die übrigen Exporterzeugnisse erfahren. Leinsaat, die im Jahre 1911 zeitweilig mit 10 Pesos bezahlt wurde, schnellte im Jahre 1919 kurze Zeit bis auf 41 Pesos hinauf. Mais, der im Jahre 1916 so unverkäuflich war, daß die Fabriken der Landeshauptstadt ihn zu Preisen von knapp 3 Pesos kauften und als Feuerungsmaterial in Ermangelung von Kohlen verwandten, erreichte Preise von 10 und 12 Pesos. Mit solchen Preisen kann der Ackerbauer auf die Dauer nicht rechnen, da sie verschwinden, sobald die Ursachen für die Preisteuerung nicht mehr vorhanden sind. Von den sehr hohen Preisen kommt dem kleinen Ackerbaupächter wohl selten etwas zugute, da er in seiner wirtschaftlichen Not das Getreide bald nach oder auch während der Ernte und oft sogar schon auf dem Halm verkaufen muß, d. h. zu einer Zeit, wo die Preise niedrig zu sein pflegen. Auch richtet sich der Kolonisator oder der Almacenero, der den Kolonisten bevorschußt hat, so ein, daß er nicht zu kurz kommt.

Die großen Exportfirmen kaufen entweder durch Mittelspersonen (Kolonisatoren, Almaceneros und Agenten) oder durch ihre eigenen Angestellten. Sie haben an allen dafür geeigneten Orten Zweigstellen und entwickeln während der Saison, d. h. während und nach der Ernte, eine fieberhafte Tätigkeit. Ihre Angestellten erhalten täglich die anzulegenden Preise von der Zentrale in Buenos Aires telegraphisch mitgeteilt, nach denen sie ihre Abschlüsse zu machen haben. Die Leiter der Zweigniederlassungen stehen im festen Gehalt. Sie sind außerdem in irgendeiner Weise an dem Geschäft beteiligt und streben deshalb mit allen Mitteln nach niedrigen Einkaufspreisen.

Da die Mehrzahl der Ackerbaupächter keinen Raum zur Lagerung des Getreides hat, müssen die Erzeugnisse so bald als möglich nach dem Erdrusch abgestoßen werden. Nur die älteren Chacareros, die Landbesitzer sind, lagern bisweilen das Getreide ein, um bessere Preise abzuwarten. Da sie aber in diesen Geschäften weit weniger erfahren sind als die gewiegten Kaufleute, fallen sie manchmal erst recht gründlich hinein. Recht gern verkaufen die Ackerbauer ihren Weizen an die Mühlen der Kampstädte, da sie von diesen etwas höhere Preise zu bekommen pflegen, vorausgesetzt, daß die Qualität nichts zu wünschen läßt. Die Ausfuhr Argentiniens an landwirtschaftlichen Erzeugnissen ist nur deshalb so groß, weil der Verbrauch im Lande in Anbetracht der dünnen Bevölkerung gering ist. Für Saatgut und für die Volksernährung braucht Argentinien jährlich etwa 1¾ Millionen Tonnen, d. i. etwa ein Drittel einer Durchschnittsernte von fünf Millionen Tonnen.

Die Käufer lagern das Getreide in den großen Schuppen, die an jeder Bahnstation von den Bahngesellschaften, teils auch von den Exporthäusern gebaut sind, oder in den Lagerhäusern in den Häfen ein. Sie suchen aber in normalen Zeiten tunlichst schnell an das Ausland zu verfrachten, um Zinsverluste und Unkosten zu vermeiden. Daher pflegt in normalen Jahren kein Mangel an Lagerräumen zu sein. Anders haben sich die Verhältnisse durch den Krieg gestaltet, durch den der Abfluß der Erzeugnisse zeitweilig stockte. Der Ruf nach Schaffung großer Lagerräume, der jetzt in Argentinien wieder so vielfach erhoben wird, ist daher im allgemeinen wenig begründet.

Die Zufuhr der Erzeugnisse zu den Häfen geschieht durch die Bahnen. Da die Verfrachtung der Ackerbauerzeugnisse sich auf die erste Hälfte des Jahres zusammendrängt, entsteht dann eine Überlastung derselben. In dieser Zeit sind die Klagen über Mangel an Wagengestellung nicht selten. Die an sich schon nicht niedrigen Tarife der argentinischen Bahnen sind in den letzten Jahren wiederholt, im ganzen um etwa 50 % erhöht worden mit der Begründung, daß die Ausgaben für Löhne und für Brennmaterial weit mehr sich erhöht hätten und daß die Menge der Frachten nachgelassen habe. Der letztere Grund trifft nicht mehr zu, da die guten Ernten der Jahre 1919 und 1920 einen sehr hohen Frachtverkehr erbracht haben. Im Jahre 1916 lagen die Geschäfte der Bahnen infolge einer Mißernte und des geringen Einfuhrgeschäftes allerdings ein wenig darnieder.

Die argentinische Viehzucht wird fast durchweg im großen betrieben. Die Einheitsgröße des argentinischen Viehzuchtunternehmens, der Estanzia, ist die Legua. Die großen Estanzien haben vier, sechs, zehn, manchmal auch noch mehr Leguas. Es gibt aber auch kleinere Betriebe, die sich mit einer Legua, einer halben Legua und weniger begnügen. Da eine Legua 2500 ha hat und in guter Gegend ein ha mit 200 bis 600 Papierpesos bezahlt wird, so kann man sich leicht berechnen, daß in den argentinischen Estanzien gegenwärtig bereits enorme Werte angelegt sind, zumal da für Drahtzäune, für Betriebseinrichtungen und für die Anschaffung des Viehes annähernd die gleichen Aufwendungen zu machen sind. Die intensiv betriebene Viehzucht, die sich vorwiegend auf die Haltung verfeinerter Rinder und auf Pferdezucht beschränkt, fällt im wesentlichen mit der Region des Getreidebaus zusammen. Voraussetzung für die Haltung von veredeltem Vieh sind gute Weiden, die durch die Anlage von Alfalfares (Luzernefeldern) hergestellt werden. Außerhalb dieses Gebietes, also im Westen und Norden des Landes, können nur Rinder der heimischen Rasse, sog. Criollorinder gehalten werden, da diese weniger anspruchsvoll in bezug auf die Ernährung und Haltung sind. Im nördlichen Osten setzt die Zeckengefahr, der „Garrapata" genannte, die Haut der Rinder befallende Blutsauger, der das Texasfieber überträgt, der Besetzung selbst guter Weiden mit veredelten Rindern ein Ziel. Als drittes großes Viehzuchtgebiet ist das im Süden gelegene Patagonien zu nennen, das infolge des Niederschlagsmangels so dürftige Weiden hat, daß es im wesentlichen nur für die Haltung von Schafen in Betracht kommt, für diese aber ganz besonders geeignet ist.

Der Betrieb der Viehzucht in Argentinien gestaltet sich dadurch sehr einfach und billig, daß die Tiere während des ganzen Jahres auf der Weide gehalten werden. Mit zunehmender Verfeinerung der Rinderherden wird sich diese Art der Haltung auf die Dauer aber wohl nicht durchführen lassen, da die verfeinerten Kreuzungsrinder durch die Unbilden der Witterung, vornehmlich durch den starken Sonnenbrand in den Sommermonaten und durch die heftigen Temperaturumschläge, insbesondere durch die plötzlich auftretenden, von Südwesten her wehenden eisigen Winde, die sog. Pamperos, oft gewaltig in ihrem Futterzustande zurückgehen und auch Schaden an der Gesundheit leiden. Die Hütung und Wartung des Viehs in Argentinien ist dadurch vereinfacht, daß die Estanzien sämtlich mit Drahtzäunen umgeben und durch ebensolche Zäune in Abteilungen gesondert sind. Daher beschränkt sich die

Wartung der Tiere im wesentlichen auf die rechtzeitige Vorsorge für Futter und die zweckmäßige Ausnutzung der Weiden sowie auf die Beschaffung des Trinkwassers.

Auf die argentinische Schafzucht haben die großen Vorteile, die sie während des Krieges aus den vorher nie gekannten hohen Preisen für Wolle zu ziehen vermochte, insofern belebend gewirkt, als die vor wenigen Jahren stark zurückgegangene Kopfzahl durch Zurückhaltung der Schlachtungen und sorgsamere Wartung der Schafe sich seit 1914 etwa verdoppelt haben dürfte. Es dürften zur Zeit kaum weniger als 80 Millionen Schafe in Argentinien sein.

Der Getreidehandel.

Von

Herrmann Weil,

Chef der Firma Weil, Hermanos y Cia., Buenos Aires.

Der argentinische Getreideexport, der jetzt eine so gewaltige Stellung in der Getreideversorgung der Welt einnimmt, hat sich erst in den letzten drei Jahrzehnten aus ganz geringen Anfängen zu seiner heutigen Bedeutung entwickelt. Noch kurz vor dem Jahre 1890 mußte Argentinien Mehl und Getreide zur Ernährung seiner eigenen Bevölkerung importieren. Als nach der Revolution von 1890 das Goldagio auf 400 % stieg, wurde durch diese als Exportprämie wirkende Geldentwertung der Getreidebau mächtig angeregt. Von allen Ländern der Welt wurde Saatweizen nach Argentinien gebracht, womit man praktische Versuche anstellte, um möglichst ertragreiche Sorten zu akklimatisieren. Als besonders geeignet erwiesen sich der italienische Barletta, der ungarische Südweizen und südrussischer Winterweizen; aber auch mit französischen Saaten wurden erfolgreiche Züchtungen vorgenommen. Dagegen schlugen Versuche mit nordamerikanischem Sommerweizen, dem sogenannten Springwheat, und dem südrussischen Santomirka fehl. Auch italienische und südfranzösische Hartweizensorten konnten sich nicht einbürgern. Der eingeführte Weizen akklimatisierte sich sehr rasch, und aus der Selektion der erzielten Sorten entwickelte sich nach und nach der jetzt mit Recht so beliebte, außerordentlich gute argentinische Weizen, der nicht nur ein blütenweißes Mehl ergibt, sondern auch bei sehr wenig Kleie reichlich Kleber enthält.

Abgesehen von einigen Rückschlägen, hervorgerufen durch große Trockenheit, Frost oder Heuschrecken, wodurch in einzelnen Jahren der Export fast unmöglich wurde — der letzte Rückschlag im Jahre 1916/17 führte sogar zu einem Weizen-Exportverbot —, haben sich Anbau und Export ständig entwickelt. Im Jahre 1919/20 betrug die Weizenernte ca. 5 Mill. Tonnen, die heute eine Durchschnittsernte darstellt; ihr steht ein Verbrauch im Lande gegenüber, der einschließlich des Saatgutes jährlich zwischen $1\frac{1}{4}$ und $1\frac{3}{4}$ Mill. Tonnen schwankt. Der Export von Weizen ist nach und nach auf 1 Million bis 3 Millionen Tonnen jährlich gestiegen; im letzten Jahre hat er sogar die Rekordziffer von 5 Millionen Tonnen überschritten. Daraus ergab sich eine solche Mehlteuerung im Lande selbst, daß die Regierung im letzten Halbjahr 1920 vorübergehend abermals zu dem Hilfsmittel des Exportverbotes greifen mußte.

Der argentinische Getreideexport hat schon deshalb einen besonderen Einfluß auf den Welthandel gewonnen, weil das Getreide unmittelbar im Anschluß an die Ernte, also von Januar ab auf dem Felde gedroschen und unverzüglich zur Verladung gebracht werden muß, denn die besonderen Verhältnisse bringen es mit sich, daß die Farmer weder Feldscheunen noch Lagerhäuser besitzen, in denen sie das Getreide oder die gedroschene Ware lagern könnten; auch die vorhandenen Lagerhäuser der Aufkäufer auf den Stationen, der Exporteure in den Exporthäfen sowie die größtenteils den Eisenbahnen gehörenden Elevatoren und die Lagerhäuser der Mühlen sind nicht imstande, mehr als etwa 20 % der Ernte aufzustapeln. Infolgedessen ergießt sich die argentinische Getreideernte wie ein Gebirgswasser in unaufhaltsamem Strome in die Häfen resp. in die Dampferräume. Es müssen wöchentlich ca. 100 000 Tonnen Weizen allein an Bord der Seedampfer verschifft werden, um innerhalb Jahresfrist ein Quantum von 5 Millionen Tonnen zu bewältigen. Da der Schnitt der argentinischen Ernte im Dezember beginnt, der Drusch also ungefähr Anfang Januar einsetzt, beginnt der Druck der argentinischen Verschiffungen gerade zu der Zeit, zu der Nordamerika und Kanada infolge Vereisung der Seen und Kanäle in ihrer Ausfuhrmöglichkeit stark gehemmt sind; Argentinien tritt also alljährlich in die Lücke, welche Nordamerika in der Getreideversorgung der Welt läßt. Solange noch Rußland der große Faktor in der Weltversorgung war, spielte Argentinien nicht die überragende Rolle wie nun nach dem Kriege. Der einzige ernstliche Konkurrent auf der südlichen Hemisphäre — Australien — war während des Krieges durch die weite Entfernung und den Mangel an Schiffsraum außerordentlich behindert; noch in letzter Zeit hat die australische Regierung sich beeilt, ihren Ernteüberschuß an die englische und französische Regierung abzustoßen, ehe Argentinien wieder auf den Markt getreten war, um dem Preisdruck der argentinischen Offerten zu entgehen.

Der argentinische Weizen wird größtenteils nach England exportiert. Genaue Statistiken lassen sich leider nicht aufstellen, weil ungefähr ein Viertel bis ein Fünftel der Schiffe „for orders“ nach den Kanarischen Inseln oder Falmouth abgefertigt werden, wo sie dann ihre definitive Bestimmung erhalten; ferner werden auch die nach Marseille, Genua, Rotterdam, Antwerpen, Hamburg oder Kopenhagen verladenen Mengen zum großen Teile weiter spediert nach der Schweiz, Deutschland, Österreich, Ostseehäfen usw. — Von den im Jahre 1920 verladenen über 5 Millionen Tonnen gingen nahezu 2 Millionen Tonnen nach England, weitere ca. 2 Millionen Tonnen verteilen sich auf Frankreich, Belgien, Holland, Deutschland, Italien, die Schweiz und die nordischen Länder; ca. 200 000 Tonnen gingen nach Brasilien, 50 000 Tonnen nach Südafrika, ca. 25 000 Tonnen nach Nordamerika bzw. Kuba, während ca. 120 000 Tonnen nach den verschiedenen Inseln im Atlantischen Ozean usw. dirigiert wurden.

Außerdem exportierte Argentinien noch ca. 200 000 Tonnen Mehl teils nach dem Kontinent, teils nach Brasilien. Einige Mühlen, die vorzüglich mit den neuesten Maschinen (sehr viel deutsche Fabrikate) eingerichtet sind, sowohl automatisch wie elektrisch, vermahlen täglich mehr als 1000 Tonnen Weizen. Das bei der Vermahlung abgehende Futtermehl und die Kleie werden ebenfalls exportiert und zwar vorzugsweise nach Deutschland und Skandinavien

Der Leinsaatbau hat eine ähnliche Entwicklung gehabt wie der Weizenbau. Aus kleinsten Anfängen heraus ist man zu einem Ertrag gekommen, der jährlich zwischen 7 und 800 000 Tonnen schwankt. In den letzten Jahren war Nordamerika der Hauptabnehmer. Von dem im letzten Jahre ca. 1 Million Tonnen betragenden Export gingen fast 600 000 Tonnen nach Nordamerika, ca. 200 000 Tonnen nach England oder „for orders“ und nur 200 000 Tonnen nach Holland, Deutschland und Skandinavien. Es erscheint jedoch sehr fraglich, ob bei der jetzigen Handelskrisis Amerika noch weiter imstande sein wird, diese enormen Quantitäten abzunehmen.

Sehr stark schwankt der Anbau von Hafer. Versuche, ihn in großem Stile anzubauen, sind erst in den letzten 20 Jahren gemacht worden. Der Hafer wird, ähnlich wie Weizen, im Herbst ausgesät, dient aber dann zuerst mehrere Monate der Viehzucht als Fettweide; erst dann wird er dem Wachstum überlassen und erzielt trotzdem noch Hektarerträgnisse von 700 bis 800 Kilo, also ungefähr ebenso viel wie Weizen in früheren Jahren. — Abnehmer für Hafer ist in erster Linie England. Während des Krieges waren selbstverständlich auch Frankreich und Italien große Käufer; es ist aber sehr fraglich, ob auch heute noch diese

Länder viel Interesse für diesen Artikel zeigen werden. Jedenfalls zeigt der Haferanbau seit Friedensschluß eine rückläufige Bewegung.

Der Anbau von Roggen und Gerste steckt noch in den Kinderschuhen. Es wird wohl genügend Gerste gebaut, um die Brauereien zu versorgen, aber das ist auch eine Kriegserscheinung; denn früher zogen die Brauereien es vor, europäisches Malz, besonders aus Mähren, zu beziehen. Da dies während der Kriegszeit unmöglich war, entschloß man sich zum Anbau von Gerste, und man hat es schon zu einem Export von ca. 50 000 Tonnen gebracht. — Der Roggenanbau nimmt ebenfalls steigende Entwicklung.

Der Maisanbau erbrachte bei der letzten Ernte einen Ertrag von ca. 3 Millionen Tonnen, der Export betrug, da noch große Rückstände aus alter Ernte vorhanden waren, nahezu 4 Millionen Tonnen gegen ca. 2 Millionen Tonnen im Vorjahr.

Im Gegensatz zu den europäischen, besonders den deutschen amtlichen Feststellungen über Ernteergebnisse sind die argentinischen Statistiken über Anbau und Erträgnisse überraschend genau, ja man darf wohl sagen, daß Argentinien die beste Statistik von allen Getreide produzierenden Ländern hat. Das liegt einesteils an der glänzenden Organisation, andernteils an den argentinischen Ackerbauverhältnissen. Zunächst wird amtlich eine ganz genaue Anbaustatistik geführt; jeder Farmer, jeder Grundbesitzer, jeder Distriktschef ist verpflichtet, rechtzeitig den Anbau aller Getreidearten zu melden. Außerdem werden von dem meteorologischen Bureau jede Woche für das ganze Land exakte Angaben über die Regenfälle, Hagelschlag, Frost usw. in jedem einzelnen Landesdistrikt veröffentlicht; ebenso werden Heuschrecken-Einfälle genau gemeldet. Dadurch ist das Ackerbauministerium, aber auch der Kaufmann jederzeit in der Lage, genau zu berechnen, welche Ernten in den einzelnen Landesteilen zu erwarten sind. Wie schon erwähnt, wird alles Getreide auf dem Felde gedroschen; keine Dreschmaschine darf ohne amtliche Erlaubnis dreschen. Jeder Dreschmaschinenbesitzer muß ein gestempeltes Arbeitsbuch führen und ist verpflichtet, die tägliche Arbeitsleistung nach Hektar- und Körnerertrag nebst dem Namen seines Auftraggebers zu melden. Auf diese Weise ist es dem Ackerbauministerium möglich, in kurzer Zeit festzustellen, welche Durchschnittserträgnisse in jeder einzelnen Provinz erzielt wurden. Da man genau weiß, wieviel Hektare überall angebaut wurden, wieviel Hektare durch Trockenheit, Hagelschlag, Frost oder Heuschrecken zerstört oder geschädigt worden sind, so kann das Ministerium stets mit ziemlicher

Sicherheit eine zuverlässige Vorschätzung der tatsächlichen Erträgnisse geben, die meist durch die effektiven, stets nachgeprüften Dreschresultate bestätigt wird. Es ist leider nicht möglich, dieses System auch in Deutschland durchzuführen, denn erstens ist hier die Verschiedenheit des Bodens zu groß, und zweitens hängt der Ertrag stark von der zweckmäßigen Düngung der Felder ab und endlich wird nicht auf den Feldern selbst gedroschen, so daß eine sorgsame Kontrolle kaum durchführbar ist.

Argentinien ist entschieden das Land der Zukunft in bezug auf die Getreideversorgung der Welt; solange Rußland ausgeschaltet ist, bleibt Argentinien sozusagen die einzige Hoffnung für Europa. Nordamerika ist so ziemlich an der Grenze seiner Leistungsfähigkeit angelangt; selbst die ungeheueren Preise, die während des Weltkrieges gezahlt wurden, haben nicht vermocht, eine dauernde Steigerung des Anbaus zu bewirken. Mit dem Abbau der Preise ist auch der Anbau wieder bedeutend zurückgegangen. Außerdem haben die Vereinigten Staaten und Kanada bereits jetzt eine eigene Bevölkerung von ca. 115 Millionen Menschen zu ernähren, die durch Geburten und Einwanderung jährlich um Millionen wächst, so daß beide Länder in absehbarer Zeit ihre Produkte größtenteils für sich selbst benötigen werden. Der für Europa verbleibende Prozentsatz der Erträgnisse wird auf diese Weise allmählich recht klein werden.

Anders in Argentinien. Dort sind bis jetzt erst ca. 13 Millionen Hektar dem Körnerbau einschließlich Leinsaat und Mais dienstbar gemacht, während die Möglichkeit besteht, diese Fläche auf absehbare Zeit dauernd zu vergrößern [1]), sobald die Arbeitskräfte hierzu vorhanden sind. Der Einwanderung sind keinerlei Schranken gesetzt, sondern die Regierung fördert die Einwanderung und ganz speziell die Kolonisation in jeder Weise [2]). Das Land mit seinen nur ca. 8,5 Millionen Einwohnern hat im laufenden Jahr über 10 Millionen Tonnen Getreide exportiert; bei genügender Zuwanderung arbeitsfähiger Landwirte kann in verhältnismäßig kurzer Zeit die Exportmöglichkeit Argentiniens in ungeahnter Weise gesteigert werden. — Damit will ich nicht Propaganda machen für die Auswanderung deutscher Landwirte nach Argentinien, obwohl gerade diese drüben Arbeit in Hülle und Fülle fänden. Dagegen wäre es sehr wünschenswert, wenn das Heer der Arbeitslosen und auch

[1]) Vgl. die weniger optimistische Auffassung in diesem Buche bei Pfannenschmidt, Die Landwirtschaft Argentiniens, S. 135. (Anm. d. Herausgeb.)

[2]) Vgl. damit in diesem Buche Martin, Argentinien als Ziel deutscher Auswanderung, S. 70. (Anm. d. Herausgeb.)

diejenigen Klassen, die sich jetzt auf das Studium aller möglichen Wissenschaften stürzen, sich entschlössen, sich der praktischen Landwirtschaft zu widmen und sich dadurch eine Existenzmöglichkeit in Argentinien zu sichern. Allerdings sei bemerkt, daß man keine hohen Anforderungen an die Lebensbedingungen stellen darf, vielmehr muß sich der Auswanderer mit dem Gedanken vertraut machen, mit dem vollständig bedürfnislosen italienischen Farmer in Konkurrenz zu treten. Diese italienischen Farmer wohnen in Argentinien in der primitivsten Weise in selbstgebauten Lehmhütten auf dem gepachteten Land; jeder Farmer wohnt auf seinen 25 bis 50 oder 100 Hektaren Land für sich allein; es gibt weder Dörfer noch Gehöftegruppen. Das nächste Dorf oder Städtchen ist manchmal 20 bis 25 Kilometer entfernt. Fast immer bringen es diese nüchternen Piemontesen usw. zu Wohlstand [1]), und ein großer Teil des italienischen Aufschwungs vor dem Kriege ist diesen Farmern zu danken, die große Summen ersparten Geldes nach Italien zurückgebracht haben.

Der Verkauf [2]) der Produkte seitens der Farmer ist außerordentlich gut organisiert. Die argentinischen Zeitungen bringen die europäischen und argentinischen Börsenkurse mit verblüffender Schnelligkeit. Der kleinste Farmer kennt die Fluktuationen des Marktes ebenso schnell wie der größte Exporteur. Außerdem sind die Kurse der Terminbörsen von Buenos Aires und Rosario auf allen Stationen innerhalb weniger Minuten bekannt. Die Farmer verkaufen ihr Getreide meist den an Ort und Stelle befindlichen Aufkäufern, den Acopiadores, von denen sie während des ganzen Jahres Kredit für ihre Lebensbedürfnisse und Produktionsmittel, wie Säe-, Ernte-, Schneide-, Dreschmaschinen, Säcke, zum Teil sogar für ihre Arbeitslöhne erhalten. Durch Ankauf des Getreides machen sich dann die Acopiadores bezahlt. Sie sind gewöhnlich Vertreter der Großgrundbesitze sowie gleichzeitig Besitzer eines Warenhauses, auf der anderen Seite aber auch zumeist Vertreter von Exporteuren, in deren Auftrage sie als Kommissionäre kaufen. Von den Farmern übernehmen sie das Getreide auf dem Felde und dreschen es meist mit eigenen Dreschmaschinen. Der Transport über Land zur Station erfolgt auf zweiräderigen, mit 6 bis 8 Pferden bespannten Karren, die mit 50 bis 60 Sack geladen werden können. Die Abnahme auf den Stationen erfolgt auf Dezimalwagen, die bis zu 10 Sack

[1]) Auch hiermit vgl. die weniger günstige Darstellung bei Pfannenschmidt a. a. O. S. 137 ff. (Anm. d. Herausgeb.)

[2]) Vgl. Pfannenschmidt a. a. O. S. 145 ff. (Anm. d. Herausgeb.)

Tragkraft haben. Das Getreide wird alsdann im Freien in haushohen Stapeln neben den Eisenbahngeleisen gelagert und mit Segeltuchdecken abgedeckt, die aber nicht genügenden Schutz gegen Sturzregen gewähren, so daß naturgemäß das Getreide öfter leidet.

Der Verkauf erfolgt gewöhnlich unter der Bedingung: Gesunde, trockene, gut gereinigte Ware, Durchschnittsqualität der Ernte, mit garantiertem Naturgewicht von 78 bis 80 Kilo.

Bei Ablieferung werden mit dem Stecher aus jedem Sack Muster gezogen, diese gemischt und sodann auf der Sommer & Rungeschen Hektoliterwage das Naturgewicht festgestellt. Mindergewichte werden abgezogen, ebenso werden für schlecht gereinigte Ware Abzüge gemacht; feuchter oder blauspitziger, mit Brandkugeln behafteter oder übelriechender Weizen wird refüsiert. Letztere Qualitäten kommen meist an die nächstgelegenen Mühlen zum Verkauf, oder sie werden nach Buenos Aires auf den Mühlenmarkt in Konsignation geschickt, um dort, so wie die Ware ist, an den Mühlenkonsum verkauft zu werden. Stark verregneter, verdorbener Weizen wird auch als Schweinefutter verkauft.

Viele Verkäufe werden auch von den Farmern, besonders wenn in Verbindung mit Geldvorschüssen für die Erntearbeiten, in der Form der „fijar precio-Kontrakte" getätigt, d. h. der Farmer verpflichtet sich, ein gewisses Quantum Weizen zu bestimmter späterer Zeit zu liefern, indem der Preis aber erst nach dem Drusch oder, wenn die Lieferung beginnt, festgesetzt wird. Gewöhnlich gilt dann entweder der Preis der Terminbörse in Buenos Aires oder Rosario oder der Durchschnittspreis der vier größten Exporthäuser. Auf diese Weise sichert sich der Farmer den Vorschuß zur Deckung seiner Ernteunkosten, der Exporteur sichert sich die Ware, ohne daß beide Teile ein Preisrisiko laufen.

Manche Farmer und Aufkäufer, besonders wenn sie keinen Geldbedarf haben, ziehen es auch vor, das Getreide für eigene Rechnung nach den Exporthäfen zu schaffen und dort auf eine günstige Gelegenheit für den Verkauf, der dann durch einen Kommissionär oder Agenten durchgeführt wird, zu warten. Solche Gelegenheiten sind Eisenbahnstreiks oder eine Reihe von Regentagen, denn Tage dieser Art ergeben für die Dampfer Liegetage, und mancher Exporteur, der dadurch vor die Alternative gestellt wird, entweder dem Dampfer Überliegegelder, die sehr hoch sind, zu zahlen oder im Hafen lagerndes, greifbares Getreide zu hohen Preisen zu kaufen, zieht letzteres vor. Auch bilden sich zuweilen Corners an der Terminbörse, wobei „Blanco"-, also Leerverkäufer dadurch, daß sie das Getreide nicht rechtzeitig herbeischaffen konnten, im Lieferungsmoment in die Klemme kommen. Sie müssen dann auf bereitliegende Ware zurückgreifen, und es werden dann auf solche „apuros“ (Zwangskäufe) Preise weit über Exportparität bezahlt. — Andererseits haben aber die Spekulanten auf solche Gelegenheitsverkäufe, da sie ja ihr Getreide einlagern müssen, hohe Spesen für Arbeitslöhne, Lagergelder und Versicherung zu tragen.

Viele große Exporteure haben auch ein weitverzweigtes Netz eigener Angestellter über das ganze Land gezogen, die entweder direkt von den Farmern oder von den Landlords oder auch von den Acopiadores kaufen. —

Vor dem Kriege war in der Regel ein großer Teil des Geschäftes ein sogenanntes Vorschußgeschäft, das, abgesehen von anderem Geldbedarf während des Jahres, dadurch bedingt war, daß die Farmer zum Einbringen der Ernte Bargeld brauchten; denn sie besaßen nicht genügende Mittel, um die Arbeitslöhne für Schnitt, Drusch, Transport des Getreides, der leeren Säcke usw. zu bezahlen. Sie verkauften daher einen Teil ihrer Ernte vor dem Schnitt entweder zu einem festen Preis oder zu den erwähnten fijar-precio-Kontrakten. Bei der effektiven Ablieferung wurde dann der gezahlte Vorschuß verrechnet. Selbstverständlich lag in dieser Methode für den Exporteur insofern ein großes Risiko, als, solange der Weizen nicht abgeerntet war, stets die Möglichkeit bestand, daß die Ernte durch die Witterungseinflüsse verlorengehen würde, ganz abgesehen von Diebstahl oder Betrug. Daher bekam der Exporteur meist eine Risikoprämie von 1 bis 2 % auf den Tagespreis. — Schob sich der den Farmer finanzierende Acopiador ein, so suchte dieser doch auch wieder möglichst große Vorschüsse von den Exporteuren zu erlangen, so daß auch hier die eigentlichen Geldgeber vornehmlich die Exporteure waren.

Heute liegen die Verhältnisse anders; die Bauern sind so kapitalkräftig geworden, daß sie solcher Vorschußgeschäfte nicht mehr bedürfen. — Die Bezahlung des Getreides erfolgt bei der Ablieferung an der Bahnstation, was aber durchaus nicht gleichbedeutend ist mit Export. Im Gegenteil. An der Bahnstation müssen die Getreideanlieferungen oft monatelang auf den Abtransport warten. Die Bahn ist technisch gar nicht imstande, das Getreide so schnell abzuführen, wie es angeliefert wird. Das Getreide wird von den Bauern vornehmlich in den Monaten Januar bis April nach den Bahnstationen geschafft, während der Abtransport von dort oft buchstäblich bis zur neuen Ernte andauert. Da die Exporteure aber das Getreide von den Farmern übernehmen und bezahlen müssen, so schnell wie diese liefern, so resultieren daraus noch immer große Kapitalerfordernisse, die um so beträchtlicher sind, als es keine Lagerhäuser an den Stationen gibt, welche Warrants auf das eingelagerte Getreide ausgeben, mit deren Hilfe man Finanzierungen vornehmen könnte. Auch die Bahn gibt weder Warrants noch Bestätigungen über das angelieferte Getreide; sie gibt nur Lagerplätze und es ist Sache der Exporteure, sich auf diesen Plätzen eine solide Unterlage für die Lagerung der Ware im Freien zu schaffen. Viele Exporteure haben auch an den Stationen aus Holz oder Wellblech erbaute Lagerhäuser — Galpones —. An manchen Orten sind auch schon kleine Elevatoren errichtet, und ein Gesetz verpflichtet jetzt die Eisenbahn, sogenannte Tinglados — offene Wellblechschuppen nach Art der Hangars — an den Häfen zu bauen, um wenigstens einen Teil der angeführten Waren unter Dach lagern zu können.

Terminbörsen befinden sich in Buenos Aires und Rosario. In Buenos Aires wird Weizen Basis 80 kg per Hektoliter, in Rosario auf Basis 78 kg gehandelt. Geringere Qualitäten sind innerhalb gewisser Grenzen mit gewissen Abzügen lieferbar. Ungesunder Weizen ist von der Lieferung ausgeschlossen. Außerdem werden Leinsaat Basis 4 % und gelber Mais — sogenannter La Platamais — gehandelt. Es werden Geschäfte abgeschlossen auf den laufenden, den nächstfolgenden Monat und einige Monate später.

Natürliche Verkäufer sind die Produzenten, natürliche Käufer die Exporteure, was aber nicht hindert, daß auch oft die Rollen unter diesen gewechselt werden. Es kommt auch sehr häufig vor, daß amerikanische oder europäische Getreidehäuser oder sonstige Interessenten in Argentinien à la hausse oder à la baisse operieren. Auch spielen sehr viele Outsiders an den Börsen, soweit man sie in Argentinien überhaupt Outsiders nennen kann, denn schließlich hat nicht nur jeder Estanciero, sondern auch fast jeder Kaufmann in Argentinien Landbesitz, und wer Land besitzt, hat auch Interesse an Getreide, weil er entweder selbst Getreide produziert oder durch seine Mietverträge an der Produktion beteiligt ist.

Die Preisfestsetzung geschieht durch die offiziellen Makler auf Grund der effektiv gemachten Abschlüsse. Die Schwankungen an den Börsen von Chicago und New York haben ihre Rückwirkungen in Buenos Aires und vice versa. Ebenso spielen die argentinischen Notierungen eine große Rolle in London und auf dem Kontinent. Im allgemeinen richten sich die Exporteure ziemlich genau nach den Schwankungen der Terminbörse.

Die Terminbörse in Buenos Aires besteht vollständig für sich neben der eigentlichen Getreidebörse. Sie hat nur eine beschränkte Zahl von Mitgliedern, weshalb ein Sitz sehr viel Geld kostet. Auch im übrigen sind die argentinischen Terminbörsen nach amerikanischem Muster organisiert; Käufer und Verkäufer müssen für alle Kontrakte marges stellen und bei Preisfluktuationen zu ihren ungunsten fortwährend Sicherheit leisten.

Der Transport des Getreides ist mustergültig und erfolgt durch die verschiedenen Eisenbahnen. Sie haben fast durchweg russische Spurweite und sehr große Waggons, so daß der größte Teil des Transportes in Wagen von 30 Tonnen vorgenommen wird. Die Notwendigkeit der schnellen Bewältigung des Exportes bedingt besondere Maßnahmen; deshalb werden den Exporteuren zur schnellen Abfertigung ihrer Dampfer Extrazüge von 500 bis 1000 Tonnen angewiesen, welche innerhalb 24 Stunden geladen resp. entladen werden müssen. Die Eisenbahnen verfügen über enorm leistungsfähige Maschinen, die imstande sind, Züge von 1000 bis 1500 Tonnen zu ziehen. Dabei ist allerdings zu beachten, daß Geländeschwierigkeiten kaum zu überwinden sind. — Die Lagerhäuser, Elevatoren und Silos dienen fast ausschließlich dem Transitverkehr, denn für lange Lagerung sind nur wenig Lagerhäuser vorhanden. Eisenbahn- und Regierungs-Lagerhäuser in den Häfen erheben auch so bedeutende Lagergelder, daß es geradezu unmöglich ist, Getreide lange Zeit aufzuspeichern. Nur wenn der Hauptstoß des Exportes vorüber ist, können durch besondere Vereinbarungen Lagerräume zu erschwingbaren Preisen gesichert werden.

Der Exporthandel liegt in den Händen von relativ sehr wenigen Firmen. Vor dem Kriege waren es Louis Dreyfus, Bunge & Co., Weil Hermanos y Cia. und Hüni & Wormser, die den größeren Teil des Geschäftes bewältigten. Außer diesen gab es noch einige englische, italienische, französische. belgische und holländische Firmen. Im Kriege haben sich die Verhältnisse aber gewaltig verschoben; die Ententefirmen haben an Bedeutung sehr gewonnen, da die auf der schwarzen Liste stehenden Firmen jahrelang ausgeschaltet waren. Die Firma Bunge & Born hat sich in zwei Firmen geteilt; die neue Firma ist die Cadeg mit der europäischen Niederlassung Bunge in Amsterdam. Außerdem hat sich während des Krieges die Compania Mercantile William H. Müller, die nicht auf die schwarze Liste kam, sehr entwickelt, und es sind ferner noch einige neue holländische und skandinavische Firmen gegründet worden. Deutsche Firmen bestanden schon vor dem Kriege in Argentinien nicht. Die Firma Weil, Hermanos y Cia. ist eine argentinische, bei der vor dem Kriege deutsches Kapital mit $^1/_8$ beteiligt war.

Der Verkauf nach Europa geschieht meist durch die europäischen Zentralen, denn fast jeder Exporteur hat ein Zentralbureau, sei es in London, sei es in Paris, Antwerpen oder Rotterdam, von wo aus die Offerten per Telegraph oder Telephon weitergegeben werden. In England liegt der Haupthandel in London und Liverpool, für Ölsaaten in Hull. In Belgien ist Antwerpen, in Holland Rotterdam der Haupthandelsplatz; für Deutschland spielte sich vor dem Kriege der Hauptimporthandel in Hamburg, Berlin, Duisburg-Düsseldorf und Mannheim ab, während jetzt der Weizenhandel nur in Berlin bei der Einfuhrgesellschaft liegt. Die Geschäfte nach Skandinavien, dem Baltikum, dem Mittelmeer, Spanien werden ebenfalls durch die genannten Zentralen getätigt. Im allgemeinen werden die Geschäfte auf Basis der Kontrakte der London Corn Trade Association abgeschlossen. Infolge des Krieges wurde versucht, den Niederländischen Getreidevertrag auch für das La Platageschäft einzuführen, ohne daß man zu einem praktischen Resultat gelangte.

Der Exporthandel konzentriert sich in Argentinien auf Buenos Aires; Rosario und Bahia Blanca haben nur interne Bedeutung. Dagegen sind La Plata, Rosario und Bahia Blanca neben Buenos Aires wichtige Verschiffungsplätze. Kleinere Häfen für Getreideexport sind San Nicolas, Santa Fé und eine Anzahl weiterer Verladeplätze am Parana und am Uruguay. Von Buenos Aires wurden Januar bis November 1920 ca. 4 Millionen Tonnen, von Rosario za. $3^1/_4$ Millionen, von Bahia-Blanca $1^1/_2$ Millionen, von La Plata ca. 600000 Tonnen verladen.

Die Fleischindustrie und der Handel mit ihren Produkten.

Von

Dr. jur. **I. U. Mueller.**

Argentinien ist das Musterbeispiel eines auf gesündester Grundlage erwachsenen Agrarstaates, in dem alles, was nicht unmittelbar mit der Landesproduktion zusammenhängt oder derselben bzw. dem Verkehr mit ihr dient, sich mehr oder weniger als ein Kunstprodukt erweist, dessen Erhaltung und Weiterentfaltung eben auch nur mit künstlichen Mitteln zu erreichen ist. Dies gilt namentlich von all den Ansätzen zur Industriebildung, die über die notwendige Verarbeitung und Zurichtung der Landesprodukte zum Zwecke des Exportes derselben hinausgehen. Um so kräftiger hat sich aber dann auch der Industriezweig entwickeln können, der dem Absatz der Produkte der argentinischen Viehzucht dient und zugleich in geradezu idealer Wechselwirkung ein mächtig wirkender Ansporn zu immer weiterstrebender züchterischer Verbesserung derselben geworden ist, das ist die argentinische Fleischindustrie.

Die argentinische Viehzucht ist trotz der Entwicklung des Ackerbaus in den letzten Jahrzehnten noch immer der wichtigste Faktor der argentinischen Landwirtschaft, und zwar nicht nur im Urteil des eigentlich bodenständigen argentinischen Landwirts — im Gegensatz zu dem vielfach noch von dem „animus revertendi“ infizierten Kolonisten —, sondern neuerdings sogar im Lichte der Exportstatistik. Hat sich doch, allerdings unter der offenbaren Einwirkung der veränderten Weltmarktbedürfnisse während des großen Krieges, der Wertanteil der Viehzucht an der Gesamtausfuhr der Landesprodukte von 38,8 % zu 58,1% des Ackerbaus im Jahre 1913 auf 68,3 zu 26,3% im Jahre 1917 und 62,5 zu 32,3 % im Jahre 1918 gesteigert. An anderer Stelle wurde schon darauf hingewiesen, daß Pachtverträge üblicherweise die Klausel besitzen, daß vor Rückgabe des Pachtlandes dasselbe mit Alfalfa zu bestellen sei. Damit hat man die Vorbereitung des Kampes zu Zwecken der verfeinerten Viehzucht im Auge. So erweist sich geradezu in vielen Fällen der Ackerbau als nichts weiter als die Vorfrucht gehobener Viehzucht. Diese eigentümliche Bewegung ist natürlich nur möglich geworden durch die Steigerung der Absatzmöglichkeit bezw. die Wertsteigerung des Absatzes der Viehzuchtprodukte. Als psychologisches Moment wirkt eine ausgesprochen sportliche Neigung des argentinischen Estanciero für die Betätigung auf dem Gebiete der Rassenzüchtung, verbunden mit dem natürlichen Bestreben des Großgrundbesitzers, seinen ausgedehnten Grundbesitz möglichst in eigener Hand zu behalten und im eigenen Betriebe zu bewirtschaften, mit. Dabei pflegt der argentinische Großviehzüchter, wie sich das auf den jährlichen großen Revuen der „Sociedad Rural" immer wieder von neuem offenbart, mit der gleichen Sorgfalt die Pferde-, Rinder- und Schafzucht. Mag nun aber auch die erstere, namentlich wenn sie die edlen Vertreter der Vollblut- und der hochgezüchteten Halbblutrassen zu Objekten hat, als die vornehmere Beschäftigung erscheinen und der persönlichen Eitelkeit mehr schmeicheln, der eminent praktische Sinn des Argentiners läßt ihn sich eigentlich doch erst wirklich erwärmen für das große Problem der ausgesprochenen Nutzviehfrage, die sich ihm in der Rinder- und Schafzucht verkörpert.

Die Entwicklungsphasen der argentinischen Rindviehzucht lassen sich am besten charakterisieren mit der Verwendung ihrer Produkte. Die sogenannte Kolonialzeit war die Periode der reinen Häuteverwertung; ihr folgte in der ersten Hälfte des vorigen Jahrhunderts die Periode der Salz- bzw. Dörrfleischverwertung, die schon unter der Einwirkung und Nutzbarmachung der Erfindungen (hauptsächlich Liebigs) auf dem Gebiete der Nahrungschemie allmählich zu einer planmäßigen Verbesserung des Viehmaterials führte, bis Anfang der 80er Jahre des vorigen Jahrhunderts mit der Aufnahme der Ausfuhr lebenden Viehs nach Europa und mit der fast gleichzeitig einsetzenden Herstellung von Gefrierfleisch zu Exportzwecken ein weiterer mächtiger Anstoß für den züchterischen Ausbau der Landesviehzucht gegeben wurde. Bis zum Jahre 1890 ging die Ausfuhr lebenden Viehs neben dem sich allmählich auf dem englischen Fleischmarkt immer mehr einbürgernden Absatz der sich zuerst noch langsam entwickelnden Gefrierfleischindustrie einher, bis mit der Sperrung der englischen Häfen gegen die Einfuhr lebenden Rindviehs aus Argentinien wegen der damals ausgebrochenen Maul-

und Klauenseuche die erstere Konkurrenz zeitweilig und nach vorübergehender Wiederzulassung schließlich endgültig ausgeschaltet wurde. Daß bei der letzteren Maßregel keineswegs nur die Wahrnehmung der Interessen der englischen Viehzucht gegenüber drohender Seuchengefahr maßgebend gewesen ist, sondern im Hintergrunde die Rücksicht auf das sich immer lebhafter auf Argentinien einstellende Anlagebedürfnis des englischen Kapitals mitgewirkt haben dürfte, geht aus der bald danach einsetzenden immer stärkeren Beteiligung englischer Unternehmer an dem Ausbau der argentinischen Gefrierfleischindustrie hervor. Doch wie schmerzlich auch die argentinische Viehzucht diese Aussperrung ihres Lebendviehabsatzes gerade von seiten Englands, an dessen züchterischen Erfahrungen und Lehren sie sich herangebildet und aus dem sie die Elemente zu ihrem Aufbau fast ausschließlich geschöpft hat und noch dauernd schöpft, als Kränkung empfindet und den Fortfall eines wertvollen Ventils gegenüber einem seitens der Frigoríficos für die Dauer zu befürchtenden Preisdruck seiner Erzeugnisse beklagt, so ist ihr doch die auf diese Weise errungene Vormachtstellung der Gefrierfleischindustrie auf dem Gebiete der Verwertung ihrer Produkte in unverkennbarer Weise zum Segen geworden. Selbst der Eintritt des amerikanischen Beeftrusts in den Interessenkreis der argentinischen Gefrierfleischindustrie, so große Gefahren auch das bald sich geltend machende Eingreifen desselben sowohl auf dem Vieheinkaufsmarkte in Argentinien wie auf dem Fleischverkaufsmarkte in England mit sich bringen mußte, wirkte insofern günstig, als er nicht nur allerlei Verbesserungen des technischen Verfahrens hervorrief, sondern auch durch eine zeitweilig gepflegte großzügige Preispolitik auf die argentinische Viehzucht einen Ansporn mehr zu immer weiterer Steigerung ihrer Qualitätsproduktion ausübte. So entstand schließlich der „tipo frigorífico“ als ein feststehender Begriff, der von allen Sachverständigen und nicht zuletzt von deutschen Fachkennern als ein Schlachtungsmaterial allererster Klasse uneingeschränkt angesprochen wird und mit Recht den Stolz der argentinischen Veredlungsviehzucht bildet.

Eine ähnliche Entwicklung hat sich auf dem Gebiete der Schafzucht vollzogen, die schon rein ziffernmäßig mit ca. 55 Mill. Köpfen [1]) innerhalb der argentinischen Viehzucht eine gleichfalls bedeutende Rolle,

---

[1]) Vgl. die Schätzung von 80 Mill. Schafen als Resultat einer starken Vermehrung während des Krieges in diesem Buche S. 149. (Anm. d. Herausgeb.)

namentlich in der Ausnutzung der noch nicht kultivierten Weidekämpe der Zentralprovinzen spielt, in den südlichen Territorien und Patagonien aber geradezu dominiert; und zwar geschah dies insofern unter sehr viel leichteren Bedingungen, als sich die Edel- und Kreuzungszucht bei dem höheren Fortpflanzungskoeffizienten des Schafes auf den importierten Zuchtstämmen unmittelbar aufbauen konnte. Ursprünglich zur Wollerzeugung und Wollverwertung durch Ausfuhr bestimmt, hat sich auch ihr sehr bald das Interesse an der Fleischverwertung zugewandt, wobei sich um so leichter eine Vereinigung beider Verwertungsziele herstellen ließ, als sich mit dem steigenden Verlangen der europäischen Bekleidungsmode nach gröberen Wollen in der Lincolnrasse ein hervorragend geeigneter Vermittler fand. Auch die bald eingeleiteten Kreuzungen zwischen Lincoln und Rambouillet (Merino) und die Aufnahme der Down-Rassen in das argentinische Schafzuchtprogramm trugen dem Bedürfnis der Fleischverwertung, und zwar ausgesprochen durch die Gefrierfleischindustrie, gebührende Rechnung, so daß zurzeit mit Ausnahme geradezu verkümmerter Herden eigentlich die gesamten Produkte der argentinischen Schafzucht als frigorífico-fähig angesehen werden können.

Bei der Frigorífico-Fähigkeit der Rindviehzucht handelt es sich auch heute noch immer nur um ein Auswahlprodukt aus einem zwar ständig wachsenden, aber immer noch beschränkt bleibenden Zuchtkreise. Vollkommen außerhalb dieses Zuchtkreises steht nach wie vor die große Masse. Rein ziffernmäßig dürfte etwa der dritte Teil der jetzt auf za. 29 Mill. Stück angenommenen Rinderherde Argentiniens, d. h. etwa 9 bis 10 Mill. Stück, soweit durch Kreuzung veredelt sein, daß aus ihm bei entsprechender Pflege und vor allem bei guter Weidemast ein für die Gefrieranstalten geeignetes Schlachtungsmaterial erzielt werden kann. Alles, was sich außerhalb dieses Kreises bewegt, wird nach wie vor, soweit es nicht zur Befriedigung des Inlandskonsums, von dem übrigens nur der Verbrauch der größeren Städte einem statistischen Nachweise unterliegt, dient oder in lebendem Zustande an die Nachbarländer abgegeben wird, seine Verwertung in der Salzfleischindustrie, dem Saladero, suchen müssen.

Wie schon oben bemerkt, hat zwar auch der Saladero bereits allmählich seine Anforderungen an das Rohmaterial gesteigert, aber er begnügt sich doch immer noch mit der besseren Klasse der Landrinderrasse, der sog. Criollos, und deren niederen Kreuzungsgraden mit dem eingeführten Veredlungsvieh. Für ihn spielt eben die Haut immer noch eine besondere Rolle, und in dieser Beziehung wird er auch von dem vulgären Landrind, soweit es in der Figur etwas größer ausgefallen ist, selten enttäuscht. Die Saladero-Industrie kann deshalb aber auch aus dem Vollen schöpfen und hat noch außerdem bei der sehr viel leichteren Versandfähigkeit ihrer Endprodukte den besonderen Vorteil, ihre Etablissements mitten in den großen Viehreservoiren aufrechterhalten zu können, ohne wie die Gefrierfleischindustrie die in jeder Beziehung verteuernde Nähe der dem Überseetransport unmittelbar angeschlossenen Hafenplätze aufsuchen zu müssen. So hat sich die Saladero-Industrie, trotzdem sie mit der Zeit unwiderruflich auf den zweiten Platz innerhalb der argentinischen Fleischindustrie herabgedrückt worden ist, doch noch so günstige Lebensbedingungen zu erhalten verstanden, daß sie noch mit einer recht langen Lebensdauer rechnen darf, um so mehr, als allein die klimatischen und die von denselben abhängenden Weideverhältnisse einer restlosen Veredlung des argentinischen Landrindes nahe regionale Grenzen gezogen haben.

Der Hauptsitz der argentinischen Saladero-Industrie ist die viehreiche Provinz Entre Rios mit der Nachbarprovinz Corrientes. Aus beiden Gebieten finden übrigens noch regelmäßig starke Abgaben von Saladeromaterial an die einschlägige Industrie Uruguays, Paraguays und Süd-Brasiliens statt, so daß man bei einer statistischen Erfassung des argentinischen Viehmaterials zu Saladerozwecken eigentlich auch die entsprechenden Ausfuhrziffern lebenden Viehs nach diesen Nachbarländern mit berücksichtigen müßte. Seit dem Jahre 1890 sind bis 1910 die Rinderschlachtungen in den argentinischen Saladeros von jährlich 800 000 Stück allmählich auf 300 000 Stück zurückgegangen. Im Jahre 1917 betrugen sie noch 262 254, wobei allerdings eine erhebliche Zunahme zur Befriedigung der hochgesteigerten Nachfrage nach Kriegskonserven mit berücksichtigt werden muß. Im letzten Jahre dürften sie sich kaum über 200 000 erhoben haben. Abgesehen von zahlreichen kleineren, die sich noch an verschiedenen Orten der nördlichen Provinzen vorfinden, sind die bedeutendsten Saladeros: Colon, Santa Elena, Concordia, Freitas, San Antonio, San Javier, Gualeguaychu und The New Patagonian Preserving Meat Co., von denen die ersten sechs sämtlich in der Provinz Entre Rios gelegen sind. Und zwar gehört Colon der Liebig-Co. und Santa Elena der Bovril-Gesellschaft, die auch San Javier in der Provinz Santa Fé besitzt. Diese beiden in London domizilierenden Gesellschaften betreiben auch noch in den Nachbarrepubliken Uruguay und Paraguay Saladeros und kontrollieren ähnliche Etablissements in Südafrika und Australien. Überall sind sie zugleich mit eigenen großen Viehzüchtereien verbunden, aus denen sie sich vorzugsweise, wenn nicht ausschließlich mit dem Rohmaterial für ihre Fabrikation versorgen. Besonders die Liebig-Gesellschaft, deren Produkte Weltruf genießen, dürfte für den modernen Ausbau des Saladerobetriebes so typisch sein, daß es sich an dieser Stelle verlohnt, auf den soeben erschienenen Geschäftsbericht für das Geschäftsjahr (1. Okt.) 1919/20 näher einzugehen.

Danach besteht die Gesellschaft seit 1865, verfügte bis 1900 nur über ein Kapital von 500 000 Lstr. in gewöhnlichen Aktien zu 20 Lstr., erhöhte sodann ihr Aktienkapital um weitere 250 000 Lstr. und 1903 nochmals um den gleichen Betrag, während gleichzeitig die alten Aktien von 20 Lstr. in vier Aktien von je 5 Lstr. geteilt wurden. 1907 folgte eine weitere Kapitalerhöhung durch Ausgabe von 20 000 Aktien zu 5 Lstr., 1912 die Ausgabe weiterer 500 000 Vorzugsaktien, so daß das Kapital jetzt aus 1 Mill. Lstr. 5%igen Vorzugsaktien und 600 000 Lstr. gewöhnlichen Aktien besteht. Dazu kommen je 600 000 Lstr. 5%ige Zweijahrsnoten, die in den beiden letzten Jahren ausgegeben wurden. Der Reservefonds umfaßt 800 000 Lstr., der Versicherungsfonds 102 740 Lstr., der Spezialreservefonds 110 000 Lstr., wozu noch 247 878 Lstr. Vortrag für das nächste Jahr kommen, zusammen also 1 300 618 Lstr. Der Gewinn beträgt 327 205 Lstr., so daß auf die gewöhnlichen Aktien ebenso wie in den letzten vier Vorjahren eine Dividende von 25 % verteilt werden konnte. In den Jahren 1910—15 hatte die Dividende 22½% und vorher 20 % betragen. Danach erweist sich offenbar dieses führende Unternehmen unter den Saladeros als glänzend fundiert und äußerst rentabel.

Die erste Voraussetzung zur Entwicklung der Salzfleischindustrie war die Sicherstellung des erforderlichen Salzbedarfes, der vor Erschließung der patagonischen Salzlager fast ausschließlich durch Einfuhr und zwar in erster Linie aus Spanien (Cadix) gedeckt werden mußte. Im übrigen sind die technischen Voraussetzungen für den Saladerobetrieb durchaus primitiv, auch erfordern die Gebäude und Anlagen keinen großen Aufwand, und das galt ganz besonders so lange, als sich der Betrieb auf die Aufbereitung der Häute und die Aufarbeitung des Fleisches zu Salzfleisch beschränkte, da er sich einschließlich der Schlachtung im Freien abspielte. Erst mit der Herstellung von Fleischextrakt und den anderen Spezialartikeln des erweiterten, nunmehr auf restlose Ausnutzung der gesamten Schlachtungsabfälle und Rückstände gerichteten Verfahrens sind moderne Kesselanlagen usw. erforderlich geworden. Immer noch steht aber auch heute die Herstellung von Salzfleisch oder, wie es an Ort und Stelle genannt wird, „tasajo“ im Mittelpunkt des Betriebes. Da sowohl dieses Produkt selbst wie sein Herstellungsverfahren durchaus eigenartig ist, so soll hier in Kürze darauf eingegangen werden.

Die zur Schlachtung bestimmten Tiere, deren Auswahl, wie schon oben wiederholt betont wurde, keineswegs eine so peinliche ist wie für den Frigorifico, bei der namentlich auch ein ziemlich hoher Prozentsatz von Kühen zugelassen wird, werden bereits an dem dem Schlachttage vorangehenden Nachmittage von der übrigen Herde getrennt und in große umzäunte Gehege eingeschlossen. Hier erfolgt zunächst eine tierärztliche Untersuchung durch den beamteten Veterinär, wonach die bei dieser Untersuchung freigegebenen Tiere in Schlachtgruppen eingeteilt und in kleinere Gehege überführt werden, von denen aus ein Tier nach dem anderen mit dem durch einen Dampfkran bewegten Lasso ergriffen wird, der dasselbe nach dem Schlachtplatz schleppt, um seinen Kopf unmittelbar an einem Querbalken festzulegen. Hier nickt der das Lasso bedienende Arbeiter das Schlachttier ab, das danach, vom Lasso befreit, bewußtlos auf einen auf Schienen laufenden Schlachttisch fällt und so unmittelbar nach dem eigentlichen Abschlachtungsplatz bewegt wird. Hier werden die Tiere umgelegt und zwar immer auf die linke Seite, eins neben das andere in entsprechendem Abstand, um den Schlächtern ein bequemes Arbeiten zu gestatten. Die Schlächter durchschneiden mit einem scharfen Messer die großen Halsblutgefäße und stoßen bis ins Herz, um eine möglichst vollständige Entblutung herbeizuführen. Dann wird das Tier enthäutet, geöffnet und zerlegt, wobei mit erstaunlicher Geschicklichkeit und Schnelligkeit von den durch Familientradition als Spezialisten ausgebildeten Gauchoschlächtern, die natürlich im Akkord arbeiten, verfahren wird; kaum zwölf Minuten nimmt der ganze Schlachtungsprozeß durchschnittlich in Anspruch. Während der Abhäutung und Öffnung des Tieres erfolgt eine neue tierärztliche Untersuchung durch den Amtstierarzt und seine Assistenten, die allen weiteren Operationen vorausgehen muß. Kranke Tiere, deren Fleisch genußuntauglich ist, werden den Kochapparaten zur Talggewinnung überwiesen. Bei Milzbrand findet vollständige Verbrennung des ganzen Tieres statt. Soweit der eigentliche Schlachtprozeß.

Wenn die Haut auf der rechten Seite abgenommen ist, werden die vorderen und hinteren Gliedmaßen losgelöst und die gesamte Fleischschicht, welche durch die das Knochengerüst vom Hüftknochen bis zur Kinnbacke bedeckende Muskelmasse gebildet wird, abgetrennt. Danach werden die Eingeweide herausgenommen und zur weiteren Verarbeitung nach einem besonderen Platz gebracht. Nach Umlegung des Kadavers wird dieselbe Manipulation an der anderen Seite vorgenommen. Die abgetrennten Fleischschichten gehen sofort an eine andere Arbeitergruppe über, welche sie mit haarscharfen Messern in dünne, möglichst gleichmäßige Scheiben zerlegen, die ein gleichmäßiges und völliges Eindringen der Salzlake und der späteren Nachsalzung in das Fleisch erlauben. Ebenso werden die einzelnen Viertel, die inzwischen an besondere Haken aufgehängt worden sind, entfleischt. Die von diesen gewonnenen Fleischmassen gehen dann ebenfalls an die Fleischschneider, welche sie in derselben Weise wie die Fleischschichten des Rumpfes gleichförmig zerteilen. Aus diesen Fleischstreifen wird das **Salzfleisch** durch die gemeinsame Wirkung zweier Konservierungsfaktoren, denen sie nacheinander ausgesetzt werden, nämlich des **Salzes** und der **Sonnenwärme**, hergestellt, und zwar auf zwei verschiedene Arten.

Nach einem Verfahren werden die Fleischstreifen sofort in eine wenigstens 18° Baumé starke Kochsalzlösung gebracht, welche die Luftwärme haben muß. In dieser Salzlake bleibt das Fleisch ungefähr eine Stunde, passiert sodann eine stärkere Salzlösung, die auf 14° temperiert ist, von wo es nach einer halben Stunde in eine ebenso starke, auf 12° abgekühlte Salzlösung kommt, so daß sich das Fleisch im Verlaufe von zwei Stunden beim Durchgang von einer Lösung in die andere abkühlt. Danach wird das Fleisch auf einem schräg geneigten und damit den Abfluß der Flüssigkeit gestattenden Boden, der zunächst mit einer Salzschicht bestreut ist, schichtweise so aufgestapelt, daß über jede Fleischschicht immer eine Salzschicht ausgebreitet wird. Zu einem derartigen Fleischberg, der in gleichmäßiger Höhe von etwa 3 m gehalten wird, wird das Fleisch jeder Tagesschlachtung (und das sind oft 200 bis 500 Tiere) vollständig aufgestapelt. In dieser Form verbleibt es zunächst acht bis zehn Stunden, indem es einen automatischen Reinigungsprozeß in der Weise durchmacht, daß durch das Eigengewicht der aufgehäuften Fleischmassen und die allmähliche Auflösung des Salzes Blut und die sich bildende Salzlake ausgepreßt und durch das Gefälle des Bodens nach besonders dazu vorgesehenen Auffangbehältern abgeleitet wird. Am folgenden Tage wird der Fleischstapel umgelegt, die obere Schicht nach unten und die untere nach oben gebracht. Dies wiederholt sich drei bis fünf Tage lang täglich, so daß das Salz in alle Gewebeteile eindringen kann. Bei günstiger Witterung, d. h. bei trockenen Tagen und genügendem Sonnenschein, wird der Fleischberg auseinandergenommen und die einzelnen Fleischstreifen werden an langen Stangen im Freien zum Trocknen aufgehängt, wo sie ungefähr 7 bis 8 Stunden der Einwirkung der Luft und der Sonne ausgesetzt bleiben, werden dann von neuem aufgestapelt bis zu einem der folgenden Tage, an dem der Lufttrocknungsprozeß im Freien in derselben Weise wiederholt wird. Auf diese Weise erlangt das Salzfleisch je nach der Witterung in zwölf Tagen bis zu einem Monat eine völlig trockene, hinreichend salzige Beschaffenheit, die leicht an einer relativen Härte des Fleisches, der weißgelblichen Farbe seiner Oberfläche und dem Auskristallisieren des Salzes erkannt wird, womit es für den Export hinreichend vorbereitet erscheint.

Nach einem anderen Verfahern werden die Fleischstreifen sogleich nach ihrer Abtrennung etwa zehn Minuten lang an Trockenstangen unter einem Dach aufgehängt, dann in einem Behälter mit gewöhnlichem Wasser oberflächlich gewaschen und danach erst ungefähr eine halbe Stunde lang in eine 22° Baumé starke Salzlösung von Lufttemperatur gelegt; darauf erfolgt die Aufstapelung in der vorher beschriebenen Weise. Verbietet die Jahreszeit diese Vortrocknung des Fleisches oder erlaubt der Betriebsgang überhaupt eine langsamere Entwicklung des Prozesses, so wird das Fleisch unmittelbar aus dem Salzraum nach einem gut abgedichteten Platz gebracht und dort in wechselnden Schichten von Salz und Fleisch zu einem großen Fleischstapel aufgebaut, der dann nicht nur die Ergebnisse der Tagesschlachtung aufnimmt, sondern die gesamten Schlachtungen einer Reihe von Wochen, d. h. oft von 8- bis 10 000 Tieren vereinigt. Dieser Fleischberg wird mit einem undurchlässigen, durch große Steine beschwerten Tuch nach oben abgedichtet und hält so die Fleischmassen oft den ganzen Winter hindurch unter der Wirkung des sich auflösenden Salzes und des eigenen Druckes.

Dann erfolgt bei Einsetzen der günstigen Witterung das Aufreißen des Fleischstapels und die endgültige Trocknung des Fleisches wie nach dem ersten Verfahren.

Das auf diese Weise hergestellte Salzfleisch erfährt je nach der Qualität des Rohmaterials, d. h. dem Ernährungszustande der Schlachttiere, und sodann danach, ob es aus den Schenkelpartien oder vom Rumpfe der Schlachttiere stammt, eine besondere Klassifikation und damit Bewertung. Es hat als ausgesprochenes Criollo-Produkt auch nur einen beschränkten Markt in den amerikanischen Tropenländern, hauptsächlich Brasilien und den Antillen. Alle Versuche, es darüber hinaus namentlich auch dem europäischen Konsum zugängig zu machen, sind selbst unter dem harten Druck der Ernährungszwangslage während des Weltkrieges gescheitert, so daß bei dem stetigen Vordringen europäischer Speisesitten selbst in seinen angestammten Konsumländern nur noch unter der Negerbevölkerung des westindischen Inselarchipels mit einer Möglichkeit seiner Ausdehnung zu rechnen ist.

Neben diesem eigentlich mehr seiner Eigenart wegen interessierenden Stammprodukt der Saladero-Industrie, das, wie gesagt, für den Weltfleischmarkt ohne Bedeutung ist, kann neuerdings als Hauptartikel unzweifelhaft der sog. Fleischextrakt angesprochen werden. Sein Herstellungsprozeß geht zwar gleichmäßig auf das alte, von Liebig erfundene Verfahren zurück, wird aber in den einzelnen Fabriken je nach der Form des zu erzielenden Endproduktes mehr oder weniger variiert. Im großen und ganzen läßt sich der Fabrikationsprozeß auf folgende gemeinsame Formel bringen:

Das von Fett und Knochen befreite Fleisch wird in einem besonderen Raume durch Spezialmaschinen zerkleinert und dann in den ersten Kochapparat gebracht, wo es 1½ Stunden lang unter Zusetzung des ungefähr vierfachen Gewichtes an Wasser kocht. Nach Entfernung des Fettes von der Fleischbrühe wird dieselbe in besonderen Behältern 21 Stunden lang ständig im Kochen gehalten. Danach wird die Brühe filtriert und in einem Rührwerke gleichmäßig durchgerührt. Der so gewonnene Extrakt gelangt in ein Kühlbassin und wird sodann auf eine Reihe von Behältern verteilt. Aus 32 kg Fleisch wird auf diese Weise ca. 1 kg Extrakt hergestellt, so daß ein Schlachtochse mit einem Durchschnittsfleischgewicht von 160 kg, wie er als spezifischer „tipo saladero“ gilt, 4–5 kg Fleischextrakt liefert. – Ein anderes Verfahren sieht eine vorherige Trocknung bzw. Durchlüftung des Fleisches im Freien während 14–16 Stunden vor, wonach es in Zerkleinerungsmaschinen zu einer feinen Breimasse zerquetscht wird. Nach Entfernung der Sehnen und des greifbaren Fettes wird die zurückbleibende Masse mit Wasser und Salz in einem Eisenbehälter gekocht, wobei das an der Oberfläche sich noch bildende Fett abgeschöpft wird. Die so entstandene Brühe kommt in einen Kondensator von hohem Druck, wo sie durch ein Rührwerk in ständiger Bewegung erhalten, allmählich ihren Überschuß an Wasser verliert und sich konzentriert. Ist der erwünschte Konzentrationsgrad erreicht, so wird das Kochen eingestellt, wonach sich der Fleischextrakt am Boden des Behälters niederschlägt.

Während in den großen nördlichen Saladeros nur Rindfleisch zur Herstellung von Fleischextrakt verwendet wird, stellen die neuerdings in Patagonien errichteten Konservenfabriken auch einen Fleischextrakt aus Schaffleisch her unter Benutzung der Brühe, die sich beim Kochen des für den europäischen Konsum bereiteten Konservenfleisches ergibt. Diese Brühe geht durch eine Röhrenanlage in einen großen Behälter, wird filtriert und schließlich mit Hilfe einer Pumpe in die Kondensatoren geleitet, wo sie ungefähr 40 Stunden lang zwecks Verdunstung gekocht wird. Der Niederschlag wird dann wie Extrakt behandelt.

Neben dem Fleischextrakt wird noch, und zwar ist dies während des Krieges in immer steigendem Umfange geschehen, gekochtes Rindfleisch als Corned beef-Konserve hergestellt. Hierzu wird das Fleisch genommen, wie es die Salzbehälter verläßt. Es kommt dann noch auf 24 Stunden in Salzlake, wird in kleinere Stücke zerteilt und in Büchsen von 1—2 Pfund (englisch) gefüllt. In diesen Büchsen wird das Fleisch je nach Büchsengröße 3 oder 3½ Stunden lang gekocht, wobei im Deckel der Büchse eine runde Öffnung zur Verdunstung gelassen wird. Diese Öffnung wird nach Beendigung des Kochprozesses noch in heißem Zustande zugelötet.

Als weitere Nebenprodukte werden im Saladero hergestellt: konzentrierte Bouillon durch Auskochen der Knochen und der ihnen noch anhaftenden Fleischreste unter Hinzunahme der Lungen, Herzen, Nieren und Lebern, ferner Fleischmehl, das aus den Rückständen der Extraktfabrikation bei Entleerung der Kochapparate dadurch gewonnen wird, daß das in ihnen noch enthaltene Wasser ausgepreßt und die verbleibende Masse mittels Dampftrockenapparaten zur vollkommenen Trocknung gebracht wird. Es wird in besonderen Mühlen zu Pulver vermahlen. Ein anderes Fleischmehl wird unmittelbar aus dem rohen Fleisch durch Entziehung des gesamten Wassergehaltes in Dampftrockenapparaten und darauffolgende Vermahlung hergestellt.

Ein weiteres sehr bekanntes und geschätztes Produkt des Saladeros sind sodann die eingelegten Ochsenzungen, deren Herstellung durchaus dem auch bei uns gebräuchlichen Verfahren entspricht und im wesentlichen in der gründlichen Reinigung und der Entfernung aller Knochen und Knorpelteile, der Einpökelung und der danach einsetzenden Abkochung in der Büchse besteht.

Daß die Verwertung der Haut im Saladero von jeher eine große Rolle gespielt hat, ist bereits vorher erwähnt worden. Die Aufbereitung und Konservierung derselben bis zur Versandfähigkeit geschieht durch Einsalzen, wobei zunächst das bei der Herstellung des Salzfleisches abfließende Salzwasser Verwendung findet. Bis zum Versande werden die Häute in der Weise aufgestapelt, daß zwischen je zwei Häuteschichten eine Schicht Salz gestreut wird. Abgeschlossen wird der Häutestapel mit einer dicken Salzschicht.

Schließlich wird auch der Verarbeitung der Knochen besondere Aufmerksamkeit zugewandt Aus den Röhrenknochen wird das Mark ausgeblasen und zu einem besonderen, im lokalen Konsum hochgeschätzten Speisefett verarbeitet. Auch die übrigen Knochen werden entfettet, die Reste zu Mehl vermahlen. Letzteres gilt nicht für Röhrenknochen, die einen besonderen Exportartikel bilden, der im Drechslergewerbe Verwendung findet. Auch die anderen Abfallprodukte, als Hörner, Hornschuhe, Schweife usw., sind, soweit sie nicht im Lande unmittelbar verwendet werden, durchaus exportfähig. Selbst das Blut wird aufgefangen, an der Luft getrocknet und hauptsächlich zu Düngezwecken exportiert.

So sehen wir denn bereits im Fabrikationsverfahren des Saladeros das Prinzip der restlosen Aufarbeitung und Verwertung sämtlicher Schlachtungsprodukte in die Praxis umgesetzt, womit ihrer glücklichen Rivalin, der Gefrierfleischindustrie, von Anbeginn an der Weg zu deren erstaunlichen wirtschaftlichen Gedeihen gewiesen war.

Um uns nun der Gefrierfleischindustrie zuzuwenden, soll zunächst in aller Kürze aus ihrer Entstehungsgeschichte einiges mitgeteilt werden. Auch sie geht in ihrer wissenschaftlich-technischen Fundamentierung, wie der Ausbau der Saladero-Industrie, Hand in Hand mit den chemischen Errungenschaften der Mitte des vorigen Jahrhunderts bis in das Jahr 1860 zurück; und zwar war es der französische Ingenieur Charles Tellier, der die ersten praktischen Versuche mit der Konservierung von Fleisch bei trockener Kälte machte. Allerdings darf man bei diesem Versuch eigentlich noch nicht von einer Kältekonservierung sprechen, sondern nur von der Einwirkung kühler und dabei trockener Luft auf das Fleisch. Denn zunächst hielt man sich an eine Temperatur von 0 Grad und nahm damit schon in seinen Anfängen das vorweg, was man in der Folgezeit bei der Herstellung von gekühltem Fleisch (chilled beef) als eine besondere Errungenschaft feierte. Erst 15 Jahre später gelang es dem unermüdlichen Verfechter des Kältekonservierungsverfahrens sowohl die Wissenschaft als auch die Unternehmerwelt von der Durchführbarkeit seiner Ideen soweit zu überzeugen, daß ihm die Ausführung eines praktischen Versuches ermöglicht wurde. Eine von ihm gegründete Gesellschaft, mit dem bescheidenen Kapital von 300 000 Francs ausgestattet, unternahm es im Jahre 1876, auf einem eigens dazu hergerichteten kleinen Dampfer, der den bezeichnenden Namen „Le Frigorifique“ führte, frisches, nach dem Tellierschen Verfahren behandeltes Fleisch aus Frankreich nach Buenos Aires und Montevideo zu senden. Am 24. Dezember 1876 trafen nach einer dreimonatigen Fahrt Schiff und Ladung wohlbehalten in Buenos Aires ein, und das Fleisch erwies sich trotz der Länge der Aufbewahrungsdauer noch als so saftig und wohlschmeckend, daß der Versuch als vollkommen gelungen gelten mußte. Natürlich begegnete dieses neue Verfahren zur Haltbarmachung und damit zum Versande frischen Fleisches auf große Entfernung bei den argentinischen Viehzüchtern dem allergrößten Interesse, und die Sociedad Rural Argentina erklärte sich sofort bereit zur Vornahme eines Gegenversuches, d. h. zur Sendung auf diese Weise hergerichteten argentinischen Fleisches nach Frankreich. So konnte am 7. Juni 1877 „Le Frigorifique“ mit 22 000 kg Rindfleisch und 3500 kg Hammelfleisch argentinischer Provenienz die Rückreise nach Frankreich antreten. Zwar hatte dieser Gegenversuch noch nicht den gewünschten Erfolg — die Ladung kam in sehr viel weniger gutem Zustande an —, aber trotzdem ermutigte er doch zu einer baldigen Wiederholung. Bereits im folgenden Jahre wurde dem mit sehr viel besseren Kältemaschinen ausgestatteten Dampfer „Le Paraguay“, eine Fleischladung von diesmal sogar 150 t anvertraut, die er in 47 Tagen glücklich und im besten Konservierungszustande am Bestimmungsorte abliefern konnte. Damit schien das Verfahren so weit praktisch erprobt, daß sich nun auch die Unternehmungslust Englands, das an der Transportfähigmachung frischen Fleisches bei seinem ausgedehnten Kolonialbesitz ein besonderes Interesse haben mußte, regte. So wurde bereits im Jahre 1880 von den Engländern mit der Ausfuhr von gefrorenem Hammelfleisch aus Australien begonnen und sehr bald Argentinien in den Interessenkreis des sich der Herstellung von gefrorenem Fleisch und dem Handel mit demselben immer mehr zuwendenden englischen Unternehmertums einbezogen. Im Jahre 1882 wurde von den Gebr. Drabble das erste Kühlhaus errichtet, dem bald die Begründung des noch jetzt blühenden und in gewissem Sinne immer noch führenden Unternehmens der Sansinena Co. durch den Argentiner Sansinena folgte. Damit setzte eine immer stärkere Interessenahme des Kapitals, namentlich des englischen, für diesen Gegenstand ein. Und da auch die staatliche Unterstützung nicht ausblieb, die sich namentlich in der Befreiung von Ausfuhrzöllen für das auszuführende gefrorene Fleisch, aber auch in Geldunterstützungen und in der Gewährung von Preisen auf den landwirtschaftlichen Ausstellungen zum Ansporn der Zucht betätigte und schließlich so weit ging, den Unternehmen, die sich in Argentinien zur Herstellung von frischem oder konserviertem Rindfleisch für den Export niederlassen wollten, eine jährliche Garantie von 5 % auf das Anlagekapital, und zwar für die Dauer von 10 Jahren, zu gewähren, so folgte bald eine Gründung nach der anderen. Es entstanden der Reihe nach die Frigoríficos: Las Palmas, La Blanca, C. Swift in La Plata, Smithfield, F. Wilson, F. Armour, Anglo-Sudamericano, F. Artigas, denen sich mittlerweile eine neue Unternehmung mit spanisch-argentinischem Kapital angeschlossen haben dürfte. Auch war vor einiger Zeit die Rede davon, daß deutsch-argentinisches Kapital sich mit ähnlichen Plänen trage, doch hat man von einer Verwirklichung derselben bisher nichts gehört.

Alle diese Gesellschaften sind als Aktiengesellschaften organisiert und haben den argentinischen Gesetzen gemäß eine besondere lokalgesellschaftliche Form für ihre argentinischen Betriebe treffen müssen, soweit sie nicht, wie die Cia. Sansinena und La Blanca, als rein argentinische Gesellschaften gegründet worden sind. La Blanca ist im Laufe der Zeit in amerikanischen Besitz übergegangen und wird ebenso wie Swift, Wilson, Armour und Argentino vom Beeftrust kontrolliert. Die anderen Frigoríficos sind, mit Ausnahme der Cia. Sansinena, die sich einen vorwiegend argentinischen Charakter durch die starke Beteiligung argentinischen, namentlich Großgrundbesitzerkapitals zu wahren gewußt hat, und des zurzeit noch nicht im Betriebe befindlichen spanischen Unternehmens, rein englische Unternehmen. An der Börse in Buenos Aires werden nur die Aktien der Sansinena Cia. und der Smithfield-Gesellschaft gehandelt; es notierte zuletzt Sansinena, die Aktie zu 100 Pesos oro, 125 bei einer letzten Dividende von 20 % und Smithfield, die Aktie zu 1 Lstr., 4 Pesos oro bei einer letzten Dividende von 7½ %. Die Aktien der amerikanischen Gesellschaften werden in New York, die der englischen in London gehandelt, kommen aber selten auf den Markt und werden kaum notiert. Ihre Dividenden werden sich namentlich in den Kriegsjahren sehr hoch entwickelt haben, von einer englischen Gesellschaft wird erzählt, daß sie wegen Ausschüttung allzu hoher Gewinne mit der englischen Regierung Schwierigkeiten bekommen habe, die bis zur Androhung der Anwendung des Wucherparagraphen führten, weshalb in letzter Stunde zu einer namhaften Kapitalerhöhung geschritten worden sei. Alle argentinischen Frigoríficos unterhalten, soweit nicht bereits der Hauptsitz ihrer Gesellschaft in London ist, daselbst Filialen, von denen aus übrigens auch das ganze in den letzten Jahren sich immer mehr entwickelnde Geschäft nach dem europäischen Kontinent wahrgenommen wird. Jener Teil derselben, der an den Nelson-Konzern angeschlossen ist, verfügt sogar über eine eigene Flotte von Gefrierdampfern. Ganz allgemein ist ihre Organisation auf der Höhe. In letzter Zeit hat man sich nach Beendigung des zeitweilig einen sehr ernsten Charakter aufweisenden Kampfes der englisch-argentinischen Interessengruppe mit dem Beeftrust, der beinahe zu einem energischen Eingreifen seitens der argentinischen Regierung geführt hätte, auf eine Art Kontingentierung geeinigt, wenigstens soweit der vorübergehend durch den Abschluß laufender Lieferungsverträge mit den einzelnen Entente-Regierungen ausgeschlossene freie Handel überhaupt noch in Betracht kam.

Daß das gefrorene Fleisch allmählich zu einem Welthandelsartikel allerersten Ranges sich ausgewachsen hat, dessen sind wir uns unter dem Druck der Ernährungsschwierigkeiten der letzten Jahre durch eigene Erfahrung bewußt geworden. Seit Aufhebung der Blockade Mitteleuropas und Beginn des Waffenstillstandes haben wir im eigenen Verbrauch das argentinische Gefrierfleisch kennengelernt, nachdem wir uns allmählich schon während des Krieges an den Genuß des im Inlande hergestellten gefrorenen Fleisches gewöhnt hatten. Und wenn auch zeitweilig das Erstarken unserer inländischen Schlachtviehproduktion wiederum unsere Schlächterläden mit vollwertigem frischen Fleische füllt, so werden wir uns doch an den Gedanken gewöhnen müssen, über kurz oder lang wieder zu dem ausländischen Gefrierfleisch als Ergänzung unserer Vorräte greifen zu müssen. Daß dabei gerade das argentinische Gefrierfleisch für uns in allererster Linie in Betracht kommen wird, verdankt dasselbe ganz zweifellos seiner gerade in den deutschen Fachkreisen einmütig zugegebenen qualitativen Überlegenheit. Dieselbe beruht auf der hohen Klasse des Rohmaterials, d. h. des argentinischen Schlachtviehs, als Erfolg der jahrzehntelangen Bemühungen der argentinischen Viehzucht um die planmäßige Hebung des Fleischrindertyps. Aber auch die argentinische Regierung, die das von Anfang an gehegte Interesse an dem Aufblühen der Gefrierfleischindustrie in stets steigendem Maße betätigt hat, besitzt einen bedeutsamen Anteil an diesem Erfolge. Namentlich war es die argentinische Veterinärgesetzgebung, die, wenn auch mit oft rigoros erscheinenden Maßregeln, doch in so wirksamer Weise den ganzen Betriebskomplex der Gefrierindustrie mit Kautelen umgab, daß das Endprodukt auch der strengsten Kontrolle gewachsen war.

Wie sich nun in der Praxis der Betrieb in der Gefrierfleischindustrie abspielt, soll im folgenden kurz dargestellt werden.

Ausgehend von der Bereitstellung des Schlachtmaterials wäre zu der Frage des Vieheinkaufs festzustellen, daß die Gefrieranstalten im Gegensatz zu den Saladeros, die selbst in eigener Regie in großem Umfange Viehzucht treiben und darüber hinaus nur einen Teil ihres Schlachtbedarfs zu kaufen genötigt sind, durchweg auf diesen letzteren Weg angewiesen sind. Und zwar kaufen sie ihr Schlachtmaterial entweder von dem sog. Invernadero, d. h. dem Weidemastunternehmer, der seinerseits nur in seltenen Fällen mit dem Züchter identisch ist, oder sie kaufen vom Züchter Magervieh, das sie ihrerseits dem Invernadero zur Mast übergeben. Kleinere Partien werden wohl auch auf den großen Schlachtviehmärkten in Mataderos bzw. Liniers eingekauft. Üblich ist in Argentinien ferner der Einkauf von Vieh auf großen Viehauktionen, doch ist dabei das Material selten so ausgeglichen, daß die Gefrieranstalten bei ihren hohen Qualitätsansprüchen auf ihre Rechnung kommen, da sie mit guten Exemplaren auch sehr viel halb- und minderwertige mit in den Kauf nehmen müssen. Hier haben dann aber gerade diejenigen Gefrieranstalten, wie z. B. die Cia. Sansinena, die, in der Nähe der Hauptstadt gelegen, minderwertiges Schlachtmaterial dem lokalen Konsum zuführen können, einen Vorzug im Einkauf. Der Viehkauf ist natürlich in Argentinien ein reines Kassegeschäft, so zwar, daß beim Erwerbe und der Inbesitznahme der Verkaufsobjekte ein Schlußschein gegeben wird, der dann am jeweilig nächsten Sonnabend von der Geschäftskasse eingelöst wird.

Ist auf diese Weise das Schlachtmaterial beschafft, so wird dasselbe zusammengetrieben und dann entweder auf dem Schienen- oder

Wasserwege der Gefrieranstalt zugeführt. Schon hier setzt die Kontrolle der Veterinärpolizei ein. So wird z. B. von jedem auf diese Weise anlangenden Viehtransport bereits beim Ausladen ein Ursprungszeugnis gefordert, womit vor allen Dingen eine Sicherheit geschaffen werden soll, daß nicht Vieh aus verseuchten oder mit der Zeckenplage behafteten Gegenden eingeführt wird. Wird ausnahmsweise der Transport auf Landwegen zugetrieben, so erfolgt die Feststellung des Ursprunges beim Eintritt in den Viehhof der Anstalt. Die von den Viehmärkten stammenden Herden sind bereits mit ihrem veterinärpolizeilichen Attest versehen, doch soll, wenn der Verdacht einer Ansteckung auf dem Transport gegeben ist, eine nochmalige sofortige Feststellung des Gesundheitszustandes erfolgen, zu welchem Zwecke ein solcher Transport getrennt von den übrigen Schlachttieren einzuschließen ist. Die unmittelbar von dem Produzenten bezogenen Schlachttiere sind unter allen Umständen sofort bei ihrem Eintritt in die Viehhöfe der Anstalt tierärztlich zu untersuchen. Im Falle der Feststellung irgendwelcher Seuchen oder ansteckender Krankheiten ist zur strengsten Isolierung und zu sofortiger telegraphischer Anzeige des Vorfalls an das Landwirtschaftsministerium zu schreiten. Die zur Aufnahme in den Schlachthof freigegebenen Tiere müssen unter allen Umständen die nötige Zeit zum Ausruhen haben. Während dieser Ruhepause erhalten sie ein Reinigungsbad, welches entweder im Durchtreiben durch ein Wasserbassin oder im reichlichen Abspritzen mittels eines Schlauches besteht. So ausgeruht und gereinigt harren sie ihrer Bestimmung in dem Vorraum der Schlachthalle, unter dauernder Beobachtung seitens eines Veterinärbeamten.

Die Schlachtung selbst muß rechtzeitig dem aufsichtführenden Tierarzt angezeigt werden, der unter allen Umständen bei derselben gegenwärtig sein muß, um noch im letzten Moment kranke oder aus anderen Gründen, z. B. wegen Abmagerung und Ermattung ungeeignete Tiere von der Schlachtung auszuschließen. Der Eintritt der Schlachttiere in die Schlachthalle erfolgt gewöhnlich durch einen schmalen, immer nur ein Tier nach dem anderen durchlassenden Gang, der mit einer Regenvorrichtung versehen ist zur letzten Reinigung vor der Schlachtung. Die einzelnen in den Schlachtraum tretenden Tiere werden dann schnell, meist mittels Maske und Patronen, getötet, auch die Schafe vorher durch Hammerschlag betäubt. Sodann wird der Kadaver geöffnet, worauf die Eingeweide herausgenommen werden, um, mit einer die Zugehörigkeit zu dem Tierkörper unzweifelhaft kennzeichnenden Nummer versehen, von dem Tierarzt der genauen, auch mikroskopischen Untersuchung unterzogen zu werden. Mittlerweile wird bei den Rindern, nach Abschlagen des Hauptes und der Klauen, Abziehen der Haut usw., der Rumpf der Länge nach in zwei Teile gespalten, die ihrerseits aufgespannt, zunächst sorgfältig gereinigt und dann in besonderen Hallen getrocknet werden. Dies alles vollzieht sich unter ständiger Beobachtung seitens eines tierärztlichen Beamten. Erst wenn die genaue Untersuchung der Eingeweide die Gesundheit des Tieres ergeben hat, folgt die Freigabe der beiden Körperhälften ebenso wie der anderen Teile zu ihrer verschiedenen Bestimmung. Sonst tritt eine nochmalige genaue Untersuchung der einzelnen Partien des Körpers ein mit dem Ziel einer bedingten Freigabe bzw. der Beanstandung einzelner Teile. Alle irgendwie zweifelhaften Stücke werden aber grundsätzlich vom Export bzw. von der weiteren Behandlung zu Ausfuhrzwecken ausgeschlossen und dem lokalen Konsum zugeführt. Die verworfenen Teile fallen sofortiger Vernichtung anheim.

Nachdem nun das Fleisch genügend getrocknet ist, wird es zunächst in einen Vorkühlraum gebracht, wo es sich bei einer Temperatur von + 1 Grad Celsius während 24 Stunden genügend abkühlt. Dann werden die Rinderhälften durch Zerschneiden zwischen der zehnten und elften Rippe in Viertel zerlegt und kommen als solche in die Gefrierkammern, wo eine Temperatur von 10—20 Grad unter Null herrscht. Das Fleisch macht hier einen starken Gefrierprozeß durch, der dann als beendet gilt, wenn ein kleines, mit einer Holzspitze versehenes Instrument beim Eindringen auch in den tiefergelegenen Fleischschichten Widerstand findet. Im allgemeinen dauert der Gefrierprozeß bei Rindfleisch 80—100 Stunden, während die ohne vorherige Zerlegung im ganzen gefrorenen Hammelkörper ein Drittel weniger Zeit erfordern. Die gefrorenen Rinderviertel und Hammelkörper werden einzeln mit zwei Überzügen versehen, einem inneren aus Baumwollmull, der die Fabrikmarke und den Stempel der tierärztlichen Untersuchung tragen muß, und einem äußeren aus Packleinen. In dem eingepackten Zustande werden schließlich die Viertel in einem Lagerraum bis zur Verladung bei einer Temperatur von 4—10 Grad unter Null aufgestapelt.

Mit der eigentlichen Gefrieranstalt sind nun aber auch, ähnlich wie bei den Saladeros, entsprechende Anlagen für die weitere Verarbeitung der anderen Teile der Tiere bis auf die Rückstände der Schlachtung verbunden. Zungen, Lebern, Herzen, Ochsenschwänze, Gaumen werden ebenfalls gefroren versandt, daneben werden die bereits im Saladero-Betrieb erwähnten Fleischkonserven, als Corned

Beef, gepökelte Rinderzungen usw., hergestellt. Der Talg wird ausgeschmolzen, raffiniert, zu sog. Premier Jus verarbeitet. Die Häute werden eingesalzen, das Blut kondensiert, um als Düngemittel versandt zu werden. Durch diese restlose Aufarbeitung des ganzen Schlachttieres und die industrielle Verwendung aller Teile bis auf die Fäkalstoffe erklärt sich der billige Preis des Fleisches, der sonst nach unseren Begriffen nicht in Einklang mit den bezahlten Viehpreisen zu bringen wäre.

Die Herstellung von gekühltem Rindfleisch (chilled beef) erfolgt in ähnlicher Weise, doch erfordert sie eine viel größere Sorgfalt, insofern die anzuwendenden Temperaturen niemals den Gefrierpunkt unterschreiten dürfen, sich vielmehr konstant wenige Grade über Null halten müssen. Auch muß das Schlachtungsmaterial bei der Herstellung von Kühlfleisch eine noch bessere Qualität aufweisen und vor allem in der Fleischstruktur tadellos ausgeglichen sein.

Wenn auf diese Weise das Gefrierfleisch versandfähig fertiggestellt ist, dann beginnt die Absatzfrage mit der vorherigen Sicherstellung der Transportmittel. Dieselben müssen, wenn sie das Eintreffen der Ware am Bestimmungsort in tadellosem Zustande garantieren sollen, technisch durchaus auf der Höhe sein. Ein Versagen der Kälteanlage während des Seetransportes würde die Abnahmequalität der gesamten Ladung in Frage stellen. Rein äußerlich könnte man durch nochmaliges Einfrieren wohl den Eindruck der Unversehrtheit der Ladung hervorrufen, aber die Sanitätsbehörden in England sind auf derartige Manipulationen durchaus vorbereitet und richten ihre Untersuchung bei der Abnahme hauptsächlich auf die Feststellung des ordnungsmäßigen Gefrierzustandes des Fleischinneren, den sie durch Einführung eines Holzstäbchens bis an den Knochen einwandfrei feststellen können. Eine weitere Sorge bildet dann der Weitertransport des im Hafen ausgeschifften Fleisches bis zu dem binnenländischen Bestimmungsort. Hierzu werden besonders eingerichtete Eisenbahnkühlwaggons verwandt, die entweder durch Eiskühlung in niedriger Temperatur gehalten werden, was aber als wenig zweckmäßig gilt, oder die auf maschinellem Wege gekühlt werden. Am besten hat sich noch das einfachste Verfahren bewährt, welches darin besteht, daß die im übrigen natürlich gut isolierten Wagen vor Empfang der Ladung mit kalter Luft ausgeblasen werden. Bei nicht allzu langer Eisenbahnfahrt hält dann die Eigenkälte des Fleisches die Wagentemperatur so niedrig, daß ein Auftauen nicht zu befürchten ist.

Im übrigen ist man natürlich in denjenigen Ländern, in denen das

Gefrierfleisch dauernde Aufnahme gefunden hat, auf die Einrichtung der nötigen Kühlhäuser bedacht gewesen. Daß mit solchen Einrichtungen England an allererster Stelle steht, versteht sich von selbst. Aber auch auf dem Kontinent ist man durchaus darauf eingerichtet, und auch wir haben in Deutschland sowohl in den in Betracht kommenden Empfangshäfen als auch im Inlande in allen größeren Städten hinreichende Räumlichkeiten zur zweckmäßigen Einlagerung von Gefrierfleisch, so daß wir jeweilig 20—30 000 tons Gefrierfleisch lagern können. Wir haben seit der Aufnahme ausländischen Gefrierfleisches, d. h. seit Anfang 1919, bis jetzt ungefähr 100 700 t eingeführt, wovon allein aus Argentinien 47 200 t. Noch jetzt lagern in der Reserve der Reichsfleischstelle ca. 20 000 t. Wie schon vorher bemerkt, dürfte in absehbarer Zeit diese Reserve wohl in Angriff genommen werden müssen.

Daß man nach den gemachten Erfahrungen den Bezug von Gefrierfleisch fortsetzen wird, wenn es sich als erforderlich herausstellt, ist als sicher anzunehmen. Doch dürfte der Umfang dieser Wiederaufnahme für die Zukunft davon abhängig sein, daß sich zunächst einmal das konsumierende Publikum etwas freundlicher zu der Aufnahme desselben stellt, vor allen Dingen aber die Schlächterkreise der sachgemäßen Behandlung des Fleisches bei dem sehr wichtigen Auftauprozeß ein größeres Interesse entgegenbringen. Da nach Auflösung der Einkaufsabteilung der Reichsfleischstelle auch der Bezug des gefrorenen Fleisches in die Hände des freien Handels, also der im Fleischhandel sich betätigenden Berufsgruppen. übergegangen ist, so kann sich das Einkaufsgeschäft nur noch nach den Grundsätzen des freien Handelsgeschäftes entwickeln, d. h. es müssen vor allem die Einkaufspreise so gestellt sein, daß sie der inländische Konsummarkt erträgt. Das ist erfahrungsgemäß nur dann der Fall, wenn der Konsumpreis des gefrorenen Fleisches sich mindestens 30% unter dem des frischen Fleisches hält. Das ist natürlich bei dem schlechten Kursstande unserer Mark ein schwieriges Problem. Notiert doch auf dem Londoner Smithfield-Markt Gefrierfleisch per engl. Pfund je nach der Provenienz von 7¾ bis 10 Pence, wobei Argentinien mit 10 Pence an der Spitze steht, während Brasilien und Südafrika mit 7½ und 7¾ erheblich zurückbleiben. Das heißt aber nach heutigem Kursstande, daß das engl. Pfund argentinischen Gefrierfleisches zurzeit in London im Großhandel — und das will noch lange nicht heißen hier — 9 Mark 96 Pfg. kostet oder das Kilo M. 21,91. Daß bei solchen Engrospreisen ein Wettbewerb unter der vorher erwähnten Maßgabe mit unserem frischen Fleisch zu heutigen Ladenpreisen nicht möglich ist, liegt auf der Hand. Immerhin ist eine Änderung in diesem Verhältnis zugunsten des Gefrierfleisches möglich bei Steigen des Wertes der Mark oder bei weiterem Ansteigen unserer Marktpreise für Vieh bzw. Fleisch. Eine gedeihliche Entwicklung des Einfuhrhandels in gefrorenem Fleisch setzt aber auch noch etwas anderes voraus, nämlich eine kulantere Bedienung hinsichtlich der Warenqualität. Wenn man schon für den englischen Verbrauch eine besondere Auswahlqualität zu treffen hat, wie sie wohl der eigenartigen Geschmacksrichtung des englischen Fleischessers entsprechen soll, und danach klassifiziert „englische Sorte" und „Kontinentalsorte", so ist es doch nicht angängig und wird von uns jedenfalls nicht weiter ertragen werden, daß man noch unter der Kontinentalklasse eine minderwertige deutsche Klasse rubriziert. Da wir, wenn auch in Mark, so doch nach dem jeweiligen Tageskurse der Goldstandardländer zahlen müssen, so ist das, was wir zahlen, genau so viel wert wie die Zahlung der Länder mit hoher Valuta.

Wird das berücksichtigt, dann kann es wohl als sicher gelten, daß, wenn wir von neuem und in vielleicht steigendem Maße gefrorenes Fleisch einführen sollten, das argentinische Fleisch vor allen anderen Provenienzen bevorzugt werden wird.

Industrie, Bergwirtschaft, Forstwirtschaft.

Von

Albert Frölich,
Geschäftsführer des Deutsch-Argentinischen Zentralverbandes.

Im Gegensatz zu der durch Jahrtausende von Jahrhundert zu Jahrhundert im Gefolge der menschlichen Lebensverfeinerung bedachtsam fortschreitenden Industrie europäischer und asiatischer Kulturvölker, deren Werdegang wir bis an die verschwommenen Grenzen der Steinzeit zurückverfolgen können, brauchen wir in der argentinischen Kulturgeschichte, wenn man absehen will von dem rohen Bergbau und einigen handwerksmäßigen Nährstoffindustrien älterer Zeiten, nur Jahrzehnte zurückzublättern, um den Ansätzen der heutigen Industrie zu begegnen. Kein Kulturdenkmal, ähnlich etwa wie Araukarier, Incas und Azteken solche hinterlassen haben, keine Überlieferung gibt uns Kunde von nennenswerten Handfertigkeiten der am La Plata eingeborenen Indianerstämme. Nahezu gleich steril sind die Seiten der dreihundertjährigen Kolonialgeschichte des Landes. Die Seele Argentiniens schlummerte, bis seinen Kindern jene große Schicksalsstunde schlug, in der die Kämpfe um nationale Unabhängigkeit alle aufwärtsstrebenden Kräfte zu freiem Spiel lösten. Für eine Weile geht der junge Staat unter Kämpfen an den Ausbau seiner inneren Struktur; die Reibungen des Bürgerkrieges lassen das Land in seinen Kinderjahrzehnten nicht zur Ruhe kommen. Erst um die Mitte des vorigen Jahrhunderts beginnt nach Einkehr relativer politischer Stabilität in mitunter steil aufstrebender Kurve die Zunahme der Einwanderung, des Handels und Verkehrs sowie der Industrie.

Die zugewanderten Europäer wurden zu Förderern argentinischer Industrie in zweifacher Hinsicht: Sowohl indem sie Industrieunternehmer und -arbeiter stellten, als auch durch Hervorrufung gesteigerter Ansprüche der Allgemeinheit an die Lebenshaltung. Es ist für den verwöhnten Mitteleuropäer schwer, eine Vorstellung zu gewinnen von der

Bedürfnislosigkeit der vor 100 Jahren die argentinische Bevölkerung bildenden etwa 500 000 Menschen. Bis 1860 war die Kopfzahl annähernd auf das Doppelte oder etwas darüber gestiegen; sie hat sich in den letzten 60 Jahren durch Weitung des Einwandererstromes versiebenfacht und zählte Ende 1919 ca. 8½ Millionen. Die Versorgung der mehr und mehr europäischen Ansprüche an Nahrung, Kleidung, Behausung, Vergnügung, Körper- und Geistespflege stellenden Millionen war die nächstliegende Aufgabe der argentinischen Industrie. Nach und nach pochte das Ausland an die Pforten mit der Nachfrage nach den Überschüssen der Landeserzeugung und bestimmten, dem Lande eigenen Produkten, deren Vorbereitung für die Ausfuhr gewisse Industrien ins Leben rief.

Gesunde Industrie wächst gewissermaßen aus dem Boden eines Landes; sie schürft, will den aus dem Schoß der Erde sprießenden, quellenden, geförderten Stoff gestalten, für des Menschen Zwecke umgestalten.

Der fast schon sprichwörtliche Rohstoffreichtum Argentiniens kommt aus Viehzucht und Ackerbau. Früh beginnen die einfachen Schlachtstellen der Kolonialzeit sich in sog. „Saladeros" zu dehnen, das sind Schlachthäuser, in denen Fleisch getrocknet und gesalzen, Abfälle zur Verwendung in bestimmten Industrien vorbereitet werden. Als Liebig seinen Fleischextrakt erfunden, boten für die Herstellung im großen die La Plataufer das richtige Feld; in Uruguay und Argentinien entstanden Riesenfabriken. Unaufhaltsam schreitet die Fleischverwertungsindustrie fort bis zu den modernen, ausgedehnten Schlacht- und Gefrieranstalten und Fleischkonservenfabriken. Ganze Industriereihen entstehen zur Verarbeitung der Häute und Nebenprodukte: Gerbereien, Sattlereien, Kürschnereien, Wurstfabriken, Talg- und Fettfabriken, Kerzen- und Seifenfabriken, Darm-, Leim-, Kammfabriken, die Herstellung von Borstenartikeln und Trockenblut-Dungmitteln sowie Wollwäschereien und Woll-Matratzenfabriken, schließlich die eigentliche Woll-Textilindustrie Dem gesellt sich — wenn auch erst später — eine bedeutende Industrie, die Milchverwertung, Butter-, Käse-, Kaseïn-Erzeugung. Der ersten Getreidemühle folgt die Entfaltung einer gewaltigen Mühlenindustrie nebst einem Bündel von Industrien zur Verwertung der verschiedenen Feld- und Strauchbaumfrüchte: Bisquits- und Cakes-, Nudel- und Teigpasten-Erzeugung, Kuchenfabriken, Konditoreien, Stärkefabriken, Ölpressen und -raffinerien, Gemüse- und Obstkonservenfabriken, Maisdestillerien, Wein- und Zuckerindustrien, Essigfabriken, Tabakfabriken, Reisschälanstalten, Heubindereien usw. Nebenher gehen Eis- und Mineralwasserfabriken. Die Forstausbeute läßt Holzschlägereien und -sägereien, Tischlereien, Stellmacher, Drechsler, Sarg-, Koffer-, Bilderrahmenfabriken, Möbelindustrie, Gerbstoffextrahierung, Holzkohlenindustrie, Yerbamühlen, Stroh- und Weidengeflechtfabriken, Besenfabriken, Böttcherei und vieles andere entstehen Kalk- und Steinbrüche gaben das Material für Kalkbrennereien und Steinmetzereien; auch Ziegeleien fanden geigneten Rohstoff.

Notwendig ziehen diese Betriebe eine Verkehrs-, Bau- und Reparaturindustrie nach sich, für die gewisse Rohstoffe bzw. Halbfabrikate eingeführt werden müssen.

Obwohl die ausgedehnten Höhenketten Argentiniens reiche Metallläger bergen und just die Bergwerksindustrie bis in entlegene Zeiten zurückreicht, ist letztere nicht in den Vordergrund getreten. Die Säulen einer großen Montanindustrie, Eisen und Kohle, fehlten.

Von den bisher genannten Industriezweigen, die im großen ganzen als argentinisch und gesund gelten mögen, konnten einige, z. B. die Zuckerfabriken, immerhin nur an dem Krückstab besonderer Schutzmaßnahmen vorwärtsschreiten; andere, denen das Land genügenden Rohstoff bot, konnten wegen ihrer technischen Spezialisierung und, weil sie besondere Erfahrungen oder Kunstfertigkeiten erfordern, nicht über primitive Anfänge hinausgedeihen, so die Textilindustrie.

Außer ihnen konnten noch andere, insbesondere metallurgische Betriebe, im Treibhaus der Schutzzölle einen gewissen Umfang erreichen. Dahin gehören: Nagel- und Schrauben-, Maschinen- und Armaturenfabriken, Blechwaren-, Bettstellen-, Wagen- und Karosseriefabriken, Papier- und Zündholzfabriken, Hanfschuh- (alparagatas) Fabriken, Glasindustrie, Beleuchtungskörperfabriken usw. usw.

Begünstigt wird die industrielle Entwicklung durch den Drang, der in den Ländern hochentwickelter Industrien besteht, nach Ausfuhr ihrer Erzeugnisse, insbesondere der Maschinenindustrie; sie bringen solchen jungen Ländern die Früchte ihrer jahrhundertelangen Arbeit und die Erfahrungen ihrer besten Technikerköpfe sozusagen auf dem Präsentierteller. Z. B. kommt eines Tages in Argentinien ein Unternehmungslustiger auf den Gedanken, daß in seiner Gegend infolge starker Zunahme des Weizenbaus eine größere Mühle rentieren müßte. Morgen hat er aus Deutschland, England, Nordamerika die fertigen Projekte und Kostenanschläge für eine 1000 Sackmühle neuesten Stiles bis zum letzten Nagel.

Die Industrie wird dann, namentlich in den Erstlingen eines neuen

Zweiges, grundsätzlich gefördert von den Bundes- und Provinzialregierungen, städtischen Behörden und gesetzgebenden Körperschaften durch Befreiung von Steuern, Abgaben, wenigstens für bestimmte Zeiträume, und durch Schutzzölle. Andererseits hat die argentinische Industrie komplizierte Probleme zu lösen; sie wurzeln im Dickicht der Fragen, die sich an Kapitalbeschaffung, das Heranziehen und Durchbilden von Facharbeitern und die Arbeiterfürsorge ketten. — Wer von Argentiniens Reichtum liest oder hört, mag verwundert fragen: Wie kann in dem Lande zu irgendeinem Unternehmen das Geld fehlen? Die Erklärung ist, daß junge, schwachbevölkerte Staaten gleichwie Kolonien, obwohl sie reiche Naturschätze enthalten mögen, zu ihrer Aufschließung, dem Bau von Verkehrswegen, der Städteausgestaltung, überhaupt ihrem gesamten wirtschaftlichen Aufbau unendliche Kapitalmengen aufsaugen, bis sie soweit gesättigt sind, daß ihre eigenen Überschüsse ausreichen. Vorerst schwillt der für aus dem Auslande aufgenommene Kapitalien zu leistende Zinsdienst von Jahr zu Jahr, die Zahlungsbilanzen bleiben trotz wachsender Produktenausfuhr passiv, und wenn internationale Krisen die Zuleitung neuer Kapitalien drosseln, dann stockt die Entwicklung. Argentinien, das unter derartigen Krisen mehrfach gelitten hat, ist vermöge seiner außerordentlich hohen Handelsüberschüsse der letzten Jahre vielleicht der Epoche nahe, in der es seine Industrien, wenigstens zum Teil, mit eigenem Kapital wird speisen können. Die genannten Überschüsse betrugen in dem Jahrfünft 1915/19 zusammen 1327 Millionen Pesos Gold, also über 4,2 Milliarden Goldmark. Indes, es wird in jedem Falle noch einer Periode der industriellen Unternehmerschulung bedürfen, in dem Sinne besonders, daß der Sohn des Landes, der bisher seinen Vermögenszuwachs auf den ihm geläufigen und sympathischen Gebieten, nämlich in Land und Vieh, anlegte, Freude an industrieller Betätigung und Verständnis dafür findet.

Der Mangel an handwerklich durchgebildeten Arbeitern, Vorarbeitern und Betriebsaufsehern ist in Argentinien eine alte Kalamität, da in normalen Zeiten die Tüchtigsten der vorgeschritteneren Länder ungern ihre Heimat verlassen, während draußen der Reiz zum Selbständigmachen stark ist, gute Kräfte mithin von einem Betriebe leicht abwandern. Häufig begegnet man einem bunten Durcheinander von Arbeitern der verschiedensten Nationalitäten, ein großer Übelstand. Dadurch verpuffen viele Energien an dem Bemühen, die heterogenen Elemente für die Methoden eines Betriebes einheitlich zu drillen und zuwachsende argentinische Jugend heranzubilden. Starkes Angebot ungelernter bzw. unzulänglicher Arbeiter drückt auf die Löhne und schädigt die reell handwerklich durchgebildeten Arbeiter, denen auf diese Weise für die höhere Leistung kein Äquivalent geboten wird. Ferner tragen diese Zustände eine gewisse Unruhe in das Verhältnis zwischen Arbeitgeber und Arbeitnehmer, veranlassen Unzufriedenheit der letzteren und Streiks, deren Genesis schwer beizukommen ist. Schwierigkeiten erwachsen den Betrieben auch durch den starken Anreiz der hohen, für Erntearbeit und Schafschur gezahlten Löhne, dem in den betreffenden Jahreszeiten ein Teil der Industriearbeiter nicht widerstehen kann. In den großen Provinzindustrien müssen zum Teil sehr minderwertige Arbeiter eingestellt werden, so in den Zuckerfabriken (Saisonbetrieb) Indianer, in den Quebrachowerken korentinische Mestizen, die noch wenig von der Kultur beleckt sind.

Allgemein war die Lage der Industriearbeiter vor dem Kriege im Vergleich mit deutschen Verhältnissen wenig begehrenswert. Die Gesetzgebung in bezug auf Arbeiterfürsorge und -schutz ist der industriellen Entwicklung nur schleppend gefolgt. Erst in neuerer Zeit haben die Arbeiterverbände wesentliche Besserung der Lage ihres Standes erreicht, bilden Wohlfahrtseinrichtungen und Arbeiterfürsorge ein ernstes Thema für Parlament und Regierung. Das sogenannte Museo Social, eine aus hervorragenden Männern gebildete private Körperschaft, deren Ziel die Lösung sozialer Probleme ist, die Asistencia y Beneficiencia Pública und die Unión Industrial Argentina, die eine Vereinigung der Arbeitgeber darstellt, widmen den Arbeiterfragen ständige Aufmerksamkeit und geben schätzenswerte Anregungen.

Nach den letzten Streiks ist der Niedrigstlohn der Tagelöhner auf 3.50 $ m/n vereinbart worden. Gelernte Handwerker kommen auf 4—7 $ m/n, im Durchschnitt etwa 5 $ pro Tag Letztere ziehen Arbeit im Stücklohn vor, während die ungelernten Arbeiter auf Tageslohn dringen. Die Gehälter der höheren Beamten in Vertrauensstellungen, Leiter der Zweigniederlassungen usw. bewegen sich zur Zeit um 1000 $ pro Monat, sie beziehen gewöhnlich Umsatzprämien und Gewinnanteile. Als mittlere Angestellte erhalten Ingenieure 5—800 $ m/n, Kaufleute 3—800 $. Als Anfangsgehalt mag in den Städten heute 200 $ m/n, in ländlichen Betrieben bei freier Wohnung 150 $ m/n für kleine Angestellte ohne besondere Vorbildung gelten. Jahresschlußgratifikationen für gute Dienste in Höhe von 1—2 Monatsgehältern sind üblich. Die technisch ausschlaggebenden Personen pflegen in den Betrieben selbst zu wohnen; falls Angestellte, sind sie meist hoch besoldet, am Gewinn beteiligt. Nur wenige Großbetriebe konnten sich indeß nach nordamerikanischem Muster den „dutchman“ leisten, nämlich hervorragende Organisatoren und Konstrukteure aus Deutschland, die nur für besonders hohe Einkommen zu haben waren.

Der Zensus von 1914 gibt folgendes Ziffernbild der Gesamtindustrie: 49 000 Betriebe; 1,8 Milliarden $ m/n Kapital; 1,9 Milliarden Erzeugung; 1,1 Milliarden Rohmaterial; 679 000 PS. Betriebskraft; 410 000 Personen.

Vom Erzeugungswert gerechnet, ist die Hälfte Nährstoffindustrie. Die hohe Zahl der Betriebe findet Erklärung in dem Umstand, daß der Zensus auch die kleinen Handwerker berücksichtigt; die Zahl der mit mechanischem Antrieb — Dampf, Explosionsmotoren, Elektrizität — arbeitenden Betriebe beträgt 18 000, wovon 10 000 elektrisch bewegt werden. Unter den Betriebseignern sind $^2/_3$ Fremde, $^1/_3$ Argentinier, von der Arbeiterschaft dagegen stellt das Ausland nur wenig mehr als Argentinien. 20 % der Betriebe befinden sich in der Bundeshauptstadt; in ihnen ist 30 % des Gesamtkapitals angelegt. Unter den Provinzen ragt Buenos Aires hervor mit Ziffern, die denen der Metropole wenig nachstehen; doch ist zu berücksichtigen, daß die Stadt Avellaneda mit ihrer etwa 100 000 Köpfe starken, fast rein industriellen Bevölkerung zwar auf dem Boden der Provinz steht, wirtschaftlich aber eine Vorstadt von Buenos Aires, räumlich nur durch den Riachuelo („das Flüßchen“) getrennt, darstellt. Immerhin nimmt Buenos Aires unter den Provinzen den ersten Rang ein, was schon aus dem dichtmaschigen Eisenbahnnetz verständlich wird.

Es dehnen sich aber große Industriezweige auch bis in die entlegenen Provinzen, doch sie haben zum größten Teil in dem wirtschaftlichen Herzen des Landes, in der Bundeshauptstadt, ihre zentrale Verwaltung, die Einkauf, Verfrachtung, Finanzierung, Verkehr mit den Bundesbehörden und den Verkauf besorgt. Sollten Oberleitung und Finanzspitze, wie z. B. die einiger Wein- und Zuckerbetriebe, in der Provinz domizilieren, so bedient man sich zumindest in Buenos Aires des „consignatario“ für den Verkauf der Produkte. Das ist meist eine finanziell am Unternehmen beteiligte Firma, ein Verwandter oder eine sonst den Inhabern nahestehende Vertrauensperson. Auch liegt der Schwerpunkt der Fachverbände, wie Centro Azucarero und Centro Viti-Vinícolo, in Buenos Aires.

Die Getreidemühlenindustrie. Die Geschichte erwähnt zuerst im Jahre 1580 eine in Córdoba mit Wasserkraft arbeitende Mühle. Sie berichtet auch im Jahre 1597 und in den zwei folgenden Jahrhunderten von Mehlausfuhr in bescheidenem Umfange nach Brasilien, das bis auf den heutigen Tag der größte Abnehmer argentinischen Mehles geblieben ist. In der ersten Hälfte des vorigen Jahrhunderts vermochte indes die Landeserzeugung den Bedarf der durch Einwanderung wachsenden Bevölkerung nicht zu decken. Mehl wurde eingeführt. Die Regierung sann auf Hebung der Mühlenindustrie, erteilte 1845 in Buenos Aires die Konzession und besondere Privilegien einer ersten Dampfmühle. Weitere Mühlenbauten folgten bald, doch wurden 1880 noch 1265 t Mehl eingeführt. Erst seit 1902 steht das Land auf eigenen Füßen bezüglich seiner Mehlversorgung; die Ausfuhr steigt ziemlich regelmäßig bis zu der Menge von 176 000 t im Jahre 1918. Die Jahreserzeugung (für den Landesbedarf + Ausfuhr) betrug 1895: 338 000 t und hat jetzt die Million überschritten.

In größeren Mengen vermahlen die argentinischen Mühlen nur Weizen und Mais. 1913 wurden aus 1,3 Mill. t Weizen 911 000 t Mehl und 409 000 t Nebenprodukte gewonnen, aus 13 Mill. t Mais 9,4 Mill. t Maismehl. Von der Gesamtweizenvermahlung des Landes bewältigt die Bundeshauptstadt etwa $^1/_3$, die Provinz Buenos Aires ¼, Santa Fé 18 %, Córdoba 16 %.

Die Industrie zählt 400 Betriebe für eine Gesamtleistung von 2 Mill. t Ausstoß mit 30 000 PS. Das investierte Kapital beträgt etwa 90 Mill. $ m/n. Beschäftigt sind in der Industrie etwa 5000 Personen.

Die Großmühlen sind vollkommen modern eingerichtet. Unter ihnen ragt als Koloß die Gesellschaft „Molineros, Harineros y Elevadores de Granos Rio de La Plata" mit ihrer inmitten des Hafengeländes der Hauptstadt errichteten Mühlen- und Siloanlage für 1000 Sack Ausstoß pro Stunde, die dem alten deutsch-belgischen Hause Ernesto A. Bunge y J. Born ihre Entstehung dankt, hervor. In der Provinz Santa Fé schlägt die deutsche Firma Werner & Co. in Villa Casilda den Mühlenrekord; sie hat sich auch um die Förderung der Mühlenindustrie jener Gegend verdient gemacht. In kleineren Kampstädtchen geben manche Mühlen elektrischen Strom ab für private und öffentliche Beleuchtung.

Die Zuckerindustrie. Zucker ist einer der Nährstoffe, die Argentiniens Bevölkerung schon in Zeiten der bescheidensten Lebensführung stürmisch verlangte. Außer puchero asado und galletas, also Fleisch und Trockenbrot (Zwieback), mußte der Gaucho seinen mate con azucar haben gleich wie der Bayer das Vollbier. Das Bestreben, den Saft des in den Nordprovinzen gedeihenden Zuckerrohres der breiten Volksmasse zugänglich zu machen, drängte zu Unternehmungen, sobald industrielle Energien sich im Lande zu regen begannen. So sehen wir um die Mitte des vorigen Jahrhunderts die ersten Zuckerfabriken entstehen. 1858 wurde der erste Vacuum-Verdampfungsapparat eingeführt, und, nachdem 1876 durch die Central-Córdoba-Linie Tucumán an das Bahnnetz der Republik angeschlossen war, entstand 1879 die erste große, damals ganz moderne Zuckerfabrik.

Das Zentrum der Industrie war von Anbeginn die Provinz Tucumán. Heute entfallen von 42 Großbetrieben (ingenios) 30 auf Tucumán, Jujuy hat 3, Salta 1, Santa Fé 2, Corrientes 1, der Chaco Austral 3, Formosa 2 Ingenios; dazu kommt die große Raffinerie in Rosario de Santa Fé. An Bedeutung folgt die Provinz Jujuy. Es scheint, daß das Klima der letzteren, nördlicher gelegenen Provinz dem Zuckerrohr günstiger ist. Späte Fröste haben in Tucumán in manchen Jahren die Ernten stark gemindert, was in wechselnden Ziffern der Produktion zum Ausdruck gelangt und dahin geführt hat, daß neuerdings das früher allgemein angepflanzte Cuba-Zuckerrohr durch das wetterhärtere Javarohr ersetzt wird.

Die Zuckerindustrie erfreut sich als ein Schmerzenskind der besonderen Aufmerksamkeit argentinischer volkswirtschaftlicher Doktoren. Sie konnte sich, wie erwähnt, nur unter dem Schutz von Einfuhrzöllen und in den Jahren des Produktionsüberschusses durch Exportprämien entwickeln und lebensfähig erhalten und hat somit zu einer Verteuerung des Innenkonsums dieses wichtigen Lebensmittels beigetragen. Sie war nicht konkurrenzfähig im Weltmarkte und mußte darum, als die Brüsseler Zuckerkonvention 1902 zustande kam, auf die Ausfuhr ihrer Erzeugnisse, die in den Vorjahren einen gewissen Umfang angenommen hatte, verzichten. Von 1907—12 verlangte der Konsum des Landes wieder eine Zuckereinfuhr in Höhe von durchschnittlich 45 000 t pro Jahr. In den Jahren 1914—15 wurden zusammen 118 000 t Zucker ausgeführt, 1916—18 zusammen 224 000 t eingeführt, und 1919 brachte wiederum einen Produktionsüberschuß, dessen teilweise Ausfuhr nach heißen Kämpfen im Kongreß von der Regierung freigegeben wurde.

Neben den sprunghaften Ernteergebnissen leidet die argentinische Zuckerindustrie an ungünstiger Lage zu den Hauptabsatzgebieten des Landes und den Seehäfen. Die Fabrikanlagen sowohl wie die Produkte werden durch hohe Eisenbahnfrachten verteuert. Technische Übelstände kommen hinzu: bis in die jüngste Zeit waren nicht genügend Raffinerien im Lande, um den einheimischen Rohzucker zu veredeln, lange Jahre außer dem Ingenio Concepción, das in Tucumán eine eigene Raffinerie hatte, nur die bereits erwähnte, in der Saison stets überbeanspruchte Rafineria Argentina in Rosario de Santa Fé. Ferner hat eine Reihe der Fabriken nicht mit ausländischen Wettbewerbern bezüglich technischer Vervollkommnung Schritt gehalten (zum Teil wohl eine Folge des gesetzlichen Treibhausschutzes).

So hat Argentinien den Rang unter anderen Zuckerrohrländern, den es vor etwa 20 Jahren einnahm, nicht halten können. Damals war das Ingenio Florida der Cia. Azucarera Tucumana vielleicht die größte und modernste Zuckerfabrik der Welt mit 1100 t Zuckerrohrvermahlung pro Tag. Seit jener Zeit sind aber in Cuba, nach Befruchtung der Insel durch nordamerikanische Unternehmungskraft, Ingenios entstanden, die 4000 t und mehr Zuckerrohr pro Tag verschlingen. Neuerdings hat die Provinz Tucumán den Größenrekord an die Provinz Jujuy abtreten müssen, seit das Ingenio Ledesma von einem Deutschen zur größten Zuckerfabrik des Landes erweitert worden ist. Das früher einer argentinischen Familie gehörende Unternehmen heißt jetzt Nueva Cia. Azucarera y Refineria Ledesma.

Die Rentabilität der Ingenios ist sehr verschieden, je nach technischer Vollkommenheit. Sie hängt aber natürlich auch ab von Qualität und Quantität der Zuckerrohrernten.

Alle Ingenios entlaugen aus der Melasse bis auf Spuren die Zuckerrückstände, destillieren und rektifizieren Alkohol, der in zweiter Hand zur Herstellung großer Mengen von Caña (dem „Schnaps" des armen Mannes) benutzt wird, ferner für industrieelle und Beleuchtungszwecke.

Die Weinindustrie. Sie hatte bis 1914 den höchsten Kapitalbetrag unter allen argentinischen Industrien an sich gezogen, nämlich 183 Millionen $ m/n, wovon die Provinz Mendoza allein 80 % und San Juan etwa 10 % nahmen. Somit konzentriert sich die Weinbereitung im wesentlichen auf die beiden genannten Provinzen, die, am Abhange der Kordilleren auf etwa 800 m hohem Plateau gelegen, den gleichnamigen Flüssen ihre Fruchtbarkeit und Entfaltung danken. Das sanft abfallende Gelände eignet sich in hohem Grade zur Anlage von Irrigationsnetzen, deren leicht regulierbare, Schwemmstoffe vom Gebirge herabtragende Wasserzufuhr das Wachstum der Trauben besonders fördert. Es wird ferner begünstigt von zwar mildem, aber doch genügende Winterkälte bietendem Klima. Wo die künstliche Bewässerung aufhört, ist es auch mit der Vegetation zu Ende, da zu wenig Regen fällt. (In San Juan sagt man, es regne einmal in zwei Jahren.) Die genannten Flüsse werden so energisch angezapft, daß sie wenige Meilen unterhalb verenden.

Die Gesamtmenge des im Inlande gekelterten Weines betrug in den letzten Jahren annähernd 5 Mill. hl, wovon 4 Mill. aus Mendoza-Trauben gewonnen sind.

Die Keltereibetriebe, Bodegas genannt, haben in Argentinien ganz eigenartige Formen und Methoden angenommen, grundverschieden von denen der Großweinländer Frankreich, Italien, Spanien, ähnlich nur denen in Nord-Algier. Während in anderen Ländern, auch in Deutschland, die eigentlichen Keltereien relativ klein sind, große Weinmengen erst in den Lägern der Händler, den Sektfabriken usw. zusammenfließen, sind in Argentinien Riesenkeltereien vorherrschend, die bis zu 100 000 hl Wein in der achtwöchentlichen Erntezeit selbst bereiten und lagern. Einige der führenden Bodegas haben noch höheren Ausstoß und dementsprechende Einrichtungen; diese verteilen sich dann aber auf zwei oder mehr Arbeitszentren. Eine Bodega, die 100 000 hl Wein bereitet, muß etwa 15 Mill. kg Trauben verarbeiten. Diese werden in Kippkarren oder Kübeln aus den Weinfeldern (viñas) eingefahren und mit Stielen und allem Schmutz in ein zementiertes Bassin abgeladen. Von der Rampe aus sieht man sie in die Mäuler der massenmordenden Garollamühlen (das sind Zerkleinerungsmaschinen) verschwinden; durch vier bis fünfzöllige Rohrleitungen wird der Most — für Rotweine mitsamt den festen Traubenbestandteilen, für Weißweine nach Auspressung — in geräumige Batterien von Gärbassins oder -bottichen gepumpt; der vergorene Most wird dann durch andere Rohrleitungen und evtl. durch Pasteurisierapparate in Lagerfässer von je 50—200 hl, die in schier endlosen Reihen, soldatisch aufgestellt, die geräumigen Hallen füllen, befördert. Die Trester werden Destillierapparaten zur Gewinnung des Traubensprit zugeführt. Diese Massenbewegung geschieht fast automatisch, sie erfordert hohe Kapitalanlagen — alle Rohrleitungen aus verzinntem Kupfer, Pumpen aus Bronze, Lagerfässer aus Eichenholz. Kellerbauten hat man mit Rücksicht auf Kosten und Erdbebengefahr, namentlich in früheren Zeiten, gemieden; heute sind sie in den größeren Bodegas wenigstens als Paradeläger zu finden. Die mindestens 60 cm dicken Wände der geräumigen Schuppen und Hallen, die aus adobes (Trockenziegeln) hergestellt sind und Holz- und Strohdächer tragen, erfüllen den Doppelzweck der Erdbebensicherheit und relativen Kühlhaltung. Große Bodegas präsentieren sich schon äußerlich als imposante Fabrikbetriebe mit hohem Schornstein usw. Dampf wird auch da, wo elektrische Antriebe vorherrschen, in großen Mengen zur Destillation, Pasteurisierung und zum Ausdämpfen der Transportfässer gebraucht. Regsamkeit waltet in ihnen jedoch nur während der Ernte; die übrigen zehn Monate sind der ruhigen Weinpflege und der Versendung der Produkte gewidmet. Da wird es ganz still in den großen Räumen; eine handvoll Menschen bleiben als Stammpersonal: Maschinenmeister mit ein oder zwei Gehilfen zur Ausführung von Reparaturen usw., der Bodeguero mit einigen peones, evtl. ein Chemiker und kaufmännisches Personal. Für die Erntearbeiten waren Scharen eingeborener kleiner Familien teils von weither zugeströmt. An Traubenpflückern fehlt es nie, denn die Trauben schmecken gut und bilden in jenen zwei Monaten die Hauptnahrung der Leute.

Man hört in Argentinien der eigenen Weinindustrie oft den Vorwurf der Panscherei machen. Gesündigt wird in der Tat viel, besonders von den unzählig vielen kleinen Weinbereitern. Jeder Kleinkrämer pflegt seine Ersparnisse in viñas anzulegen, verkauft einige Jahre seine Trauben an den Nachbar-Bodeguero, bis er eines Tages, weil er glaubt, von letzterem beim Traubenhandel übervorteilt worden zu sein, den Beruf zum Weinmacher in sich fühlt und — kranken Wein macht. Auch manchem Großen, der sich schon Fachmann dünkte, ist es widerfahren, daß er seinen Heurigen, wenn das Frühjahr kam, in Essig gewandelt sah. In den ersten Jahren der schnellen Entwicklung, als es selbst in den meisten größeren Bodegas an fachgemäßer Kelterung, namentlich an Beobachtung der Gärungen noch sehr mangelte, war die Sache mitunter gemeingefährlich. Unwissende und gewissenlose Bodegueros begnügten sich nicht mit der Verwendung von Gips, Schwefel usw., um ihre kranken Moste haltbar zu machen. Man griff schlank zur Flußsäure, der nicht einmal Kieselsteine widerstehen, geschweige denn Magenwände. Vor etwa 15 Jahren griff das Parlament ein und brachte ein modernes Weingesetz heraus, das der Regierung die Handhabe bot, dem Unfug zu steuern. Die Officina Química begann radikal durchzugreifen, und es wurde auch tatsächlich eine wesentliche Besserung der Bodegazustände erzielt.

Heute liefern die gutgeleiteten größeren Etablissements durchaus trinkbare Tropfen, die neben einfachen französischen und italienischen sog. Landweinen — das sind ihre eigentlichen Wettbewerber — wohl bestehen können.

Das Problem der argentinischen Weinbereitung gipfelt darin, bei rauher, kunstwidriger Massenkelterei und Hochsommertemperaturen, wie sie in den Erntemonaten März/April noch vorkommen, gesunde Tischweine zu erzeugen, sei es auch nur Faßweine von ein- bis zweijährigem Bestand. Insbesondere macht die Verarbeitung der schon seit der Kolonialzeit, allerdings mehr in San Juan als in Mendoza, eingebürgerten sehr zuckerhaltigen Criollotraube zu schaffen, d. h. ihre Verarbeitung zu trockenen Tischweinen. Sie haben zuviel, was ein Moselsurius oder Bomster zu wenig hat. Läßt man der Gärung freien Lauf, dann gibt es stark alkoholische Weine von Ierez-Malaga-Charakter, wofür im Lande nur ein beschränkter Absatzmarkt vorhanden ist, und die im Weltmarkte wegen Mangel an Bouquet nicht konkurrenzfähig wären. Der Most kann also ohne Wasserzusatz nicht trocken vergären; es ist aber klar, daß solche Wasserkur nur von ganz sachverständiger Hand unter sorgfältiger behördlicher Überwachung durchgeführt werden kann.

Italiener, Franzosen, Spanier haben naturgemäß das große Kontingent der argentinischen Bodegueros gestellt. Es war ein Franzose, der als technischer Leiter der der alt-mendoziner Familie „Benegas" gehörenden Perle argentinischer Weinbesitztümer, „el Trapiche" genannt, zuerst brauchbareren Flaschentischwein in Mengen auf den Markt brachte und damit dem argentinischen Erzeugnisse erst Ansehen bei verwöhnteren Konsumenten verschaffte. Dem deutschen Bodeguero und Bodegabesitzer Carlos Kalleß gebührt das Verdienst, mit der Gründlichkeit seines früheren Berufes (Oberlehrer) die Bereitung und Pflege von Qualitätsweinen aus den verschiedenen Traubensorten, deren Säfte sonst in Argentinien zu einer Kollektivweintype verschnitten werden, durchprobiert und die Keime zur Veredlung des typischen Mendozaverfahrens hinterlassen zu haben. Desgleichen war es ein Deutscher, Hermann Wiedenbrüg, der als technischer Leiter und Hauptbesitzer der Bodegas Germania in Mendoza und San Juan die Einpflanzung gesunder Gärmethoden in den argentinischen Großbetrieb am vollkommensten durchgeführt und damit sein Unternehmen zu einzigartiger Geltung und Dauerrentabilität geführt hat. Die Aktien der vor etlichen Jahren aus finanziellen Gründen wie so manches andere Unternehmen unter englische Kontrolle gelangten, heute „El Globo" genannten Gesellschaft werfen seit einer Reihe von Jahren 17—18 % Dividende ab, während die zeitweise größte der argentinischen Bodegas italienischer Gründung, die gleichfalls heute von englischen Kapitalisten finanzierte Tomba-Gesellschaft, nach jahrelanger Dividendenlosigkeit für das Geschäftsjahr 1919 10 % zur Verteilung gebracht hat. Die Rentabilität mittlerer Bodegas, besonders wenn sie etwa zur Hälfte Trauben aus eigenen Viñas verwerten, ist bei umsichtiger Leitung in manchen Jahren außerordentlich hoch, was zum Teil das rapide Wachstum der Weinindustrie erklärt.

Die überwiegende Menge argentinischer Weine sind Rotweine von Bordeaux-Charakter aus Trauben französischen Ursprunges, worunter sich die ertragreiche Malbec am besten bewährt hat. Die Rebenkultur ist auch französischem Muster nachgebildet; die bis 100 ha und mehr in einer Pflanzung zählenden Rebengärten der größeren Besitzer werden in Mendoza sauber und fachgerecht, besser als der Durchschnitt in Frankreich, gepflegt. Feinde der Erträge sind späte Fröste, Hagelschläge und in manchen Jahren Heuschrecken. Die edelsten Früchte gedeihen auf dem höhergelegenen Gelände; sie geben bei richtiger Behandlung Weine, die mittleren Bordeaux an Güte gleichkommen. Zu Weißweinen wird außer der schon erwähnten Criollotraube namentlich die feinere Semillón, französischer Herkunft, verarbeitet. Versuche sind im Laufe der Jahre wohl mit allen bekannten Rebensorten, auch deutschem Riesling, gemacht worden. Da aber die Tendenz bisher, wie aus Gesagtem hervorgeht, nicht die Herausbildung feiner Typen begünstigte, sondern auf Massenertrag gerichtet war, ist die Pflege mancher Reben, die vielleicht in einem späteren Entwicklungsstadium zu Ehren kommen werden, bis heute Sache weniger Liebhaber geblieben.

In fast allen Bodegas wird alcohol vínico (Traubensprit) als wichtigstes Nebenprodukt gewonnen, zum Teil rektifiziert und dann zur Alkoholisierung schwächerer Weine verwandt oder verkauft als Grapa bzw. an Likörfabrikanten. Der Kognakerzeugung wird noch wenig Aufmerksamkeit gezollt, doch mag die Zukunft diesem Produkt günstigere Vorbedingungen schaffen. Weitere Nebenprodukte sind rohe Weinsteinsäure, Weinbeerenöl, auch eignen sich die Trester der zuckerhaltigen Criollotrauben zur Viehfutterbeimischung. Den Schnelligkeitsgrad der Entwicklung zeigen folgende Vergleichsziffern:

	1895	1914
Weinlandkultur (ha)	28 397	132 479
Anzahl der Betriebe, worunter natürlich die Mehrzahl klein	949	4 317
Arbeitskapital $ m/n.	16 826 464	182 725 984
Weinproduktion (hl)	574 100	5 000 100
Wert der Weinproduktion ($ m/n.)	8 977 146	85 291 164

Die Betriebskraft war im Jahre 1914: 15 000 PS. Beschäftigt waren zu gleicher Zeit in der Weinindustrie, 16—17 000 Personen.

Bis zum Kriege wurden besonders aus Italien und Spanien beträchtliche Mengen Faßweine eingeführt, 1913 400 000 hl bei kaum nennenswerter Ausfuhr. Während des Krieges setzte Ausfuhr ein in Stärke von 35—50 000 hl (1918), während die Einfuhr sich auf Luxusweine beschränkte. Ob die Ausfuhr nach Rückkehr normaler Verhältnisse größeren Umfang annehmen wird, ist sehr die Frage. Die Lage der Weinprovinzen, weitab von den Seehäfen, bedingt teure Eisenbahnfracht, die bei geringeren Weinsorten einen hohen Prozentsatz des Wertes ausmacht. Nur feinere, ganz gesunde, flaschenfähige Weine werden den Wettbewerb im Weltmarkte erfolgreich bestehen können, und von dieser Sorte erzeugt Argentinien immer noch zu wenig.

Die deutsche Industrie hat in das Weingebiet Eingang gefunden mit Pumpen, Armaturen, Filtern, Pressen, Destillier- und Rektifizierapparaten, Antriebsmaschinen und Kesseln, Rohrleitungen, elektrischem Material, Lagerfässern, gereinigter Weinsteinsäure, Chemikalien, Pflügen usw.; sie wird gut tun, enge Fühlung mit der weiteren technischen Vervollkommnung jener Betriebe zu halten. Dann wird ihr die Weitung des Absatzfeldes in den argentinischen Weingebieten nicht versagt bleiben.

Die Bierbrauerei. Die Bierbrauerei sieht in Argentinien gleichfalls auf schnelles Wachstum zurück. Das Land zählt etwa sechs modern eingerichtete Großbetriebe, obenan die Quilmes (auf halbem Wege zwischen der Bundeshauptstadt und La Plata gelegen), die eine halbe Million hl Ausstoß schon vor dem Kriege erreicht hatte. Im ganzen sind beschäftigt etwa 30 Brauereien, davon in der Bundeshauptstadt 2, in der Provinz Buenos Aires 11. Gesamtproduktion 1914: 1,25 Mill. hl; Wert der Jahresproduktion 37 Mill. $ m/n.; Wert des verarbeiteten Rohstoffs ca. 8 Mill. $ m/n.

Hopfen und Malz kommen fast ganz aus Deutschland und Österreich; Einfuhr 1918: 15 000 t Malz, 255 000 kg Hopfen, was einen wesentlichen Rückgang der Malzzufuhr bedeutet (1913: 25 000 t) und teilweise in der Ausdehnung des Gerstenanbaus während der Kriegsjahre seine Erklärung findet.

Die Biereinfuhr ist seit Jahren nicht mehr von Bedeutung; die Erzeugnisse der modernen Brauereien leisten dort heutzutage allen nicht allzu großen Ansprüchen an ein normales Bier Genüge.

Die Branntweinfabrikation. Die Branntweinfabrikation verarbeitet mit geringen Ausnahmen die in Zucker-Ingenios und

Weinkeltereien als Nebenprodukt gewonnenen, darum billigen Alkohole. Die recht spritfreudige Bevölkerung — auf den Kopf einschließlich der Säuglinge kommen 80—90 l Konsum alkoholischer Getränke pro Jahr — ist in bezug auf Qualität, namentlich der Liköre, rührend anspruchslos; sie nimmt in Mengen die „phlegmatischsten" Nachahmungen ausländischer Getränke hin. Konnte die Herstellung wirklich feiner Liköre bisher nicht hochkommen, so gestattet noch weniger der hohe impuesto interno (1 $ m/n. pro l Alkohol ab Fabrik, also bei bedeutendem Zins- und Verdunstungsverlust) das Ablagern von Sprit zu seiner Verfeinerung in Eichenholzgebinden; fünfsternige Kognaks werden in Argentinien meist innerhalb 24 Stunden reif.

Das in diesen Betrieben angelegte Kapital ist aber von Bedeutung. Aus Deutschland beziehen sie Pumpen, Filter, Holz- und Stahlgebinde, Apparate, Essenzen usw. usw.

In bescheidenen Grenzen wird rektifizierter Maissprit, der einen höheren Reinheitsgrad als die vorgenannten Alkoholsorten erreicht und darum weniger gesundheitsschädlich ist, zur besseren Likörbereitung im Lande gewonnen und verarbeitet. Der noch feinere Kartoffelsprit wird im Lande noch nicht erzeugt; der Kartoffelbau ist auf ein verhältnismäßig kleines Gebiet in der Provinz Buenos Aires beschränkt.

Während des Krieges ist mancher seit Jahren stilliegende Destillierapparat wieder in Betrieb genommen worden; die weitere Gestaltung des internationalen Alkoholmarktes wird mit entscheidend sein für die Entwicklung der Alkoholbereitung in Argentinien.

Die Tabakindustrie. Sie hat, gleich wie die bisher genannten, in den letzten Jahrzehnten mächtige Fortschritte gemacht, besonders die Zigarettenherstellung. Das in der Gesamttabakindustrie investierte Kapital erscheint im Zensus von 1895 mit 9½ Mill. $ m/n, 1914 mit 35½ Mill. Tabakanbau und -ertrag zeigen bisher eine schwankende Entwicklung; während 1907—12 die mit Tabak bebaute Fläche ziemlich gleich, zwischen 9—10000 ha blieb, erscheinen 1913—14 in der Statistik 15000 ha, 1915: 7600, 1916—15 wieder zwischen 10—11000 ha. Die Ertragsziffern steigen 1906—9 von 3,8 Mill. auf 9,9 Mill. kg, um 1910 auf 6,9 Mill. und bis 1915 auf 4,5 Mill. zurückzugehen. 1916 ragt mit 10,5 Mill. über die anderen Jahre. 1917—18 fallen die Erträge auf 6,4 bzw. 4,2 Mill. Die Ziffern sowohl der Anbaufläche wie der Erträge erwecken den Eindruck, daß Zählfehler unterlaufen sind.

Daneben wächst der Tabakimport 1906—13 von 3,8 auf 8,1 Mill. kg, steigt sogar während des Krieges, 1917, bis auf 12,4 Mill., um 1918 auf 5,7 Mill. zurückzugehen. Die Zigarren- und Zigaretteneinfuhr fiel während des Krieges; sie betrug 1913 1 Mill. kg, 1915—18 nur je 4—500 000 kg.

Andererseits zeigen die letzten Jahre gegenüber früheren geringfügigen Ziffern namhafte Ausfuhren an Tabak, 1917—18: 1 bzw. 2,4 Mill. kg, Zigaretten 212 000 bzw. 194 000g k.

Die argentinischen Tabake sind stark nikotinhaltig und grob von Geschmack, doch ist über ihre Eigenschaften das letzte Wort noch nicht gesprochen. Es fehlte wohl bislang an sachgemäßer Behandlung, namentlich des Fermentationsprozesses. Die Tabake wurden zum größten Teil in der Zigarettenfabrikation des Landes verarbeitet, ein geringerer Teil diente als Einlage minderwertiger Zigarren.

Der argentinische Geschmack hat eine dem Lande eigene Zigarettentype ausgebildet, in der etwa die Hälfte Landesgewächs, die andere Hälfte Brasil- und Habana-Tabake sind. Die Provinzen Corrientes und das Territorium Misiones stellen das Hauptkontingent des einheimischen Tabaks. Vor der Verarbeitung zu Zigaretten wird dem Tabak durcn Auslaugung der Hauptnikotingehalt entzogen. Die argentinischen Zigaretten sind daher relativ harmlos, mild von Geschmack. Der zugewanderte Raucher pflegt sich bald mit der argentinischen Zigarette zu befreunden.

Die Fabriken arbeiten alle nach dem gleichen Schema. Sie bringen die Zigaretten zu je 14 Stück in einer Papieraufmachung (zweiteiliger Hülle), und zwar in drei Sorten zu 10, 20 und 30 Cts. das Vierzehnerpäckchen, einzelne dazu eine Luxusausgabe zu 40 Cts. Nach Erfahrungssätzen verteilt sich der Verkaufspreis etwa wie folgt: ¼ impuesto interno (innere Verbrauchsabgabe), ¼ Propagandakosten, ¼ Zwischenhändlerverdienst, ¼ Herstellungskosten und Verdienst des Fabrikanten. Trotzdem Fehlschläge bei der Einführung von Handelsmarken oft 50 bis 100000 $ m/n. unfruchtbare Ausgaben verursacht haben, gilt die Zigarettenfabrikation bei guter Verwaltung als lukrativ.

Im Jahre 1912 führte der Gedanke, daß eine Verkaufsgemeinschaft der Fabrikanten den Propagandaaufwand um Millionen verringern und sonstige Vorteile einbringen müsse, zum Zusammenschluß der großen Fabriken unter der Firma Cia. Argentina de Tabaccos Lda. Dieser Trust bekam aber ein Loch; im letzten Augenblick der Verhandlungen zog sich eine bedeutende Fabrik zurück, die dann durch raffinierte Propaganda unter starker Betonung ihrer Trustfreiheit glänzende Geschäfte machte. Sie führt die Marke 43.

Im Jahre 1918 flossen der Staatskasse aus der inneren Tabakabgabe 36½ Mill. $ m/n. zu (im Jahre 1895: 1,6 Mill.), weitaus zum größten Teil aus dem Zigarettenumsatz. Die Zigarren- und Rauchtabakindustrie im Lande ist noch nicht von Bedeutung.

Forstindustrie. Die mittlere Zone Argentiniens hat keine nennenswerten Wälder. Was man dort bosque oder monte nennt, ist Gestrüpp und Buschwerk, das in Verkrüppelung verschiedene der in den Norddistrikten vorkommenden Baumarten aufweist. Die subtropischen Charakter tragenden Wälder des Nordens sind reich an wertvollen Harthölzern: Quebracho, Algarrobo, Urunday, Guayacán, Lapacho, Ñandubay, Caldén, Yacaranda, Zeder usw.

Im Süden sind die Kordillerenhänge mit hochstämmigen Laubbäumen und anderen Nutzhölzern dicht bestanden: ein enormer Holzreichtum, der bis 1914 wegen der hohen Kosten des Fällens und des Abtransportes kaum in Ausbeute genommen war. Während des Krieges gelangten in der holzverarbeitenden Industrie des Landes erst größere Mengen jener Hölzer zu Ehren. Es ist wohl denkbar, daß, nachdem das Gebiet nun einmal in Angriff genommen worden ist, seine weitere Aufschließung bald Fortschritte machen wird.

Hohe wirtschaftliche Bedeutung für das Land hatten aber die nördlichen Forste bereits vor dem Kriege gewonnen, und als Nutzholz für feinere Möbelfabrikation, Drechslerei, Fournierschneiderei u. a. hat der Krieg den Harthölzern des Nordens ein erweitertes Verwendungsfeld gebracht.

Der Wert argentinischer Wälder allein als Brennholz wird von folgenden Ziffern beleuchtet: Die argentinischen Eisenbahnen verbrannten 1913 1,4 Mill. t Kohlen und 446 000 t Brennholz; 1917 dagegen 330 000 t Kohlen und 3 Mill. t Brennholz!

In großem Stile finden die gen. Harthölzer seit Jahren Absatz in- und außerhalb des Landes für Eisenbahnschwellen, Telegraphenpfosten, Drahtzaunpfosten und speziell Quebracho colorado zur Gerbstoffgewinnung. Auf letzteres Gebiet wird gleich noch näher eingegangen. In den folgenden zur Veranschaulichung des Gesamtumfanges der Holzbetriebe angeführten statistischen Ziffern sind sämtliche Forstbetriebe berücksichtigt: Man zählte 1914 493 Arbeitsstellen, 78 Mill. Papierpesos investiertes Kapital, 42 Mill. Papierpesos Wert der Erzeugung, 13 000 PS. Betriebskraft, 20 000 in den Betrieben beschäftigte Personen.

Die Ausfuhr der forstlichen Produkte betrug 1899: 2,2 Mill., 1918: 19,4 Mill. Pesos Gold.

Die Quebracho-Industrie. Sie hat die Ausbeutung des hohen Gerbstoffgehaltes des in den nördlichen Provinzen Argentiniens (und der Nachbarrepublik Paraguay) weit verbreiteten Baumes Quebracho colorado zum Zweck. Der Rhythmus ihres Aufstieges ist echt argentinisch; ihm nachzuspüren gewährt auch dem Fremden Reiz.

Vor 40 Jahren kannte man im Lande noch keine industrielle Verwertung des kostbaren Stoffes. Den Anfang machten zwei oder drei kleine Extraktbetriebe im Chaco Santafesino und in der Provinz Corrientes, die als boliches de mala muerte, d. h. Betriebe, die nicht leben noch sterben können, etliche Jahre vegetierten. Die Schwierigkeiten, mit denen sie zu kämpfen hatten, nämlich das Heranziehen einigermaßen brauchbarer Arbeiter in die entlegenen Wälder und damit die Erreichung einer für den Fabrikbetrieb notwendigen regelmäßigen Materialzufuhr, schienen unüberwindlich; man verzweifelte, gegen die technisch weit überlegene Industrie der alten Länder, insbesondere Deutschlands, je aufkommen zu können. Die einheimischen Gerber raspelten gern jeder für seinen Bedarf die Quebrachospäne selbst.

Da waren es zwei Deutsche, die Gebr. Harteneck, die sich nicht begnügen wollten, in ihrer Gerberei in Entre Rios die Felle schlecht und recht nach alten Methoden zu gerben. Sie befaßten sich gründlich mit dem Studium der Eindickung des Quebrachosaftes. Es gelang ihnen, ein Produkt herzustellen, das sie im eigenen Betrieb mit Vorteil verwenden konnten. Der Gedanke, den eingedickten Saft in einer selbständigen Fabrik herzustellen und der Allgemeinheit zugänglich zu machen, blitzte auf. Das wohldurchdachte Projekt der Gebrüder Harteneck fand Verständnis bei den führenden Fachleuten in Deutschland. Die Firma H. Renner & Co., A.-G., Hamburg, beteiligte sich mit 1 Mill. $ m/n. und sorgte für modernste Fabrikausrüstung der ad hoc gegründeten Firma Harteneck & Co. Gesunder Spürsinn führte in die Region der reichsten Quebracho-Baumbestände, wo Wald und Land damals noch gering bewertet wurden. Im Chaco Santafesino entstand die erste Fabrik Calchaquí. Das junge Unternehmen wurde bald umworben. Schon 1903 kam es zu einer geschäftlichen Vereinigung mit der Bank Portalis y Cia., die weitere große Waldgebiete einbrachte. Die Cia. Forestal del Chaco Lda. entstand. Schnell wächst das Wirkungsfeld. Für eine Jahresproduktion von 24 000 t Extrakt wird die damals größte Extraktfabrik der Welt „La Guillermina“ gebaut. 1906 Verdoppelung des Gesellschaftskapitals durch Einschüsse der Teilhaber; Ausdehnung des Landbesitzes. Die Entwicklung geht in ein Tempo über, dem die Kapitalkräfte der Gesellschafter nicht mehr folgen können. Ein Appell an das reiche Albion führt zum Aufgehen des Unternehmens in die „Forestal Land Timber and Railway Co.“, eine englische Gesellschaft, in der die Gründer zwar noch maßgebenden technischen Einfluß behalten, deren gesetzlicher Sitz aber nach London verlegt werden mußte. Durch Verschmelzung mit der reinenglischen Santa Fé-Land-Co. wird das Unternehmen weiter anglisiert. Die Forestal hatte ihren Landbesitz auf rund 400 leguas (1 legua = 2500 ha) gerundet; hinzu fügte die Santa Fé-Land-Co. 450 leguas, zusammen also 850 leguas = 21250 qkm, etwa 10 % mehr Fläche als Württemberg zählt, also ein Staat im Staate! Das in der Forestal arbeitende Kapital war 1914 5 Mill. Lstr., wovon 2 Mill. Obligationen. Fünf große Extraktfabriken arbeiten für sie in Argentinien:

La Guillermina für 40 000 t Extrakt Maximaljahresleistung,
Villa Ana für 18 000 t,
Tartagal für 18 000 t,
Gallareta für 15 000 t,
Santa Felicia für 7000 t,

d. i. 70 % aller Extraktfabriken Argentiniens, die zusammen 138 000 t herstellen können. Ausgeführt wurden 1914: 82 000 t[1]); mit dem Landesverbrauch von 5000 t ergibt das einen Gesamtausstoß der argentinischen Fabriken von 87 000 t.

An der Extraktausfuhr war die Forestal mit 86,5 % beteiligt, an der Ausfuhr von Rundhölzern mit über 60 %; sie hat also auf ihrem Gebiete eine Vormachtstellung errungen, die an Monopol grenzt.

Der Deutsche draußen folgte mit gemischten Gefühlen dieser Entwicklung der „Forestal“, den Übergang der Kontrolle an Nichtdeutsche bedauernd, insbesondere da ein zweites deutsches Unternehmen, das fast gleichzeitig mit jenem der Hartenecks dem Quebrachoproblem, und zwar mit erheblichen Mitteln, beizukommen versucht hatte, in den Kinderschuhen steckengeblieben war. Erfreulich war bis zum Kriege, daß die höheren Posten der Forestal in Argentinien fast alle von Deutschen besetzt blieben.

---

[1]) Vgl. die in diesem Buche bei Dr. Martin, Wirtschaftsgrundlagen . . ., S. 26 erwähnte viel größere Ausfuhr in 1919. (Anm. d. Herausgeb.)

Außer der Forestal mit	21 250 qkm Land und	98 000 t
Kapazität arbeiteten 1918 in Argentinien die folgenden Quebrachowerke:		
Fontana & Cia.	375 „	11 000 „
Betriebe in Fives Liles und Re sistencia		
S. A. Quebrachales Fusionados	540 „	10 000 „
in Puerto Tirol		
S. A. Las Palmas	—	9 000 „
La Formosa	2 400 „	8 000 „
La Cia. Yuto (Prov. Salta)	—	2 500 „
		138 500 t

Das in sämtlichen Werken angelegte Kapital betrug schätzungsweise 26 Mill. $ Gold.

Der große Land- bzw. Waldhunger des Quebracho-Unternehmers wird verständlich, wenn man weiß, daß es sich wie fast bei aller argentinischen Forstwirtschaft um Raubbau handelt, den der Unternehmer sich von vornherein auf soundsoviel Jahre sichern möchte. Ausgedehnter Landbesitz zur Viehhaltung für das Versorgen der Arbeitertausende ist auch wichtig, nebenbei wegen des zu erwartenden Wertzuwachses eine vorzügliche Kapitalanlage auf langes Ziel.

Etwa 400 leguas des vorgenannten Riesenbesitzes der Forestal sind mit Wald von gutem Quebrachobestand bewachsen. Man rechnet, daß die legua etwa eine Ausbeute von 25 000 t brauchbaren Quebrachoholzes gestattet. Demnach bergen die Wälder ihres heutigen Besitzes rund 10 Mill. t, die, da vier t Holz eine t Extrakt ergeben, 2½ Mill. t Extrakt liefern und also für 25 Jahre eine Erzeugung von 100 000 t Extrakt pro Jahr gewährleisten würden.

Indessen nicht alles Quebrachoholz wird im Lande verarbeitet, vielmehr hat die Ausfuhr von Rundhölzern (rollizos), bestimmt zur Extraktgewinnung im Auslande, neben dem Aufschwung der Extrahierung im Lande bis zum Jahre 1911 fast in gerader Linie zugenommen. Sie war von 172 000 t im Jahre 1895 auf 475 000 t im Jahre 1911 gestiegen, ist allerdings während des Krieges schnell zurückgegangen. Die weitere Entwicklung bleibt abzuwarten.

Für die Arbeitszentren, Fabrikanlage sowohl wie Obrajes (Holzschlägereien und Sägereien), wählt man in guter Quebracholage einen geeigneten Stützpunkt, möglichst mit Anschluß an eine Wasserstraße oder das argentinische Bahnnetz, von dem aus die Arbeit nach und nach strahlenförmig in den Wald sich hineinfrißt. Die Quebrachobäume stehen im Walde einzeln, nie in Gruppen. Besonders gut gedeiht der Baum in Überschwemmungsgebieten. Es bedarf mühsamer Urwaldrodung, ihm in oft morastigem Gelände beizukommen. An der Stelle, wo er stand, wird der Baum von Ästen und Splint befreit, dann auf fliegenden Decauville-Bahnen zum Stapelplatz befördert. Diese Arbeit des Fällens und Heranschaffens wird meist gegen Stückberechnung vergeben an Unternehmer, die ihrerseits an die Arbeiter Stücklohn zahlen. Auch Abholzverträge auf gepachtetem Land kommen vor. Die Waldarbeit ist überaus anstrengend und wird erschwert durch eine Art Indianerleben, zu dem die Arbeitertrupps verurteilt sind. Darum bietet die Arbeit trotz hoher Entlöhnung besseren Arbeiterklassen keinen Reiz; das Hauptkontingent stellen Mestizen der untersten Bevölkerungsklasse der Provinz Corrientes, denen man besonders rauhe Sitten und Messerheldentum nachsagt.

Der Fabrikbetrieb beginnt mit dem Raspeln der Stämme zu Spänen; diese werden in Kesselbatterien ausgelaugt, die Lauge im Vacuum eingedickt. Das fertige Produkt von ca. 68 % Gehalt an Gerbstoff ist eine asphaltähnliche zähe Masse, die, nach dem Erkalten hart geworden, in Säcken verpackt zum Versand gelangt. Die ausgelaugten Späne liefern Feuerungsmaterial der Dampfkessel. Das ganze Verfahren ist, wie man sieht, im Prinzip einfach, hat jedoch seine technischen Finessen.

In den Fabriken verbessern die Vorarbeiter, Fachhandwerker, Aufsichtspersonal, meist Europäer, den Durchschnitt der Arbeiterschaft. 2—300 gehören zu einem schon größeren Werke, während in den umliegenden Wäldern ebensoviel oder mehr Tausende der schlechteren Sorte gebraucht werden. Den Eingeweihten haben daher die Nachrichten von ernsten Arbeiterausschreitungen in den Forestalbetrieben, die erst vor kurzem das Eingreifen bewaffneter Macht erforderten, nicht überrascht. Ein hohes Maß von Umsicht und Takt gehört dazu, solche wilde Massen in Ordnung und bei Laune zu halten. Hetzer finden in dem überstarken Abhängigkeitsverhältnis der Arbeitnehmer vom Arbeitgeber in allem, was sie zum Leben gebrauchen, wirkungsvollen Zündstoff: Kleidung, Nahrung, Getränke, was auch immer an persönlichem Bedarf angeschafft werden soll, alles können sie nur in Geschäftsstellen der Unternehmer kaufen; mit Recht oder Unrecht wird von Unzufriedenen der Menge eingetrichtert, daß sie übervorteilt, ausgebeutet werden.

Die Rentabilität ist je nach örtlichen Vorbedingungen, der Güte der technischen Einrichtung und der Marktlage des Quebracho sehr verschieden. Es ist kaum möglich, einen normalen Herstellungspreis des Extraktes, der sich aus sechs bis sieben schwankenden Faktoren errechnet, festzustellen. In Betracht kommen Kosten der Waldpacht bzw. Amortisation, der Forstarbeit, der Anfuhr zum Werk, der Fabrikation, die Generalspesen, die Fracht zum Absatzmarkt bzw. Ausfuhrhafen, die Kosten der Säcke und eventuell Ausfuhrzölle. Der Forstbetrieb allein umfaßt neben der Gewinnung des Quebracho colorado für die eigene Verarbeitung jene von rollizos zur Ausfuhr, Eisenbahnschwellen, Telegraphenpfosten, außerdem stets anderer in jenen Wäldern vorkommenden Hölzer: Quebracho blanco, Urunday usw., deren Menge und Marktpreise das Gesamtresultat beeinflussen. Als nicht nachprüfbarer Erfahrungssatz galt vor dem Kriege 80—85 $ oro Selbstkosten einer Tonne Extrakt frei Hafen Buenos Aires. Es ist daher begreiflich, daß, da die Marktpreise in vergangenen Jahren meist niedriger lagen, die rückständigeren Werke zeitweise den Betrieb ganz einstellen mußten. Im Jahre 1907 war unter Führung der Forestal eine Verkaufsgemeinschaft zustande gekommen, die nur einige Jahre standhielt. Während jener Zeit besserte sich die Lage der Industrie. Die Kriegsjahre brachten dann Hochkonjunktur, Preise bis 200 $ Gold pro Tonne und höher, von der begünstigt auch die schwächsten Werke den Betrieb wieder aufnahmen und selbst neue Fabriken entstanden.

Dauernd hohe Erträgnisse hatte die Forestal erzielt: mit Ausnahme des Jahres 1914, für das nur 6 % auf gewöhnliche und Vorzugsaktien verteilt wurden, nie unter 9 %; einige Male auf die gewöhnlichen Aktien 24 % (1916 sogar 27 %), auf Vorzugsaktien 14 bzw. 15 %. Seit 1917 scheint sie eine feste Dividendenpolitik zu verfolgen mit 18 bzw. 12 %, wobei man vermuten darf, daß sie stille Reserven in beträchtlicher Höhe besitzt und weiter ansammelt. In jüngster Zeit hat die Forestal angefangen, einen Teil ihres Land- (nicht Wald-)besitzes zu verkaufen.

Trotz des vorerwähnten Raubbaues ist der Quebracho-Industrie ein günstiges Prognostikum für ihre Weiterentwicklung zu stellen. Gerade die an Gerbholzgehalt reichsten Quebrachogebiete des Chaco, sowohl des Santafecino als auch des Chaco Austral und Formosa, sind unermeßlich; Fach- und Sachkundige schätzen den vorhandenen Bestand auf weit über 100 Mill. t Quebrachoholz. Wohl begegnet der Quebrachoextrakt auf dem Weltmarkt dem Wettbewerb anderer wertvoller Gerbstoffe, doch hat er in triumphalem Aufschwung seine Konkurrenzfähigkeit bis jetzt erwiesen.

Die Tierprodukten-Industrie. Die hochentwickelten Fleischgefrieranstalten werden in einem späteren Aufsatze ausführlich behandelt, können deshalb hier übergangen werden.

Wollwäschereien. Die Schafzucht Argentiniens war in den Jahrzehnten vor dem Kriege zurückgegangen; doch soll der Bestand an Schafen neuerdings, namentlich in Patagonien, wieder stark gewachsen sein. Im Jahre 1895 ergab laut Zensus die Wollschur 208 000 t, 1918: 132 500 t. Der Wert ist aber gestiegen, da die Einheitspreise ganz wesentlich höhere geworden sind, nämlich 1915: 154 $ Gold, 1914: 401 $ Gold, 1918: 974 $ Gold pro Tonne. Dementsprechend stieg der Gesamtwert der Wollschur von 32 Mill. Pesos Gold in 1895 auf 52 Mill. in 1914, bzw. 129 Mill. in 1918.

Von dem Gesamterzeugnis gingen 90—95 % ins Ausland; der Innenmarkt nahm 1918 7500 t auf.

Bis vor einigen Jahren wurde Argentiniens Wolle nur für den bescheidenen Landesverbrauch gewaschen. Die Wolltextilindustrie, die noch in den Anfängen lag, verarbeitete in den Jahren 1913—15 erst 1500 t pro Jahr; etwa die gleichen Mengen fanden zur Matratzenstopfung Verwendung, also insgesamt rund 3000 t jährlich. Die Ziffer war 1918 auf 4500 t gestiegen. Seit 1916 beginnt die Ausfuhr gewaschener Wolle sich zu regen. 1916: 3900 t, 1917: 8000 t, 1918: 12 500 t.

Diese Ziffern verkünden einen rapiden Fortschritt der Wollwäschereien im Lande; schon arbeiten 14 derartiger Betriebe, die 1918 wie erwähnt

	4 500 t	gewaschener Wolle für den Landesverbrauch,
	12 500 t	„ „ für die Ausfuhr
zusammen	17 000 t	

herausbrachten, was die Reinigung von 28 000 t ungewaschener Wolle mithin 20 % der Gesamtwollerzeugung bedeutet. 2000 Arbeiter sind bereits in der Industrie beschäftigt.

Ernesto Tornquist & Cia., das bekannte große argentinische Bankhaus, äußern in der im Vorjahre veröffentlichten Abhandlung „Die wirtschaftliche Entwicklung der argentinischen Republik in den letzten 50 Jahren“: „Nach gründlichem Studium der Technik, des Kapitalbedarfes und der Lebensbedingungen dieser Industrie glauben wir behaupten zu dürfen, daß Argentinien in der Lage ist, leicht und ohne Überanstrengung mit seinen eigenen Hilfsquellen die Wollwäscherei so schnell zu entwickeln, daß von heute gerechnet in 5 Jahren nicht ein einziges Kilo ungewaschener Wolle zur Ausfuhr gebracht werden braucht, ausgenommen ganz geringe Mengen für gewisse fremde Industrien, die zu Spezialzwecken Wolle nach besonderem Verfahren waschen müssen."

Der wirtschaftliche Vorteil für das Land, die Wolle gewaschen anstatt ungewaschen auszuführen, erhellt vor allem aus der Frachtberechnung. Will man von der gegenwärtigen vorübergehenden Krisis im argentinischen Wollmarkt absehen, dann beträgt bei dem heutigen Stand der argentinischen Wollerzeugung die Ausfuhr etwa 350 000 Maßtonnen pro Jahr; das macht zu 12 Lstr. pro Tonne eine Frachtauslage von 4,2 Mill. Lstr., wovon nahezu die Hälfte für den Transport des Schmutzes zu rechnen sind. Hierzu käme der Vorteil, für 10—12 000 Personen mehr Betätigung in durchaus nationaler Industrie zu schaffen.

Ich muß indes anfügen, daß die Ansichten bewährter Fachleute dem argentinischen Optimismus in dieser Frage nicht beipflichten. Sie machen geltend, daß in normalen Zeiten der Verwendung gewaschener Wolle in den europäischen Fabriken ernste technische Bedenken entgegenstehen:

1. um die beste Waschung zu erzielen, ist sehr kaltes Wasser nötig, das in Argentinien während $^3/_4$ des Jahres nicht zu haben ist;
2. die Sortierung, wie sie von den verschiedenen Spezialfabriken verlangt wird, macht bei gewaschener Wolle Schwierigkeiten;
3. gewaschene Wolle ist hygroskopisch;
4. die Zahl der Spezialfabriken, die Wert darauf legen müssen, die Wolle nach eigenem Verfahren zu waschen, ist groß.

Die Lederindustrie. Sie ist in steter Entwicklung und deckt den Landesbedarf in allen gröberen Ledersorten. Der feineren Gerberei ist indes das Klima und Wasser in Argentinien nicht günstig.

Die Milchindustrie. Von 8161 im Zensus von 1914 aufgeführten Molkereien waren 4631 sog. „tambos", d. h. Betriebe, die lediglich Milch sammeln und verkaufen, während die übrigen Milch zu Butter, Käse, Kaseïn usw. verarbeiten. Von insgesamt 100 Mill. $ m/n. in Milchbetrieben angelegtem Kapital entfielen 87 Mill. auf tambos. Der Zensus umfaßt alle, selbst die kleinsten Molkereien, während an Betrieben von einiger Bedeutung nur etwa 1300 vorhanden waren. Sie hatten sich 1917 bis auf 2850 erhöht, die Hälfte davon in der Provinz Buenos Aires.

Bemerkenswert ist die Jugend und das schnelle Wachstum gerade dieser Industrie, die man in einem Lande wie Argentinien schon vor langer Zeit vermutet hätte. Im Jahre 1895 — es ist das Jahr, in dem ich zuerst das La Plata-Ufer betrat — sah man noch baskische tamberos zu Pferde durch die Straßen traben, einige große Milchkannen zu beiden Seiten des Sattels. Die nicht verkaufte Milch war zu Rahm, Butter usw. geworden, wenn sie nach stundenlangem Zuckeltrab in ihren mehrere Kilometer entfernten tambo zurückkehrten. So erübrigte man damals Separatoren und andere Maschinerien. Wer die erste Kampreise unternahm, mußte zu seiner meist unangenehmen Überraschung erfahren, daß in dem Lande der Millionen Kühe weder für Geld noch gute Worte Butter zu kaufen war. Zum Nachtisch gab es queso con dulce de membrillo, aber nicht etwa einheimischen, sondern eingeführten Schweizer Käse.

Dieser Zustand hat im Laufe von 20 Jahren gründlichen Wandel erfahren, und gar während des Krieges hat die Milchindustrie einen mächtigen Aufschwung genommen. Als erstes Großunternehmen, als „Bolle" der Bundeshauptstadt, trat „La Martona" auf. Hunderte sauber, geschmackvoll und zweckmäßig ausgestattete Verkaufsstellen für frische Milch, Sahne, Weichkäse hatten schnell mit dem zwar eigenartigen, aber doch sehr rückständigen Tambero-Betrieb aufgeräumt. Andere Gesellschaften folgten dem Beispiel der Martona, auch in Rosario und sonstigen größeren Provinzstädten.

Die Buttererzeugung war bis 1914 auf 10 Mill. kg gediehen und nahm in den nächstfolgenden drei Jahren um 50 % zu. Die Butterausfuhr schwankte, beeinflußt durch die Preisbildung auf den europäischen Märkten, bis zum Kriegsausbruch zwischen 1,4 bis 5,4 Mill. kg pro Jahr; sie stieg schnell während der Kriegsjahre, um 1918 bis auf 15 Mill. kg zu schnellen.

Eine ganz neue Ära hat die Kriegskonjunktur der argentinischen Käseerzeugung und -ausfuhr gebracht. Sie wurde von 1914—17 verdreifacht. Während vor dem Kriege nur einige Tausend Kilo Käse ausgeführt, dagegen 3—5 Mill. kg eingeführt wurden, war 1918 die Ausfuhr auf 6,4 Mill. kg gestiegen bei gleichzeitigem Rückgang der Einfuhr auf 37 000 kg. Im Gegensatz hierzu hat die Kaseïn-Erzeugung während des Krieges eine Minderung erfahren. Sie war bis 1913 auf 6,7 Mill. kg gestiegen, bewegte sich dagegen in den nächstfolgenden Jahren nur zwischen 2—5 Mill. kg. Die weitere Entwicklung bleibt abzuwarten.

Der Großabnehmer der argentinischen Butter ist während des Krieges England geworden; die britische Regierung hatte in den letzten Jahren den gesamten Ausfuhrüberschuß aufgekauft. Englische Unterhändler bemühen sich auch jetzt noch, die argentinische Butterausfuhr unter ihrer Kontrolle zu halten, was ihnen nicht leicht sein wird, da jeder Bevormundungsversuch die kapitalkräftigen argentinischen Unternehmer zu Gegenmaßnahmen geradezu herausfordert. So hat z. B. eine der großen Gesellschaften, „La Granja Blanca", zur direkten Bearbeitung des europäischen Kontinentes eine eigene Geschäftsstelle in Brüssel errichtet.

Eine gewisse Schwierigkeit liegt beim Buttertransport von Argentinien nach Europa heute noch darin, daß die Butter, obwohl in Blechdosen verlötet, die heiße Zone nur dann unverändert übersteht, wenn sie in Kühlkammern untergebracht wird.

Außer den bereits genannten sind Gesellschaften von Bedeutung: La Vazcongada, La Cia. Nacional de Productos de Lecheria, La Scandia Lda., Luis Magnazco y Cia., La Cia. Nacional de Caseina sowie die englischen Gesellschaften The River Plate Dairy Co. und S. A. Cremerias La Pampa.

Die Minenindustrie ist die älteste des Landes. Es ist ja bekannt, daß die Jagd nach Gold und Silber das Gewerbe der Conquistadores war. Schon Ende des 16. Jahrhunderts wurden in den Famatina-Bergwerken (Prov. La Rioja) und Anfang des 17. in Uspallata (Prov. Mendoza) Edelerze gefördert; in diesen Minen wird heute noch gearbeitet. Es ist im Laufe der Zeiten wohl einige Male zu einem Boom gekommen, so z. B. um 1803, als Gerüchte von fabelhaften Schürfungen der Arragonesen Leite und Echavarria im Famatina-Bergwerk das in Argentinien latent stets vorhandene Goldfieber zur Siedehitze peitschten — aber Großes ist aus alledem nicht geworden.

Damit ist jedoch so gut wie nichts gesagt über die Ausdehnung und die Abbauwürdigkeit der Metallerzadern, die man erst zu einem bescheidenen Teil oberflächlich kennt. Wohl wird im „Departemento de Minas" von gediegenen Fachleuten seit Jahr und Tag die Geologie des Landes behandelt, allein das zu explorierende Gebiet, vor allem die Kordillerenkette, ist von so gewaltiger Ausdehnung, daß die gründliche systematische Forschung der Neuzeit noch nicht weit vordringen konnte. Sie muß ganz von neuem anfangen, denn der alte spanische Bergbau war nicht geeignet, irgendwelche Grundlagen der Forschung zu überliefern. Man schürfte in den hohen Abhängen der Anden, in denen zahlreiche Erzadern zutage treten, arbeitete, der Ader folgend, bergeinwärts, bis irgendein Hindernis die Weiterarbeit unbequem machte. Das Vortreiben von Stollen in geeigneten Mutungtiefen bereitete zuviel Mühe, mag auch der damaligen Bergbautechnik noch ferngelegen haben.

Die Erzausbeute der Kordilleren stellt aber selbst den modern geschulten Unternehmer vor schwierige Probleme: die Erze lagern weit ab von der Küste in unwegsamen und kahlen Höhen, wo es fast immer an nahem Brennstoff für die Aufbereitung fehlt. Ungewöhnlich hohe Kapitalanlage und Reserven sind daher im argentinischen Bergbau erstes Erfordernis. In der Tat scheinen die meisten der bisherigen Minenunternehmen dort wegen unzulänglicher Kapitalbasis ins Stocken geraten zu sein.

Der Chef des Departemento de Minas, Ingenieur Enrique Hermitte, sagt in seiner Broschüre „Argentiniens Geologie und Mineralien 1914“:

„Wenn zu irgendeiner Zeit Betriebe eine gewisse Bedeutung erlangten, konnte es lediglich geschehen, weil in allen jenen Erzlagern eine Zone der Oxydierung oder Amalgamierung sich befindet, die reich an Edelmetallen und darum rentabel war, wenn zu gleicher Zeit die Lebensbedingungen besonders günstig waren.

Indes, sobald die mit intensiverer Arbeit verbundenen Schwierigkeiten auftauchten — nämlich wenn die wasserhaltigen Gänge erreicht, also kostspielige Teufanlagen für die Entwässerung nötig wurden oder Schwefelbeimischungen die Erträgnisse minderten und den Übergang zu neuen Arbeitssystemen bedingten —, dann wurde einer der Betriebe nach dem anderen aufgegeben, da es an Kapital bzw. technischer Schulung mangelte, oder sonstige Schwierigkeiten die nötigen Reformen unmöglich machten.

Ein weiterer Grund für das Scheitern war, daß die genannten Schwierigkeiten zeitlich zusammenfielen sowohl mit vollständiger Wandlung der ökonomischen Bedingungen in den Erzgebieten als auch mit der gewaltigen Erzförderung in Mexiko und in den Ver. Staaten von Nordamerika, die ein starkes Fallen der Silber- und Kupferpreise im Gefolge hatte.“

Aus solchen Gründen ist es bislang nicht zu einer einzigen Dauerausbeute der in den Gebieten der Kordillere, der Sierra de San Luis und de Córdoba vorkommenden Goldläger gekommen, wenn schon es an Anläufen in verschiedenen Zeiten nicht gefehlt hat. Das Gleiche gilt für Silber-, Blei-, Zink- und Kupfervorkommen. Infolge der durch den Krieg entstandenen Preissteigerung sind jedoch ungefähr zehn Bleischmelzen in alten Kupferminen der Mendoza- und Jujuy-Kordillere neuerdings in Betrieb gekommen.

Wolfram wird mit gutem Erfolg in der Sierra de San Luis von der Deutschen Gesellschaft „Hansa“ aus deren Mine „Los Cobres“, nahe der Bahnstation Concarán gelegen, gefördert. Kapital 400 000 $ Gold. Die vorzüglich eingerichtete Aufbereitungsanlage verarbeitet täglich 210 t, die 50 t Konzentrat von 65—68 % Tungsteinsäuregehalt ergeben. Andere Vorkommen von Wolframit und Kassiterit sollen in nächster Zeit in Arbeit genommen werden.

Über die Vorkommen sonstiger metallischer Mineralien ist wohl einiges bekannt, doch herrscht über deren Mengen und Gehalt noch Dunkel. Es handelt sich um Vanadium, Mangan, Antimon, Kobalt, Nickel usw. Die Ausbeute von Manganesitvorkommen in der Sierra de San Luis war mit negativem Ergebnis öfters versucht worden; es scheint, daß der Krieg zu neuen, von Erfolg gekrönten Anläufen die Veranlassung gegeben hat. Es wurden bedeutende Manganläger in den Provinzen Córdoba, Santiago del Estero und Tucumán und auch Eisenerze in Verbindung mit Manganesit entdeckt.

Von nicht metallischen Mineralien verdienen in erster Linie Beachtung die Salzläger. Wie die häufige Bezeichnung „salinas“ in den Karten ankündet, kommen sie in verschiedenen Distrikten der Kordillerenabhänge und der Pampa, z. T. in großer Ausdehnung vor. Ihre Entstehung ist verschieden. Ein Teil besteht aus angesammelten alten Ablagerungen auf undurchlässigen Bodenschichten, ein anderer Teil entsteht periodisch, indem die Schneeschmelze unterirdische Salzläger vulkanischen Ursprungs auslaugt und dann die so gebildete Lauge in flachen, aus Ton oder ähnlichen Erden bestehenden Becken ihren Lauf endet, im Sommer verdunstet und die Salzkruste zurückläßt. An der patagonischen Küste schließlich wird das Bilden einiger Salzläger der Seewasserverdunstung zugeschrieben.

Chlornatrium, das gewöhnliche Kochsalz, herrscht in allen diesen Lägern vor; es wird einfach abgestochen und, in Säcken verpackt, den Verkaufszentren zugeführt. Während des Krieges deckte Argentinien damit den eigenen Bedarf, was, solange die Frachten hoch bleiben, wahrscheinlich fortgesetzt werden kann. Gips, Epsomit und verschiedene Salze, die, neben dem Chlornatrium gelagert, heute noch kaum Verwendung finden, mögen eine wertvolle Reserve bilden für kommende Zeiten, in denen die chemische Industrie Argentiniens weiter entwickelt sein wird.

Borax hohen Reingehaltes birgt in Mengen die Puna (Prov. Jujuy). Ausgebeutet werden die Antuca-Boraxfelder und Salinas Grandes von der Cia. Aguaditas, die mit 120 000 $ m/n. ausgestattet ist und jährlich etwa 1000 t Borax nach England schickt.

Von Bedeutung sind ferner die Kalk-, Marmor-, Granit-, Sandstein- und sonstige Steinbrüche des Landes. Vorzüglichen fetten Kalk liefern die seit Jahren reichen Gewinn abwerfenden Brüche und Brennereien in der Sierra de Córdoba bei Alta Gracia, La Falda, La Cumbre, Malagueño usw. Ein elektrisches Werk am Dique de San Roque stellt Kalzium-Karbid her. In der Provinz Buenos Aires wird bei Hinojo und Olavarria Kalk gebrannt. Diese Höhenzüge liefern auch vorzügliches Material für Monumentalbauten, wie Kalkstein, Sandstein, Dolomite sowie Granit- und Basaltpflastersteine für die Städte.

Eine Zementfabrik ist während des Krieges in den Sierras Bayas entstanden, deren Produkt jedoch von dort bis zu den Bauzentren, insbesondere der Bundeshauptstadt, eine verhältnismäßig hohe Eisenbahnfracht zu tragen hat. Es ist daher fraglich, ob es in normalen Zeiten gegen den ausländischen Wettbewerb sich wird halten können. Die Fabrik heißt „Cia Argentina de Cemento Portland" und deren Fabrikmarke „San Martín".

Die Mendoza-, San Juan- und La Rioja-Kordillere versorgt ihre Umgebung mit Kalk aus enormen Beständen, die in Jahrhunderten noch nicht erschöpft sein werden.

Gipsvorkommen sind über das ganze Land verbreitet; besonderer Erwähnung wegen ihres sehr reinen Produktes verdienen die Brüche bei General Roca am Rio Negro.

In letzter Zeit sind auch Schwefel und Asbest, Marienglas und Talkum in hinreichenden Mengen zur Deckung des Landesbedarfes gefördert worden.

Onyx-Marmor mit besonders schöner Zeichnung kommt aus Brüchen in San Luis und Mendoza.

Es fehlt nicht an gutem Ton und feuerfesten Erden zur Bedienung der diese Rohstoffe benötigenden Industrie. Kaolin wurde gefunden in den Provinzen Córdoba, San Luis, Buenos Aires, Territorium Misiones sowie in den südlichen Territorien Chubut und Santa Cruz, jedoch gelangte die Ausbeute bisher nicht zu Bedeutung. Mehr versprechend sind neuere Funde am Fuß der Sierra de Ambato in der Provinz Catamarca.

Schließlich gelangen wir zu jenem Teil der unterirdischen Naturschätze Argentiniens, der in den letzten Jahren, weil das in ihm liegende wichtige Problem des Landes einer günstigen Lösung sich zu nähern scheint, viel von sich reden gemacht hat, dem Brennstoff.

Wie schon erwähnt, ist abbauwürdige Steinkohle bis jetzt nicht nachgewiesen. Um so wichtiger sind daher die Erdölfunde. Ingenieur Hermitte sagt in seiner vorzitierten Abhandlung:

„Seit 1907, dem Entdeckungsdatum der Ölfelder in Comodoro Rivadavia, Territorium Chubut, drängt zum Licht eine Quelle des Wohlstandes von unermeßlichem Wert für die ganze Nation, begleitet oder gefördert von einer Reihe günstiger Faktoren, wie sie mit seltener Ausnahme nie zuvor in der Republik zusammengewirkt haben, nämlich außerordentlich reicher Bestand, kaum zu übertreffende Lage und Eigenschaften, leichter Zugang des Personals und allen Materials für des ersteren Lebenshaltung und Betätigung einschließlich Brennstoff (hier Produkt des eigenen Betriebes), dessen Fehlen allein genügte, bisher die industrielle Entwicklung des Landesinnern aufzuhalten. Dies Zusammenwirken bedeutet, daß wir vor einer neuen Epoche stehen, in der der nationale Bergbau und ihm anhängende Industrien mit einem Lebensfaktor rechnen dürfen, nämlich Brennstoff."

Erdöl ist bis jetzt an vier Stellen gefunden worden: 1. bei Cacheuta in der Vorkordillere auf der Breite der Stadt Mendoza; 2. weiter südlich in der Mendoza- und Neuquen-Cordillere; 3. in der Sub-Andenzone, die sich von der bolivianischen Grenze in die Provinzen Salta und Jujuy erstreckt; 4. in Comodoro Rivadavia an der patagonischen Küste, im Territorium Chubut; es wird theoretisch in allen großen, von Nordwest nach Südost, von der Kordillere küstenwärts verlaufenden Senkungen gewissen geologischen Ursprunges vermutet.

Das gelegentlich einer Wasserbohrung ganz überraschend zutage getretene Comodoro-Rivadavia-Öl ist schwer, dickflüssig, hat wenig Leichtöl. Sein Heizwert beträgt 10000 Kalorien. Ohne weitere Bearbeitung ist es fertiger Betriebsstoff für Diesel- und sonstige Rohölmotoren wie auch zur Kesselheizung bei Ölfeuerungsanlagen. Es kann daher in Lokomotiven und so ziemlich allen industriellen Betrieben den Brennstoff abgeben. Die Destillation bzw. Raffination des Rohöls ergibt: 5% Benzin, 16,27% Petroleum, 67% Öl, 11,73% Koks. Die im Jahre 1907 mit 14 Tonnen inaugurierte Förderung des Comodoro-Rivadavia-Ölfeldes ist von Jahr zu Jahr gestiegen; sie betrug 1918 bereits 200000 t.

Künstlich gezogene Industrien. Eine vielgestaltige Industriegruppe bilden die Betriebe, die nicht als bodenständig zu betrachten sind und ohne besonderen Schutz und Privilegien in Argentinien nicht gedeihen könnten oder doch bis zu einem gewissen Entwicklungsstadium der Stützen bedürfen. Auch wenn sie häufig durch längere Zeiträume hindurch der Bevölkerung notwendige Bedarfsartikel verteuern, wird man ihre Bedeutung als tragenden Faktor der Volkswirtschaft nicht verkennen dürfen; sie sind nicht ohne weiteres als ungesund zu verdammen. Wieviel derartiger Betriebe, die ohne den Schutz nicht hätten entstehen können, haben während des Krieges dem Lande unschätzbaren Dienst geleistet! Es wäre auch kurzsichtig, vom Standpunkt des europäischen Fabrikanten aus dem Ausfall am Absatz des einen oder anderen Erzeugnisses nach Argentinien nachtrauern, gar der argentinischen Industrie ihre Errungenschaften mißgönnen zu wollen, denn die Erfahrung lehrt, daß Länder hochentwickelter Industrie, wie Deutschland, die höchsten Umsätze und vielgestaltetsten Geschäfte mit anderen gleichfalls weit vorgeschrittenen Staaten machen.

Die Metallindustrie findet, wie schon betont, weder Eisen noch andere wichtige Rohstoffe im Lande; und wären sie vorhanden, der gewaltige Vorsprung seiner Veredlungsindustrie würde einem Lande wie Deutschland für unabsehbare Zeiten Absatzmöglichkeiten in Argentinien sichern. Die Eisen und Stahl- sowie Gelbmetallgießereien und Metall weiter verarbeitenden Betriebe sind meist aus kleinen Anfängen, aus Reparaturwerkstätten hervorgegangen. Die starke Verwendung von Eisenkonstruktionen im modernen Häuser- und Fabrikbau usw. brachte ihnen Gelegenheit, die Werkstätten zu erweitern; und je mehr sie ihren Park von Maschinen und Werkzeugen ergänzten, konnten sie oft manch plötzlicher Nachfrage begegnen, dem vielleicht billigeren Auslande lediglich vermöge prompter Lieferung den Rang ablaufen. Und so entstanden größere, je mehrere hundert und selbst über tausend Arbeiter beschäftigende Werke, wie

Cia. Argentina de Hierros y Aceros P. Vacena y Hijos Lda.,
Talleres Metallurgicos antes Rezonico, Otonello y Cia.,
Cia. Industrial de Electricidad

u. a., die mit einem allmählich herangezogenen und gebildeten Stab von Ingenieuren und Technikern auch größere Konstruktionsaufgaben zu lösen imstande sind, im Kriege als Fabrikanten selbst von Schwer- und Spezialmaschinen für die Bedürfnisse der verschiedenen Landesindustrien einsprangen.

Die Bedeutung derartiger Reparatur- und Hilfsindustrien wächst von Jahr zu Jahr. Einen breiten Raum nimmt die Fertigstellung bzw. reine Montage von Halbfabrikaten ein, da Fracht- und andere Verhältnisse die Einfuhr solcher Halbfabrikate zum Teil mehr begünstigen als die der bezüglichen Fertigfabrikate. Z. B. verlautet, daß die nordamerikanische Automobilfabrik Ford, die im Vorjahre den Löwenanteil am Automobilgeschäft hatte, und die ihren nach Dutzenden zählenden Verkaufsstellen in Argentinien jetzt schon kleinere Reparaturwerkstätten angegliedert hat, die Einrichtung einer ganz großen Montagewerkstatt plant, in der ihre sämtlichen dann als Halbfabrikate ins Land kommenden Automobile zusammengebaut werden sollen.

Aus den anderen Industrien seien noch die folgenden herausgegriffen.

Die Papierindustrie stellt in großem Umfange Pack- und Zeitungspapier her, deckt jedoch in letzterem noch nicht den Bedarf des Landes. Es wird bisher fast nur eingeführte Zellulose verarbeitet; aber vielleicht ist der Tag nicht fern, an dem der Warenverkehr mit Patagonien so weit gediehen ist, daß die Araukarien der argentinischen Wälder den Wettbewerb mit norwegischen und schwedischen Kiefern aufnehmen können.

Auch die Möbelfabrikation war, bis einheimische Nutzhölzer ihr zu Hilfe kommen konnten, ein mageres Kunstgebilde; aus eingeführtem Kiefern- und Fichtenholz mit schlecht aufgeleimten, gleichfalls importierten Fournieren konnte sie unter Zollschutz notdürftig den Wettbewerb mit ausländischen Dutzendmöbeln aufnehmen. Während des Krieges ist aber diese Industrie in ganz neue Bahnen gelenkt worden; sie hat sich an den höheren, vom Bedarf des Landes ihr gestellten Aufgaben emporgeschult.

Ähnlich verhält es sich mit der Schuhfabrikation, die allerdings schon vor dem Kriege einen beträchtlichen Teil des einheimischen Bedarfes deckte.

Einen besonders starken Impuls hat in den letzten Jahren die Textilindustrie erhalten. Eine Studie der deutschen Handelskammer in Buenos Aires über die Einwirkung des Weltkrieges auf die argentinische Volkswirtschaft weist darauf hin, daß von Baumwoll- und Zeugwaren aller Art im Jahre 1913 rund 30 000 t, 1918 nur 25 600 t eingeführt wurden, 1915—17 im Durchschnitt 23 000 t. Die Einfuhr der wollenen und halbwollenen Tuche sei von 4289 auf 2146 t zurückgegangen. Der genannten Studie weiter folgend, sei erwähnt:

„Wollgarn, von dem 1913 963 t eingeführt waren, erscheint 1918 mit nur 50 t; wie bedeutend sich die Fabrikation von Wollgarn ausgedehnt haben muß, zeigt die Überlegung, daß in der Zwischenzeit die Herstellung einheimischen Wollentuches um etwa 2100 t vermehrt wurde. Dagegen war die Abnahme der Einfuhr von Nähfaden und Baumwollgarn, für dessen Herstellung, besonders in den feineren Klassen, die Maschinen fehlten, nur unbedeutend. Auch in Strümpfen kam der Ersatz des vor dem Kriege größtenteils aus Deutschland bezogenen Artikels hauptsächlich aus Nordamerika und Spanien, nur zu einem geringeren Teil wurde er durch Zunahme des einheimischen Fabrikates gedeckt. Die Ausdehnung der Wollindustrie bedingte eine große Kapitalanlage. Während der Zensus von 1914 das Kapital der Wollwebereien auf etwas über 8 Mill. $ m/n. bezifferte, beträgt nach privaten Angaben heute das Kapital der argentinischen Wollwebereien und der eigenen Garnspinnereien 50 Mill. $ m/n., die Produktion 80 Mill. $ m/n., und das Personal, das vor dem Kriege nur 2740 stark gewesen war, erreicht heute die Ziffer von 15 000 Arbeitern. Die Baumwollgarne verarbeitende Industrie hatte mit großen Schwierigkeiten wegen Beschaffung des Garnes sowie der Maschinenersatzteile zu kämpfen, hat sich deshalb auch nicht so kräftig wie die Wollweberei entwickelt. Die Fabriken, die baumwollene Strickwaren erzeugen, und die Zeuge herstellenden haben je etwa 15 Mill. $ m/n. Kapital und produzieren je zwischen 25—30 Mill. $ Ware, was immerhin das mehrfache der Beträge ist, die noch 1914 hierfür genannt wurden."

Die argentinische Baumwoll-Erzeugung und Fasergewinnung ist noch in den Anfängen, obgleich die argentinische Frucht gute, langfaserige Baumwolle enthält. Diesem Gebiete wird aber in neuester Zeit große Aufmerksamkeit gewidmet; es sind Ansätze zu verzeichnen, die auf eine baldige Ausdehnung der Baumwollkultur im Chaco hindeuten.

Desgleichen wird in neuester Zeit die Verwertung des argentinischen Leinstrohs zum Gegenstand ausgedehnter Studien und Versuche gemacht.

Öffentliche Anlagen und Arbeiten. Das Bild der industriellen Energien Argentiniens wäre nicht vollständig ohne die Erwähnung der öffentlichen Aufgaben gewidmeten Betriebe, denen laut Zensus 1914 360 Mill. $ m/n. Kapital und 400 000 PS. dienstbar waren. Dahin gehören die Unternehmungen für öffentliche

Bauten, Straßenpflasterung, die Anlage von öffentlicher Beleuchtung, Wasserleitungen, Kloaken usw., Hafenbetriebe mit Lagerhäusern und Silos, Kühlkammern usw. Alle diese Betriebe haben mehr oder weniger ausgedehnte Reparaturwerkstätten. Den bei weitem breitesten Raum unter solchen Anlagen nehmen die Elektrizitätswerke ein, in langer Größenstaffel, von der mächtigen Zentrale der Deutsch-Überseeischen Elektrizitätsgesellschaft für die Metropole (mit über 200 Mill. Kilowattstundenabgabe für Licht und Kraft, wovon 40 % für Straßenbahnbetrieb) hinab bis zur kleinsten von einer alten Lokomobile oder einem Wasserfällchen gespeisten Kampanlage. Im Kamp haben kleinere Städtchen die Entwicklungsstufe „Gas" der Beleuchtungstechnik übersprungen, z. T. auch Petroleum, und sind von der Tranfunzel kurzerhand zum elektrischen Licht übergegangen.

Wenn in Argentinien von Elektroindustrie geredet wird, ist diese angewandte Elektrizitätswirtschaft gemeint, denn eine eigentliche fabrikatorische Elektroindustrie gab es bis 1914 nicht; sie entstand während des Krieges als Notbehelf, ist aber im Begriffe, wieder einzuschlafen.

Dagegen wird das Bereich der angewandten Elektrizität weiter und weiter, in Zukunft wohl gefördert durch den vorerwähnten flüssigen Brennstoff im Verein mit den Wasserkräften des Landes. Letztere sind in der Sierra de Córdoba und der Kordillere (in den Flüssen Rio Negro, Mendoza, San Juan und Lules) bereits mit mehreren Tausend PS. nutzbar gemacht. In nicht ferner Zeit wird die Verwertung der vielleicht mehrere Hunderttausend PS. enthaltenden Yguazú-Fälle und des Salto Oriental del Rio Uruguay (50 000 PS.) in den Bereich ernster Erwägungen gezogen werden können, da die Kraftübertragungstechnik heute vor der hier hauptsächlich in Frage kommenden Entfernung (Yguazú—Buenos Aires ca. 1200 km) nicht mehr zurückschreckt.

In letzter Zeit war öffentlich die Rede von Bestrebungen, die eine „Verpflanzung deutscher Industrien nach Argentinien" zum Ziele hätten. Nicht allerorts wurde das Wesen dieser Bestrebungen richtig erfaßt, daher mögen zum Schlusse einige erklärende Worte hier am Platze sein.

Die Bewegung entsprang zwei sich suchenden Bestrebungen, auf der einen Seite aus Argentinien, das sich in einer neuen Phase industrieller Entwicklung fühlt, das aber der technischen Reife entratet und hofft, sie aus Deutschland zur Zeit am billigsten holen zu können, auf der anderen Seite aus Deutschland, wo ein Teil der technischen Schöpferkräfte und Fabriken jetzt brach liegen, für die man drüben ein lohnendes Wirkungsfeld zu finden hofft.

Die vorerwähnte Spitzmarke erweckt in Deutschland dem einen Besorgnisse, es könnten da Werte abwandern, die über kurz oder lang der heimischen Wirtschaft fehlen, oder Arbeitern könnte die Betätigung und Verdienstmöglichkeit entzogen werden, dem anderen erweckt sie trügerische Hoffnungen, seinen kranken Betrieb in Argentinien gesund machen zu können. Beide irren, weil ihnen die Grenzen, innerhalb derer deutsche Industrie oder industrielle Energien nach Argentinien verpflanzt werden können, nicht bekannt sind. Diese Grenzen umspannen ein kleines Feld bestimmter, argentinische Rohstoffe verarbeitender Industrien, zu deren Förderung von Deutschland besonders wirksame Anregung erwartet wird im Hinblick auf seine Intensivierung analoger Betriebe unter der Kriegsnot, z. B. Nahrungsmittel-Behandlung, -Aufmachung und -Konservierung, Fettverhärtung, Pflanzenfiberverarbeitung

Grenzen sind der Bewegung ferner gezogen, weil irgend jemand daß Geld dazu hergeben muß., Die deutsche Industrie kann es nicht, es muß also drüben aufgebracht werden, und es ist ganz selbstverständlich, daß der Industrielle oder Unternehmer jedes ihm vorgeführte Objekt sorgfältig prüft, Rentabilitätsberechnungen anstellt usw., worin eine gewisse Gewähr dafür liegt, daß im allgemeinen nur lebensfähige Objekte angefaßt werden, die in ihrer weiteren Entwicklung der deutschen Industrie als Käufer von Nutzen sein werden. Besonders dankenswert vom deutschen Standpunkt aus gesehen ist, daß eine Gruppe deutsch-argentinischer Kapitalisten in Buenos Aires ein Syndikat gebildet hat, nämlich den „Fomento Industrial Argentino", der jenes Gebiet zu seinem eigentlichen Wirkungsfeld macht. Diesseits haben geeignete Verbände, der Reichsverband der Deutschen Industrie und der Deutsch-Argentinische Zentralverband, sich bereit gefunden, Interessenten beratend beizustehen.

Wir wollen wünschen, daß die so angeknüpften Fäden sich als haltbar erweisen, und daß sie in Verkettung mit den tausend anderen von Gewerbefleiß zwischen Argentiuien und Deutschland hin und her getriebenen Fäden immer fester daß die beiden Völker umschlingende Band der Freundschaft wirken.

Einfuhrhandel, öffentliche Arbeiten und Elektrizitätswirtschaft.

Von

Albert Frölich,

Geschäftsführer des Deutsch-Argentinischen Zentralverbandes.

Der Einfuhrhandel Argentiniens um die Zeit der Entstehung der Republik machte etwa einen Gesamtwert von 2,5 Millionen $ Gold aus, wuchs langsam während der nachfolgenden Jahrzehnte und hatte am Ende der Regierung des Diktators Rozas, Anfang der 60er Jahre, die ja allgemein als Wendepunkt der argentinischen Entwicklung gelten, den zehnfachen Betrag erreicht.

Wir unterziehen der näheren Betrachtung die Entwicklung des Handels seit 1883. Von den beiden Hauptkurven des nachstehenden Diagramms zeigt die durchgezogene Linie den Einfuhrhandel nach Marktwerten cif Buenos Aires. Sie steigt gegen Ende des Jahrzehnts schnell; das überhastete Schwellen der Einfuhr 87/88/89 war einer der Faktoren, die den Krach von 89/90 vorbereiteten, dessen Wirkungen in der nun folgenden Senkung zum Ausdruck kommen. Während der 90er Jahre wird das Wirtschaftsleben Argentiniens unter dem Druck politischer Spannungen (Grenzstreit mit Chile) und durch geringe Getreideernten (Heuschreckenjahre) zurückgehalten bis 1902. Das nun folgende Jahrzehnt brachte eine Entwicklung in bis dahin ungeahntem Tempo: die Einfuhr stieg von 103 Mill. Goldpesos in 1902 auf 496 Mill. Goldposos 1913. Der jähe Sturz 1914 ist nicht etwa lediglich vom Weltkriege verschuldet worden. Schon im ersten Halbjahr 1914 hatte die Einfuhr stark abgenommen, weil Kaufkraft und Zahlungsfähigkeit der Handeltreibenden wie auch der Konsumenten in Argentinien an den Folgen der Balkankrisis mit zu leiden hatten; verschärft waren in Argentinien die Kalamitäten seit 1913 durch die Nackenschläge, die im Gefolge wilder Grundstückspekulation der vorhergegangenen Jahre bereits hagelten. Der etwas beängstigende Aufstieg der Einfuhrlinie seit 1916 wird verständlich, wenn wir daran denken, daß die Kurve „Handelswerte“ veranschaulicht, nicht Mengen. Das Bild der letzteren sieht von 1914 an, nämlich seit die zunehmende Warenverteuerung begonnen hat, ganz anders aus. Es wird ungefähr dargestellt durch die —·—·— Kurve, die an Hand der von 1913—19 unverändert gebliebenen „Tarifwerte“ [1]) gezogen ist. Wie man sieht, ist bis heute die Einfuhrmenge von 1913 nicht wieder erreicht worden.

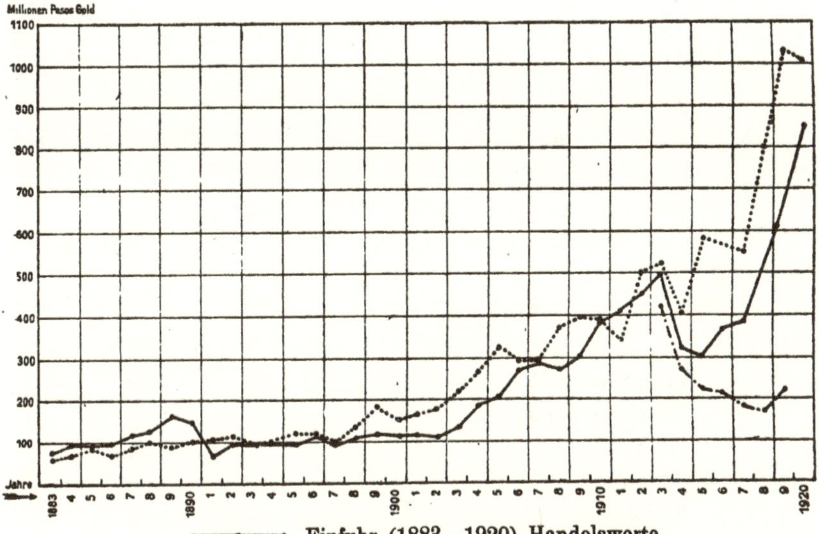

Einfuhr (1883—1920) Handelswerte
Ausfuhr (1883—1920) Handelswerte
Einfuhr (1913—1919) Tarifwerte

Bemerkenswert ist das von der punktierten Kurve gezeigte, noch schnellere Wachsen der Ausfuhrwerte gegenüber den Einfuhrwerten, was in dem Jahrfünft 1915/19 einen Gesamtüberschuß der Handelsbilanz zugunsten Argentiniens von 1,3 Milliarden Goldpesos, also 260 Millionen Goldpesos im Jahresdurchschnitt ergeben hat. Das Jahr 1920 brachte dagegen (Ausfuhr 1007 Mill. Goldpesos gegen 854 Mill. Goldpesos Einfuhr) nur einen Überschuß von 153 Mill. Goldpesos, wobei die außergewöhnlich große Getreideernte (allein 5 Mill. t Weizenausfuhr) einen vielleicht nicht so bald wiedereinzuholenden Rekord darstellt; es muß aber anderseits an die Depression des Woll- und Häutemarktes sowie daran gedacht werden, daß ein Teil der Wareneinfuhr von 1920 kaum im Laufe eines Jahres vom Landeskonsum absorbiert werden wird.

[1]) Über die Berechnung der Zölle nach festen Tarifwerten siehe S. 40.

In welchem Zeitraum die zurzeit sich ankündenden Schwierigkeiten überwunden sein werden, das hängt, soweit Ursachen und Wirkungen der nächsten Entwicklung in Argentinien zu suchen sind, zum guten Teil von der Art (Zusammensetzung) der 1920er Einfuhr ab, worüber statistisches Material noch nicht vorliegt. Es wird sehr darauf ankommen, inwieweit dem während des Krieges unbefriedigt gebliebenen Bedürfnis des Landes nach sogenannten reproduktiven Gegenständen (Industrie- und landwirtschaftlichen Maschinen, Bau- und Eisenbahnbetriebsmaterial usw.) Rechnung getragen wurde. In den Jahren unmittelbar vor dem Kriege machte das reproduktive Material über die Hälfte der Gesamteinfuhrmenge aus, 1917 jedoch nur 37 %, 1918 40 %.

Damit sind wir bereits in die Erörterung der Wirkungen des Weltkrieges auf den argentinischen Einfuhrhandel eingetreten. Zu diesem Kapitel sollen noch einige Daten folgen.

Die Gesamteinfuhr — nach Tarifwerten — war in den Jahren 1913 und 1918 wie folgt gegliedert[1]):

Millionen Pesos oro

	1913	1918
Lebendes Vieh	1,42	1,38
Nahrungsmittel	34,93	22,15
Tabak	7,04	3,11
Getränke	14,04	2,65
Textilwaren	89,96	54,32
Öle	23,78	10,81
Chemische Produkte	15,19	9,03
Farbwaren	2,54	1,65
Holzwaren	25,87	7,18
Papierwaren	9,90	5,30
Lederwaren	4,68	1,09
Eisenwaren	80,53	13,25
Andere Metallwaren	14,26	9,64
Ackerbaugeräte	9,12	6,46
Steinkohle	28,32	5,75
Keramische Waren	22,01	3,84
Elektrische Artikel	10,10	2,22
Verschiedenes	28,04	5,10
	421,35	165,83

[1]) Nach „Wirkungen des Weltkrieges auf die argentinische Volkswirtschaft“, herausgeg. von der Deutschen Handelskammer in Buenos Aires.

Ein Vergleich zwischen den Jahren 1913 und 1918 lehrt, daß die Abnahme der Einfuhrmengen — es handelt sich um Tarifwerte! — überaus verschieden, teils durch die größere oder geringere Notwendigkeit des Bezuges, teils durch verschiedene Möglichkeiten des Ersatzes des einen Lieferanten durch einen solchen anderer Nationalität bestimmt, vor sich ging. So hat z. B. die Einfuhr an Eisenwaren von 1913 auf 1918 83 %, die an Textilwaren nur 39 % eingebüßt.

Aus dem Verhältnis dieser Abnahme können auch Schlüsse in bezug auf die Stärke der künftigen Nachfrage gezogen werden, soweit nicht ein inzwischen erstarkter Wettbewerb der einheimischen Industrie die Absatzmöglichkeiten verändert hat [1]).

Die Einfuhr Deutschlands nach Argentinien hatte in dem letzten Jahre vor Kriegsausbruch im Durchschnitt rund $^1/_6$ der Gesamteinfuhr des Landes betragen; 1913 war sie 71,31 Mill. Goldpesos oder 16,9 % der Gesamteinfuhr gewesen.

Aus den einzelnen Warengruppen, an deren Einfuhr Deutschland stark beteiligt war, sind folgende Artikel die wichtigsten:

Eisenwaren: Formeisen und Bleche, Stahlschienen, Träger, verzinkter Draht, Küchen- und Hausgerät, Maschinen aller Art und Lokomotiven.

Textilwaren: Baumwoll- und Wollkonfektion, baumwollne Spitzen, Strümpfe, gefärbte Baumwoll- und Wollzeuge, Halbwollzeuge.

Elektrische Artikel: Kabel, Motore und Dynamomaschinen, Apparate, Strommesser, Bogen- und Glühlampen.

Holzwaren: Pianos, Möbel, Spielwaren.

Metallwaren (außer Eisen): Kupfer- und Bronzewaren, elektrisch versilberte Waren, Taschenuhren, Schmucksachen.

Papierwaren: Zeitungspapier, Werkpapier, Karton.

Chemische und Farbwaren: Weinsteinsäure, pharmazeutische Produkte aller Art, Anilinfarben.

Glas- u. Tonwaren: Flaschen und verschiedene Glaswaren, Apotheker-Utensilien, Porzellanwaren, Zement.

Verschiedene: Gegerbte Kalbfelle, Phonographenwalzen, Knöpfe.

Über die Frage, welchen Lieferanten der deutsche Ausfall an der argentinischen Einfuhr zugute gekommen ist, geben folgende Ziffern (Realwerte) Aufschluß:

---

[1]) Siehe hierüber den Aufsatz über Industrie.... S. 181 ff.

	1913 Einfuhr in Mill. Goldpesos	Anteil %	1919 Einfuhr in Mill. Goldpesos	Anteil %
Großbritannien	154,15	31,0	154,48	23,6
Ver. Staaten	73,01	14,7	232,87	35,5
Frankreich	44,82	9,0	25,89	3,9
Italien	40,95	8,3	21,42	3,3
Spanien	14,58	2,9	46,48	7,1
Japan	1,02	0,2	25,89	3,9

Die englische, französische, italienische Einfuhr nach Argentinien hat demnach absolut und relativ abgenommen, an ihre und Deutschlands Stelle sind in erster Linie die Ver. Staaten von Amerika, sodann Spanien und Japan (auch Skandinavien) getreten. Daneben zog die argentinische Industrie Vorteile aus der Lage. Nicht nur von den bereits vor dem Kriege vorhandenen Industriezweigen, wie Webereien, Glasfabriken, metallurgische Werkstätten, die ihre Betriebe stark ausdehnten, konnte Ersatz für europäische Waren geschaffen werden, sondern man hat sich auch in neuen Zweigen, wie Kurzwaren, Beleuchtungskörpern, elektrischem Material, an deren Herstellung im Lande vor dem Kriege niemand gedacht hätte, versucht.

Schon 1915 war der Warenaustausch zwischen Deutschland und Argentinien durch wirksame englische Blockade unterbunden. Damit hatten sich aber bekanntlich die Gegner nicht begnügt; sie glaubten, auch Privatkrieg führen zu müssen gegen die im Auslande weilenden Deutschen und die Angehörigen der ihm verbündeten Staaten. Der Ertrag dieses Privatkrieges der „Schwarzen Listen" war in den südamerikanischen Staaten für England negativ, hat aber den deutschen und deutschfreundlichen Elementen drüben den Handel sehr erschwert, weil jeder in Ausfuhr oder Einfuhr Handelnde auf Schiffsraum angewiesen war, über den nach Ausdehnung der Blockadezone und nach Einsetzen des unbeschränkten U-Bootkrieges lediglich die Gegner verfügten. Schiffsraum wurde nur dem Entente-Frommen überlassen. Immerhin, die Deutschen draußen wußten sich zu helfen, nicht ein einziges der verfehmten Handelshäuser von Bedeutung geriet ins Wanken. Es konnte nicht ausbleiben, daß in jenen Ländern neutrale wirtschaftliche Interessen sowohl privater wie öffentlicher Natur von Ententemaßnahmen verletzt wurden. So gerieten viele Elemente, teilweise ohne recht zu wissen wie, in gemeinsame Verteidigungsstellung mit den Deutschen und ihren Freunden, in der man sich heimlich gegenseitig unterstützte; manchen Argentiner trieb verletzter Nationalstolz in die gleiche Richtung. Bis zu welchem Grade die Verletzung der argentinischen Hoheitsrechte durch Ententeorgane im argentinischen Volke Auswirkung gefunden hat und noch finden wird, das ist zwar nicht ganz wägbar, aber man wird nicht fehlgehen in der Annahme, daß sie u. a. beteiligt war an den Gründen, die den Präsidenten Irigoyen bewogen, dem Drängen der Entente auf Abbruch der diplomatischen Beziehungen mit Deutschland zu widerstehen, daß sie ferner den „Hunger nach deutschen Waren", von dem wir in den letzten zwei Jahren so oft gelesen und gehört haben, geschärft hat. Wie männlich das argentinische Rechtsgefühl gegen den Geist des englischen Handelskrieges trotzt, mögen einige Sätze aus dem Urteil zeigen, das der Handelsrichter Juan B. Estrada etwa Mitte v. Js. in einem noch aus der Kriegszeit stammenden Prozesse gefällt hat.

Eine Firma „José Balet" hatte die Westindia Oil Co. verklagt, weil sie mit der Begründung, Kläger stehe auf der schwarzen Liste, sich geweigert hatte, einen mit ihm geschlossenen Vertrag zu erfüllen. In dem Urteil, das die Westindia Oil Co. kostenfällig zur Erfüllung des Vertrages verpflichtet, sagt der Richter u. a.: „Es handelt sich um die Vorschrift eines ausländischen Gesetzes, von dem erwiesen ist (Art. 13 CC), daß es im Lande nicht angewandt werden kann (Art. 14 CC), denn es steht im Widerspruch zur nationalen Verfassung (Vorwort und Art. 14, 19, 20 und 23), es ist unvereinbar mit dem Geiste der Gesetzgebung, (Art. 1364 CC), es widerspricht der Moral und den guten Sitten und sucht Lehren des Hasses zu verbreiten, indem es die nationale Souveränität den Interessen und Leidenschaften der Kriegführenden auf Grund von Gelegenheitsgesetzen unterordnen will, die außerhalb ihrer Grenzen keine Gültigkeit haben können und ganz besonders nicht in einem neutralen Lande, das fern von allem Streite ist. Es treibt Mißbrauch mit der Gastfreundschaft und Verrat an dem Lande, das es beherbergt, es beansprucht Vorrechte, es erzeugt Haß und Spionage in fremden Diensten, die Argentinien nicht ohne Minderung seiner eigenen Würde dulden kann, denn Argentinien ist keine Faktorei eines kriegführenden Landes, noch hat es sich in den Dienst irgendeiner fremden Flagge gestellt."

Bezüglich des Anteils der verschiedenen vom Außenhandel berührten Häfen Argentiniens an der Gesamteinfuhr versagte bislang die amtliche Statistik für den Süden des Landes, nämlich die Territorien Rio

Negro, Chubut und Santa Cruz, deren Häfen (worunter von einiger Bedeutung Viedma, San Antonio, Puerto Madryn, Comodoro Rivadavia, Puerto Deseado, Santa Cruz und Gallegos) bis 1917 Freihäfen waren. Das Bild der Gesamteinfuhr des Landes wird übrigens von den Ziffern der genannten Territorien kaum geändert. Auch von den Häfen der Provinzen Entre Rios (die größeren: Concepción del Uruguay, Concordia, Paraná, Diamante), Corrientes (die größeren: Goya, Bella Vista, Corrientes, Monte Caseros) und von den Paranáhäfen der Provinz Buenos Aires (Campana, Zárate, San Nicolas usw.) erreichte bis 1918 nicht einer — am Schiffsraum der eingehenden Dampfer und Segler gemessen — 2 % der Gesamteinfuhr Argentiniens. Selbst die größeren Häfen der Provinz Buenos Aires: Bahia Blanca und La Plata bewältigen nur 3,4 % bzw. 3,7 % und Rosario de Santa Fé, der zweitgrößte Handelsplatz des Landes, nicht mehr als 7½ %, während über den Hafen der Bundeshauptstadt die Hälfte der Gesamteinfuhr des Landes geht und ein guter Teil der über die kleineren Häfen geleiteten Einfuhr vom Handel in Buenos Aires gelenkt wird. (Die Gesamteinfuhr von 1918 betrug übrigens weniger als die Hälfte der 1913er Tonnage.)

Überseedampfer gehen den Paraná hinauf bis zu den Häfen des linken Ufers, Diamante und Paraná, und gegenüber Colastiné, unweit Santa Fé (Hauptstadt der gleichnamigen Provinz). Der obere Uruguay hat genügenden Tiefgang auch für größere Schiffe, ist aber bis heute vom La Plata aus noch nicht erreichbar wegen des der Schiffahrt unüberwindlichen Hindernisses der Stromschnellen und Fälle bei Concordia, genannt Salto del Uruguay oder Salto Oriental, deren Korrektur durch Schleusenanlagen längst geplant ist und wohl nicht sehr lange mehr auf sich warten lassen wird. Die Flußschiffahrt ist demnach zum größten Teil Binnenfahrt; Güter von Überseehäfen werden zwar nach mehreren Flußhäfen direkt verfrachtet, müssen aber meist in einem La Plata-Hafen umgeladen werden. Auch die südlich von Bahia Blanca gelegenen Seehäfen haben nur geringen und gelegentlichen direkten Überseeverkehr; sie werden in regelmäßigem Rundfahrtdienst ab Buenos Aires angelaufen[1]).

Gruppiert man die Träger des argentinischen Einfuhrhandels nach Nationalitäten, so entsteht ein kosmopolitisch buntes Bild, denn alle Kulturvölker, die mit Argentinien Warenaustausch betreiben, sind durch Staatsangehörige am La Plata vertreten, in den verschiedenen

---

[1]) Vgl. Dr. R. Großmann, in diesem Buche S. 89.

Geschäftszweigen mehr oder weniger, je nach Maßgabe des Anteils, der dem einzelnen vermöge der Güter, die er dem argentinischen Bedarf bot, bei natürlicher Entwicklung des Handels zufiel oder von ihm durch Werbekraft und Konjunkturgunst erreicht wurde. Obwohl sie alle bis zu einem gewissen Grade sich dem Charakter des Landes anpassen mußten, haben sie doch einen Teil ihrer Eigenarten bewahrt; auf diese Weise haben Spanier und Italiener, die zuerst im argentinischen Einfuhrmarkte erschienen waren und heute noch die Mehrzahl bilden, die Hauptlinien im Grundriß des argentinischen Geschäftsbaus gezogen.

Schon in der Kolonialzeit versorgten sie, namentlich die Spanier, den La Plata-Markt mit Nahrungsmitteln und Kleidern; sie herrschen auch gegenwärtig noch vor in der Nahrungsmittelbranche, allerdings zum Teil als zweite Hand. Mehr noch haben sie in Textilzweigen, Eisenwaren usw. die Rolle der Importeure mit der der Grossisten vertauscht.

Im übrigen sind Spanier und Italiener untereinander — auch als Geschäftsleute — sehr verschieden. Der Spanier legt das ihm sprüchwörtlich zuerkannte Privileg der Ritterlichkeit nicht ab, wenn er vor sein Hauptbuch oder hinter den Ladentisch tritt, und zwar ohne die „Grandeza“ aristokratischen Hochmutes; denn er hat gesunden Menschenverstand und Sinn für Humor. Auch behaupten Kenner des spanischen Charakters, daß kein Volk Europas demokratischer empfinde als die Spanier. Wenn er im Geschäftsverkehr „formalidad“ beobachtet und beansprucht, so bedeutet das weder Verbeugungen noch sonst Äußerliches, was unser Sprachgebrauch hinter dem Wort „Formalität“ vermuten würde, sondern einfach geschäftlichen Anstand, Verzicht auf gegenseitige Übervorteilung und die Achtung vor persönlicher Würde des Gegenübers auch unter einem Arbeiterkittel. Fühlt er als Kunde kongeniale Behandlung durch den Verkäufer, dann ist er treu, springt nicht ohne weiteres ab, wenn ein Dritter ihm an Preis oder Qualität angebotener Waren Vorteile bietet. Aus Italien sind zwei Arten Geschäftsleute im argentinischen Handel stark vertreten: der aus kleinsten Anfängen aufgestiegene Handelsmann und der Typ des mit weitem Gesichtsfeld begabten, schnell auffassenden und sehr scharf rechnenden Genueser Kaufmannes. Beide machen ihre Geschäfte gern „frei von Sentiments“, lassen beim Einkauf den kaufmännischen Vorteil einzig und allein entscheiden; erstere Gruppe ist jedoch recht empfänglich für alles, was einem „obsequio“, d. h. Geschenk, ähnlich sieht.

Französische Häuser sind gering an Zahl, man kann nicht sagen, daß sie der Physiognomie des argentinischen Handels dauernde Spuren ihres Wesens aufgeprägt haben. Der französische Kaufmann ist selten „großzügig“, vielmehr meist „Sicherheitskommissarius“, zaghaft und kleinlich, Eigenschaften, die ihm das persönliche Vertreten seiner Landesindustrie in Argentinien erschweren. Wesentliche Teile der Einfuhr aus Frankreich gehen daher durch fremde Vermittlung. Als vereinzelte Erscheinung hatte vor Jahren die französische Eisen- bzw. Maschinenindustrie (Fifes-Lilles) einen Anlauf genommen zu Unternehmungen größeren Umfanges im Bahnbau (Schmalspur von Santa Fé nach Reconquista) und in Lieferungen für die Zuckerfabriken. Namhafte Vertreter der französisch-belgischen Eisenwerke beteiligen sich dauernd am Einfuhrhandel von Schienen, Trägern, sonstigen Profileisen, Stahl, Spezialwerkzeugen sowie Automobilen. Sonst sind eigene Gebiete der französischen Einfuhr: Weine, Liköre, Olivenöl, feine Eßwaren, bestimmte Stoffe, Damenkonfektion, Mode- und Besatzartikel, feine Seifen und Parfümerien, Bijouterie- und sonstige Luxuswaren, Kunstgegenstände, Literatur.

Weit stärker ist der englische Handel, getragen und gefördert von Banken und Großunternehmungen, in Argentinien tätig. Persönlich tritt indes der Engländer nicht im Verhältnis zur Bedeutung seines Anteils an der Einfuhr im werbenden Geschäftsleben hervor, weil der zugereiste Brite nur langsam in ein fremdes Sprachgebiet eindringt und fremden Gebräuchen sich anpaßt. Manches englische Einfuhrhaus rechnet denn auch als pièce de resistance mit englischer Stammkundschaft: den großen Eisenbahngesellschaften usw., der Landesindustrie, soweit englisches Personal in ihr leitend beschäftigt oder sie von englischem Kapital finanziert ist, den englischen und englisch beeinflußten Estancieros sowie dem Zwischenhandel für die Sonderbedürfnisse der englischen Privatleute. Der englische Geschäftsmann geht mit Vorliebe die von seinem Vorgänger breitgetretenen Pfade, ist dabei reell und zuverlässig, individuell im Verkehr mit Geschäftsleuten anderer Nationalität keineswegs schwierig, kollektiv dagegen ungenießbar, weil dann ein Engländer dem Stammesgenossen an Nationaldünkel nicht nachstehen will.

Eine verhältnismäßig neue Erscheinung im argentinischen Geschäftsleben ist der Nordamerikaner, obwohl, wie erwähnt, 1913 nordamerikanische Waren bereits 15 % der Gesamteinfuhr darstellten. Nur ein geringer Teil hiervon wurde indes von Nordamerikanern selbst gebracht. Der nordamerikanische Fabrikant und Exporteur pflegte früher fob New York, Zahlung gegen Konnossement, zu verkaufen und überließ alles weitere dem Käufer. Für den Systemwandel, der eines Tages kommen mußte, haben die nordamerikanischen Handels- und Industrieverbände und ganz besonders das Bureau of foreign and domestic commerce in Washington und das Handelsmuseum in Philadelphia weitschauend vorgesorgt, indem sie in ihren Archiven genaues Auskunftsmaterial über Südamerikas Handel und Industrie gesammelt und die Kartotheken auf dem laufenden gehalten hatten. Auch den nordamerikanischen Konsularvertretern und Bankinstituten darf nachgerühmt werden, daß sie in viel eingehenderem Maße als die Parallelorgane europäischer Staaten Erkundungen in fremden Märkten einziehen, um sie der Allgemeinheit zu vermitteln.

So war die Geschäftswelt der Union wohl vorbereitet, als die Zeit der vollen Ausfuhrreife für die heimische Industrie gekommen war, so daß Bank und Handel vorgespannt werden mußten, ja sogar als diese Reife frühzeitig eintrat. Verfrüht durch den starken Kapitalzufluß, den die gewaltigen Kriegslieferungen der ersten Jahre nach Nordamerika geleitet hatten. Weniger Großzügigkeit und Blick in die Zukunft lassen Nachrichten erkennen, die über die Handhabung der nordamerikanischen Einfuhr der letzten Jahre aus Argentinien zu uns gedrungen sind. Klagen über rücksichtslose Ausnützung der bevorzugten Lage als Hauptlieferantin Argentiniens während des Krieges durch Lieferung geringwertiger Waren zu hohen Preisen, durch häufiges Liefern ganz minderwertiger, weit unter Musterqualität bleibender Waren und Ablehnung jeder Entschädigung für Vertragsbrüche sind durchaus nicht vereinzelt. Auch wenn man Übertreibungen, die ja im Munde von Geschädigten begreiflich sind, in Betracht zieht, wird man aus alledem doch schließen dürfen, daß die nordamerikanische Einfuhr in vielen Artikeln Fiasko gemacht hat, daß die Nordamerikaner nur in Zweigen, in denen ihre fabrikatorische Stärke außerordentlich geschwollen ist (landwirtschaftliche Maschinen, Automobile), bis jetzt am La Plata festen Fuß gefaßt haben.

Dieser Sachverhalt erlangte bei der Wiederaufnahme der deutschen Handelsbeziehungen zu Argentinien große Bedeutung. Wenn schon, wie erwähnt, Deutschland vor dem Kriege nur mit $^1/_6$ an der Gesamteinfuhr beteiligt war, erstreckte dieser Anteil sich doch, wie gleichfalls vorher ausgeführt, auf viele Geschäftszweige, und zwar gerade auf solche, denen voraussichtlich kräftige Weiterentwicklung beschieden sein wird. Darum war es zunächst für uns tröstlich, daß wir nach dem Kriege den argentinischen Markt in einer Verfassung vorfanden, die den neuen

„Start“ u. a. insofern erleichterte, als unsere in mancher Beziehung schärfste Konkurrentin, eben die nordamerikanische Union, einen nicht allzu großen Vorsprung gewonnen hatte.

Die in dem früher geschilderten methodischen Vorgehen der Nordamerikaner liegende Überlegenheit ist bei uns erkannt und hat zum Ausbau unserer, der Allgemeinheit dienenden Organe angeregt (Fach- und zwischenstaatliche Verbände, Außenhandelsstelle im Auswärtigen Amt usw.). Im Verein mit unseren bewährten Handelspionieren und anderen, im Bereiche der Industrie wirkenden Faktoren werden sie, so dürfen wir hoffen, dafür sorgen, daß der deutsche Handel nicht ins Hintertreffen gerät.

Der deutsche Kaufmann hat seiner Wesensart in Argentinien Achtung und Sympathie geworben. Der Typ „el alemán“ wird als anpassungswillig, fleißig, ordnungs- und rechtliebend, fach- und sprachkundig geschätzt, nicht minder die Fähigkeit des deutschen Fabrikanten, seine Erzeugnisse, Aufmachungen usw. für den Geschmack oder Sonderbedarf des argentinischen Marktes zu modeln. Elastisches Zusammenwirken und gegenseitige Verständigung der Verkaufsorgane drüben mit den produzierenden oder einkaufenden Stellen hüben haben d m deutschen Handel ein gutes Teil seiner früheren Erfolge eingetragen. Auf diesem Gebiet kann die Summe tüchtiger Einzelleistungen auch in Zukunft von fremden Wettbewerbern nicht leicht überboten werden. Im vergangenen Jahre sind Klagen laut geworden über Enttäuschungen, die Überseer beim Bezug deutscher Waren erlebt haben, sowohl wegen geringer Qualitäten als auch wegen unlauterer Geschäftspraktiken auf deutscher Seite. Die Prüfung der Einzelfälle würde vielfach erweisen, daß die Schuld nicht allein beim deutschen Verkäufer lag. Immerhin haben die „Nachkriegspsychose“, der plötzlich aufspringende wilde Handel, das Eindringen nicht vorgeschulter Elemente in neue Geschäftszweige gesündigt und dem guten Ruf des deutschen Handels im Auslande geschadet. Man braucht aber nicht diese Schäden tragisch zu nehmen, sie als Wurzelschäden zu deuten, darf eher vertrauen, daß der gesunde Baum des deutschen Handels das faule Holz bald abgestoßen haben wird.

Mit ernsteren Schwierigkeiten wird der deutsche Handel zu kämpfen haben dadurch, daß sein werbendes Kapital im Auslande stark zusammengeschrumpft ist, und ganz besonders wird dieser Ausfall fühlbar werden gegenüber dem heute bereits durch sieben bis acht Banken am La Plata gestützten nordamerikanischen Unternehmertum.

Während des Krieges ist im argentinischen Einfuhrhandel ein ganz neuer Wettbewerber erschienen: Japan, von dessen Eigenart einstweilen nur zu sagen ist, daß es geräuschlos unter der Kriegskonjunktur mit seiner Kleinindustrie einzog. Auf einzelnes komme ich zurück. Mit welchen Waren und zu welchem Umfange der japanische Handel sich dort entwickeln kann, das ist heute noch nicht zu übersehen; einige Zweigniederlassungen japanischer Firmen und der größten japanischen Bank sind in Buenos Aires errichtet worden, direkter Schiffsverkehr ist hergestellt. Mit dauernden Anstrengungen auch dieses Konkurrenten muß gerechnet werden.

Die naheliegende Frage, welches Kontingent die Argentinier selbst zu ihrem Einfuhrhandel stellen, ließe sich dahin beantworten, daß „Altargentinier" kaum beteiligt sind, dagegen eine stattliche Zahl Einfuhrhäuser, deren Gründer Ausländer waren, und die heute von den Nachkommen der letzteren geleitet werden. Diese Nachkommen sind zwar argentinische Staatsangehörige, haben aber das ursprüngliche Wesen ihrer Väter mehr oder weniger bewahrt, auch wohl deren alte Verbindungen mit Übersee, sie können daher zwanglos in die vorbehandelten Kategorien eingereiht werden. Erst in neuerer Zeit sind einige rein argentinische Einfuhrhäuser bemerkbar geworden.

Nach den drei großen Zweigen des argentinischen Handels almacen, tienda und ferreteria, d. h. Eß- und Trinkwaren, Manufakturen und Eisenwaren, gruppieren sich auch die Häuser des Einfuhrhandels, obwohl, je nach der Entwicklung einzelner Firmen, auch zwei oder mehrere Geschäftszweige, z. T. neben Produkten und Ausfuhrhandel, von ein und demselben Hause betrieben werden. Aber meistens gibt ein Hauptzweig, manchmal eine einzige Spezialität, dem Einfuhrhandel das Gepräge. Vor Jahrzehnten lag ein sehr hoher Anteil an der Gesamteinfuhr in den Händen großer allgemeiner Handelshäuser, von denen die ältesten aus Zweigniederlassungen unternehmender Exportfirmen, deren Stammsitze man in Sevilla, Genua, London, Antwerpen, Hamburg usw. zu suchen hat, erwachsen sind. Später wurden aus großen Industriezentren, wie Sheffield, Manchester, Bradford, Lancashire, Solingen, Remscheid, Wuppertal, Aachen, Pforzheim entsandte Vertreter oder Agenten am La Plata ansässig, gründeten Firmen, meist mit Kapitalbeteiligung der heimischen Auftraggeber. Eine Reihe derartiger Häuser, insofern sie ihre Arbeitsweise dem Wandel der Zeiten anzupassen verstanden haben, stehen heute noch in Blüte, sind zum Teil mit der einheimischen Landwirtschaft und Industrie verwachsen; in ihrer Gesamtheit bilden sie immer noch die Säulen des Einfuhrhandels. Dieser hat sich jedoch im Laufe der Jahre mehr und mehr verzweigt, hat neue Wege beschritten. In den Stapelplätzen, voran Buenos Aires, nächstdem Rosario und Bahia Blanca, in großen Innenstädten wie Córdoba, Mendoza, Tucumán usw., auch in südlichen Häfen erstarkte die zweite Hand: Grossisten, die eigene Verbindung mit ausländischen Lieferanten suchten und fanden. Umgekehrt begannen Ausfuhrhäuser und Lieferanten Europas und in den letzten Jahren auch Nordamerikas durch besonders geschulte Reisende mit der zweiten Hand in Argentinien Fühlung zu nehmen. Einige besonders starke, in Argentinien heimische Großhändler unterhielten eigene Einkaufshäuser oder Einkaufsagenten in Europa bzw. Nordamerika. Daneben gewann an Bedeutung die von Jahr zu Jahr zunehmende Selbsteinfuhr der Großunternehmer im Eisenbahn-, Hafen-, Straßen- und Hausbau, in der Elektrizitätswirtschaft usw.; auch die Regierung trat selbst im Auslande auf als Käuferin von Kriegsschiffen, sonstigem Kriegsmaterial, Kunstobjekten usw., die zum Teil auf eigenen Transportdampfern nach Argentinien überführt wurden. Schließlich mag der nicht unerheblichen Einfuhr von Luxuskonfektion gedacht werden, die vom Handel ziemlich unbemerkt ins Land gelangt: Ein sehr reger Verkehr von Personen der begüterten argentinischen Familien spielt sich in Friedenszeiten ab zwischen Argentinien und Frankreich (man schätzte vor dem Kriege die Kopfzahl der eine ständige Kolonie bildenden Argentiner in Paris auf 6000); es ist nichts Ungewöhnliches, daß der oder die Zurückkehrende mit einem Koffernberg voll kostbarer Damenkleidung, Schuhwerk usw. für eigenen Gebrauch sowie den der näheren und ferneren Verwandtschaft in Buenos Aires landet. Der Gesamtwert solcher Einfuhr beträgt im Jahre viele Millionen Francs.

Die ideale Form der Einfuhrtechnik wird erreicht bei inniger Interessengemeinschaft der Arbeitsstellen hüben und drüben, weil nur sie das vorerwähnte elastische Zusammenwirken vollkommen ermöglicht. Ob der leitende Kopf in Argentinien oder in einem der liefernden Länder wohnt, das ist nicht von ausschlaggebender Bedeutung, wichtig aber, daß er den kaufenden Markt gründlich kennt und dessen Vorschriften durchsetzt, denn das alte Sprichwort: „Buyer is king“ hat in normalen Zeiten immer noch recht. Der kleinere Fabrikant, der seinen Verkaufsapparat nicht auf jeden Überseemarkt einstellen kann, findet derartige Exportstützen am Zwischenhandel des Überseegeschäftes, der für ihn unentbehrlich ist. Nur dieser Zwischenhandel eignet sich, sei hier eingeschaltet, zur Empfehlung und Handhabung von Konsignationssendungen, schon damit dem Warensender die haftpflichtige Instanz im Falle des Mißbrauchs mit der konsignierten Ware im eigenen Lande greifbar bleibt. (Grundsätzlich frommen für Deutschland Konsignationssendungen ans Ausland heute nur im bescheidensten Umfange, z. B. wenn sie zur Einführung von Neuheiten unerläßlich sind.)

Wenn auch die zuvor angedeutete Umschichtung im Einfuhrhandel derart geschah, daß die klassischen „Exporteure" der Lieferungsländer (mit Sitz in Hamburg, London, Paris usw. und Niederlassungen in Buenos Aires) nach und nach Gebiet abtreten mußten an die mit Industriezentren verwachsenen Kaufhäuser, an die von Großindustriellen selbst drüben errichteten Verkaufsstellen und schließlich an Reisevertreter, Kommissionäre, Agenten, so war doch vor dem Kriege das Prinzip der zwei sich Hand in Hand arbeitenden und von Landeskenntnis bedienten Pole meistens gewahrt, aber die Kaufs- und Verkaufsbedingungen waren andere geworden.

Der „Exporteur" und der im Lieferungslande weilende „Einkäufer" pflegten franko oder fob Verschiffungshafen zu kaufen und gegen Frachtbrief bzw. Konnossement bar zu zahlen. Wer Einfuhrgut in Argentinien anbot, verkaufte gewöhnlich cif Bestimmungshafen, wobei Barzahlung gegen Konnossement nur selten zu erzielen war. Der insbesondere durch Reisende, Verkaufsagenten und sonstige Vertreter eingebürgerte Modus, Übergabe des Konnossements (meist durch eine Bank) gegen Akzept einer Drei- bis Viermonatstratte ab Datum der Verladefaktura, bedeutet eine Zahlungserleichterung, die dem Empfänger gestattet, Zollabfertigung, eventuell Versand ins Inland und Einreihung in Lagersortimente vorzunehmen, bevor er für das Gut selbst Barmittel festlegt. Auf diese Weise kauft er zwar billiger als „ab Lager" des Importeurs, der ihm aber anderseits meist längeren Kredit und die Möglichkeit bietet, geringere Mengen in kürzeren Zeiträumen zu beziehen, wodurch er sein Lager mit kleinerem Betriebskapital sortiert halten kann. So entscheidet in der Regel die Höhe des Betriebskapitals zugunsten der einen oder anderen Einkaufsart.

Ihrem numerischen Übergewicht entsprechend ist die Kaufmannschaft von Buenos Aires tonangebend für die kleineren Handelsplätze. In der Tat sind letztere nur eine Miniaturausgabe der Metropole oder deren Teile. Von Buenos Aires unabhängige Einfuhrorgane findet man namhaften Umfanges bis heute erst in Rosario de Santa Fé, Bahia Blanca und den südlichen Häfen, doch werden die größeren Binnenstädte,

Córdoba, Mendoza, Tucumán, Paraná, Corrientes, La Plata, auch von Übersee-Reisevertretern regelmäßig besucht. Je weniger das Gebiet vorgeschritten ist, desto weniger ist sein Handel spezialisiert; die Kampkaufhäuser vereinigen in sich alle Geschäftszweige, sie bleiben, auch wenn sie schon recht bedeutend an Kapital und Umsätzen geworden sind, gleichzeitig Bankiers, Produktenhändler, Nahrungsmittel-, Textil-, Eisen- und Holzwarenhändler, ja selbst Schnapsschenke. Auch unter den Besitzern der Inlandgeschäfte sind Angehörige aller Nationalitäten. In entlegeneren Gebieten gründen und finanzieren mitunter argentinische Estancieros derartige Geschäfte im eigenen Namen, lassen sie aber durch am Erträgnis beteiligte Angestellte (habilitados) verwalten.

Für den Anfänger am Einfuhrgeschäft ist es eine vorzügliche Schule, wenn er von seiner Firma als Verkaufsreisender ins Land geschickt wird. Der Geschäftsverkehr wickelt sich dort in behaglicher Ruhe und Breite ab und bietet dem Novizen vortreffliche Gelegenheit, sich mit den Eigenarten der verschiedensten Menschen vertraut zu machen, was nötig ist, damit dauernde Geschäftsverbindung zu beiderseitiger Zufriedenheit aufrechterhalten werde.

Der Verkehr des Importeurs und Grossisten mit der binnenländischen Kaufmannschaft wird zum größten Teil durch Reisende angeknüpft und gepflegt. Geliefert wird, mit geringen Ausnahmen, frei Bahnhof Abgangsstation. Kreditgebung ist allgemein üblich, in den meisten Zweigen fünf bis sechs Monate ab Fakturadatum, Zahlung durch Sola-Warenwechsel (pagaré), die von den Banken der Stapelplätze den Indossanten, falls sie ihrerseits für kreditwürdig gelten, ohne besondere Bürgschaft diskontiert werden. Die Handelshäuser pflegen derartige Diskontkredite bei mehreren Banken gleichzeitig zu beanspruchen und zu erhalten. In der Tat ist dies Kreditwesen weit über den in Deutschland als zulässig erkannten Rahmen ausgebildet. Die Jagd nach Kredit des einzelnen, um möglichst große Umsätze zu erzielen, ist so allgemein, so vehement und unwiderstehlich, daß häufig der Wunsch nach enger Fühlung mit dem Kunden und genauer Beobachtung seines Geschäftsgebahrens hinter dem Bedürfnis des Kreditgebers zurücksteht, das Risiko mit anderen zu teilen. Dieser Zug geht durch die ganze Kette von Großbank bis zum letzten Verkäufer. Im Lichte der auch in der Kreditgebung überaus liberalen Grundauffassung eines jungen, aufblühenden, von Optimismus durchglühten Landes gedeihen allzu viele schwache Existenzen; neben bodenständigen, soliden, kapitalkräftigen Häusern sprießen, namentlich in schnell wachsenden Ackerbauzentren,

Schößlinge in übergroßer Zahl und mit ganz unzulänglichen Geldmitteln ausgerüstet hoch. In mageren Zeiten ist es mit der Widerstandskraft solcher Schößlinge bald zu Ende und die Fülle der Fallimente an dem einen Ende der Kette zittert durch bis ans andere Ende. (Die Hauptwurzel dieses Übels sitzt allerdings im Latifundienwesen, dessen in Argentinien beliebtes Verpachtungssystem dem Gedeihen eines gesunden Bauernstandes feindlich ist.)

Besondere Geschäftsmethoden werden im einzelnen bei der nun folgenden Besprechung der wichtigsten Geschäftszweige behandelt.

Es wurde schon erwähnt, daß im Nahrungsmittel-Handel Spanier und Italiener bis auf den heutigen Tag vorherrschen. Allerdings nicht mehr als reine Einfuhrhäuser, da sie Zucker, Wein, Bier u. a. m. im Lande, andere nicht aus ihren Heimatländern kommende Artikel, wie Reis, Kaffee, Yerba Mate, Whisky, feine Weine und Liköre usw., meistens nicht selbst einführen, sondern von Spezialeinfuhrhäusern kaufen. Diese „Almacenes por mayor“ bilden eine hochangesehene Kaufmannsgruppe in Buenos Aires und Rosario; da ihre Geschäftshäuser sich inmitten der Stadt befinden, fällt der lebhafte Warenverkehr von und zu Lager, die Hantierung ungezählter Kisten, Fässer, Ballen durch wohlgebaute starke Söhne des Baskenlandes schon dem flüchtigen Beobachter auf. Sie halten auf saubere Geschäftsmethoden und bewährte Traditionen, genießen darum hohe Kredite, die ihnen im Verhältnis zu ihren — allerdings meist auch stattlichen eigenen — Betriebskapitalien sehr große Warenumsätze ermöglichen.

Die Zugewanderten aus west-, mittel- und nordeuropäischen Ländern zogen in den letzten Jahrzehnten die Einfuhr von Eß- und Trinkwaren für verwöhntere Zungen nach sich; deutsche, englische, französische Häuser führten, teils im Haupt-, teils im Nebenzweige, Konserven, Delikatessen, Flaschenweine, Kognaks, bayrisches Bier, Mineralwässer Havanna-Zigarren, türkische und ägyptische Zigaretten usw. ein.

Sehr vielgestaltig ist das Einfuhrgeschäft in der Textil-, Kurzwaren-, Bijouterie- und Keramikbranche ausgebildet. Während auf allen diesen Gebieten Einfuhrhäuser verschiedener Nationalitäten, zum Teil in sehr heftigem Wettbewerb untereinander, für bestimmte Artikel tonangebend sind, werden andere Artikel, z. B. Schweizer und Plauener Spitzen, mehr durch Reisende der Fabrikanten an Grossisten bzw. größere Ladengeschäfte verkauft; europäische Großwarenhäuser à la Wertheim unterhalten in Argentinien besondere Verkaufsagenten, die mit argentinischen Grossisten arbeiten; Woll- und Baumwollstoffe werden zum Teil von Groß-Importeuren in öffentlichen Versteigerungen abgesetzt; Brillanten und Schmuck werden neben der Haupteinfuhr durch Spezialhäuser (Pforzheimer und französische vorherrschend) durch Agenten, hauptsächlich belgischer Firmen, persönlich eingeführt, teils in Konsignation Händlern zum Verkauf übergeben, teils sogar hausierend an den Mann gebracht.

Zahlreicher noch und miteinander verflochten sind die Pfade des Handels in der dritten Hauptgruppe, die Eisen- und Holzwaren, Hauseinrichtungsgegenstände, Baumaterial und Industriebedarf aller Art umfaßt. Unter letzterem erwähne ich zunächst die sehr bedeutende Kohleneinfuhr, die im Laufe der Jahre in die Hände weniger Großhäuser bzw. Verbände englischer, deutscher, nordamerikanischer Nationalität geglitten ist. Es sind Unternehmen wie die Deutsche Kohlen-Depot G. m. b. H., die, ausgerüstet mit Kapital aus der heimischen Bergwerksindustrie, in Buenos Aires usw. Einrichtungen zur Kohlenbeförderung vom Überseedampfer bis zur Ablieferung an die Verbraucher großzügig ausbauen und gewissen Anforderungen der Regierung in bezug auf ausgedehnte Lagerhaltung für einen Kriegsfall nachkommen konnten. Beachtung verdient die Verschiebung bei den englischen und nordamerikanischen Anteilen an der Kohleneinfuhr. Während die englische Einfuhr zurzeit etwa $^1/_{10}$ ihrer Größe von 1913 beträgt, führt die Union das Zehnfache ihres damaligen Importes ein. Die Bau- und Nutzholzeinfuhr stammte vor dem Kriege fast nur aus Nordamerika, heute sind die skandinavischen Länder und Finnland stärker an der Einfuhr beteiligt. Die Verschiffung ist in Seglerladungen üblich, die von Großhändlern (corralones, meist verbunden mit ferreteria) einschließlich „Charter" kontrahiert werden nach gewissen Sortimenten, die sich am New-York-Markte für den La Plata herausgebildet haben. Dieser Zweig, ergänzt durch umgekehrte Ausfuhr von Fellen nach Nordamerika, ist wohl der einzige, in dem einzelne ältere nordamerikanische Firmen am La Plata heimisch geworden sind; sonst ist der nordamerikanische Handel, mit persönlichem Handelsbetrieb in Argentinien, wie schon erwähnt, jüngeren Datums, in manchen Zweigen überhaupt erst während des Krieges zu Bedeutung gelangt. Von der Baumaterialieneinfuhr aus Übersee bilden eiserne Träger, Wellbleche, Zement die großen Partien, an ersteren (den Trägern) war 1913 Deutschland mit 2,253 Mill. Goldpesos, das ist mehr als die Hälfte der Gesamteinfuhr, beteiligt. Bausteine und Sand für den argentinischen Bedarf stellt Uruguay. Es wurde bereits gesagt, daß ein großer Teil der von

Bauunternehmern benötigten Waren durch erstere selbst eingeführt wird, auch kaufen die größeren Werke der Eisenbranche Guß- und Formeisen bzw. Stahl häufig direkt im Ausland, indem sie größere Abschlüsse tätigen mit dem nordamerikanischen Stahltrust, belgischen und deutschen Werken (früher auch dem Stahlwerksverband) usw.

An der Einfuhr kleiner Eisen- und Stahlwaren nach Argentinien hatte der Remscheid-Solinger Bezirk seit vielen Jahren rühmlichen Anteil und er ist auf dem besten Wege, seinen früheren Platz wieder einzunehmen. Das Gleiche gilt von der deutschen Emaillegeschirr-, Beleuchtungskörper-, Küchengerät-, Spielwarenfabrikation.

Von der Eisen- und Metallgruppe hat sich die Einfuhr von Maschinen und technischen Artikeln abgezweigt, zum Teil spezialisiert nach landwirtschaftlichen Maschinen, Industriemaschinen, elektrischem Material usw. Die Versorgung der zahlreichen landwirtschaftlichen Betriebe nebst zugehörigen Industrien mit Maschinen, Gerätschaften und Material aller Art beschäftigt einen stattlichen Kreis von Einfuhrhäusern ausschließlich. Englische Firmen dieser Art befassen sich zum Teil auch mit der Einfuhr des zur Veredlung argentinischer Rassen benötigten Zuchtviehs, sie sind ferner die Hauptlieferanten von Schafscheermaschinen, in welchem Zweig dank der Erfahrungen im eigenen Lande und in Australien England die brauchbarsten Typen ausgebildet hat, sowie von Schafkrätzemitteln. In Ernte- und Dreschmaschinen stand der englischen Industrie, als Argentiniens Ackerbau — etwa vor 30 Jahren — aufzublühen begann, das Feld offen, sie mußte es aber in den ersteren schon sehr bald vor dem Wettbewerb der leichteren und billigeren nordamerikanischen Maschinen räumen. Obwohl Nordamerika den argentinischen Markt in Erntemaschinen nahezu beherrscht, sind es doch nicht nordamerikanische, sondern deutsche und englische Häuser, die jene Maschinen vertreiben, was seinen Grund darin hat, daß bis zum Kriege in Nordamerika Industrie und Kapital noch viel zu sehr vom eigenen Lande beschäftigt wurden, um werbend ins Ausland zu gehen. Langsamer wich die englische Dreschmaschine dem nordamerikanischen Wettbewerb, der mit Erfolg die ersten in der argentinischen Landwirtschaft brauchbaren Traction-Engines (das sind Lokomobile und Zugmotore in einer Maschine für die Fortbewegung und den Betrieb der Dreschsätze) brachte. Der Krieg sicherte den Nordamerikanern dann entscheidenden Vorsprung, an dem The Case Thrashing Machine Co., die als Selbstverkäuferin ihrer Erzeugnisse in Argentinien erschien, den stärksten Anteil hat.

Von deutschen Dreschmaschinen-Fabrikanten hat nur einer, Lanz in Mannheim, namhafte Anstrengungen gemacht einzudringen, und zwar mit einem gewissen Erfolg bis zum Kriegsbeginn; die weitere Entwicklung läßt sich noch nicht übersehen. An sonstigen Lieferungen für die argentinische Landwirtschaft ist die deutsche Industrie mit Pflügen, Motorpflügen, Sämaschinen, Getreidereinigungsmaschinen, glattem und Stachelzaundraht, Schrotmühlen, Kleingerät, Reisschäl- und Sortiermaschinen usw. beteiligt, und sie wird mit gut durchgebildeten Spezialkonstruktionen sowie in Geräten usw. ihr Absatzgebiet zweifelsohne weiten. Es ist aber nicht zu verkennen, daß gerade in den vorgenannten Ernte- und Dreschmaschinen die nordamerikanische Industrie vermöge des enormen Absatzes im eigenen Lande sich auf ganz besonders günstige Vorbedingungen stützt und daß darum der Wettbewerb mit ihr auch in Zukunft schwer sein wird. In bezug auf Erntemaschinen muß jeder neue Wettbewerber darauf gefaßt sein, daß er einer geschlossenen Front die Spitze zu bieten hat, denn obwohl nach wie vor verschiedene Häuser, wie Deering, M'Cormick, Walter A. Wood, Jones usw., Maschinen vertreiben, darf nicht übersehen werden, daß alle diese Häuser nur verschiedene Abteilungen eines Trustes vertreten, nämlich der „International Harvester Corporation", die in Buenos Aires eine eigene Geschäftsstelle unterhält, und nach deren Pfeife alle Unterbeteiligten tanzen müssen. In einzelnen Zweigen, z. B. Pflügen, Getreidereinigern, Ablegern zu Ährenköpfmaschinen usw. hat die einheimische Industrie verstanden, besondere Typen hervorzubringen und sie einzubürgern.

Das landwirtschaftliche Maschinen- und Gerätegeschäft erfordert eine wohldurchgebildete Organisation, die mit kleinen Mitteln nicht geschaffen werden kann. Es wird darum auch fast nur von kapitalkräftigen Häusern betrieben. Diese haben, um zu verhüten, daß ihre Marken durch unverständige Hand in Mißkredit gebracht werden, stets darüber zu wachen, daß ihre Maschinen im Gebrauch sachgemäß behandelt werden. Ein Heer von Wiederverkäufern ist für diesen Zweig zu erziehen und durch Spezialmonteure zu unterstützen. Für die Verkaufssaison sind die Vorräte viele Monate im voraus im Auslande zu bestellen; wenn Mißernten eintreten, bleiben oft große Bestände unverkauft, wodurch dann Kapitalfestlage, Zinsverlust, erhöhte Lager- und Pflegespesen verursacht werden. Kreditgewährung bis zur Verwertung der Ernten ist allgemein üblich, für große Objekte wie Dreschmaschinen sogar Abzahlungen über einen Zeitraum von 18—24 Monaten. Große Läger von Ersatzteilen müssen bereitgehalten werden, was entsprechende Kapitalinvestierung bedingt.

Das Geschäft mit Ersatzteilen hat bei vielen nordamerikanischen Erzeugnissen große Bedeutung. Die Maschinen und Geräte sind so leicht wie irgend möglich hergestellt, schmiedbarer Guß in ihnen so weitgehend verwendet, daß es den deutschen Konstrukteur schaudert; aber die Maschine ist billiger als andere, und der Käufer verlangt nicht, daß sie 20 Jahre hält; Hauptsache ist, daß Ersatz eines zerbrochenen Teiles sofort zur Stelle ist. Fabrikant und Händler liefern dann die Ersatzteile mit so hohem Gewinn, daß beim Verkauf einer Maschine selbst der kaufmännische Nutzen eine untergeordnete Rolle spielt, ja man verzichtet ganz darauf, wenn es gilt, einen lästigen Wettbewerber auszustechen.

In höherem Maße noch als bei landwirtschaftlichen Maschinen hat das Bedürfnis der technischen Behandlung sich geltend gemacht im Verkauf von Industriemaschinen und technischen Spezialitäten. Die Abzweigung vollzieht sich meist in der Weise, daß ein Industrieller, der Möglichkeiten größeren Absatzes fühlt, zunächst dem befreundeten Einfuhrhause in Argentinien einen Ingenieur angliedert, der ausschließlich die Erzeugnisse der betreffenden Fabrik propagiert. Häufig wird aus solchem Ingenieur später, wenn er landeskundig geworden ist, der selbständige Vertreter oder Agent des Industriellen bzw. technische Leiter einer Verkaufsfiliale. Diesen Weg haben insbesondere deutsche und englische Großindustrielle, zum Teil mit sehr gutem Ergebnis, beschritten.

Einen ganz selbständigen Zweig mit eigenen Geschäftsmethoden bildet in Argentinien die Automobileinfuhr. Sie hatte die Aufmerksamkeit Vieler bereits während der letzten Jahre vor dem Kriege, namentlich durch das Tempo ihres Anwachsens, auf sich gezogen. Die Einfuhr ist von 1581 Wagen im Jahre 1910 auf 11 031 Wagen im Jahre 1917 gestiegen. 1913/14 war schon fühlbar, daß Nordamerika mit seinem Riesen-Serienbau für den Bedarf im eigenen Lande bald alle Wettbewerber im argentinischen Markte überflügeln würde; es war daher vorauszusehen, daß die fast konkurrenzlose Konjunktur der Kriegsjahre den nordamerikanischen Erzeugnissen einen triumphalen Einzug in Argentinien gestatten würde. Der Bau von Serien, die 20 000 und mehr Stück von bis in die geringsten Einzelheiten genau gleich ausgeführten Wagen umfassen, — diese Massenherstellung mit ihren kostensparenden Methoden ermöglichte es, Automobile zu Preisen herzustellen, die man vor etlichen Jahren in der europäischen Industrie kaum für möglich gehalten hätte. Inzwischen sind die fabrikatorischen Errungenschaften in Nordamerika soweit fortgeschritten, daß gewisse Typen von Personenautomobilen noch heute annähernd zum Vorkriegspreise in Argentinien verkauft werden, trotz der gewaltigen Steigerung der Rohmaterialpreise und Löhne. Freilich verhält es sich mit diesen Automobiltypen ähnlich wie mit den nordamerikanischen landwirtschaftlichen Maschinen; sie haben leichte Konstruktion und kurze Lebensdauer, werden aber trotzdem gekauft, weil sie etwa die Hälfte einer europäischen Konkurrenzmaschine kosten, und weil das Geschäft in Ersatzteilen schon mit der ersten Maschine, die in den Markt gebracht wurde, organisiert war. Von Personenwagen der hier beschriebenen Klasse sind an der Einfuhr nach Argentinien stark beteiligt: Studebaker, Hup-Mobile, Olds Mobile, Chevrelet und, alle anderen hoch überragend, die Fabrikate von Ford, der bereits in jedem Einzelgebiet des Landes eigene Verkaufsstellen mit Ersatzteillager und Reparaturwerkstatt unterhält. Neben genannter Gruppe liefert Nordamerika fabrikatorisch höherstehende und, obwohl auch im Großserienbau hergestellt, an Betriebssicherheit und Lebensdauer den guten Europafabrikaten gleichwertige Personenautomobile, von denen „Cadillac" und „Buick" in Argentinien die beste Einführung gefunden haben. Eine dritte Gruppe nordamerikanischer Fabriken liefert das Beste und mit raffiniertestem Luxus Ausgeführte, was an Automobilen überhaupt in der Welt hergestellt wird; dazu gehören „Packard" und „Pierce Arrow".

In Luxus- und mittleren Personenwagen, besonders für Stadtgebrauch, haben neben den Nordamerikanern die vor dem Kriege gut eingeführten französischen (Renauld, de Dion Bouton, Peugeot Panhard Levassor), englischen (Daimler) und italienischen (Fiat, Lancia) Fabriken das Geschäft wieder aufgenommen, und sie erzielen guten Absatz. Alle namhaften deutschen Personenwagenfabriken haben vor dem Kriege wenigstens den Versuch gemacht, Eingang zu finden, was in größerem Umfange Mercedes, Benz, Protos, NAG, Opel gelungen war. Sie suchten weniger den Wettbewerb in Luxusausführungen der Karosserien aufzunehmen, legten vielmehr Nachdruck darauf, vermöge soliden Baues und in Brennstoffverbrauch sparsamer Maschinen dem Käufer Vorteile zu bieten. Die genannten Eigenschaften haben ihnen guten Ruf und ziemlichen Absatz verschafft. Unmittelbar nach dem Kriege mit Aufträgen des Inlandes und nahen Auslandes reichlich bedacht, haben sie erst in neuester Zeit dem argentinischen Markt ihre Aufmerksamkeit wieder zugewandt, am sichtbarsten bis jetzt Opel, der als einziger deutscher Personenwagenfabrikant die vom argentinischen Automobilklub veranstaltete Ausstellung vom November v. J. mit zwei Wagen beschickt hatte, deren einer zu der Type zählt, die im argentinischen Markte die meiste Beachtung verdient, nämlich der Gebrauchswagen für das offene Land (Camp). Die Notwendigkeit, über schlechte Wege oder durch wegloses Gebiet zu fahren, stellen an diese Type eigenartige Anforderungen: kräftige Konstruktion und Leistung bei möglichst geringem Gewicht, Breitspur, hohe Räder bzw. Bodenabstände der niedrigsten Teile (Schutzblech des Schwungrades). Anpassung an diese Forderungen haben zum Teil den Amerikanern Buick, Cadillac und Ford ihren großen Absatz gesichert.

Lastwagen sind noch nicht in gleichem Maße eingeführt wie Personenwagen. Für sie wird Argentinien aber voraussichtlich in den nächsten Jahren ein gutes Absatzfeld sein, sowohl im Land- wie im Stadtverkehr; die erwachende Bautätigkeit wird dem Absatz zu statten kommen. Zu vorgenannter Ausstellung hatte die Vomag (Vogtländische Maschinenfabrik A.-G.) einen Lastwagen hinübergeschickt, von dem Sachverständige sagen, daß er in Preis und Ausführung den Wettbewerb mit dem Ausland ruhig aufnehmen kann.

Abgesehen von den größten Nordamerikanern, die eigene Verkaufsorganisationen in Argentinien sich geschaffen haben, liegt die Automobileinfuhr in Händen von Generalvertretern der betreffenden Fabriken, wobei letztere den Vertretern mehr oder minder Unterstützung durch Tragen der Propagandakosten, Stellung von Spezialmonteuren, Kreditgewährung, Konsignation neuer Typen usw. gewähren. Es liegt auf der Hand, daß deutsche Fabriken und Ausfuhrhäuser zurzeit mit allen Einrichtungen, die Geldaufwand in fremder Währung bedingen, kargen müssen. Die neuerdings bei Unternehmern in Argentinien zutage tretende Niegung, dort selbst den Zusammenbau eingeführter Automobilteile vorzunehmen und die fertigen Wagen unter eigener Handelsmarke zu verkaufen, mag deutschen Fabriken indes neue Absatzmöglichkeiten bringen in der Form reiner Lieferungsgeschäfte von Chassis oder Chassisteilen bzw. Motoren.

Eine große, in sich mannigfache Verzweigungen aufweisende Einfuhrgruppe stellt das Elektromaterial dar, dem, soweit deutsche Einfuhr in Frage kommt, die Kolosse Siemens-Schuckert-Werke und Allgemeine Elektrizitäts-Gesellschaft bahnbrechend den Weg geebnet haben, indem sie rechtzeitig, d. h. als die angewandte Elektrizität in Industrie, öffentlicher und privater Beleuchtung anfing, sich über das Land zu verbreiten, durch eigene Geschäftsstellen in Argentinien deutschen Typen und Systemen Eingang, ja den vom Verein deutscher Elektrotechniker aufgestellten Normalien Allgemeingeltung verschafften.

Im Jahre 1913 hatte die Einfuhr deutschen Elektromaterials alle Wettbewerber überholt, was ein flüchtiger Blick auf die folgenden Ziffern (Tarifwerte) dartut.

Einfuhr aus:	in Millionen Goldpesos
Deutschland	5,3
England	2,3
Nordamerika	0,5
Italien	0,5
Belgien	0,3
Frankreich	0,2
Sonstige	0,2
Summe	9,3

Wer bedenkt, daß Argentinien — besonders nachdem 1910 die Wirbel der Jahrhundertfeier den Blick aller Welt auf das Land gezogen hatten — der Tummelplatz des schärfsten internationalen Konkurrenzkampfes geworden war, wird in genannten Ziffern ein erfreuliches Zeugnis für die Leistungsfähigkeit der deutschen Elektroindustrie erblicken müssen. Eben diese Leistungsfähigkeit in Verbindung mit kühnem Unternehmergeist hatte etliche Jahre zuvor bereits dahin geführt, daß in Buenos Aires eine deutsche Gesellschaft mehrere Zentralen aufsaugen konnte, um von einem mächtigen Elektrizitätswerke aus die Stromversorgung der argentinischen Metropole zu vereinheitlichen. Genanntes Unternehmen, die „Deutsche Überseeische Elektrizitätsgesellschaft“, die auch Elektrizitätswerke in Chile und eine elektrische Straßenbahn in Montevideo unter ihre Kontrolle gebracht hatte, wußte ihre Betriebe so tatkräftig zu fördern, daß im Jahre 1913 ein Kapital von 200 Mill. Goldmark, worunter ein erheblicher Teil ausländischer Herkunft, in ihrem Geltungsbereich arbeitete. Mit stattlichen Aufträgen konnte sie somit ihrerseits die deutsche Elektroindustrie, der sie ihre Entstehung verdankte, befruchten. Immerhin ist der erwähnte Fall einer Wechselwirkung großen Stiles zwischen deutschem Unternehmertum und der deutschen Industrie vereinzelt geblieben, der weitaus größte Teil des Elektromaterial-Absatzes in Argentinien wurde im offenen Markte erzielt; zahlreiche große Abnehmer, darunter Elektrizitätsgesellschaften, die mit englischem, französischem, belgischem und amerikanischem Kapital arbeiteten, waren Kunden deutscher Erzeugnisse.

In Buenos Aires ist der genannten DUEG-Zentrale (100 000 Kw.), die auch Strom an einige Vororte abgibt, seit etlichen Jahren Konkurrenz erwachsen in der Cia. Italo-Argentina de Electricidad (20000 Kw.), die begreiflicherweise so weit wie möglich der italienischen Industrie Aufträge überschreibt. Den Strom für den Betrieb des von einer englisch-belgischen Gesellschaft finanzierten, über ein gewaltiges Netz gebietenden Straßen- und Untergrundbahnunternehmens liefert die DUEG-Zentrale. Die Gesellschaft nennt sich Cia. Anglo-Argentina; sie kauft auch meist deutsches Material. Daneben besteht das englischem Einfluß zugängliche Straßen- und Feldbahnunternehmen Lacroze mit eigener elektrischer Zentrale. Ferner wird aus eigenen Zentralen englischer Unternehmer der teilweise elektrifizierte Vorortbahnverkehr der Hauptstadt gespeist.

Die zweitgrößte Stadt Argentiniens, Rosario de Santa Fé, wird von einer belgisch-englischen Gesellschaft (20 000 Kw.-Zentrale) mit elektrischem Strom versorgt, in La Plata, Paraná, Tucumán und Bahia Blanca sind englische Gesellschaften mit nationalem Anstrich, in Mendoza die unter der Kontrolle der DUEG. stehende Empresa Luz y Fuerza die Stromerzeuger und Lieferanten. Santa Fé hat eine Zentrale unter städtischer Verwaltung. Die Zentralen der übrigen Städte und Städtchen sehr verschiedenen Umfanges waren meist in erster Anlage von Einzelkonzessionären erbaut; später sind sie bis auf wenige, da gewöhnlich die Mittel zur Erweiterung fehlten, in die Hände größerer Unternehmer übergegangen. So vereinigt der sog. Herlitzka-Konzern (nach seinem Schöpfer und Leiter) mit überwiegend französischem Kapital heute 26 Zentralen, die Cia. de Electricidad de la Provincia de Buenos Aires (englisches Kapital) 12 Zentralen. Nur ein ganz kleiner Teil aller dieser kleineren Elektrizitätswerke ist in deutschen Händen oder mit Hilfe deutschen Kapitals ins Leben getreten. Trotzdem sind etwa 70 % aller Zentralen Argentiniens ganz oder teilweise mit deutschem Material ausgerüstet. Solche Tatsachen rechtfertigen die Erwartung, daß die deutsche Ausfuhr an Elektromaterial nach Argentinien wieder bedeutend werden wird. Geleistete Pionierarbeit pflegt gerade auf elektrischem Gebiete dem Säer Dauerfrüchte zu zeitigen. Es ist eine bekannte Eigenart der Elektrizitätswerke, daß normale Entwicklung das Verlangen nach jährlicher Erweiterung der Stromnetze bringt. Einmal eingeführte Typen von Maschinen, Apparaten, Installationsmaterial usw. haben dann meist den Vortritt; desgleichen in der Industrie, wenn eine Maschine oder Anlage dem Unternehmer Vorteile gebracht hat, sowie nicht minder in Wiederverkaufsgeschäften, deren Inhaber technisch einmal deutsch geschult wurde (und deren gibt es viele). In nennenswertem Umfange waren während des Krieges deutsche Elektroindustrie-Erzeugnisse — besonders Kleinmaterial — durch nordamerikanische und japanische ersetzt worden. Erstere haben Aussicht, im Markte zu bleiben. Schon vor dem Kriege hatte sich z. B. der „Hart"-Schalter viele Anhänger erworben; es ist aber noch die Frage, ob hochwertige nordamerikanische Erzeugnisse das gewonnene Feld werden halten können, weil sie meist teurer sind als konkurrierende Typen anderer Herkunft.

In bezug auf die bedeutsame Abnehmergruppe der Elektrizitätswerke erwähne ich noch, daß deutsche Häuser, die vor dem Kriege dem notorischen Geldmangel kleinerer Zentralenbesitzer durch Kredite sehr weit entgegenzukommen pflegten, in Zukunft auf manche Geschäfte werden verzichten müssen, falls es ihnen nicht gelingt, durch Zwischenhand sich den Absatz zu sichern. Unter diesem Gesichtspunkt ist es erfreulich, daß an die Stelle der „Deutschen Überseeischen Elektrizitätsgesellschaft" und ihre Kontrolle über die von ihr geschaffenen Werke, wenn schon eine ausländische, so doch eine neutrale, der deutschen Elektroindustrie freundlich gesinnte Gruppe, die Cia. Hispano-Americana de Electricidad, getreten ist.

In Argentinien ist zweifelsohne wie überall nach der mehrjährigen Produktions- und Verkehrsstockung ein starkes Bedürfnis vorhanden für die Ausdehnung der Stromnetze, öffentliche und private Neubauten, den Ausbau vorhandener und die Schaffung neuer Industrien, die sämtlich mehr oder weniger elektrisches Material, sei es für Stark- oder Schwachstrom, gebrauchen. Trotzdem wird für eine Zeitlang die Hoffnung zurückzustellen sein auf Wachsen der Einfuhrziffern in dem Tempo, das wir Argentinien als etwas Selbstverständliches zuzutrauen uns schon gewöhnt haben. Eine neue Periode wirtschaftlichen Auftriebes in breite Front kann auch dort erst beginnen, wenn das Weltgewitter völlig ausgetobt hat.

Während die bisher zum Ausdruck gebrachten Erwägungen allgemeiner Natur das gesamte Elektrogebiet angehen, wird die Absatzmöglichkeit in den einzelnen Zweigen von verschiedenen Umständen abgestuft, worunter ganz wesentlich von dem Rangverhältnis des einzelnen deutschen Erzeugnisses zu dem konkurrierenden des Auslandes in bezug auf Qualität, Preis, bereits erworbene Geltung im Absatzgebiet usw. Im elektrischen Groß- und Spezialmaschinenbau nebst Apparaten für Strom-Erzeugung, -Wandlung, -Speicherung, -Übertragung und -Anwendung steht die deutsche Industrie bekanntlich sehr hoch, ist sie in mancher Spezialität führend, in einzelnen Konstruktionen geradezu außer Konkurrenz. — Die bereits erwähnten Geschäftsstellen der Großfirmen sind von Spezialingenieuren bedient und durch sie in enger Fühlung mit der Industrie und den Behörden. Ihnen stehen, abgesehen von einigen übernational gefärbten Unternehmen der Ententeangehörigen, wozu allerdings die recht bedeutenden Eisenbahnen gehören (sie sind bis auf einige Staatsbahnlinien unter nordamerikanischer, englischer oder französischer Kontrolle), alle Türen offen.

Schwieriger wird der Verkauf von Kleinmotoren sein gegenüber billigerer italienischer Konkurrenz, die z. B. vor dem Kriege einen überragenden Anteil an dem Absatz von elektrischen Fächern sich zu sichern wußte; in besserer Qualität und geschmackvoller Ausführung hatten nordamerikanische Fächer gute Aufnahme gefunden. Leitungen und Schnüre waren vor Jahren schon zur Domäne der weit unter deutschen und anderen Preisen liefernden italienischen Fabriken geworden. Diesen ist während des Krieges Konkurrenz aus Japan erwachsen. Gut im Markte liegen deutsche Erzeugnisse elektrischen Kleinmaterials für Installationen, besonders Sicherungen und Zubehör, Schalter, Um- und Ausschalter aller Art, Stromzähler, Glühlampen sowie Beleuchtungskörper. Auch mit Kleinmaterial haben während des Krieges Japaner den argentinischen Markt versorgt, doch scheinen sie hierbei wenig Bedacht auf Anbahnung von Dauergeschäften genommen zu haben, da ihre Schalter, Sicherungen usw. recht saloppe Ausführungen zeigen und kaum den bescheidensten Ansprüchen auf Verwendbarkeit Genüge leisten. Kein Zweig der Elektroindustrie hängt so unmittelbar am Unternehmertum wie das Bahnmaterial; da auf diesem Gebiete stark entente-freundlich gefärbte Gruppen sich betätigen, wird das Geschäft in Bahnmaterial einstweilen auf wenig Vorschub von drüben rechnen können. Meßinstrumente, Apparate für elektro-physikalische und elektro-chemische Zwecke sowie Schwachstromspezialerzeugnisse können allgemein im Rahmen dieser Ausführungen der Kategorie „Maschinen“ eingereiht werden, doch ist von Bedeutung, daß, lange bevor die deutschen Fabriken eigene Werbeorganisationen in Südamerika schaffen konnten, englische Unternehmer in Argentinien Konzessionen erworben hatten für die wichtigsten Telephonzentralen, worin die Erklärung zu suchen ist dafür, daß deutsches Telephonmaterial in Argentinien weniger zu finden ist. Vielleicht bringt die automatische Telephonie nach und nach einen Wandel zugunsten des deutschen Fabrikates. Es waren auch Engländer, die, als Großunternehmer der ersten Bahnbauten, früh Fuß fassen konnten im Verkauf von Apparaten für Schreib- und Drucktelegraphie, während auf dem erst in neuerer Zeit entwickelten Gebiete der drahtlosen Telegraphie die Deutschen den Löwenanteil des Absatzes am La Plata errungen haben und dort für zukünftige Geschäfte über eine gute Basis verfügen.

Bei Erwähnung der verschiedenen Einfuhrwege wurde zuvor der Regierungskäufe im Auslande und ihrer Beschränkung auf gewisse Fälle gedacht. Die Behörden der Bundesregierung sind im übrigen durch Gesetz, in dem die Ausnahmen festgelegt sind, an das System der Ausschreibung beim Einkauf von Waren und der Vergebung von öffentlichen Arbeiten gebunden. Die wichtigsten der einschlägigen Bestimmungen lauten:

„Gemäß Ley der Contabilidad Nr. 428 vom 13. Okt. 1870 und
Ley sobre Obras Públicas Nr. 775 vom 20. Juli 1875:

Jeder Ein- oder Verkauf für Rechnung des Staates gleichwie Verträge über auszuführende Lieferungen oder Arbeitsleistungen für den Staat sind durch öffentliche Ausschreibung zu tätigen mit folgenden Ausnahmen:

1. Objekte bis zum Werte von 1000 Pesos Papier;
2. wenn das öffentliche Interesse Reserve gebietet;
3. in besonders eiligen Fällen;
4. wenn auf zweimalige Ausschreibung kein Angebot oder kein dem Pflichtenheft entsprechendes Angebot eingereicht worden ist;
5. Objekte, deren Herstellung ausschließliches Eigentum einer Person oder Gesellschaft ist, oder die nur einer Einzelperson gehören;
6. Kunstgegenstände, deren Ausführung nur von Künstlern oder bestimmten Kunsthandwerkern übernommen werden kann, und Käufe, die im öffentlichen Interesse besser direkt im Ausland als im Inlande getätigt werden.

Verträge ohne vorhergegangene Ausschreibung, mit Ausnahme der Beschränkung unter 1., bedürfen der Zustimmung des Ministerkollegiums, von dem auch die Ausschreibungen zu genehmigen sind. Die Pflichtenhefte müssen Art und Höhe der von Bietern zu stellenden Garantie bestimmen, sei es zum Zwecke der Zulassung überhaupt, sei es für die Erfüllung der einzugehenden Verpflichtungen. Jede Ausschreibung muß mindestens 30 Tage vor dem nach Ort, Tag und Stunde zu bezeichnenden Einreichungstermin der Angebote in Zeitungen der jeweils in Frage kommenden Provinzhauptstadt veröffentlicht werden."

Diese den Regierungsorganen auferlegten Bedingungen sind ziemlich dehnbar, in vielen Fällen Auffassungssache; es hängt mitunter von dem

Grad des Feingefühls der entscheidenden Beamten, bei ganz großen Kontrakten, wie z. B. Hafenbauten, auch von allerlei anderen Faktoren ab, ob genau im Sinne des Gesetzesparagraphen verfahren wird oder nicht.

Gegebenenfalls werden Muster, Pläne usw. in den betreffenden Regierungsabteilungen den Personen, die Angebote einreichen wollen, zur Einsicht bereitgestellt.

Zugelassen werden juristische und Einzelpersonen, sofern sie vertragsfähig, nicht mit Zahlung etwaiger Schulden an den Fiskus im Rückstande sind oder nicht aus früheren Verträgen eingegangene Verpflichtungen nicht erfüllt haben.

Bieter haben vor dem Termin an die Staatskasse oder für Rechnung des Fiskus an den Banco de la Nación 1 % der Kostenanschlagsumme als Pfandhinterlage zu zahlen. Der Betrag wird den ohne Zuschlag bleibenden Bietern alsbald nach der Entscheidung zurückgezahlt, dem Erhalter des Zuschlages nach Unterschreiben des Kontraktes. Zweck dieses Pfandes ist hauptsächlich das Fernhalten nicht ernstgemeinter Angebote; die eigentlichen Garantiebedingungen sind gewöhnlich in den Pflichtenheften festgelegt.

Angebote sind, vom Bieter und einem Bürgen unterzeichnet, nebst Quittung über vorerwähnte Zahlung in einem geschlossenen Umschlag am vorgeschriebenen Ort und zur bezeichneten Stunde einzureichen; sie werden dort vom Staatsnotar in Empfang genommen. Die Ausschreibung wird dann von ihm als geschlossen erklärt. Bis zur Öffnung der Umschläge sind Einsprüche und Fragestellung der Bieter zulässig. Die Angebote werden ohne Unterbrechung verlesen und darüber ein notarieller Akt aufgenommen; Angebote ohne Pfandquittung und solche, die sichtbar gegen das Pflichtenheft verstoßen, werden zurückgegeben.

Übertragung eines erhaltenen Zuschlages an andere ist zulässig, wenn sich dadurch nach Ansicht der Regierung die Garantien für richtige Lieferung bzw. Durchführung eines Vertrages nicht verschlechtern.

Die Provinzregierungen und städtischen Behörden regeln das Ausschreibungswesen im großen ganzen nach den vorerwähnten Grundsätzen der Bundesregierung.

Da die auf Grund eines Zuschlages mit der betreffenden Behörde abzuschließenden Verträge in Argentinien domiziliert sind, ergibt sich, daß ausländische Lieferanten bzw. Reflektanten, die keine Geschäftsfreunde in Argentinien haben, die im eigenen Namen Angebote abzugeben vermögen, nur durch notariell bevollmächtigte Vertreter als Bieter bei Ausschreibungen auftreten können. Ferner ist anzunehmen, daß die Behörden unter allen Umständen verlangen werden, daß der Bürge (fiador) in Argentinien ansässig ist.

Zur „Börse“ (Bolsa de Comerciò) steht der Einfuhrhandel heutzutage nur in loser Beziehung, nämlich als Devisenkäufer. Die „Börse“ hat nur für zwei Geschäftszweige besondere Organe ausgebildet: in der „Cámara Gremial de Cereales“ für den Getreidehandel und in der „Cámara del Interior“, die von den eigentlichen Börsenmaklern (Corredores de Bolsa) gebildet wird, für Umsätze in Geld und Wertpapieren. In früheren Zeiten, als das Wertverhältnis zwischen Gold- und Papierpeso stets — oft heftig — schwankte, stand der Einfuhrhandel behufs Sicherung des Goldwertes seiner Rimessen im Ausland weit reger mit der Börse in Verbindung. In wie hohem Grade Valutaschwankungen den internationalen Warenaustausch erschweren, das erleben wir jetzt zur Genüge. Wir können dadurch auch die Verlegenheiten des argentinischen Großkaufmannes in der Epoche des „Auf und Nieder“ des Papierpesos ermessen. Die Notwendigkeit der Kurssicherung erwuchs namentlich aus der üblichen Kreditgebung. Während das Einfuhrhaus die Güter, Fracht, Zoll und Spesen in Gold bezahlt hatte, verkaufte es der zweiten Hand in Papierpesos, wie schon erwähnt, auf fünf bis sechs Monate oder längeren Kredit. Wenn der Inlandkunde zahlte, konnte in Goldpesos der Wert des einkassierten Papiergeldbetrages höher aber auch niedriger sein als die Auslage des Importeurs gewesen war, womit nicht nur sein Gewinn aufgezehrt, sondern auch Kapitalverlust entstanden war. Wollte man dieses Risiko nicht laufen, also nicht spekulieren, dann war Deckung möglich durch Vorkauf von Goldpesos nach Maßgabe der zu erwartenden Zahlungseingänge zu dem Zeitpunkte, dessen Gold- und Papierpesostand die Grundlage zur Errechnung des Verkaufspreises gebildet hatte.

Diese Goldkäufe und -verkäufe, potenziert durch rein spekulative Umsätze, nahmen den breitesten Raum der damaligen Börsenoperationen ein; die „rueda“ war Rummelplatz, Weide und Dorado mancher „Corredores de bolsa“, die, nicht zum Schaden ihrer ehrbaren Berufsgenossen, mitsamt den anderen üblen Begleiterscheinungen der Valutatänze nach Stabilisierung des Papierpesowertes aus der Börse verschwanden.

Die „Bolsa de Comercio de Buenos Aires“ gibt jeden Montag ein „Boletin Oficial“ heraus, in dem veröffentlicht werden die Bilanzen der Aktiengesellschaften, behördliche Bekanntmachungen über Emissionen usw., Wechselkurse, der Kursbericht der öffentlichen Titel und an der Börse zugelassenen Aktiengesellschaften nebst Dividendenangabe, Produkten-, Markt- und Verladungsberichte.

Die Börse vereinigt 50 aus allen Geschäftszweigen gewählte Mitglieder zur „Cámara de Comercio“. deren Aufgaben darin bestehen, die Interessen des Gesamthandels zu vertreten, seine Umsätze statistisch zu erfassen, Schiedsgerichte zu bilden und Wirtschaftsfragen zu studieren. —

Der Einfuhrhandel hat nicht nur keine Berufskammer innerhalb der Börse, sondern auch keinen wirksamen und auf die Dauer haltbaren Zusammenschluß zum Zwecke der Vertretung seiner Sonderinteressen gegenüber anderen Berufsverbänden, dem Kongreß und den administrativen Behörden zustande gebracht. Die Interessen und Arbeitsweisen der an der Einfuhr beteiligten Firmen und Gruppen sind zu verschieden, als daß sie sich unter einem Dache vertrügen; es genügt, an die Reibungen zu denken, die auch schon vor dem Kriege aus den Sonderzielen der verschiedenen Nationalitäten, in denen die verschiedenen Einfuhrhäuser wurzeln, sich ergaben.

Die Behandlung einzelner den Einfuhrhandel insgesamt angehender Fragen, wie das Beseitigen von Auswüchsen des Kreditwesens durch gegenseitige Auskunfterteilung usw., Verfolgung mißbräuchlicher Benutzung von Handelsmarken (in Ermanglung wirksamer Gesetzgebung), haben zeitweise zu loser Verständigung geführt. So entstand z. B. unter Mitwirkung des Gesamteinfuhrhandels vor Jahren eine „Liga de Defensa Comercial“, die aber nach wenigen Jahren ihre eigenen Wege ging. Engere „Verbände“ haben sich innerhalb der einzelnen Nationalitäten zusammengeschlossen, und zwar fast alle unter der Bezeichnung „Handelskammer“. Es sind rein private Vereinigungen von Kaufleuten der betreffenden Nationalität mit starker Betonung ihrer Einfuhrinteressen nach Argentinien. Eine derartige Vereinigung ist auch die 1916 ins Leben getretene „Deutsche Handelskammer Buenos Aires“.

Daß die verschiedenen fremdstaatlich gefärbten Handelskammern in Argentinien während des Krieges in zwei feindlichen Lagern operierten, und daß sie heute jede für sich marschieren, bedarf keiner Erläuterung. Vermuten darf man, daß sie an innerem Halt und Wirkungsmöglichkeit einbüßen werden in dem Maße, wie der zwischenstaatliche Güterverkehr wieder in normale Bahnen gelangt.

Daß schon innerhalb einer Nationalität die verschiedenen an der Einfuhr beteiligten Gruppen für ein gemeinsames Ziel schwer zusammenzufassen sind, das wird man bezüglich Deutschlands nach der charakterisierten Vielgestaltigkeit des Einfuhrhandels leicht begreifen. Besonders stehen Handelskammern der erwähnten Art Neulingen, die erst in das

Geschäft eindringen wollen, ziemlich ablehnend gegenüber, wie denn überhaupt letzteren das Wurzelfassen drüben nicht leicht gemacht wird.

Argentiniens Handel und Wandel ist heute schon recht kompliziert und ohne längeres Studium nicht zu durchschauen; nur wer sich dort auf durchaus mit den Eigenheiten des Landes und seiner Märkte vertraute und ganz vertrauenswerte Kräfte stützen kann, darf erwarten, sich mit Vorteil an der Einfuhr zu beteiligen. Gerade in jetziger Zeit, da eine große Zahl von Industriellen und Kaufleuten Betätigung bzw. Absatz nach Argentinien erstrebt, werden in Deutschland die mit selbständigem Vorgehen verknüpften Gefahren oft unterschätzt. Mancher glaubt, selbst in Person oder etwa durch einen abgesandten Vertrauensmann auf einer kurzen Reise die nötigen Kenntnisse erwerben zu können, um ein lohnendes Ausfuhrgeschäft nach Argentinien, ja vielleicht nach ganz Südamerika zu betreiben. Er hat sich vielleicht durch einige günstige Verkäufe in jüngster Zeit, da ein wildes, für die Zukunft nicht im geringsten maßgebendes Geschäft sich abspielte, zu dem Trugschlusse verleiten lassen, hier sei mit Leichtigkeit viel Geld zu verdienen. Vor solchem Optimismus kann nicht genug gewarnt werden. Nur ein Weg ist für den Neuling im argentinischen Markte richtig: er muß sich einer für diesen Handelszweig bereits geschulten Zwischeninstanz bedienen, Auftraggeber suchen, die ihm bis ins Kleinste vorschreiben, welche Artikel bzw. Spezialtypen zu liefern sind, wie sie verpackt und verschifft werden sollen, welche Einfuhr- und Zollbestimmungen zu beachten sind usw. Diese Instanz kann ein Ausfuhrhaus in Deutschland oder ein Einfuhrhaus in Argentinien, ein Agent oder Kommissionär sein, einerlei; in jedem Falle hat diese Instanz Anwartschaft darauf, durch einen Anteil am Gewinn des Einfuhrgeschäftes für die Erfahrungen, die sie in den Dienst des Neulings stellt, entlohnt zu werden, ganz abgesehen davon, daß sie eventuell als Käufer auftritt, prompte Zahlung leistet, das Delkredere und sonstiges Risiko übernimmt.

Man darf nicht außer acht lassen, daß alle geschäftliche Vorarbeit drüben in Goldgeld bezahlt werden muß. Die Orientierungsreise eines an höhere Lebenshaltung gewöhnten Firmeninhabers oder seines Vertreters kostet für wenige Monate heute mindestens ½ Mill. Mark. Wenn allein die Geschäftseinleitung — denn mehr kann das Ergebnis der Reise kaum sein — derartige Auslage à fonds perdu verlangt, was mag dann das übrige Lehrgeld betragen, das der Neuling nun einmal in irgendeiner Form zahlen muß, bevor er ein gewinnbringendes Geschäft lediglich mit eigenen Organen in Fluß gebracht hat!

Als eines der Gebiete, dem nur durch Erfahrung beizukommen ist, erwähne ich die Verzollung. Es genügt in der Praxis nicht, die festen Tarifwerte des argentinischen Zolltarifes und die Zollsätze bzw. deren ab und zu vom Kongreß beschlossene gesetzliche Änderungen zu kennen oder zu sammeln. Sehr häufig gelangen Artikel zur Einfuhr, die nicht unter eine Position des Tarifs zu reihen sind, deren Verzollung grundsätzlich zwar nach dem vom Empfänger zu deklarierenden Wert vorgenommen wird (Fakturen bedürfen dann der Beglaubigung durch ein argentinisches Konsulat des Ursprungslandes), in vielen Fällen aber erst nach Schlichtung von Meinungsverschiedenheiten zwischen Kontrollbeamten und dem Empfänger durch ein „Tribunal de vistas". Die Entscheidungen dieses Tribunals werden veröffentlicht, aber nur von den Nächstbeteiligten gelesen und bilden einen Kodex von Gebräuchen und Paragraph-Auslegungen, der Geheimwissen der Esoteren bleibt, nämlich der eine besondere Berufsklasse bildenden „despachantes de aduana" (Zollspediteure) und der Angestellten großer Einfuhrhäuser, die in eigener Regie die Zollabfertigung ihrer Güter zu erledigen pflegen.

Unerläßlich ist dem direkten Geschäftsverkehr mit Argentinien Treibenden einiges Vorstudium der Psychologie anderer, insbesondere romanischer Völker, um befähigt zu werden, sei es, ihr Vertrauen zu gewinnen oder sich selbst gegen versuchte Ausbeutung und Übervorteilung zu decken, sei es zur Beurteilung der Vertrauens- und Kreditwürdigkeit anders gearteter Menschen. Die Kreditgepflogenheiten des Landes machen vielen deutschen Kaufhäusern und Industriellen den direkten Geschäftsverkehr mit Argentinien heute zur Unmöglichkeit; auch in diesem Punkt hat die Eintagserscheinung irregeleitet, daß argentinische (wie andere Übersee-) Käufer schon bei Auftragserteilung für anzufertigende Waren die Zahlung hinlegten, weil das Geld für solchen Zweck durch die jahrelange Drosselung des Handels vorübergehend gehäuft war und man sich außerdem in Mark verspekuliert hatte und nun durch den Gewinn am Warengeschäft mit Deutschland sich zu erholen hoffte. Derartige Zahlungsbedingungen sind heute beim Überseekäufer nur mehr in Ausnahmefällen durchsetzbar, er zahlt vielleicht gegen Konnossement, meist aber beansprucht er bei einfachen Warenlieferungen wieder den vor dem Kriege üblich gewesenen Dreimonatskredit.

Bei direkter Bearbeitung des Innenlandes durch Verkaufsreisende sind an die einzelnen Provinzbehörden Lizenzen zu zahlen, die für alle

15 Provinzen zusammen den Betrag von 8000 $ m/n. ausmachen. Die Nordamerikaner fanden das sehr unbequem und haben versucht, durch ein Abkommen mit der Bundesregierung die Sache zu vereinfachen und billiger zu machen. Es sieht aber nicht danach aus, als ob ihrer Bemühung der gewünschte Erfolg — der allen anderen Ausländern auch zugute käme — beschieden wäre, da die Provinzen verfassungsgemäß berechtigt sind, derartige Abgaben autonom zu erheben, und kaum auf die Einnahme verzichten werden bzw. durch die ganze Einrichtung der Reisenden-Lizenzen den eingesessenen Handel schützen wollen.

In dem Vorgesagten sind einige Zacken beleuchtet worden, an denen der stürmisch ins argentinische Geschäft Drängende sich wund stoßen könnte. Übereifer schadet. So wie der, eine ferne Küste ansteuernde Schiffsführer, wenn die Karte ihm Untiefen verrät, den Maschinenhebel auf „langsam" stellt, einen Offizier nach vorne schickt, sich lotend vorantastet und vor Einfahrt in den Hafen einen Lotsen an Bord holt, so geziemt dem neue Märkte suchenden Kaufmann verdoppelte Vorsicht und Umsicht, behutsames Vorfühlen, das Ausnützen der am Wege sich bietenden Hilfen. Sicher ist, daß im argentinischen Markt viele deutsche Erzeugnisse willige Aufnahme finden und daß sie den Wettbewerb mit anderen gut bestehen können. Wird deren Aus- bzw. Einfuhr von der wachen Sorgfalt des ordentlichen Kaufmannes bedient, dann weitet sich dem deutschen Handel nach wie vor das Feld gewinnbringender Unternehmung in Argentinien.

Sachregister.

www.ingramcontent.com/pod-product-compliance
Lightning Source LLC
LaVergne TN
LVHW042236300926
849161LV00003B/375